中原智库丛书·学者系列

居家社区养老的社会支持研究

周全德　冯庆林　著

以大中小型城市
调研为例

RESEARCH ON SOCIAL SUPPORT
FOR HOME COMMUNITY
ELDERLY CARE

A CASE STUDY OF
LARGE MEDIUM AND SMALL CITIES

社会科学文献出版社
SOCIAL SCIENCES ACADEMIC PRESS (CHINA)

目　录

第一部分　导　论

第一章　助推社会保障建设：加大居家社区养老的社会支持力度 ………… 3

一　研究背景 ………………………………………………… 4

二　国内外研究综述 ………………………………………… 14

三　基本概念阐释 …………………………………………… 20

四　研究意义、学术价值、应用价值和创新之处 ………… 23

五　研究对象、研究框架、重点难点和主要目标 ………… 25

六　基本思路和研究方法 …………………………………… 31

七　主要观点 ………………………………………………… 32

第二部分　社会调查

第二章　河南省县域小城镇及乡村居家社区养老服务调查 ………… 45

一　豫南淮滨县城乡居家社区养老服务情况调查 ………… 45

二　豫东民权县城乡居家社区养老服务情况调查 ………… 59

三　豫北新乡县社会养老服务模式创新情况调查 ………… 69

四　豫西义马市"游牧寿康"养老服务联盟嵌入社区养老服务

情况调查 …………………………………………………………… 74

五　归纳和总结 ……………………………………………………… 87

第三章　河南省大中型城市居家社区养老服务调查 …………… 92

一　郑州市居家社区养老服务情况调查 …………………………… 92

二　洛阳市社区智慧养老服务情况调查 …………………………… 100

三　信阳市居家社区养老服务情况调查 …………………………… 106

四　分析和思考 …………………………………………………… 114

第四章　安徽省城市居家社区养老服务情况调查 ……………… 117

一　合肥市包河区居家社区养老服务情况调查 …………………… 117

二　芜湖市镜湖区居家社区养老服务情况调查 …………………… 128

三　分析和思考 …………………………………………………… 136

第五章　江浙城市居家社区养老服务发展状况调查 …………… 139

一　无锡市居家社区养老服务发展状况调查 ……………………… 139

二　杭州市居家社区养老服务发展状况调查 ……………………… 156

三　分析和思考 …………………………………………………… 165

第六章　社会支持视角下不同城市居家社区养老服务比较 …… 168

一　郑州市与杭州市居家社区养老服务比较 ……………………… 168

二　合肥市与杭州市居家社区养老服务比较 ……………………… 175

三　洛阳市与无锡市居家社区养老服务比较 ……………………… 178

四　芜湖市与无锡市居家社区养老服务比较 ……………………… 180

五　分析和思考 …………………………………………………… 184

第七章 社会支持视角下居家社区养老的典型实例分析…………… 188

一 家庭照料老人类型分析…………………………………… 188

二 社区照料老人类型分析…………………………………… 198

三 分析和思考………………………………………………… 205

第三部分 理论探讨

第八章 积极老龄化社会建设背景下老龄价值和社会支持研究… 211

一 文献回顾与问题提出……………………………………… 212

二 老年人社会支持的主体、类型及方式…………………… 215

三 积极老龄化社会建设背景下老龄价值的认知、估量及实现… 221

四 积极老龄化社会建设背景下老龄社会支持的文化特质

和实践品格………………………………………………… 229

五 对当前我国老龄价值实现进程中社会支持不足的分析和思考… 230

六 积极应对人口老龄化，扩大老龄价值实现的社会支持空间… 233

第九章 社会支持视角下居家社区养老服务发展难题探讨……… 236

一 社会支持：破解居家社区养老服务发展难题的金钥匙… 236

二 现阶段我国开展居家社区养老服务面临的多重难题

及归因分析………………………………………………… 239

三 破解居家社区养老服务发展难题的工作思路和举措…… 248

第十章 居家社区养老的社会政策研究……………………… 255

一 完善支持家庭养老及家庭照顾的社会政策…………… 255

二 拓宽医养结合为老服务的社会政策支持路径………… 263

第十一章 居家社区养老发展的社会舆论支持研究………… 272

一 传承和创新孝亲敬老文化，为居家社区养老服务

提供思想道德支撑………………………………………… 272

二 传承和创新孝亲敬老文化，促进居家社区养老服务发展 ……… 276

三 注重家庭伦理宣传教育，提供为老服务精神支撑 ……………… 285

四 甄别微信涉老信息，呵护老人心理健康 ………………………… 288

五 营造健康养老和积极养老的良好个体心态 ……………………… 290

第十二章 居家社区养老社会支持的实现路径探析……………… 293

一 立足地方实际，积极应对人口老龄化 ………………………… 293

二 加强小城镇居家社区养老服务建设 …………………………… 297

三 拓展居家社区养老服务女性参与空间 ………………………… 300

四 社会工作介入居家社区养老服务的策略选择 ………………… 309

五 为随迁老人健康服务适时提供社会支持 ……………………… 312

六 为老年人休闲养生提供充分的社会支持 ……………………… 316

七 推动乡镇敬老院改革，促进农村养老服务发展 ……………… 318

第十三章 居家社区养老服务表现形式与运作模式的类型分析……… 321

一 问题的提出 ……………………………………………………… 321

二 居家社区养老服务表现形式的类型分析 ……………………… 322

三 居家社区养老服务运作模式的类型分析 ……………………… 325

四 相关启示 ………………………………………………………… 332

第十四章 居家社区养老社会支持体系研究……………………… 335

一 问题的提出 ……………………………………………………… 335

二 着力建构居家社区养老的社会支持体系 ……………………… 338

三 思考和建议 ……………………………………………………… 351

参考文献 ……………………………………………………………… 354

第一部分

导　论

第一章

助推社会保障建设：加大居家社区
养老的社会支持力度

近年来，我国老龄化速度不断加快且发展程度持续加深。截至 2019 年底，我国 60 岁及以上老龄人口为 2.54 亿人，占全国总人口的 18.1%；65 岁及以上老龄人口为 1.76 亿人，占全国总人口的 12.6%①，人口老龄化程度逐渐加深且失能状况日趋严重。另据有关方面报道，2020 年底，我国失能、半失能老人达到 4200 万人②，与此同时，全国空巢和独居老年人高达 1.18 亿人③。第七次全国人口普查数据显示，全国 60 岁及以上人口为 2.64 亿人，占全国总人口的 18.7%；65 岁及以上人口为 1.91 亿人，占全国总人口的 13.5%。60 岁及以上人口在全国总人口中的占比比第六次全国人口普查时上升 5.44 个百分点。④ 我国人口老龄化速度加快和程度加深，致使依托社区资源的居家养老成为大多数城乡居民的刚需，并且促使大力开展居家社区养老服务成为政府工作中一项重要内容，也成为诸多学者关注的重要研究课题。

---

① 国家统计局：《中华人民共和国 2019 年国民经济和社会发展统计公报》，2020 年 2 月 28 日。
② 《谁在照顾失能半失能老人?》，《法治日报》2020 年 11 月 12 日。
③ 《2018 我国老年人口加剧，养老行业面临机遇也有挑战》，华经情报网，https://www.huaon.com/story/382807，2018 年 11 月 19 日。
④ 《统计局：第七次全国人口普查漏登率 0.05% 数据真实可信》，中国新闻网，http://www.chinanews.com/gn/2021/05-11/9474646.shtml，2021 年 5 月 11 日。

一　研究背景

居家养老作为社区服务功能之一受到重视，发端于西方发达国家，譬如在欧美福利机构养老服务模式的弊端初露端倪之际，英国率先推行社区照顾的居家养老模式。之后，随着养老服务的"去院舍化""去机构化"，社区照顾的居家养老模式在发达国家陆续兴起，至今已成为其主流养老模式。与此同时，在西方学界，随着全球老龄化和家庭变迁步伐加快，学者意识到既有的养老模式已不能有效应对未来养老的需要，开始反思、批评传统福利国家的政策理念及思路。在新自由主义思潮主导下，他们从福利多元主义视角审视和研究社区照顾的居家养老模式的相关议题，包括对居家社区养老服务供给主体的认知，对居家社区养老服务供给方式的认定，对居家社区养老模式的类型选择、居家社区养老立法、居家社区养老服务内容等方面的探讨等。综观西方学者对这类问题的研究，既有对以往优良传统的传承，也有结合时代变化的创新，应当说他们的研究成果对我国学者从事同类研究具有重要借鉴意义和价值。然而，考虑到我国老龄化的特征、本土文化的传承和创新、社区建设的特点，研究者在研究中切忌机械套用、片面依傍和简单比附，努力做到独立思考和综合创新。

（一）经济背景

改革开放以前，城乡居民受经济条件所限和传统生活观念影响，对于家庭养老模式依然具有较大的依恋和依赖。改革开放以来，中国经济快速发展，人民生活水平不断提高，人们的思想观念不断更新，对养老服务有更高要求，对养老模式的选择也从过去单一的家庭养老，趋向多样化。尤其是进入新时代之后，我国社会主要矛盾已经转化为人民日益增长的美好生活需要和不平衡不充分发展之间的矛盾。在党的十九大报告中，习近平总书记着重强调："必须认识到，我国社会主要矛盾的变化，没有改变我们对我国社会主义所处历史阶段的判断，我国仍处于并将长期处于社会主义初级阶段的基本国情没有变，我国是世界最大发展中国家的国际地位没有变。"① 具体到养老服务的家庭支出这一方面，由于我国城乡居民基本收入与发达国家相比至今依然存在一定差距，我国呈现"未富先老"特征，尤其是国内欠发达地区，与发达地区相比，在城镇居民和农村居民人均可支配收入等重要指标上，尚存在较大差距。自进入 21 世纪以来，我国居家社区养老正是在"未富先老"的背景下快速起步，在"边富边老"的过程中有所发展且初步形成气候的。现阶段，我国虽已发展为世界第二大经济体，但 2019 年人均 GDP 排世界第 72 位，2022 年排名虽有所上升，但仍居第 63 位，并不起眼。② 加上近年来国内经济发展和人民生活发生了一定的变化，势必也会波及养老事业和产业的发展及供给。这就意味着在提升居家社区养老服务的个人经济支付能力方面，我国政府和民众今后依然需要付诸积以时日的努力。

（二）文化背景

我国地处亚洲东部，是华夏文明发祥地，文化底蕴深厚、价值非凡，尤其是作为中华文化精神根基的孝亲敬老文化源远流长，以其完善人性和完美人生的伦理智慧及道德情感，世世代代润泽国人的心灵，推动我国家庭生活的良性运行和健康发展。改革开放后在社会转型期婚姻家庭生活出现的新情况、新矛盾、新问题，致使如今在建设具有民族特色和时代特征的孝亲敬老文化时，陷入传承受阻和发展不力的现实困境，尤其是在我国老龄化步伐不断加快且家庭结构功能发生重要变化的现阶段，孝亲敬老文化面临着来自个人主义文化及生活方式变化的深层影响和消解作用，从而不利于培育支持居家社区养老的良好社会文化氛围。

近年来，尤其是自党的十八大召开以来，在传承和创新孝亲敬老文化的

---

① 习近平：《决胜全面建成小康社会　夺取新时代中国特色社会主义伟大胜利——在中国共产党第十九次全国代表大会上的报告》，《人民日报》2017 年 10 月 28 日。

② 《2022 年世界国家和地区 GDP 总量和人均 GDP 排名出炉！》，搜狐网，https：//www.sohu.com/a/668888365_121119270，2023 年 4 月 21 日。

理论与实践方面，我国进行不懈探索，形成了好的做法，积累了宝贵经验，深化了思想认识，提升了理论自觉。一是通过开展敬老文明号、孝慈示范户、孝亲敬老之星、孝亲敬老楷模之类的评先选优活动，引导人们见贤思齐，致使全国城乡"尊老为德、敬老为善、助老为乐、爱老为美"蔚然成风。二是将传承和创新孝亲敬老文化融入城市社区文化广场、农村社区文化大院、高校和企业文化演讲会等基层群众性文化宣传教育活动，培育了以孝亲敬老为道德标杆的良好民风、社风、行风。三是将传承和创新孝亲敬老文化融入居家社区养老服务活动，提高了为老服务的质量及效能。四是融传承和创新孝亲敬老文化于培育和弘扬社会主义核心价值观的鲜活实践，促进了一代新人的健康成长。五是传承和创新孝亲敬老文化，为推动全国老龄事业的蓬勃发展注入旺盛活力，并且在老龄工作中形成了叫响全国的诸多先进模式及典型经验。六是从思想理论上对传承和创新孝亲敬老文化的必要性、重要性及其实践路径进行了深入探讨，为我国家庭和社会的文明进步，提供了精神动力及智力支持。

当然，在传承和创新孝亲敬老文化以营造居家养老的良好社区氛围过程中，也面临一些亟待解决的突出问题。比如，积极老龄化的社会认可度较低，健康老龄化的实践效果欠佳，老龄文化的时代特征不甚突出等。一些老年人的精神心理需求在较大程度上被忽略，他们的孤独感、失落感、空虚感乃至焦虑感较为普遍地存在，一些地方孝亲敬老的宣传教育在一定程度上还存在形式主义的倾向，没有被有机融合在开展居家社区养老的鲜活实践之中，尤其是在退休后的老年人再社会化过程中，一些地方对孝亲敬老的宣传教育与积极老龄化的时代要求缺乏密切结合，以至于不少老年人只是作为被动承受者，而未成为积极参与者。近年来，习近平总书记就家庭建设问题在重要场合多次发表讲话，在中共中央政治局第三十二次集体学习时特别强调，敬老爱老是中华民族的传统美德。要把弘扬孝亲敬老文化纳入社会主义核心价值观宣传教育，建设具有民族特色、时代特征的孝亲敬老文化。要加强家庭建设，教育引导人们自觉承担家庭责任、树立良好家风，巩固家庭养老基础地位。[①]显而易见，这类话语内涵丰富、外延广阔、寓意深刻，对营造有利于提高孝亲敬老活动实际效能的良好社会氛围、推动居家社区养老服务健康发展，具有重要思想指导意义和文化创新价值，尤其是《中共中央　国务院关于加强新时代老龄工作的意见》特别强调，强化社会敬老，深入开展人口老龄化国情教育，实施中华孝亲敬老文化传承和创新工程。[②] 这就为进一步推动全社会传承和创新孝亲敬老文化提供了充实的政策保障。

（三）社会背景

改革开放以来，我国在经济发展方面创造出中国奇迹，但在一段较长时期内由于社会建设步履迟缓，改革的系统性、整体性、协同性、持续性的综合效能发挥欠佳，发展中不平衡、不协调、不可持续的问题比较突出。缺乏社会建设成果的发展往往是重数量、轻质量的"浅发展"，其不仅体现在城乡统筹、区域合作、社区建设、家庭发展等理论关系层面，也反映在求学择业、医疗居住、收入分配、养老服务等生活实践方面。我国在开展居家社区养老服务方面，受到"经济发展大为增长而社会建设却相对滞后"的影响，不仅起步较晚，而且发展质量和水平不高，尤其是在社会公共服务供给能力及基本设施建设方面，尚不能适时满足居家社区养老服务发展的基本要求，呈现典型的"未备先老"状态。

在党的十七大报告中，胡锦涛同志提出要加快推进以改善民生为重点的社会建设，并强调社会建设与人民幸福安康息息相关。我国必须在经济发展的基础上，更加注重社会建设，着力保障和改善民生，推进社会体制改革，扩大公共服务，完善社会管理，促进社会公平正义，努力使全体人民学有所

---

① 《党委领导政府主导社会参与全民行动　推动老龄事业全面协调可持续发展》，《光明日报》2016 年 5 月 29 日。

② 《中共中央　国务院关于加强新时代老龄工作的意见》，新华网，http：//www.news.cn/politics/2021-11-24/c_1128096665.htm，2021 年 11 月 24 日。

教、劳有所得、病有所医、老有所养、住有所居。① 在党高度重视社会建设的大背景下，2007~2012 年，我国基本公共服务水平和均等化程度明显提高，社会保障基本实现全民覆盖，城乡基本养老保险制度全面建立，城乡居民衣食住行用条件明显改善，城乡最低生活保障标准和农村扶贫标准大幅提升，企业退休人员基本养老金持续提高，从而为在国内广泛开展居家社区养老服务奠定了坚实的社会基础。也正是在这一时期，开展居家社区养老服务被列入各级政府重要议事日程，并且在不少地方初见成效。在党的十八大报告中，胡锦涛同志进一步提出，在改善民生和创新管理中加强社会建设，并且以更为高远的社会发展视野重申，要多谋民生之利，多解民生之忧，解决好人民最关心最直接最现实的利益问题，在学有所教、劳有所得、病有所医、老有所养、住有所居上持续取得新进展。② 在党的更为明确的社会建设思想指导下，我国积极应对人口老龄化，大力发展老龄服务事业和产业，从而为大力开展居家社区养老服务创造了各种必要条件。

在党的十九大报告中，习近平总书记更进一步提出，保障和改善民生要抓住人民最关心最直接最现实的利益问题，既尽力而为，又量力而行，一件事情接着一件事情办，一年接着一年干，并且在报告中特别强调，积极应对人口老龄化，构建养老、孝老、敬老政策体系和社会环境，推进医养结合，加快老龄事业和产业发展。③ 在创新、协调、绿色、开放、共享的新发展理念主导下，适应新时代人民日益增长的美好生活需要，党和政府在统筹推进五位一体总体布局中进一步加强社会建设，在积极应对人口老龄化，提倡健康老龄化，构建养老、孝老、敬老政策体系和社会环境，推进医养结合，加快老龄事业和产业发展等方面取得较大进展，进而为全面深入开展居家社区养老服务以及提升其服务质量和水平创造了良好的社会环境条件。尤其是近

---

① 参见《高举中国特色社会主义伟大旗帜　为夺取全面建设小康社会新胜利而奋斗——胡锦涛在中国共产党第十七次全国代表大会上的报告》，《中国教育报》2007 年 10 月 25 日。
② 参见《坚定不移沿着中国特色社会主义道路前进　为全面建成小康社会而奋斗——胡锦涛在中国共产党第十八次全国代表大会上的报告》，《中国青年报》2012 年 11 月 18 日。
③ 参见习近平：《决胜全面建成小康社会　夺取新时代中国特色社会主义伟大胜利——在中国共产党第十九次全国代表大会上的报告》，《人民日报》2017 年 10 月 28 日。

年来，习近平总书记就老龄事业和老龄工作发表重要讲话，并且对积极应对人口老龄化做出了一系列重要指示和批示，从而为制定国家积极应对人口老龄化中长期规划，以及实施积极应对人口老龄化的国家战略提供了根本遵循。

（四）政策背景

第五次全国人口普查数据显示，2000 年我国 60 岁及以上人口达到 1.3 亿人，占全国总人口的 10.2%；65 岁及以上人口达到 8811 万人，占全国总人口的 6.96%。此次人口普查登记的时间是 2000 年 11 月 1 日，这表明按照国际标准衡量，在 21 世纪初我国已经进入老龄化社会。21 世纪以来，随着我国老龄化步伐不断加快以及社区建设的蓬勃开展，党和政府高度重视老龄事业发展、老龄工作及老龄政策的顶层设计，不断出台各种各类涉老政策文件。据有关方面统计，1999～2015 年，我国政府各部门以法律、法规、公告、决定、实施意见及办法等形式，总共发布各种各类涉老政策文件 92 份，大多涉及养老及社会养老服务。①

2000～2006 年，国家对依托社区资源居家养老的政策支持处于起始阶段，其思想萌发及具体表述散见于当时党和政府发布的关于老龄工作及人口与计划生育工作的文献中。2000 年 2 月 23 日，国务院办公厅转发民政部、国家计委等部门发布《关于加快实现社会福利社会化的意见》，政府多部门在该意见中提出，在供养方式上坚持以居家为基础、以社区为依托、以社会福利机构为补充的发展方向。② 可见，其话语已经蕴含依托社区资源开展居家养老服务的思想萌芽。2000 年 8 月 19 日，《中共中央 国务院关于加强老龄工作的决定》，着重提出建立以家庭养老为基础、社区服务为依托、社会养老为补充的养老机制。2006 年 2 月 9 日，国务院办公厅转发全国老龄

---

① 《全国养老政策文件汇编（1999-2015）》，豆丁网，https://www.docin.com/p-1415602908.html，2016 年 1 月 5 日。

② 《国务院办公厅转发民政部等部门关于加快实现社会福利社会化意见的通知》，中国政府网，https://www.gov.cn/gongbao/content/2000/content_60033.htm，2000 年 2 月 27 日。

委办公室和发展改革委等部门《关于加快发展养老服务业的意见》，特别强调，发展养老服务业要按照政策引导、政府扶持、社会兴办、市场推动的原则，逐步建立和完善以居家养老为基础、社区服务为依托、机构养老为补充的服务体系。① 此番话语已将适时开展居家社区养老服务作为养老服务业发展中一大重要目标任务。2006 年 12 月 17 日，《中共中央　国务院关于全面加强人口和计划生育工作统筹解决人口问题的决定》再次强调，把逐步建立覆盖城乡居民的养老保障制度作为社会保障体系建设的重点，构建以居家养老为基础、社区服务为依托、机构照料为补充的养老服务体系。② 至此，对依托社区资源开展居家养老服务的表述已经比较系统化和理论化。从这一阶段持续加强对养老及养老服务的政策支持态势，可见以社区为依托开展居家养老服务已经被提上各级政府重要议事日程。

2007~2013 年，国家不断加大对依托社区资源居家养老的政策支持力度。这一阶段国家对依托社区资源居家养老政策支持的制度化、规范化、社会化特点表现得比较突出。2008 年 1 月 29 日，全国老龄委办公室、国家发改委、教育部、民政部等十部委联合下发《关于全面推进居家养老服务工作的意见》，首次专门就我国居家养老服务的意义、基本任务及保障措施，从理念思路、价值取向、目标确定、体制机制建构、方式途径选择等方面，进行了全面阐释及科学规范。③ 2011 年 9 月 17 日国务院印发《中国老龄事业发展"十二五"规划》，12 月 16 日国务院办公厅印发《社会养老服务体系建设规划（2011—2015 年）》，这些文件分别对居家养老服务的基本内容、重点任务、服务形式等给予明确规定。2013 年 9 月 28 日，国务院印发

---

① 《国务院办公厅转发全国老龄委办公室和发展改革委等部门关于加快发展养老服务业意见的通知》，中国政府网，https：//www.gov.cn/zwgk/2006-02/17/content_ 202553.htm，2006 年 2 月 17 日。

② 《中共中央　国务院关于全面加强人口和计划生育工作统筹解决人口问题的决定》，中国政府网，https：//www.gov.cn/gongbao/content/2007/content_ 534194.htm，2006 年 12 月 17 日。

③ 《关于全面推进居家养老服务工作的意见》，中国政府网，www.gov.cn/zwgk/2008-02/25/content_ 899738.htm，2008 年 2 月 25 日。

《关于促进健康服务业发展的若干意见》，特别提出，发展社区健康养老服务，提高社区为老年人提供日常护理、慢性病管理、康复、健康教育和咨询、中医保健等服务的能力，鼓励医疗机构将护理服务延伸至居民家庭。鼓励发展日间照料、全托、半托等多种形式的老年人照料服务，逐步丰富和完善服务内容，做好上门巡诊等健康延伸服务。① 这一阶段中央政府的总体谋划以及建章立制对在全国各地全面深入地推进居家社区养老服务，具有方向指导意义及实践标准价值。

2014 年至今，国家对居家社区养老服务的政策支持进入补充和完善阶段。2014 年 9 月 12 日，国家发改委、民政部等十部门发布《关于加快推进健康与养老服务工程建设的通知》，到 2020 年，全面建成以居家为基础、社区为依托、机构为支撑的，功能完善、规模适度、覆盖城乡的养老服务体系。养老服务体系建设的主要项目包括社区老年人日间照料中心、老年养护院、养老院和医养结合服务设施、农村养老服务设施。② 2015 年 2 月 3 日，民政部、国家发改委等十部门联合发布《关于鼓励民间资本参与养老服务业发展的实施意见》，鼓励民间资本在城镇社区建设或运营老年人日间照料中心、老年人活动中心等养老服务设施，通过政府购买服务、协调指导、评估认证等方式，鼓励民间资本开办家政服务企业、居家养老服务专业机构或企业，鼓励专业居家养老机构对社区养老服务组织进行业务指导和人员培训。③ 2016 年 7 月 13 日，民政部、财政部发布《关于中央财政支持开展居家和社区养老服务改革试点工作的通知》，提出充分发挥政府在支持居家和社区养老服务发展方面的主导作用，落实准入、金融、财税、土地等优惠政策，通过搭建平台、购买服务、公办民营、民办公助、股权合作等方式，支

---

① 《国务院关于促进健康服务业发展的若干意见》，中国政府网，https：//www.gov.cn/zhengce/content/2013-10/18/content_ 6067.htm，2013 年 9 月 28 日。

② 《关于加快推进健康与养老服务工程建设的通知》，中国政府网，https：//www.gov.cn/zhengce/2016-05/22/content_ 5075605.htm，2014 年 9 月 12 日。

③ 《民政部等十部委联合发布关于鼓励民间资本参与养老服务业发展的实施意见》，新华网，http：//www.xinhuanet.com//politics/2015-02/25/c_ 127517472.htm，2015 年 2 月 25 日。

持和鼓励社会力量进入，同时，政府负责行业监管，制定标准规范。①

2017 年 2 月 28 日，国务院印发《"十三五"国家老龄事业发展和养老体系建设规划》，在该《规划》第六十五章第二节，进一步明确要建立以居家为基础、社区为依托、机构为补充的多层次养老服务体系。② 2017 年 3 月 28 日，民政部和财政部发布《关于做好第一批中央财政支持开展居家和社区养老服务改革试点工作的通知》，其中提出的基本试点任务是推动形成以社会力量为主体的居家和社区养老服务多元供给格局，探索建立居家和社区基本养老服务清单制度，建立居家和社区养老服务信息平台，推进居家和社区养老服务与医疗卫生服务相结合，加强居家和社区养老服务人才队伍建设，探索农村居家和社区养老服务长效发展模式。③

2019 年 4 月 16 日，《国务院办公厅关于推进养老服务发展的意见》强调持续完善以居家为基础、社区为依托、机构为补充、医养相结合的养老服务体系，推动居家、社区和机构养老融合发展。支持养老机构运营社区养老服务设施，上门为居家老年人提供服务。将失能老年人家庭成员照护培训纳入政府购买养老服务目录。大力发展农村幸福院等互助养老设施。探索"物业服务＋养老服务"模式，大力支持志愿养老服务，积极探索互助养老服务。④ 这一阶段的政策补充和完善，进一步细化、丰富以及规范了居家社区养老服务，从而有利于推动医疗卫生服务延伸至社区、家庭，有利于充分依托社区各类服务和信息网络平台，实现基层医疗卫生机构与社区养老服务机构的无缝对接及深度融合，有利于创新和发展各种形式的居家养老服务模式。2019 年 11 月 20 日，中共中央、国务院印发《国家积极应对人口老龄

① 《民政部　财政部关于中央财政支持开展居家和社区养老服务改革试点工作的通知》，养老信息网，http://www.yanglaocn.com/shtml/20181012/1539309089116526.html，2018 年 10 月 12 日。
② 《国务院关于印发"十三五"国家老龄事业发展和养老体系建设规划的通知》，中国政府网，http://www.gov.cn/zhengce/content/2017-03/06/content_5173930.htm，2017 年 3 月 6 日。
③ 《民政部　财政部发布关于做好第一批中央财政支持开展居家和社区养老服务改革试点工作的通知》，养老信息网，http://www.yanglaocn.com/shtml/20170414/1492170803110052.html，2017 年 4 月 14 日。
④ 《国务院办公厅关于推进养老服务发展的意见》，中国政府网，http://www.gov.cn/zhengce/content/2019-04/16/content_5383270.htm，2019 年 4 月 16 日。

化中长期规划》，明确提出要夯实应对人口老龄化的社会财富储备，改善人口老龄化背景下的劳动力有效供给，打造高质量的为老服务和产品供给体系，强化应对人口老龄化的科技创新能力，构建养老、孝老、敬老的社会环境。这五大战略性目标任务的提出，标志着积极应对人口老龄化已被列入党和政府重大议事日程。中共十九届五中全会公报正式提出，要实施积极应对人口老龄化国家战略。① 至此，积极应对人口老龄化进入国家发展战略层面，成为关乎国家繁荣昌盛和社会和谐稳定的基本方略之一。此外，中共十九届五中全会通过了《中共中央关于制定国民经济和社会发展第十四个五年规划和二〇三五年远景目标的建议》，提出支持家庭承担养老功能，构建居家社区机构相协调、医养康养相结合的养老服务体系。这就进一步明确了开展居家社区养老服务的主要目标任务。

2021 年 2 月 23 日，在国务院新闻办公室举行的民政事业改革发展情况发布会上，民政部李纪恒部长强调，全面提升养老服务水平，为实施积极应对人口老龄化国家战略提供支撑。大力发展居家社区养老服务，让所有老年人能够享有"身边、床边、周边"的居家社区养老服务。② 2021 年 11 月 24 日，《中共中央　国务院关于加强新时代老龄工作的意见》提出了"实施积极应对人口老龄化国家战略，把积极老龄观、健康老龄化理念融入经济社会发展全过程"的指导思想，并且特别强调要健全养老服务体系，包括创新居家社区养老服务模式、进一步规范发展机构养老、建立基本养老服务基本清单制度等。③

总而言之，大力发展居家社区养老服务，目前已经成为实施积极应对人口老龄化国家战略的重要举措，代表着由各种法律法规和政策规章支持的社会养老服务的发展方向。

---

① 《中国共产党第十九届中央委员会第五次全体会议公报》，央广网，http：//china. cnr. cn/news/20201030/t20201030_ 525313950. shtml，2020 年 10 月 30 日。

② 《国务院新闻办就民政事业改革发展情况举行发布会》，中国政府网，http：//www. gov. cn/xinwen/2021-02/24/content_ 5588702. htm，2021 年 2 月 24 日。

③ 《中共中央　国务院关于加强新时代老龄工作的意见》，《人民日报》2021 年 11 月 25 日。

二 国内外研究综述

针对居家社区养老的主流思潮，也有一些西方学者发出了不同声音，他们从政治经济学视角或批判老年学视角，质疑新自由主义思潮主导下的思维方式及价值取向，指出先入为主的市场化思维的弊端，即在社区照顾中注重质量效能而轻人文关怀的倾向，并指出管理主义或新管理主义影响下福利体系的不足，即将老年群体变成依赖群体，致使老年群体社会边缘化。① 此外，还有一些西方学者从女性主义、人文主义及人权视角审视社区照顾，分别凸显了社会性别因素、不同老年人的个体性因素、所有老年人应当享有的作为人之生存和发展的权利在其中的影响及作用。②

综观西方学者对这类问题的研究，既有对以往传统经验和智慧的传承，也有结合时代变化的创新，应当说他们的研究成果对我国学者从事同类研究具有重要借鉴意义和价值。然而，鉴于对这类研究的价值取向尚不能完全"去意识形态化"，考虑到我国老龄化的特征以及国内社区建设的特点，国内学者也应在研究中秉持"以我为主"的立场，努力做到独立思考和综合创新。

近年来，面对我国家庭养老功能逐步弱化，以及社会养老服务严重滞后的现实挑战，国内学者纷纷将寻求破解我国养老难题的方式聚焦于依托社区资源开展居家养老服务。国内学者以往对依托社区资源开展居家养老服务的研究主要集中在以下几个方面。

一是对居家社区养老的界定。学者就此已达成共识，即居家社区养老既不是家庭养老，也不是与机构养老资源毫无关联的社区养老，而是以家庭为基础并将各种社会养老资源引入社区，实行居家社区养老，其服务形式主要

① 李学斌：《西方社区养老服务及其对我国的启示》，《城市观察》2013 年第 4 期；陈伟、黄洪：《批判视域下的老年社会工作：对社区居家养老服务的反思》，《南京社会科学》2012 年第 1 期。
② 唐咏：《居家养老的国内外研究回顾》，《社会工作》2007 年第 2 期；史册：《国外社区养老服务的启示》，《吉林农业》2017 年第 3 期；陈伟、黄洪：《批判视域下的老年社会工作：对社区居家养老服务的反思》，《南京社会科学》2012 年第 1 期。

有日间照料、上门服务等，其基本内容包括生活照料、精神慰藉、医疗保健、文化教育、权益维护等。①

二是对发展居家社区养老意义及其功能作用的阐释。学者们普遍认为以社区为依托的居家养老，是一种将居家养老和社区照顾结合的社会化养老模式。依托居家社区养老是适合我国国情、符合老人心理需求的一种低成本、高效率新型养老模式，广泛、深入地推行这种模式，既是弥补家庭养老功能弱化，实现社会福利社会化的重要举措，同时也是积极应对人口老龄化、破解全社会养老难题的有效途径。②

---

① 史柏年：《老人社区照顾的发展与策略》，《中国青年政治学院学报》1997 年第 1 期；梁新颖：《家庭养老社会化问题探路》，《社会科学辑刊》2000 年第 4 期；赵立新：《社区服务型居家养老的社会支持系统研究》，《人口学刊》2009 年第 6 期；穆光宗：《美国社区养老模式借鉴》，《人民论坛》2012 年第 22 期；肖莎：《我国居家社区养老服务的现状及问题》，《江南论坛》2013 年第 6 期；姜沂彤：《居家养老的社会支持研究》，《现代交际》2015 年第 6 期；童星：《发展居家社区养老服务以应对老龄化》，《探索与争鸣》2015 年第 8 期；唐钧：《中国老年服务的现状、问题和发展前景》，《国家行政学院学报》2015 年第 3 期；王勤：《论社会嵌入理论视角下城市居家社区养老》，《普洱学院学报》2019 年第 2 期；周惠萍、林衣芳：《居家社区养老服务分析》，《劳动保障世界》2019 年第 30 期；赵敏：《居家社区养老服务：一种新型的社会养老模式》，《百科知识》2022 年第 30 期。

② 穆光宗、姚远：《探索中国特色的综合解决老龄问题的未来之路——"全国家庭养老与社会化养老服务研讨会"纪要》，《人口与经济》1999 年第 2 期；贾晓九：《矛盾与抉择——老年社会福利事业社会化若干问题》，《中国民政》2000 年第 3 期；阎安：《论居家社区养老：中国城市养老模式的新选择》，《科学·经济·社会》2007 年第 2 期；李学斌：《我国社区养老服务研究综述》，《宁夏社会科学》2008 年第 1 期；陈元刚、谢金桃、王牧：《我国社区养老研究文献综述》，《重庆工学院学报》（社会科学版）2009 年第 9 期；郭竞成：《中国居家养老模式的选择》，《宁波大学学报》（人文科学版）2010 年第 1 期；丁志宏、王莉莉：《我国居家社区养老服务均等化研究》，《人口学刊》2011 年第 5 期；陈友华：《居家养老及其相关的几个问题》，《人口学刊》2012 年第 4 期；马晓姗：《上海居家养老服务业发展困境与对策研究》，《特区经济》2013 年第 3 期；钱宁：《中国居家社区养老的政策分析》，《学海》2015 年第 1 期；刘行：《人口老龄化危机下居家社区养老服务研究》，《人民论坛·学术前沿》2017 年第 16 期；谢志强、王剑莹：《社区养老：解决我国养老问题的必由之路》，《社会治理》2017 年第 3 期；曹飞廉、王洁：《居家社区养老服务体系的建设思路》，《重庆社会科学》2018 年第 10 期；邬沧萍：《中国"城市居家社区养老"研究专题》，《浙江工商大学学报》2019 年第 3 期；马岚：《新中国 70 年来我国社会养老服务的本土化实践》，《兰州学刊》2019 年第 8 期；谢清月：《江苏淮安：筑牢居家社区养老服务基石》，《中国社会工作》2021 年第 32 期；《开新局·谋新篇丨中国式养老之道：完善社会化居家养老服务，打通居家养老"最后一米"》，新浪网，https://finance.sina.com.cn/jjxw/2023-03-11/doc-imyknhwx2662784.shtml，2023 年 3 月 11 日。

三是对居家社区养老性质的分析。对这一问题，大多数学者认为在当前我国综合实力还较弱的背景下，以制度安排和政策创新为手段整合各种资源，建立一个集有偿与低偿、营利与非营利、自助与互助以及虚拟与实体于一体的多种形式相结合的依托居家社区养老的服务体系是最现实的选择。①

四是对居家社区养老需求和发展状况的实证研究及对相关研究文献的分析，为进一步推动国内社区养老服务质量水平的提升，提供了鲜活的实践依据。②

五是对居家养老相关影响因素如隔代照料、性别差异、空间距离、老年教育、政府购买服务、社群经济支撑、机构嵌入社区服务、社会资源整合、

---

① 《邬沧萍会长在全国家庭养老与社会化养老服务研讨会闭幕式上的讲话》，《中国老年学》1998 年第 4 期；王辅贤：《社区养老助老服务的取向、问题与对策研究》，《社会科学研究》2004 年第 6 期；陈友华：《居家养老及其相关的几个问题》，《人口学刊》2012 年第 4 期；金华宝：《农村社区互助养老的发展瓶颈与完善路径》，《探索》2014 年第 6 期；宋言奇：《居家养老中资源整合问题——基于苏州的实践》，《苏州大学学报》2015 年第 1 期；陈为智：《福利政策视角下居家社区养老服务关键议题的反思》，《重庆工商大学学报》（社会科学版）2016 年第 5 期；穆光宗：《养老社会化新趋势》，《北京日报》2018 年 2 月 5 日；施雨：《城镇养老服务新趋势与发展困境——以张家港市亲情虚拟养老院为例》，《智库时代》2019 年第 33 期；陈璐、文琬：《互补还是替代：家庭照料与居家社区养老服务》，《中国卫生政策研究》2021 年第 11 期；白淑英、刘欣：《居家社区养老服务的内生性发展研究》，《扬州大学学报》（人文社会科学版）2022 年第 5 期。

② 胡宏伟、李玉娇、张亚蓉：《健康状况、社会保障与居家养老精神慰藉需求关系的实证研究》，《西华大学学报》（哲学社会科学版）2011 年第 4 期；王晓亚、孙世芳、许月明：《农村居家养老服务的 SWOT 分析及其发展战略选择》，《河北学刊》2014 年第 2 期；王琼：《城市居家社区养老服务需求及其影响因素——基于全国性的城市老年人口调查数据》，《人口研究》2016 年第 1 期；宋雪飞、周军、李放：《非营利组织居家养老服务供给：模式，效用及策略——基于南京市的案例分析》，《南京大学学报》（哲学·人文科学·社会科学）2017 年第 2 期；姚虹、向运华：《健康状况，空巢原因与居家社区养老服务需求——以恩施市农村空巢老人为例》，《社会保障研究》2018 年第 1 期；武玲娟：《农村老年人社区养老服务需求及其影响因素分析——基于第四次中国城乡老年人生活状况抽样调查山东省数据》，《山东社会科学》2018 年第 8 期；凌文豪、王晗：《健康状况、群体差异与居家社区养老服务需求》，《云南大学学报》（社会科学版）2019 年第 4 期；崔树义、杨素雯、田杨：《供需视角下居家社区养老服务提质增效研究——基于山东省 1200 名老年人的调查》，《山东社会科学》2020 年第 5 期；刘妮娜：《从互助养老到互助共同体：现代乡村共同体建设的一种可行路径》，《云南民族大学学报》（哲学社会科学版）2021 年第 2 期；刘晓梅、李蹊：《居家社区养老研究的回顾与展望——基于 Citespace 的文献计量分析》，《学习与探索》2022 年第 3 期；吕宣如、章晓懿：《居家社区养老服务对老年人健康水平的影响》，《中国人口科学》2022 年第 3 期。

社会工作介入等的分析。①

六是对居家社区养老服务内涵、政策发展、模式创新、体系建构、路径选择等方面的梳理、阐释和评述，以及对居家社区养老服务发展的历史回顾、现状审视及未来展望。②

七是对居家社区养老服务前沿问题的探讨。近年来，在老年人对居家社区养老的需求变化、居家社区养老服务发展的新特征和新趋向、居家社区养老服务发展的认识误区与现实难题，以及困难老龄群体居家社区养老问题等方面，许多学者在实地调查的基础上，从社会支持、社会资本、社会互动、社会融入、社会嵌入、社会性别等视角出发，并以健康老龄化和积极老龄化的理念为指导，对思想观念、体制机制、管理方式、资金筹措、机构设施、

① 吴翠萍：《城市女性养老的资源及策略选择》，《安徽师范大学学报》（人文社会科学版）2010 年第 1 期；赵丽宏、杜玮：《构建社会工作视角下的居家养老服务模式》，《学术交流》2011 年第 12 期；张国平：《地方政府购买居家养老服务的模式研究：基于三个典型案例的比较》，《西北人口》2012 年第 6 期；李珍、王海东：《养老金替代水平下降的制度因素分析及对策》，《中国软科学》2013 年第 4 期；钟波、楚尔鸣：《性别差异与女性养老问题研究》，《求索》2015 年第 7 期；潘屹、隋玉杰、陈社英：《建立中国特色的社区综合养老社会服务体系》，《人口与社会》2017 年第 2 期；程新峰、姜全保：《隔代照料与老年人年龄认同：子女代际支持的中介效应》，《人口学刊》2019 年第 3 期；封铁英、马朵朵：《包容性发展视域下居家社区养老服务资源密度分布与均等化评估》，《西北大学学报》（哲学社会科学版）2020 年第 4 期；陈宁：《城市居家社区养老服务资源整合的路径研究——以广州"3+X"模式为例》，《长白学刊》2021 年第 4 期；崔月琴、朱先平：《关系嵌入性视角下居家社区养老服务差异化研究——基于 C 市三种类型服务机构的调查分析》，《吉林大学社会科学学报》2022 年第 1 期。

② 张乃仁：《社会化养老服务体系建设研究综述》，《南阳师范学院学报》（社会科学版）2013 年第 4 期；丁建定、李薇：《论中国居家养老服务体系建设中的核心问题》，《探索》2014 年第 5 期；宋凤轩、崔达：《农村多元化养老服务体系构建研究——以河北省为例》，《经济论坛》2015 年第 6 期；陈社英：《人口老化与社会政策：中国人的"家"与养老研究》，《人口与社会》2017 年第 1 期；崔炜：《推进居家社区养老服务要形成多方协奏》，《中国社会报》2018 年 1 月 15 日；王雪、陈哲等：《中国居家社区养老现状》，《中国老年学》2019 年第 4 期；李舒馨、李南：《社区居家养老服务存在的问题分析》，《学术论坛》2019 年第 3 期；徐海峰、吴翠萍：《城市居家养老服务社会化的政策研究》，《老龄科学研究》2020 年第 11 期；严志兰、李淑君：《居家社区养老服务递送与政策创新探析——基于福建的田野调查和个案研究》，《中共福建省委党校（福建行政学院）学报》2021 年第 3 期；闫曼莉：《基于疫情防控的上海居家社区养老服务应急政策研究》，《中国国情国力》2022 年第 1 期；周圣焱、李莉等：《我国居家社区养老政策文本量化研究》，《现代预防医学》2022 年第 2 期。

社会参与、资源整合、队伍建设、互助养老、智慧养老、社区嵌入式养老、"互联网+"居家信息化养老、医养结合及其深度融合、"养老+"新业态探索、家庭社区机构养老融合发展、积极应对人口老龄化上升为国家战略背景下的"家庭养老床位"创新等方面进行理论分析，并且就其解决问题的有效路径及策略选择提出了诸多应对思路及政策建议。①

八是对国外居家社区养老模式对国内理论借鉴意义和实践参考价值的探讨。这类探讨中既有出自国外生活经历学者的感悟和思考，也有基于相关国外文献资料的分析和判断。②

---

① 左思蓓：《社会福利社会化：未来与发展——深圳大学社会学系主任易松国教授访谈》，《新资本》2007 年第 1 期；陈友华：《以社区养老服务为依托 改善居家养老的生活质量》，《红旗文稿》2007 年第 11 期；陈伟、黄洪：《批判视域下的老年社会工作：对社区居家养老服务的反思》，《南京社会科学》2012 年第 1 期；张国平：《地方政府购买居家养老服务的模式研究：基于三个典型案例的比较》，《西北人口》2012 年第 6 期；丁建定、李薇：《论中国居家养老服务体系建设中的核心问题》，《探索》2014 年第 5 期；邓大松、王凯：《国外居家养老模式比较对中国的启示》，《河北师范大学学报》（哲学社会科学版）2015 年第 2 期；姜玉贞：《城市居家养老服务多元供给主体治理困境及其应对》，《东岳论丛》2017 年第 10 期；彭进：《公共管理视角下我国居家社区养老服务对策研究》，《湖南商学院学报》2017 年第 2 期；杨素雯、崔树义：《积极应对人口老龄化，推动养老服务业发展——"老龄化背景下养老服务面临的挑战与对策"学术研讨会综述》，《中国人口科学》2018 年第 3 期；陆杰华、沙迪：《新时代农村养老服务体系面临的突出问题、主要矛盾与战略路径》，《新疆师范大学学报》（哲学社会科学版）2019 年第 2 期；贾玉娇、王丛：《结构二重性视角下智慧居家养老服务体系释析——从"人技隔阂"到"人技融合"》，《社会科学战线》2020 年第 12 期；崔树义：《推动居家社区机构养老服务一体化发展》，《中国人口报》2021 年 1 月 7 日；赵浩华：《建构新时代养老服务体系新路径》，《中国社会科学报》2022 年 4 月 27 日；李媛：《新时代社区居家养老的伦理构建——再读姚远〈中国家庭养老研究〉》，《人口与经济》2022 年第 1 期。

② 陈伟：《英国社区照顾之于我国"居家养老服务"本土化进程及服务模式的构建》，《南京工业大学学报》（社会科学版）2012 年第 1 期；张丽、邵俊秋：《日本老龄化问题的探究及对中国的启示》，《科技信息》2012 年第 11 期；王媛媛：《英、日社区养老服务及启示》，《社会保障制度》2014 年第 4 期；陈伟：《英国、我国香港与台湾地区养老服务之理念与经验——对我国内地"居家社区养老服务"的借镜与反思》，《南京工业大学学报》（社会科学版）2015 年第 2 期；丁煜、杨雅真：《福利多元主义视角的居家社区养老问题研究——以 XM 市 XG 街道为例》，《公共管理与政策评论》2015 年第 1 期；陈涛：《居家养老护理员专业化建设研究综述》，《社会福利》（理论版）2018 年第 8 期；李丽君：《养老服务体系建设的国际经验及其启示》，《中国社会工作》2018 年第 11 期；谭佳瑾、林芸：《美国居家社区养老服务研究及启示》，《老区建设》2019 年第 4 期；王亚南：《新加坡居家社区养老服务对我国社区养老建设的启示》，《淮南职业技术学院学报》2019 年第 1 期；于然、韩雅竹、刘婧：《社区居家型医养结合养老服务模式国内外实践及启示》，《劳动保障世界》2019 年第 29 期；（转下页注）

　　应当说，上述研究立足实际国情，理论视野开阔，扎根基层调研，对开展居家社区养老的基本状况及服务需求、理念思路、运行模式、方式途径、发展趋向等做到了全面审视、重点把握、科学研判、深刻分析及系统总结，并且上述研究所提政策建议的针对性、可行性、前瞻性及创发性较强，对推进我国居家社区养老服务建设以及提升其理论研究水平具有重要思想意义和实践价值。不过，以往这类研究多半针对发达地区，而对欠发达地区依托社区创新居家养老模式的专项研究相对较少，不少文章只是在论及如何寻求摆脱欠发达地区养老困境之出路时才涉及这一议题。之所以出现此种现象，是因为目前居家社区养老服务在欠发达地区尚缺乏科学理念的指导，家庭养老依然居于主体地位且多元化养老模式并存。当然，随着居家社区养老服务广泛、深入地开展，针对目前居家社区养老服务在欠发达地区的具体实践，以及家庭养老在该地区的现实状况，一些学者也就欠发达地区居家社区养老服务发展现状及存在的问题，以及如何拓展欠发达地区居家社区养老服务发展空间，如何提升欠发达地区家庭、社区、机构养老服务协调发展的质量水平等，进行了专门探讨。① 显而易

（接上页注②）刘伟祎：《国外智慧养老的发展现状及对我国的启示》，《中国集体经济》2019年第7期；施毫：《近十年国内外社区养老文献综述》，《城市建筑》2020年第31期；熊亮、罗杰、陈岳堂：《我国"失独"群体"社区+精准扶助"模式构建的研究——基于国外社区养老服务实践的启示》，《湘潭大学学报》（哲学社会科学版）2021年第4期；廖钰：《PPP模式下居家社区养老服务功能优化研究》，《黑龙江人力资源和社会保障》2022年第16期；刘方媛、潘瑞丰等：《国内外居家社区养老服务对比》，《中国物业管理》2022年第6期。

① 高英慧、高宇：《经济欠发达地区完善居家养老服务研究——基于阜新市的调查》，《辽宁工程技术大学学报》（社会科学版）2012年第1期；刘小春、李婵：《中部欠发达地区城镇居民养老模式选择行为实证分析——基于江西省的调查数据》，《社会保障研究》2014年第2期；施巍巍、唐德龙：《欠发达地区破解养老服务之困的路径选择与创新》，《中国行政管理》2015年第4期；陆泽雁：《介入与嵌入：欠发达地区居家养老服务的策略》，《汕头大学学报》（人文社会科学版）2016年第2期；潘国庆：《长沙市居家养老服务现状及对策》，《长沙民政职业技术学院学报》2018年第4期；周海兵：《欠发达地区养老服务业发展与对策研究——以四川省达州市为例》，《中国集体经济》2018年第33期；车茂娟、王亚敏：《构建四川多元化、多层次养老体系建设》，《中国统计》2019年第1期；田平、袁婕等：《豫南地区居家养老服务的现状、问题与对策研究》，《哈尔滨职业技术学院学报》2020年第6期；李红凤：《欠发达地区农村养老有效供给研究——以安徽省蚌埠市为例》，《重庆第二师范学院学报》2021年第4期；胡亚光：《河南省居家社区养老服务业高质量发展研究》，《商业经济》2022年第8期。

见，这类研究成果对推进国内欠发达地区居家社区养老服务发展，具有一定的理论意义及实践借鉴价值。其实，这些专家学者就欠发达地区的发展难题及其归因、发展举措、实现路径等方面的研究是具有普适性的，同样适用于发达地区。换句话说，加强对欠发达地区居家社区养老的研究，有利于促进对发达地区居家社区养老的理论提升及实践探索。

三 基本概念阐释

（一）居家社区养老

究其本质属性，居家社区养老既不是传统的家庭养老，也不是离家在社区养老，而是居家养老与社区养老的有机结合，居家社区养老服务即依托社区各种资源，为居住在家庭的老年人提供上门服务或日间照料服务。居家社区养老服务与社区居家养老服务大同小异，其本质属性均是依靠家庭和社区双重资源开展的社会化养老服务，只不过前者强调居家养老的基础地位，而后者强调社区服务的主导作用。居家社区养老或社区居家养老，是契合我国实际国情及经济发展现状的新型养老模式，代表着我国社会化养老服务的发展方向。

在我国，开展居家社区养老服务具有得天独厚的良好条件，我国具有高度重视家庭养老及家庭照顾的悠久历史文明传统。自古以来，儒家重视以姻缘和血缘为基础的人伦交往关系、重视婚姻家庭生活、重视家庭中的世代间照顾。在此类思想文化观念熏陶下，家庭一直是国人老有所养及老有所依的理想归宿。如今，居家社区养老与传统家庭养老融为一体，促使家庭养老努力适应时代进步，革故鼎新、推陈出新，重新焕发生机和活力，并且使社区养老与时俱进，"日日新、月月新"，成为社会化养老服务体系发展中的标杆。在某种意义上似乎可以说，居家社区养老服务恰是新的时代背景下对家庭养老的替代和补充，即在社会变革驱动下家庭养老的延伸、拓展和提升。目前，随着各种机构和社会力量嵌入社区积极参与居家养老服务，我国居家社区养老服务日益呈现勃勃生机和创造活力，诸如日托、夜托、月托之类的托老服务，提供家庭养老床位的上门服务，"医养康养文养"相融合的社区养老服务，"互联网+"多功能居家养老服务等新事物、新举措层出不穷。

（二）社会支持

社会支持理论的提出肇始于 19 世纪法国社会学家迪尔凯姆对自杀、犯罪等社会病理现象的研究，后被社会学、心理学、流行病学及精神病学等广泛应用，因而形成了具有不同特点的理论表现形式。在社会学语境下，社会支持是用于解释和探讨社会现象和社会问题的中层理论和方法，可被广泛运用于社会工作及社会保障、社会服务、社会政策、社会调适等领域。实际上国内社会学者对社会支持的中国化诠释及界定，多半未超出这些范围。譬如，程虹娟等从社会互动关系、社会行为性质及社会资源的作用这三个角度归纳了社会支持的定义[1]；李强则将其界定为，社会支持是一个人通过社会联系所获得的能减轻心理应激、缓解紧张状态、提高社会适应能力的影响。[2]

社会支持理论属于社会学的中层理论，社会支持系统包括家庭成员、邻里亲朋、同学同事等非正式支持系统，以及政府、社区、社会组织等正式支持系统，并且其支持内容涉及个人的生活基本需求以及理性认知、心理情感、行为习惯等方方面面，实乃建设和谐社会的重要理论支撑之一。社会支持的主旨则是消除社会隔阂、调适社会关系、加强社会团结、促进社会问题的妥善解决，以及推动相互协调、相互配合的社会结构和社会关系的形成。

社会学意义上的社会支持，应围绕社会学的基本问题，即个人与社会的关系，回答个人在不同的生命周期怎样通过交往互动建构社会支持网络，以便从家庭成员、亲属邻居、同事朋友、政府部门、社区组织、群团社团等处

---

① 程虹娟、张春和、龚永辉：《大学生社会支持的研究综述》，《成都理工大学学报》（社会科学版）2004 年第 1 期。

② 李强：《社会支持与个体心理健康》，《天津社会科学》1998 年第 1 期。

获得比较充分的社会支持，用以有效应对来自不同环境条件下的挑战。人到老年，随着职业生活的终结、家庭角色的变化、生理和心理的变化等，面临重新适应家庭与社会生活的个人生存与发展问题。尤其是在适应晚年生活新环境的老年人继续社会化或再社会化过程中，面临诸多单凭个人能力无法有效应对及妥善解决的难题，既需要来自社会正式支持系统的支持，也需要来自社会非正式支持系统的支持。

就积极老龄化社会建设的社会支持来说，其文化特质主要表现为普适性、多向性、兼容性、沿袭性、公共性、聚合性、人文性、主体间性。普适性，是指社会支持的适用范围不分民族、国家、肤色、语言、地理环境，且不分性别、年龄、职业、文化水平、宗教信仰等。多向性，是指社会支持具有物质技术、制度规章、精神心理、行为习惯等文化层面的多重指向。兼容性，是指社会支持在自身形成和发展过程中，其采撷、筛选、整合、集聚、融会等类社会资源的功能作用。沿袭性，是指社会支持在调整和适应社会运行和发展中，其价值取向与实践路径的一以贯之和不断翻新。公共性，是指社会支持具有满足社会各阶层、各行业、各家庭物质生活和精神文化生活需求的公共产品属性。聚合性，是指社会支持在其实践活动中，所显露的推动人们学习合作分享，致力团结互助的感情特质和精神品质。人文性，是指社会支持本身所具有的以人为本，尊重人、关爱人、体谅人、帮助人的思想品格和伦理智慧。主体间性，是指社会支持的活动主体与活动对象主体之间存在平等交往、推己及人、相交相好的伦理关系。

社会支持是主观见之于客观的能动的社会行动，在主动参与积极老龄化社会建设的动态发展过程中，其持续展示自身意义和价值。正是在这一动态发展过程中，社会支持的体系从无到有，社会支持的规模从小到大，社会支持的力量从弱变强，社会支持的覆盖面由窄变宽，社会支持的影响力由近及远。在鼎力助推积极老龄化社会建设的各种各类实际活动中，社会支持充分发挥自身的功能作用，即在尊重、发掘、弘扬老年人价值中，发挥社会政策支持和社会舆论营造方面的功能作用；在构建和谐人际关系及和睦代际关系中，发挥其交流、沟通、分享的功能作用；在开展居家社区养老服务活动中，发挥物质技术供给、规章制度谋划、精神心理支撑、行为习惯养成等方面的功能作用。在不断创新积极老龄化社会建设的鲜活实践中加大社会支持力度，有利于在居家社区养老服务开展中克服"强政府、弱社会""重形式、轻内容""重谋划、轻落实""厚物质技术、薄人文关怀"等不足，从而大力提高居家社区养老服务的质量水平。

四　研究意义、学术价值、应用价值和创新之处

（一）研究意义

居家社区养老服务的开展将直接影响我国社会化养老服务的总体水平。相对于发达国家，我国人口老龄化"未富先老"和"未备先老"的特征比较明显；而相对于不发达国家，其又具有"边富边老"的特征，堪称后发展中国家老龄化发展之缩影。近年来，我国人口老龄化步伐不断加快，高龄化、失能化、空巢化程度持续加剧，并且随着国内城镇化率日趋提升、人口流动日益频繁，家庭结构、功能、关系及生活方式显著变化，传统家庭养老功能日渐弱化。如此境况之下，以居家为基础、社区为依托、机构为补充、"医养"结合为纽带、信息化为平台来开展社会化养老服务，势在必行。在整个社会化养老服务体系建设中，家庭养老与社区养老的有机结合即居家社区养老，无疑是契合我国经济社会发展现状和城乡居民生活现况的首要选择。

在居家社区养老的实际进展中，我国与发达国家目前尚存在一定的现实差距。与发达国家相比，我国居家社区养老服务目前仍处于发展起步阶段，尚存在政府投入力度不大、社会为老公共服务能力欠缺、社区服务资源碎片化、社会力量参与积极主动性不高、服务内容单一匮乏、服务技能质量较差、服务对象认可度较低、模式创新能力较弱等问题。尤其是在开展居家社区养老的医养结合、推动医养与康养融合服务、推动机构嵌入社区型居家养老服务、搭建居家养老社区信息化服务平台、协调和平衡城乡居家社区养老

服务发展等方面，一些地区或地方的相关部门不仅思想观念较为滞后，而且工作思路不明了，以至于在实际操作中不得要领，成效欠佳。在经济发展质量有待提升、社会建设比较滞后、为老公共服务供给不够充足等现有条件下，为应对家庭养老逐渐式微、机构养老供不应求或入住成本较高等严峻挑战，在国内通过加大社会支持力度进一步扩大居家社区养老服务覆盖面、推动服务模式及方式创新、提高居家社区养老服务质量水平，势在必行。因此，本书将有利于贯彻落实积极应对老龄化国家战略，有利于努力破解基层社会养老服务比较滞后的难题，而这对于推动居家社区养老服务发展、促进社会为老公共服务建设，以及健全和完善社会养老服务体系，均具有一定的理论借鉴意义和政策参考价值。

（二）学术价值、应用价值和创新之处

1. 学术价值

相对于已有研究，本书的学术价值在于：一是运用费孝通先生一贯提倡的社会学研究的类型分析法，对居家社区养老模式的不同类型、示范效应及其局限性进行了剖析和概括；二是从女性社会学视角审视女性养老问题，探讨女性参与居家社区养老服务的功能作用、老年女性居家社区养老现实境遇；三是从老年社会学视角审视老龄价值及其特征和表现，并且结合居家社会养老如何顺畅实现，对开展居家社区养老服务的关键点、疑难点、创新点等进行探讨；四是从文化传承和创新视角探讨居家社区养老服务中社会文化支持的思想道德基础及心理氛围；五是从社会政策支持视角对丰富居家社区养老服务的社会政策支持内涵、拓展居家社区养老服务的社会政策支持外延等方面进行探讨。以上这些探讨，将有利于深化对居家社区养老问题的理论研究。

2. 应用价值和创新之处

相对于已有研究，本书的应用价值在于：比较全面系统地梳理了国内居家社区养老及其服务发展现状，比较细致且深入地分析了开展居家社区养老服务中存在的问题及遇到的挑战，比较有说服力地提出了建构居家社区养老

服务社会支持体系的基本思路、方式路径、政策策略等，从而为政府相关部门的政策制定以及社会力量的为老服务实践提供了比较有价值的思想启迪和工作参考。

本书的创新之处在于以下几方面。第一，基于对国内"未富先老""未备先老""边富边老"老龄化特征兼而有之的考量，提出因地制宜，博采众长，探索适时对路的居家社区养老模式及发展策略；第二，多角度分析居家社区养老的制约因素，并且深入研究其与完善和扩大居家社区养老社会支持之间的内在逻辑和机理；第三，从多层次、开放性、功能互补性的视角，提出了构建居家社区养老社会支持体系的理论架构；第四，运用类型分析法，对国内居家养老服务模式的不同类型、示范效应及局限性进行剖析和概括，从而深化了对居家养老服务问题的理性认知。

五　研究对象、研究框架、重点难点和主要目标

（一）研究对象

本书针对居家社区养老现状，居家社区养老服务模式的不同类型、示范效应、特惠性和普惠性、创发性和局限性，居家社区养老社会支持体系的理论框架，以及居家社区养老社会支持的实践路径进行了研究。

（二）研究框架

1.居家社区养老现状调查

第一，有代表性地选取若干个城乡社区开展实地调研（从农村社区和城市社区中分别选取居家养老服务开展比较好的，以及居家养老服务开展一般化的社区）。第二，通过结构性访谈和深度访谈，了解社区居家老人的养老服务需求和意愿、社区工作人员对居家养老服务的支持度和认可度。第三，通过问卷调查了解社区物业和家政服务公司参与居家养老服务情况、普通民众参与居家养老志愿服务情况、社会组织参与居家养老服务情况。第

四，通过小组座谈，了解养老机构嵌入社区参与居家养老服务情况、社区卫生组织参与居家养老服务情况、政府对居家社区养老的支持情况、居家社区养老服务中好的经验和做法、居家社区养老服务中存在的问题等。第五，实地考察、了解各地居家社区养老服务发展状况，收集与各种为老照料服务密切关联的典型事例，并就这方面情况进行对比。

2.居家社区养老的文献考察

第一，通过中国知网、中国人民大学报刊复印资料的数据库，收集国内学界有关我国各地居家社区养老的研究成果，并且通过查阅一些地方政府及部门有关居家社区养老服务的政策规定、调研报告及工作总结，获得翔实的居家社区养老服务资料。第二，通过对上述文献资料的内容做客观的、系统的、量化的分析，探讨其中所反映的政府部门、专家学者、社会公众对居家社区养老的思想态度及其心理特征。第三，通过对处于研究前沿的文献考察，了解与居家社区养老服务理论和实践密切相关的国内外社会化养老服务发展的新趋向、新动态和新特征。

3.居家社区养老发展滞后的归因分析

第一，文化因素分析。基于当地文化传承与发展的现状，分析城乡社区成员缺乏共同认可的价值取向、逐渐消退的农村社区邻里互助传统良好风尚、城市社区"陌生人社会"的个体心理特质等，如何对居家社区养老的发展产生负面效应。第二，体制因素分析。从体制改革不力的角度，分析不适当的行政干预为何容易导致行政运作的主观随意性和提高政府成本，以致造成社区及其服务对象对政府资源的过度依赖，疏忽自我发展。第三，组织因素分析。从社区治理滞后的角度，分析持续向下延伸的行政权力、不断介入的市场力量、逐步生长的社会力量相互交织所导致的利益取向差异及矛盾冲突，如何致使居家社区养老服务资源缺乏统一的组织来进行协调和整合。第四，经济因素分析。从经济投入与社会政策不协调角度分析政府的公共财政投入、社会资本的介入等，如何由于缺乏有效的政策引导而不能充分发挥其应有效能。第五，人才因素分析。从人才意识淡薄和人才机制的陈旧角度，分析专业化社会工作者队伍建设以及志愿者服务队伍建设的相对迟缓，如何对搞好居家社区养老服务造成不良影响。第六，政策法规因素分析。从法律法规和政策规章制定和实施的制度层面，分析对居家社区养老服务支持的不足，以及这种不足对贯彻落实积极应对人口老龄化国家战略和拓展居家养老服务发展空间的消极影响。

4. 居家养老服务模式的类型分析

第一，特惠与普惠结合模式。分析各地根据老年人的经济条件和生活状况，怎样通过政府购买服务的形式，建立居家社区养老服务社工队伍，发放"养老代币卡"，对生活在社区的孤寡老人、失独老人、高龄老人、失智老人、失能老人提供无偿特惠服务；怎样以个人适当购买服务的形式对空巢老人及其他需要帮助的老人提供低偿优惠服务；怎样组织和协调社会组织、志愿者等资源积极参与社区托老院及帮扶服务站工作，对社区所有老人提供生活助老、心理悦老、娱乐益老等类居家养老服务。这种模式的优点是具有分类服务的针对性、实效性及政社结合、政企互动的叠加效应，同时其运作不当也有可能导致行政财政负担过大及家庭赡养责任弱化。

第二，上门与包户结合模式。分析各地怎样通过上门与包户相结合的方式，组织农村低保对象中 18~55 岁有服务能力的人员，自愿上门为本村孤寡独居老人服务，并且按照就近安排和方便生活的原则，安排他们与孤寡独居老人结对服务；分析怎样通过在"4050"人员中招聘居家养老服务员，让他们以结对方式上门为城镇高龄空巢老人提供间歇式保姆服务，并分析这种模式的补缺效应及双赢效应，探讨其覆盖面较窄的局限性。此外，分析各地怎样通过社区家庭医生签约方式为社区居家老人提供普惠型上门医疗服务。

第三，自助与互助融合模式。分析各地怎样以社区老年协会为依托，引导老年人自我管理和自我服务；怎样在社区楼院以邻居间"一助一"或"多助一"的形式帮助孤寡或困难老人；怎样以有条件的居民家庭为活动场所或通过建立"没有围墙的敬老院"即老年活动站，使孤寡老人或空巢老人就近互相认识和互相照顾。分析这种模式的适时适用性及其有利于特困老人身心健康的"破窗效应"，并且分析其亲情替代性及其心理安全感有待增强的现实局限。

第四，家庭赡养扶助模式。分析各地以当地政府为主导，为农村老人进行家庭赡养登记以及为他们签订家庭赡养协议书，以购买服务的形式吸引社会工作者积极参与家庭赡养扶助；动员党员、团员、志愿者等社会资源帮助筹建村社区幸福大院（托老院）及帮扶服务站，对家庭赡养确有困难的农村老人实行全托、半托服务或提供无偿、低偿服务。这种模式的优点是有利于弘扬敬老、养老、助老风尚，但其也容易造成社区及其服务对象对政府资源的过度依赖，以致有可能弱化其自组织性。

第五，医护与健康养老结合模式。分析各地在居家养老服务体系建设中，如何整合各类可用服务资源，打造集日常照料、医疗保健、临终关怀等功能于一体的居家养老服务站，推动社区医疗机构及医护人员参与其中，实现医护人员住家护理服务常态化。这种模式的优点是对拓宽居家养老范围具有前瞻示范效应，但其广泛推行受到当地发展水平的限制。此外，分析各地如何借鉴先进地区的成功经验和有效做法，有利于因地制宜地开展机构嵌入社区设点开展"养老+"新业态服务，以及为居家老人提供集"医养康养文养"于一体的普惠型微利服务。

第六，信息化与社会化结合模式。分析各地利用信息服务网络平台，如何整合社区养老服务资源，提供"互联网+"多功能居家养老服务，并且如何建立统一的老年人信息管理系统和养老服务管理系统，打造"快速反应养老服务圈"；如何以居家养老服务组织为主体、以社区为纽带，逐步建立起满足老人不同服务需求的居家养老服务网点，为居家老人提供规范化、多样化、个性化服务。这种模式的优势是将科技能量与社会资源紧密结合，但其广泛推行也受到当地发展水平的限制。

5.完善和扩大居家社区养老社会支持的有效路径探究

鉴于国内各地居家社区养老服务仍处于初创阶段，实现老人从传统家庭照料到现代社区照料以及其生活单位从家庭向社区的根本性转变，尚需时日。本书拟就如何完善和扩大居家社区养老社会支持的有效路径，提出以下工作思路。

第一，在居家社区养老服务体系建设中，应充分考虑现阶段不同地区的经济社会发展差异，以及人口老龄化发展的不同表征。

第二，推行政府主导、社会协同、公众参与的运行模式。在统筹有限的资金、人力等资源打造一批有示范作用的居家社区养老服务机构的同时，政府通过政策和服务支持，为企业或个人提供参与居家社区养老服务的"绿色通道"。

第三，建立健全居家社区养老服务机构。借鉴先进地区成功经验及有效做法，依托区老龄办建立区级居家养老服务指导中心，依托街道成立居家养老服务所，依托社区养老服务设施或社会事务站成立居家社区养老服务站，并且依托社区网络，在社区普遍建立为老服务热线、居家呼叫系统、数字网络系统等。

第四，丰富居家社区养老服务内容。不断满足老年人在康复保健、文化娱乐、社会交往、精神慰藉、个性表达等方面的多样化需求，并且充分发挥老年人力资本和社会资本的功能，实现由被动养老向积极养老的转变。尤其应当融公益助老、信息便老、邻里互助惠老、日托养老、临终关怀敬老等服务为一体，拓宽社区养老服务的发展空间，提升社区养老服务的社会化、科技化、人性化相融合的发展程度。

第五，在建设以居家为基础、社区为依托、机构为补充的多层次养老服务体系中，注重发挥家庭和社会生活中的优良传统文化资源的功效，努力实现家庭亲情与社会文明的有机衔接。

第六，在居家社区养老服务专职人员队伍建设中，多吸纳"一专多能"的复合型人才，以便拓宽服务领域，更好地为老年人的多重需求服务。

第七，构建居家社区养老社会支持体系。各地应依据政府责任原则、公正原则、共同参与原则，通过整合各方面资源，形成政府主导、社会协同、家庭关照、机构参与相协调的机制，充分调动各方的人力、物力和财力，建立与各地区经济社会发展水平相适应的居家社区养老的社会支持体系（见图 1-1）。

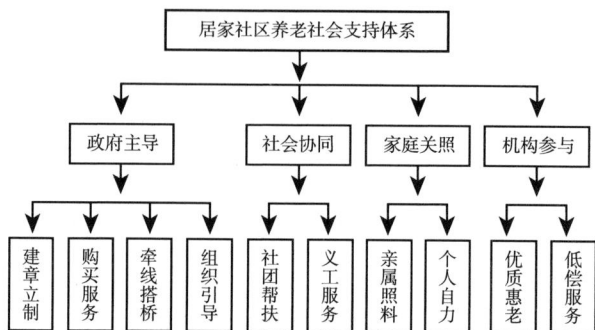

图 1-1 居家社区养老社会支持体系

6.有待深入探讨的一些问题

第一，加大居家社区养老社会支持力度，是否需要以尊重老年人价值为前提？尊重和促进老年人价值实现是否是加强居家社区养老社会支持的出发点和归宿点？

第二，加大居家社区养老社会支持力度与婴幼儿照护社会化是否具有关联性？

第三，如果践行健康老龄化和积极老龄化是居家社区养老社会支持的思想主旨，那么闲暇生活价值、生活创造价值在其中居于何种地位？

第四，如何从正确处理老有所养和老有所依与老有所用和老有所为的关系入手，提升积极老龄化社会建设中居家社区养老社会支持的质量和水平？

第五，如何从社会学的基本问题、主要问题等视角出发，就推动居家社区养老服务发展进行社会学思考？

第六，如何联系健康老龄化及积极老龄化的背景，以及结合国内进入中度老龄化阶段的客观现实需要，去认知和理解社会工作介入居家社区养老服务是社会支持的重要抓手？

第七，如何结合社会融入和社会公共服务均等化发展现状，探讨在开展居家社区养老服务中加大对随迁老人健康服务的社会支持力度？

第八，如何在现阶段加强小城镇居家社区养老社会支持？

第九，如何开展社区嵌入式居家养老服务需要立足不同地区的地方实际。第十，如何多措并举提高居家养老政策支持效能？

（三）重点难点

本书的研究重点是分析居家社区养老服务模式的不同类型、基本特征、示范效应及其创发性和局限性。本书的研究难点是探讨怎样建构居家社区养老社会支持体系，以及探讨怎样寻求居家社区养老社会支持的有效路径。

（四）主要目标

本书的主要目标是通过对各地居家社区养老服务模式的不同类型、基本特征、示范效应及其创发性和局限性的分析和概括，通过对建构居家社区养老社会支持体系的探讨，以及通过对寻求居家社区养老社会支持的实践路径的探讨，为提高居家社区养老服务质量水平提供可资借鉴的有益经验，并且为地方政府相关部门全面、深入推动居家社区养老服务的健康发展，提供具有一定价值的理论依据及政策参考。

六　基本思路和研究方法

（一）基本思路

居家社区养老既涉及人口老龄化发展中的共性问题，又有其区域特殊性。研究此类问题要着眼全国，从不同地区居家社区养老现状出发，因地制宜、博采众长，探索适时对路的居家社区养老服务模式及发展策略。本书拟立足各地人口老龄化发展现状并把握其特点，运用社会学理论和方法，在全面系统考察各地居家社区养老服务现状的基础上，综合分析居家社区养老社会支持的制约因素，重点分析居家社区养老服务模式的不同类型、示范效应及其局限性，并且深入探究如何建构和健全居家社区养老服务体系，以及具体探讨如何进一步完善和扩大居家社区养老社会支持的实践路径（见图1-2）。

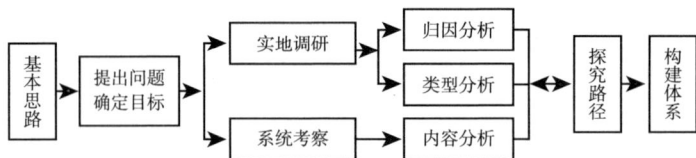

图 1-2　研究居家社区养老社会支持的基本思路

（二）研究方法

本书以全球化"白发浪潮"为大背景，通过参与式观察、深度访谈、问卷调查、资料查阅、召开座谈会、国内外比较等方法，来获得各地居家社区养老的基本研究资料，综合运用实证分析、归因分析、类型分析、典型事例分析等方法进行研究，并且从社会变迁、社会发展以及和谐社会建设的宏观理论视角，以及结合社会资本、社会整合、社会融合、社会性别、社会公共服务等中观理论视角，深化对这一课题的研究，最终形成本书的价值判断和研究结论。

七　主要观点

第一，目前，各地居家社区养老的多重需求与社会化养老服务的现实能力和水平之间存在较大差距。因此，在发展居家社区养老方面，各地需要因地制宜和因势利导，兼顾其现实性、针对性、差异性、实效性、前瞻性和可持续性，不断加强对居家社区养老的社会支持。就对居家社区养老的社会支持而言，一般包括物质技术层面、制度规章层面、精神心态层面、行为习惯层面四个层面。物质技术层面的社会支持，主要表现在对为老健康服务的实施场所、基本医疗设施设备、医疗技术服务，以及对健康知识宣传教育、为老服务技巧技能信息传播等方面的物质技术条件提供；制度规章层面的社会支持，顾名思义，就是政府及其职能部门发布的各项政策条例或行政法规，涵盖居家社区养老服务的办事规范及行为准则；精神心态层面的社会支持，无疑是一种体现社会互动性质的、主客观协调且有形与无形兼具的心理援助；至于行为习惯层面的社会支持，则是在一定思想观念主导下养成的，来自不同个体或集体对居家社区养老服务的实际行为支持。

第二，在思想认识上将人口老龄化看作社会压力、包袱等社会问题，以静止和僵化的观点看待人口红利，凡此种种，均不利于在健康老龄化和积极老龄化背景下提高居家社区养老质服务水平。人口老龄化问题的实质是对人自身生存与发展的一种文化价值观念的认同问题，即以何种思维方式及价值取向来认识和评估老年人在社会生活中的地位和作用。对人口老化状态不能仅仅从自然生理的年龄因素作简单判别，而应结合思想心理、精神状态等社会文化因素进行综合评估，因此，人们在看重"老有所养"的同时，也应积极关注"老有所为"这一代表人的需求最高层面的发展型追求。

第三，人口老龄化是随着经济发展和社会文明进步而客观存在的社会事实，而不是某些人所臆想的社会问题。社会事实是超越个人和个人行为的社会总体现象，其实质上反映着人类社会运行和发展过程的普遍规律，需要人们积极适应和自觉遵循。社会问题则属于社会运行和发展受阻时出现的妨碍大多数人正常生活的病态或失调现象，其实质上折射出社会结构本身的缺陷，或反映着社会结构由社会变迁所引发的内部功能障碍，需要以社会改革及政策法规手段予以解决。应当将人口老龄化的内在规定性，与一些老年人在个人生活中遭遇的歧老、虐老、啃老、弃老等问题事件加以区别，而弄清两者区别，可以为加大积极老龄化社会建设的社会支持力度提供具有科学性、合理性的理论依据。

第四，休闲时间比较充沛是老年人晚年生活的主要特征之一，休闲养生在增强老年人晚年生活获得感、满足感、幸福感中占有重要位置。老年人既是蕴含休闲养生哲理的优良传统文化得以承前启后的社会载体，又是实施健康中国战略中需要积极关注的重点人群之一。为满足老年人休闲养生的合理需求提供必要的社会支持，让他们在"老有所乐"中如愿以偿，实乃社会文明进步的集中体现。首先，应遵循老年人生理和心理活动规律，对处于不同年龄段的老年人，在休闲养生上给予积极的家庭支持。其次，应按照两性不同生活习惯及闲暇爱好，为不同性别的老年人共同参与休闲养生活动，提供有力的社区支持。再次，应充分考虑城乡老年人群体之间在经济收入、文化程度以及享受社会保障方面的现实差别，举全社会之力，为城乡老年人共同平等分享社会文明进步福祉，积极参与休闲养生活动，提供必要的认知支持及行为支持。最后，对老年人参与互联网活动也应正确引导。例如，从老年社会学的视角来看，近年来微信朋友圈中涉老信息总体向好，其中蕴含的富有社会正能量的思想观念、人文精神、道德情操等，不仅有利于抵制低俗、庸俗、媚俗文化侵袭和渗透老人网上生活，而且可以成为建构新时代老年社会文化的有益资源。与此相反，那些充斥自闭自恋、牢骚抱怨、狭隘自私、悲观失望、消极无为之类的涉老信息往往含有较大负能量，其不仅有损于老年人的身心健康，而且有可能对建构新时代老年社会文化造成严重干扰和破坏。故此，加强对微信朋友圈中涉老信息的梳理和引导工作，以社会核心价值观激浊扬清，顺乎老人精神和心理循循善诱，很有必要。

第五，老龄价值具有丰富多样性、广泛代表性、精神恒久性、历史沿袭性、现实观照性、创新发展性、终极关怀性等文化特质。然而，一些人在理性认知层面拘泥于传统思维定式，并且受到传统老龄观念的深刻影响，将老年人单纯看作社会帮扶对象而忽略其内在生命潜质及创造活力，以至于重其基本物质需求而轻其精神世界追求，重老年历史留存价值而轻其现实拓展价值，以及忽略老年价值的整体性、层次性等。有鉴于此，政府有关部门应积极引领有关老龄价值理念认知方面的宣传教育工作，着力建构褒扬老年价值意义的新时代话语，精心培育有利于发挥老年人在文化传承及和谐社会建设中功能作用的社会氛围，并且将其适时纳入相关政策法规的制定和实施之中。

第六，现阶段，"一老一小"问题密切相关，需要综合把握及统筹解决。譬如，在家庭功能日渐衰落的情况下，"幼有所育"和"老有所依"均需要通过社会化服务得到更为充分的保证和体现。此外，在低龄老年人替代子辈照料孙辈、低龄老年人照顾高龄老年人依然比较普遍的现状下，"幼有所育"和"老有所依"是"老有所为"的前提所在。因此，广泛、深入地开展居家社区养老服务，以及尽快实现婴幼儿照护服务社会化、有效破解适龄儿童入托入园入学难题，可谓实现"幼有所育""老有所依""老有所为"的重要社会支持。

第七，居家社区养老服务是一种兼具福利性与营利性的社会公共服务，而福利性与营利性既有兼容互促的一面，又有矛盾对立的一面。作为供给主体，政府理应在政策制定、科学规划、严格监管等方面更好发挥主导作用，力求在效率与公平、公益与营利之间把握平衡，在科学性与大众化、多样性与个性化之间寻求创新。当然，同时需要政府通过"放管服"①，在居家社区养老中为发挥市场资源配置的决定性作用创造必要条件。此外，政府也应以大社区理念，引导社区老年人日间照料中心、嵌入型养老机构、社区卫生服务中心、社工义工等为老服务资源协调配合、优势互补，同时相关部门应及时拟订医养康养融合的政策标准和规范，加快医养康养融合已有规划政策在居家社区养老中的落实。

第八，社会学意义上的社会支持，应围绕社会学的基本问题，即个人与社会的关系，回答个人在不同的生命周期怎样通过交往互动去建构社会支持网络，以便从家庭成员、亲属邻居、同事朋友、政府部门、社区组织、群团社团等处获得比较充分的支持和帮助，用以应对不同环境条件下的挑战。值得注意的是，居家社区养老的社会支持蕴含丰富的文化特质以及显著的实践品格。其文化特质表现为普适性、多向性、兼容性、沿袭性、公共性、聚合性、人文性、主体间性等。而其实践品格则可被归结为：在积极参与的动态过程中持续展示自身意义和价值；在深度整合各种资源的实际运作中，充分发挥自身在物质技术供给、规章制度谋划、精神心理支撑、行为习惯养成等方面的功能作用；在创新发展的大胆推进中，着力解决"强政府、弱社会""重形式、轻内容""重谋划、轻落实""厚物质技术、薄人文关怀"之类有碍于居家社区养老健康发展的问题。

第九，现阶段，社会工作介入居家社区养老服务的瓶颈依然在于政府购

---

① "放管服"即简政放权、放管结合、优化服务的简称。

买社工服务与家庭购买社工服务的互动互促不力，以及社工一般化无偿服务与专业的社工个性化有偿服务的不兼容。因此，国家应从社会政策视角，审视社工为老服务的系统性不够、针对性不强、可持续性不足等问题，并且从货币支付端转向价值定位端考量政府或家庭购买社工为老服务问题。这样做有利于以物质支持和精神鼓励的政策策略，在居家社区养老服务中实现技能技巧与道德人文的深度融合，有利于增进全社会对社工的认同，有利于增强社工的敬业济世精神，进而提升其为老服务质量水平。

第十，在"以居家为基础、社区为依托、机构为补充、信息技术为平台、'医养'结合为手段"的社会养老服务体系建设中，医养康养的有机结合与深度融合已经成为重要基础，起到贯通居家、社区、机构三者之桥梁和纽带的功能作用。与发达国家相比，我国老龄化、高龄化、失能化、空巢化"四化"叠加的特征更为显著。这就"倒逼"我国高度重视居家社区养老中的医养康养服务，并且推动各地想方设法在智慧健康养老信息技术与医养康养服务的衔接及融合上做文章，在创新发展社区嵌入型与社区内生性密切结合的医养康养服务模式上寻出路。而在这一过程中，发掘发扬医养康养服务本身所具有的文化意义和人文价值，加大社区医养康养服务的社会政策支持力度十分重要。

第十一，在开展居家社区养老服务中，各地在不同程度上存在理念思路相对滞后、体制机制障碍较大、功能定位及职责分工不够明确、政策法规支持效果欠佳、专业服务人才缺乏、社会力量参与不足、社会资源碎片化运作等问题。其深层原因是忽视社会建设的发展主义思维定式及其行为习惯，以及忽略市场效率和社会力量作用的行政化依赖意识及其工作方式。其主要表现为厚物质技术投入、薄人文关怀，以及重指标、轻评估，重谋划、轻落实，重规模、轻实效等。因此，在开展居家社区养老服务时，各地应当打破常规、拓宽思路，扬长避短、因地制宜，政社协同、社企嵌入，软硬兼具、优化整合，突出重点、精准发力，医养康养、深度融合，管中有放、以放促管等。

第十二，在全面、深入地推进新型城镇化建设中，中小型城镇应当特别注重积极应对人口老龄化，通过创新社区治理思路、体制机制、方式途径等，组织协调社区各种力量和优化整合各类资源，有谋划、有重点、有秩序地开展居家社区养老服务。尤其是面对老龄人口规模较大，农村老年人口数量增速较快，老年人空巢化、高龄化、失能化程度较高，以及城镇失独老年人、农村孤寡老年人较多的问题，中小型城镇务必科学把握、积极应对。在开展城乡居家社区养老服务中，各地应着重解决家庭养老与社区养老衔接不力、社区养老服务资源碎片化、老旧小区适老化改造严重滞后、机构嵌入居家社区养老服务急功近利、社会力量介入居家社区养老服务不足、农村社区老年人健康管理及医养康养匮乏、长期照护及入户照料短缺等一系列难题。

第十三，现阶段，家庭养老及家庭照顾在中小城镇及广大农村中依然具有其存在的现实土壤及合理性，尤其是在老年人心理慰藉方面具有社区和机构具备的特有功能作用。所谓居家社区养老，就是指家庭养老在各种现代化因素日甚一日的冲击下，朝向社会化养老延伸、扩展、提升的一种创造性转换形式。居家社区养老的根基仍在家庭，只不过其服务资源供给越来越多地依靠作为小社会的社区支持。因此，在推动社区养老服务资源优化整合的同时，各地也应加强和巩固家庭养老与家庭照料的基础地位。譬如，出台家庭养老经济支持政策，即家庭平衡政策，为子女履行家庭养老和家庭照料的职责减轻经济负担及提供必要时间；以提高家庭发展能力为抓手，增强家庭养老能力，推动家庭养老与社区养老和机构养老的有机衔接、良性互动和互补互促；以制定和实施家庭支持政策为契机，促进家庭养老及家庭照料质量的提升。

第十四，在建构居家社区养老社会支持体系中，社会政策支持是重要环节。究其实质，居家社区养老服务当是集中体现以增进社会公平正义和适度社会福利为基础的社会支持及人文关怀。换句话说，搞好居家社区养老服务，必须在政策的制定和实施中，真正体现以人为本、普惠大众的核心价值。现阶段，能否在政策制定中充分体现这种社会支持及人文关怀对于能否搞好居家社区养老服务无疑具有决定性作用。人口老龄化涉及经济、社会、文化等问题的交织和叠加，要使居家社区养老服务从乡到城、从点到面、从弱到强取得突破性进展，政策法规建设务必"走在前面"。近年来，在为居家社区养老服务提供社会政策支持的积极探索中，各地已经形成了一些好的做法，取得了一定成效，但也出现了一些问题，如政策支持不到位、错位、越位等。政策支持不到位主要表现在一些地方的政策制定中，其理念比较滞后、支持力度不足、支持范围较为狭窄；政策支持错位主要表现在一些地方的政策制定中，在一定程度上存在重物质技术、轻人文关怀，重市场效能、轻社会效益，重任务达标、轻挖潜创新的倾向；政策支持越位主要表现在一些地方的政策制定中，在一定程度上存在脱离实际、违逆规律、盲目推进的倾向。

第十五，当前，各地在开展居家社区养老服务中，较为普遍地面临物质层面的力不从心、组织协调层面的不得要领、实际操作层面的无所作为、人文关怀层面的心不在焉等发展困境，亟待蕴含和谐发展之事理、法理、情理的社会政策创新去破解之。一是在制定与居家社区养老服务相关的地方性政策法规时，有必要跳出单纯就"物养""医养"讲生活型养老的传统思维定式，以及视老年人为被动接受者的惯常为老服务理念，从经济、政治、社会、文化、生态统筹协调发展的视角，全面审视和考量居家社区养老问题，以便在居家社区养老服务政策法规制定中能充分体现系统性与整体性、协同性与包容性、原则性与灵活性、普惠性与特惠性、现实性与前瞻性的内在统一，以及能显露较强的聚合力、感召力、创造力、执行力和持久力。二是找准促进居家社区养老服务发展的政策支持着力点及创新点；开展居家社区养老服务的着力点选择，以不断巩固和加强其公益性的主导地位为前提。基于健康老年人最多、亚健康老年人次之、失能半失能老年人较少的现状，各地应当区分政策支持的重点照顾对象与政策支持的主要服务对象，从而将开展居家社区养老服务的着力点定位于不断更新、完善和扩大社区为老公共服务基础设施，以及营造为老服务良好氛围、提升其服务质量水平。以创新思路及改革举措，推动机构养老与居家社区养老的有效对接和高度融合。三是在制定支持居家社区养老服务发展的地方性政策法规时，力求做到细化深化、精练精准。例如，在居家社区养老服务中政府、企业、社会组织各自的功能定位及其边界划分、居家社区养老服务的社区职责定位、政府购买居家社区养老服务的实施途径及其衡量标准、居家社区养老服务用房和设施的硬件建设、居家社区养老服务专业人才队伍培养之类举措的具化方面，应尽可能地做到深入浅出、一目了然，详尽周全、不留疑问。四是立足现实、着眼未来，通过传承和创新孝亲敬老文化，为发展居家社区养老服务提供精神动力支持，并且将传承和创新孝亲敬老文化，融入居家社区养老服务地方性政策法规建设。从自然亲情关系永远不可复制的意义上来说，携带孝亲敬老文化基因的家庭养老具有基础性地位，其他所有养老模式应是在此基础上的延伸和提升。孝亲敬老文化天然固有地蕴含着对他人、对社会的责任，并且其中凝聚着完善人性、完美人生的传统美德和充实人生价值、生活意义的伦理智慧。尤其是新时代下的孝亲敬老文化已迈入新的理论生长空间，其重要标志就是它正在为优化社区人文环境及搞好社会化为老服务体系建设，提供深厚思想定力、创造新颖道德情操、注入浓郁人文关怀。鉴于具有民族特色和时代特征的现代孝亲敬老文化蕴含的伦理理念、道德价值、情感智慧等已经成为建构社会化养老服务体系软件的核心要素，有必要将其融入居家社区养老服务地方性政策法规建设之中。

第十六，在农村家庭养老逐渐弱化之际，乡镇敬老院床位空置率却居高不下，这造成了公共资源的极大浪费。因此，推动乡镇敬老院社会化运营改革，有利于盘活农村闲置养老服务资源、增加养老服务有效供给，有利于促进农村机构养老与居家社区养老的有效对接、拓展养老服务社会空间，有利于提升养老服务质量效能、最大限度地满足农村居民多层次及多样化的养老服务需求。一是顺应农村养老服务的现实需求，整合现有的医疗资源和养老资源，加快推动乡镇敬老院与乡镇卫生院联合，共同打造兼具医养功能的护理型养老机构。二是应在不改变乡镇敬老院公益性机构属性，以及优先确保有入住需求的特困人员集中供养的基础上，满足农村低保老人、空巢老人、失独老人、高龄老人等社会弱势老人群体的服务需求，将乡镇敬老院打造成社会化运营且兼具医养功能的综合性乡域养老服务中心。

第十七，家庭流动迁移是社会变迁、社会结构转型必然出现的社会现象，而流动随迁老人的养老问题则是在这一过程中社会建设、文化建设较长时期滞后所带来的特定社会难题。目前，流动随迁老人在融入当地社会时存在父母权威丧失、家庭关系异位、家务劳动繁重、社会交往障碍、精神生活匮乏五大障碍。这与社会转型和家庭变革密切关联，无疑属于养老的深层次问题，而这些问题比个人生计等基础性问题更难解决。流动随迁老人的养老问题，不仅是一个现实存在的问题，而且在不久的将来有可能成为居家社区养老服务需要重点解决的问题。作为流动随迁老人的流出地，其对流动随迁老人的养老问题，当然负有义不容辞的社会责任。一是流动随迁老人大半生时间为其原住地的经济社会发展做出了贡献，他们理应从这一地区得到相应的回报。二是流动随迁老人的晚年生活具有不确定性，他们中的相当一部分人在不远的将来也有可能会由于某些复杂原因叶落归根，返回自己的家乡居住，而这也就相应地要求流动随迁老人流出地的政府及职能部门未雨绸缪，在社会养老公共服务方面做好充分的准备。

第十八，女性参与居家社区养老服务是社会转型发展中的个人再社会化行为，需要多方面的社会支持。指导女性参与居家社区养老服务的理念是"助人自助、服务社会、完善自身"，女性参与居家社区养老服务的途径包括直接参与和间接参与，不同女性群体的参与途径各不相同。总体参与数量不足、参与深度不足及范围较窄、缺乏政策支持力度等是目前女性参与居家社区养老服务中面临的主要问题。鉴于此类问题的产生具有多因性，各地应通过提高思想认识、强化政府责任、发挥市场作用、创新社会政策、营造社会氛围等措施有效排除女性参与障碍，并且大力拓展她们的参与空间。此外，对家庭养老的依恋和依靠与家庭变革发生矛盾和冲突、个体素质能力与健康老龄化和积极老龄化的社会要求不相适应，以及新时代老年妇女对于居家社区养老服务的更高需求与能够提供满足这种需求的社会舆论支持及社会政策支持之间，尚存在较大差距。这类难题对积极推动女性参与居家社区养老服务、持续提升女性参与居家社区养老服务质量等会产生消极影响和不良作用。应从性别平等与社会支持交融互补的视角，理清社会公正与性别公平的逻辑关系；将体现自尊、自主、自信、自强的个人价值作为促进女性参与居家社区养老服务的"主旋律"及创新点；全方位且多角度地拓展女性参与居家社区养老服务的现实途径；将性别意识融入支持女性参与居家社区养老服务的社会政策设计及社会服务谋划，形成科学合理的理念、思路以及得当的方式、途径。

第二部分

社会调查

第二章

河南省县域小城镇及乡村居家
社区养老服务调查

河南省地处中原，物产丰富且交通便利。2021 年末全省常住人口为 9883 万人，常住人口城镇化率为 56.50%，低于同年全国平均水平 8.22 个百分点。① 较多的县级行政单位及较低的城镇化率，意味着河南的大部分人口居住在数以千计的小城镇及数以万计的行政村。基于此点考虑，课题组分别从豫南、豫东、豫北、豫西选点，就县域小城镇及乡村居家社区养老情况进行实地调查。

一 豫南淮滨县城乡居家社区养老服务情况调查

豫南淮滨县地处淮河中上游，豫皖两省交界处，南望大别山，北接黄淮大平原。境内东西长约 53 公里、南北宽约 43 公里，总面积为 1209 平方公里，辖 15 个乡镇 4 个街道办事处。2021 年，淮滨县年末户籍人口为 82.36 万人，常住人口为 58.08 万人，常住人口城镇化率为 43.88%，60 岁及以上老龄人口约占全县常住人口的 13.5%。该县是一个典型的传统农业县，同

---

① 《2021 年河南省国民经济和社会发展统计公报》，河南省人民政府网，https://www.henan.gov.cn/2022/03-12/2413033.html，2022 年 3 月 12 日。

时也是一个劳务输出人口大县，第一产业在全县地区生产总值中占比较大，第三产业不甚发达，经济发展状况比较落后，外出务工经商劳动力在总人口中占比较大。截至 2020 年 2 月 26 日，该县经过专项评估检查等程序并经河南省政府批准才正式脱贫摘帽退出贫困县行列，但在豫南依然属于经济社会发展欠发达地区。目前，全县有 26 家民办养老院，23 所农村敬老院；全县每千常住人口拥有住院床位数 5.9 张，每千常住人口拥有执业（助理）医师 2.3 人，每千常住人口拥有注册护士 3.1 人，每千乡村常住人口拥有乡村医生 2.6 人。该县社会公共服务事业发展相对滞后，因而居家社区养老服务也起步较晚且发展比较缓慢。

（一）豫南淮滨县顺河街道办事处居家社区养老情况调查

豫南淮滨县顺河街道办事处设立于 2013 年 10 月，根据省市县行政规划调整政策，由淮滨县原城关镇调整而成，按城区建制实施管理，辖区居民均是市民身份。该街道办事处辖 11 个社区居委会，辖区面积为 19.478 平方公里，建成区面积为 14.864 平方公里，总人口为 60978 人，常住人口为 48732 人，60 岁及以上老龄人口占常住人口的 13.85%。在顺河街道办事处辖区范围内目前有养老机构数家，其中公立社会福利院 1 家、民办养老院 3 家，另有社区卫生服务中心 2 个、私人小诊所 12 家。公立社会福利院是由县民政局兴办的光荣敬老院，主要接纳城区的"三无"老人，而西湖养老院、夕阳红养老院、健康老年公寓这 3 家民办养老机构主要是接纳失能、半失能或高龄的老年人。对于管辖 11 个社区的顺河街道办事处来说，仅有 2 个社区卫生服务中心是远远不能满足辖区内居民的日常医护需求的，而这种缺失往往由十余家私人小诊所来补充。尤其是部分村改居社区，由于县城扩建数次征地基本占完原有土地，社区资源较之老城区类型的社区匮乏，社区居民的就业、养老问题也显得比较突出。大多数老年人由于社区建设相对滞后、公共服务资源比较匮乏，养老模式以家庭养老为主、居家社区养老次之，也就是说居家社区养老在当地尚处于发展的初始阶段。

1. 公立社会福利院实地考察

淮滨县社会福利院位于顺河街道办事处辖区内，坐落于县民政局办公大院。2017 年淮滨县民政局投资数千万元重建社会福利院，并启动老人日间照料中心建设。2018 年新的社会福利院也被称为光荣敬老院，在其交付使用后，入住的老年人大多数是"三无"老年人和少数参加过抗美援朝的老战士以及个别残障老人。这里的居住环境和物质生活条件好于一般的乡镇敬老院，数字电视、冷暖空调、热水器、坐便器、无障碍扶手等设施应有尽有，楼下活动场地比较宽敞，活动器械种类也比较丰富，周边绿化率较高且环境十分美观。近年来，该社会福利院多次被评为豫南敬老模范单位，其多名工作人员也被评为敬老之星。针对这里的老年人大多无儿无女、精神孤独和情感支持匮乏的现状，院方经常组织中小学生来此与老年人交流互动。学生与老年人一起联欢和聚餐，帮助老年人打扫卫生、收拾房间，以及与老年人叙家常。不过，美中不足的是，这所社会福利院床位有限，只有 40 余张，远远未能满足整个县城城区上百名"三无"老年人的入住需求。

2. 民办养老机构实地考察

在淮滨县顺河街道办事处辖区内，西湖养老院、健康老年公寓、夕阳红养老院这 3 家民办养老机构大体上属于小型养老院，平均每家入住老人 35 人左右，管理和服务人员平均 10 人左右，其中大致包括院长 1 人、炊事员 1 人、照护人员 8 人。院长间或参与服务工作，工作人员与老人之比大约为 3∶1。一般来说，半自理和完全不能自理人员约占入住人员的 1/5，80 岁以上的老人约占 1/3，70～80 岁的老人约占 1/2，余下的则是 60～70 岁的老人。入住男性老人占 2/3，入住女性老人占 1/3。收费标准方面，完全自理的入住者为 1000 元/月，半自理的入住者为 1400 元/月，完全不能自理的入住者为 2000 元/月。每间宿舍面积有 18 平方米左右，一般是 2 人合住，也有 3 人合住的，只是后者房间稍大一些，有 22 平方米。完全不能自理的老人一般享受单间待遇，所住房间一般朝南向阳，但多在较高楼层居住。入住人员中有退休老干部、退休老教师、退休老工人、退役老军人、城区老年居民以及邻近乡镇的老年居民。

西湖养老院依托一墙之隔的西湖医院创办，属于医养结合型的养老机构。西湖医院是新农合与城市医保双重定点医院，与西湖养老院签有医养结合互助合作协议，人员各自调配，财务单独核算。西湖医院的侧门直通西湖养老院，倘若老人突发心脑血管疾病，便可就近及时实施抢救和医治。平时，医院护士每天给老人量血压、测血糖，一般性的伤风感冒及其他常见病均可以在此得到有效治疗。老人宿舍及走廊或过道的卫生打扫得比较干净，卫生间的淋浴设施和坐便设备等也是一般的敬老院望尘莫及的。除了日用品比较齐全外，度冬过夏还备有冷暖空调。对于半自理和完全不能自理的老人则由护理员专门负责照料。公共伙房卫生整洁，炊事员做的饭菜也比较合乎老人口味，有特殊需要的老人可被专门照顾，按他们的要求提供让他们满意的饭菜。一些业余文艺团体或中小学文艺团体，在节假日会来这里为老人作专门演出。该养老院现有院长1人、护理人员9人、炊事员1人，入住老人37人。院长是一名45岁的中年女性，她看好养老院发展前景，乐意带前来拜访的客人参观每个房间，其言谈举止无不流露出成就感和自豪感。有一名92岁的半自理高龄老人（腿脚不灵便）对这里的生活状况比较满意，说入住这种养老院是价廉物美，不仅吃得好、住得好，还能享受不错的生活照料服务。在这里，老人时常聚在一起拉家常，可免去寂寞感和孤独感。一开始，他们被子女送来还不习惯这里的生活，而现在习惯了就再也不想回去了。有一名73岁的半自理老人，他是转业军人，1963年入伍，1972年退伍转业，原任乡镇一般干部。退休后不久，由于半身不遂被其子女送到这里，入住费用由子女支付。子女平时忙于工作，每月只能来探望他1次，但由于与同龄老人言谈交往较多，他平时也不觉得寂寞。他对这里的生活比较满意，对来访客人说这里每周给检查身体，打针吃药很方便，他解大小便也会有人专门护理。在这里，仅有5名生活完全不能自理的老人，他们分别有专人照料。正值冬令时节，这些老人分别由护理人员推着轮椅在向阳处晒太阳，看上去精神还不错。西湖养老院的后门邻近淮滨县"走读淮河"文化工程基地，放眼望去，植被茂盛且空旷和安静。据院长介绍，留后门是方便老人去那里活动，在漫步中呼吸新鲜空气和调剂身心。西湖养老院里还设有棋牌室和文体室，老人们在此下棋、拉胡琴、唱歌唱戏、打乒乓球，气氛显得温馨而又和谐，足可让他们焕发生命的活力。当然，这家养老院也存在自身的短板，那就是护理人员年纪较大，除院长之外的9名护理人员平均年龄是49岁，并且清一色是女性，在照料个别生活完全不能自理的高龄男性老人时，难免会力不从心。女院长向来访者解释，这种情况主要是由于年轻女性多半不愿从事这项工作，至于最适用的年轻男性更是难求。

健康老年公寓与"走读淮河"文化工程建筑相对，周边环境优美，居住空间比较宽敞。公寓入门大厅张贴了文明服务规范，即微笑服务、想得周到、做得细到，老人满意、家属满意、来宾满意，眼勤、嘴勤、手勤、腿勤，嘴巴甜一点、动作轻一点、行动快一点、做事多一点、效率高一点、脾气小一点、理由少一点、脑筋活一点、微笑露一点、度量大一点。该老年公寓管理服务人员共有9人，其中负责人是一名姓刘的中年男性，此外护理员有7人、炊事员有1人、入住老人有36人。在这所老年公寓里，消防、消毒、灭菌等安全措施比较周密，既有落实，也有督查。此外，该公寓还制定了护理员岗位职责和卫生保健管理制度。例如，实行全天24小时护理制，每10分钟巡视一次；照顾老人要周到，对每位老人要有爱心耐心；对老人护理均按护理流程进行，要规范到位；不怕脏、不怕累、不怕麻烦；不辱骂老人，不顶撞家属，不在工作时间干私活，不随便离岗；保持老人身体、衣服、床上用品及室内清洁整齐；要热情接待来访客人及老人家属，反映情况要客观真实；定期给老人及护理人员讲述有关心理护理、饮食护理、自我保健、老年常见疾病护理等有关知识；等等。按照规定，该老年公寓室外卫生区3天打扫一次；室内卫生坚持一天一小扫，一周一大扫；食堂勤打扫，餐具勤消毒，严禁购买和使用腐烂、变质的食品；医务室备有常用药品，垃圾实行袋装化；医务室每天有两名医生当值。从食谱上看，该老年公寓的一日三餐十分丰富：早餐有茶鸡蛋、油条、豆浆、馒头、玉米粥、豆腐、白菜、油卷、素包子、白米粥、炒土豆丝、红枣粥、黄瓜炒鸡蛋、肉包子、百合莲子粥等；午餐有大骨头汤面叶、豆杂肉丝面条、皮蛋瘦肉粥、米饭馒头、红烧肉、芦笋片、西红柿鸡蛋汤、老母鸡汤面叶、粉鸡、豆芽炒青菜、水饺、清蒸鸡蛋羹、洋葱炒猪肝、山药片、蔬菜汤、红烧鱼、豆芽茶干、青菜汤；晚餐有粉丝胡萝卜片、八宝粥、炒藕片、小米粥、杂面卷、炒笋瓜、莲子粥、糖包、鸭血豆腐、银耳粥、烧茄子、白萝卜汤、杂粮粥、咸馍、红豆稀饭等。此外，在实地考察中，笔者发现该公寓的护理人员比较年轻，平均40岁左右，其中还有2名男性，他们主要负责照护完全不能自理的男性老人。当然，该老年公寓也有不足之处，主要问题是医养结合不到位，平时虽有一名医务人员值班，但服务质量受医疗设备、医务技术等条件限制，在一定程度上还不能满足老人们较高的医疗需求。此外，该养老公寓为外省人士所兴办，并且入住老人中跨城乡、跨区域者较多，他们之间的日常交往在一定程度上会受到经济、地理、文化差异的影响而显得较为疏远。

夕阳红养老院是一所民办公助的小型养老院，有院长1人、护理人员8人、炊事员1人，入住老人有32人。院长是一名看上去精明能干的中年女性。这家养老院周边环境比较优美，宜居程度较高，与淮滨县新城区的西湖相距不远，有比较开阔的大院子及活动广场，植被十分茂盛，空气比老城区好得多。周边社区的广场舞及其他类型的文艺体育活动较多，其活跃的文化氛围可在一定程度上消除老人的心理孤独。该养老院养老服务措施较有特色：一是卫生管理制度较为细致周密，其中规定每天早晨由工作人员督促和帮助老人刷牙、洗脸、洗手、梳头、整理床单和床铺；由工作人员督促和帮助老人每周修剪指甲、理发、刮须至少一次；由工作人员为老人打水、备餐和分餐，对生病老人可送餐入室；帮助老人清理桌面、窗台、地面等；每周大扫除一次，日常则由工作人员为老人清洗衣服及洗刷餐具；老人使用的床单和枕巾每周清洗一次，被套每月清洗一次。二是医疗康复服务规章健全，其中规定保健医务员每周查房一次，遇急诊随叫随到，及时处理；定期为老人做健康咨询、健康指导和医疗服务，建立健康档案；每半年给老人体检一次，平时督促老人按时起床、休息、活动，组织他们参加保健活动。三是文化娱乐健身服务项目比较齐全，其中包括免费提供室内外健身器材，组织打门球，组建棋社自乐班，完善书报阅览室设施；由专职人员组织开办书画班、扇舞班、秧歌班、锣鼓班、剑舞班等；节假日组织和开展周边中小学学生与老人的联谊联欢活动。四是饭菜每天不重样，荤素搭配合理，汤水味鲜可口，主食和副食花样繁多，小炒和小吃门类齐全。五是呼叫服务较有特点，譬如实行 24 小时值班服务，各个房间均设有呼叫设施，老人如有需求或紧急情况，工作人员可在第一时间入室服务。六是亲情服务比较温馨，倡导对老人精神关爱，经常与老人沟通，了解老人的喜怒哀乐、脾气秉性、生活习惯、兴趣爱好及内心世界，视他们为亲人，尽最大可能让老人保持心情舒畅。七是管理服务制度完备，主要包括工作人员学习和会议制度、卫生包干评比责任制度、定期讲授卫生保健知识制度等。八是实行大众化与个性化相结合的运作原则，该养老院护理级别包括一、二、三、四级护理及特级护理，并且基于对工薪阶层经济承受能力的充分评估，收费标准也比较合理。

3. 居家社区养老概况及其分析和思考

（1）居家社区养老概况

从以上淮滨县顺河街道办事处辖区的机构养老状况来看，笔者认为，对于在常住人口中有着 6700 多名 60 岁及以上老年人的老城区来说，能够入住机构养老的老人只占常住老年人口的 3% 左右，也就是说绝大多数老年人还须依靠家庭养老或个人居家养老。目前，在这个老城区，一些高龄老人与子女同住，接受他们的照料；一些丧偶的低龄老人与子女或亲友相邻而居，保持着"端一碗水不会凉"的距离，便于子女和亲友照护；一些失能或半失能且无法入住养老院的老人，通常是由子女出资雇请护工入户照料，子女利用业余时间探望或陪护；一些老人则是夫妻俩互相照料或与相邻老人结伴相互照应。此外，还有一种比较独特的现象，在老县城城关临近处的租房内居住着一些年龄在 45~55 岁的中年妇女，她们大多来自农村且已丧偶。在一些男性老干部、老职工丧偶后，这些中年妇女经人介绍先以住家保姆的身份去照顾那些男性老人，其后再与他们登记结婚对他们实施长期照料。虽然社会上有人将这些中年农村妇女戏称为"嫁人专业户"，但是她们在一定程度上的确减轻了家庭和社会养老服务的压力。不过，这种情况多半发生在衣食住行等方面条件较好的丧偶老年男性之中，因为他们既不愿入住养老机构，又想得到比较舒适的生活照料。当然，这类老人人数很少，对于广泛开展居家养老服务来说并不具有代表性。

目前，在顺河街道办事处辖区，尚无一家独立兴建的社区老人日间照料中心或老年人日托中心。据县民政局有关人士的解释，这主要是受经济条件的限制，因为淮滨县属于国家级贫困县，又地处豫皖两省边界，信息技术发展也比较滞后，加上县财政连行政事业单位正常开支及职工工资发放都缺乏保障，根本就拿不出资金支持老城区居家社区养老基础设施建设，以及开展信息技术平台建设。尤其是在医养结合服务方面，老人居家社区养老面临着较大困境。虽然顺河街道办事处辖区有 2 个社区卫生服务中心，但对于 11 个社区为数众多的老人来说，其特殊的医疗需求尚无法得到充分满足，他们平时只能去一些私人小诊所看病，所得到的服务往往不够专业化。据县民政局有关人士的介绍，现阶段淮滨县城区的医养结合服务依然局限于机构之中，即在养老院中配卫生服务点，或在部分医院中设老人病床。而在社区卫生服务中心与养老机构的联手方面，医药费使用医保卡报销问题并未得到完全解决，其主要原因包括以下几方面。一是标准不一，政策文件虽好，但受条件限制无法具体落实，在实际工作中无法协调执行；二是在社区卫生服务中心看病究竟属于医保范围还是自费范围，有些难以认定；三是部门分割，民政、卫生、社保等部门各行其政，在一些方面基于局部利益难以达成共识。据 2019 年淮滨县国民经济和社会发展统计公报，2018 年该县组建家庭医生团队 84 个，常住人口已签约 30.2 万人，签约率达 52.9%，其中县城老城区也就是顺河街道办事处辖区签约率为 49.5%，各乡镇签约率为 56.3%。县城老城区签约率低于乡镇农区的原因主要是，扶贫攻坚让农民得到诸多好处，他们坚信与家庭医生签约后政府将会给予自己更多的利益，并且他们对签约后一些免费检查的医疗项目也更为看重。此外，按照县里的有关政策规定，每建立 1 个社区卫生服务中心，可给予 20 万元的一次性补贴，但是，因为政府投入较少加上自筹资金及场地缺乏等情况，在顺河街道办事处辖区内 11 个社区目前只建成 2 个社区卫生服务中心；至于建设居家社区养老服务中心，虽然每建 1 个也可得到 20 万元的一次性补贴，但是出于同样原因，至今尚未建成。谈及此事，县民政局的相关人士解释，作为一个国家级贫困县，在建设补贴这方面与大中城市根本无法相比，尤其是在小县城老城区公共服务基础设施比较匮乏和陈旧，并且居民大多数依然为生活所累的情况下，在社区建设居家养老服务中心，一是缺乏资金，二是缺乏人员，三是缺乏房舍及信息技术平台。从以上情况看，在顺河街道办事处辖区内 11 个社区中，由于社区养老服务资源不足，而辖区内养老机构只能容纳极少数老年人而不能顾及大多数家庭的需求。因此，现阶段老城区居民基本上还是以依靠子女的家庭养老为主，其中一些经济条件较好、子女工作较忙、传统观念较强的家庭，如有高龄或失能半失能老人，则以聘请保姆的居家照料为主。

（2）分析和思考

在淮滨县顺河街道办事处辖区也就是原来的淮滨县老城区，为何居家社区养老服务发展得如此迟缓？其原因自然是多方面的，主要原因有以下 3 个。一是受当地经济社会发展状况影响，政府对社区养老服务公共设施建设的资金投入不足，社区自筹资金能力也不强，并且政府在提供服务场所和信息技术支持方面有心无力。二是在引导和鼓励民间资本与社会力量参与居家社区养老服务方面，地方政府的政策引导和支持力度不足，并且民政、卫生、社保等部门各行其政而政策规定不够一致等，也在一定程度上使发展居家社区养老无能为力。三是辖区居民的思想文化观念更新比较滞后，对依托社区资源居家养老的认同程度较低，并且在居家社区养老的宣传引导方面在一定程度上存在"走形式"和"走过场"的现象，以致辖区居民对这类宣传不太感兴趣，他们所关心的只是地方政府和所在社区在养老服务方面的实际作为。一方面，在发展居家社区养老服务方面，地方政府及其部门的积极性、主动性和创造性发挥得不够，往往以经济社会发展滞后、公共服务供给不足等为理由，解释当地居家社区养老服务发展不力的状况。另一方面，民间资本对参与居家社区养老服务顾虑重重，比较缺乏信心和动力，而一些辖区老年居民作为养老主体对其参与居家社区养老抱着消极观望的态度，甚至对此项服务不够信任。

从以上分析可见，淮滨县老城区居家社区养老服务发展滞后，有其客观原因和主观原因，其中客观原因固然起到主要作用，但主观原因也在发挥着重要作用。在同样的经济社会不甚发达的条件下，有些地方的居家社区养老服务发展得较好，而有些地方在这方面则发展得较差。这就表明地方政府及其职能部门在这方面重视和努力的程度不同，其收效自然也就大不相同。从主观因素方面看，地方政府对老城区居家社区养老服务发展不力的根源认识不足，因为其在解决缺资金、人员、场所、信息技术以及医养结合等难题上，基本上是消极等待上面的支持，缺乏想方设法地创造条件也要做好事情的积极性、主动性。譬如，在巩固居家社区养老的基础即家庭养老方面，老城区在褒扬尊老、敬老、助老模范和贬抑非道德行为方面做得还不够，因此歧老、虐老、弃老行为在辖区内有所发生。再如，辖区管理者往往疏于考虑解决一些老人买菜做饭的难题，组织引导及协调不力，以致社区兴办的老人餐桌服务不够完善，与一些老人的要求存在一定距离。此外，在对民间资本进入社区兴办医养结合养老机构方面，辖区管理者往往恪守有关政策规定，不能依据实际情况在不违背原则的前提下进行变通，致使一些有意介入当地社区养老服务的民营企业，因为感到审批手续过于烦琐以及投资风险较大而望而却步。从客观因素看，存在决定意识，顺河街道辖区内有不少居民家庭养老需求层次较低，多数老人认为有饭吃、有衣穿、有人照料，能够生存下去就行，至于精神抚慰、个性发展等心理需求，在他们看来属于一种奢求。至于个人尊严和思想，他们的理解则是饿不着、冻不着、子女能每年给点资助且每逢节假日前来探望，这也就算是自己的莫大福气了。

综上所述，就顺河街道辖区这一欠发达老城区来说，要推动居家社区养老服务发展，首先，要充分发挥地方政府及其职能部门服务民生的主导作用，制定中长期发展规划，并且将其列入年度工作的重要议事日程予以检查和落实。其次，要以创造性的工作态度为社会企业介入居家社区养老服务建设创造良好的环境条件，精心孵化和大力发展社区民间组织，优化整合各类服务资源以及聚集各方社会力量，尽快形成助推居家社区养老服务发展的强大合力。最后，要在辖区范围内加强和深化社区养老服务的宣传教育工作，提高社区居民家庭对依托社区资源居家养老的思想认知度，耐心引导他们正确看待从家庭养老走向社会化养老的大趋势，并且尽力消除他们对社区养老服务的某些误解，逐渐提升他们对养老服务的需求层次。

（二）豫南淮滨县防胡镇乡村居家社区养老情况调查

防胡镇位于豫南淮滨县西北，东靠京九铁路淮滨县站，西邻 106 国道，镇域面积 78.3 平方公里，辖 16 个行政村及 207 个村民组，总人口 5.8 万人，60 岁及以上老年人口有 7743 人，人口老龄化率为 13.35%。防胡镇是淮滨县第一农业大镇，镇区常住人口近万人，镇政府所在地也是淮滨县最大的农村集镇，曾是豫南改革试点乡镇。前些年该镇经济发展一直比较落后，贫困人口较多，近期尽管已经摘掉贫困帽子，但缺乏乡镇工业有效支撑和现代化农业生产技术的有力支持，经济发展状况尚未根本好转，并且在社会公共服务事业发展方面也进展缓慢。从总体上看，居民物质文化生活水平还有待大幅提高。据不完全统计，该镇劳动力常年外出务工或经商者有近 13000人，约占总人口的 22%，这就意味着留守老人较多，同时也意味着该镇发展居家社区养老服务面临着严峻挑战。

1.豫南淮滨县防胡镇敬老院考察

防胡镇敬老院是一所主要收养农村"五保"老人的公办养老机构，现入住老人 29 名，工作人员 3 名，两者之比约为 10∶1。在入住老人中，60~79岁的老人占 4/5，80 岁以上的老人只占 1/5；男性占 3/5，女性只占 2/5。在防胡镇敬老院，为"五保"老人支付的国家集中供养费每月为 1010 元/人，其中每月伙食生活费为 200 元/人，但不包括衣物购买、住宿等费用。在这家敬老院，受条件限制，目前既未配备电脑及空调设备，也未在每间住室内配置电视机。老人已习惯夏天靠电扇或蒲扇纳凉，冬天靠煤炉取暖。这家敬老院没有锅炉房，但老人可在公共淋浴室洗澡，冬季使用电热水器，春夏秋季节则使用太阳能热水器。住宿方面两人一间，房间均为砖瓦结构的平房，每间面积 15 平方米左右。该养老院还建有 1 间大公用会议室，可容纳 100人左右，里面放有 1 台大彩电，老人时常在这里看电视；也建有 1 间棋牌室，供老人日常活动使用。院内厨房和餐厅的设施均比较简陋，做饭使用质量比较一般的炊具；餐厅面积较大，大约有 30 平方米，通风和光照良好，就是装修比较简单，使用塑料椅凳，窗户则是由低质价廉的塑钢材料做成。炊事员是 1 名中年女性，她说自己要负责近 30 人的餐饮工作，比较劳累。据老人们反映，在这里吃得尚可，平时荤素搭配，能够吃饱吃好，但奶制品摄入不足。敬老院内卫生间也是公用的，男女各有一间比较简陋的卫生间，并且是蹲便而不是坐便，卫生条件欠佳。这家敬老院周边生态环境尚好，无工厂企业和学校，无污水和噪声，院内植被较多且花草树木长势旺盛。在院内，还有一个人工挖掘的 20 平方米左右的小水塘，据工作人员介绍，在里面专门养鱼，用来为老人们改善伙食。此外，院方也曾组织和动员 80 岁以下的老人在院内周边种菜，以补贴伙食。平时，在这里入住的大多是孤寡老人，即人们通常所说的"五保户"；这些被集中供养的老人平时来去比较自由，他们大多与亲戚朋友时有来往，请假后便可赶集或会见亲朋好友。在这里，入住的老人大多在生活上能够自理，仅有 3 名半自理老人需要工作人员专门照料。每逢节假日，镇领导会来看望老人，当地幼儿园和小学的孩子也会来与老人联欢，为他们表演节目，加上他们大多有老年手机及收音机用来打发时间，老人表示平时也不觉得特别的孤独和寂寞。

在这里，调研者参加了由镇长组织召开的敬老院现有入住老人座谈会。由于 4 名老人请假外出以及 3 名半失能的老人行动不便，实际上参加此次座谈会的有 22 位老人。在座谈中，老人们对吃住方面普遍比较满意，这主要是因为乡下老人对现代化生活享受的要求并不高，他们觉得能吃饱穿暖和遇事有人照料就是个人福分。不过，对敬老院的发展现状他们也有一定的看法，其反映的问题主要如下。一是敬老院工作人员工资偏低，工作量过大，而月工资仅 2000 元左右，平时敬老院工作人员会因为工资偏低而不太安心工作，以致服务质量难以提升。二是老人的医药费目前尚不能全部报销，报销比例还达不到 95% 的标准。这些老人认为，即便现在医药费他们可以报销 95%，但是倘若得了大病，由于基本没有收入来源和外部经济援助，他们依然无力承担。比如，60 万元的大额医疗费，即便个人只需要支付 3 万元，大多数人也无法拿出这笔费用。因此，他们建议增加敬老院工作人员收入，以便他们能够专心致志地搞好服务工作；同时，政府也应当对孤寡老人尽快采取医药费用实报实销、由国家全部包揽的社会福利政策。

2. 豫南淮滨县防胡镇居家社区养老现状

由于敬老院目前只能解决防胡镇极少数"五保"老人的养老问题，绝大多数老人还得依靠家庭养老或依托社区资源居家养老。家庭养老虽然是该镇大多数老人的首选，然而在现实条件下，这也有一定难度。这是因为，一方面，受家庭功能淡化、家庭结构小型化、家庭生活方式更新、家庭关系的疏离化等因素的影响，家庭养老功能逐渐衰弱，乡村老人依靠家庭养老的愿望与养老社会化的发展趋势的反差将日益加大。另一方面，在大量青壮年劳动力常年外出务工的情况下，家庭养老对于不少较为年轻的老年人而言已经变得很不现实，因为他们在个人生活中无法指望子女，他们不仅要自己照顾自己，而且要代为照料孙辈。至于居家依托社区资源养老，防胡镇老人受限于所在乡村社区发展的客观现状，则是可望而不可即。对于拥有 7700 多名老龄人口的农业大镇来说，防胡镇目前的社区养老服务资源十分匮乏，社区养老公共服务建设比较落后，医养结合型养老院及医院的建设尚未起步，幸福大院建设在大多数行政村尚无着落。在传统的家庭养老方式日渐式微、机构养老服务不甚发达、社区养老服务供给十分不足的现实情况下，大多数老人被迫自助养老或互助养老。在家庭医生签约方面，受益于扶贫攻坚活动的推动，虽然签约率也说得过去，接近全县平均水平，但是，由于该镇只有 1 家乡镇级卫生院和几家私人诊所，医疗设施比较简陋，其服务不尽如人意。在各个行政村里，一般会有 1 间卫生室，为村民处理感冒引起的伤风头痛之类的小病，但是，对于一些患有慢性病的老年人来说，这种医疗条件是远远不够的。此外，在防胡镇，至今幸福大院之类的养老设施尚未在各个行政村内实现完全覆盖，老人餐桌的服务项目也比较缺乏。尤其值得注意的是，随着不少空巢老人和留守老人年龄的增大，他们的养老在不久的将来将会是一大问题，该镇有关方面需要对此未雨绸缪，早做准备。

3. 分析和思考

对于经济社会发展处于欠发达水平的农业大镇防胡镇来说，由于刚刚摘掉贫困乡镇的帽子，公共服务建设比较滞后，为老服务公共设施也比较缺乏。从某种程度上说，该镇乡村居家社区养老依托的社区资源还比较匮乏，也就是说乡村居家社区养老服务刚刚起步。在防胡镇，由于当地第二、第三产业不发达以及富余劳动力数目较大，常年出门在外打工者有 1.3 万人，占总人口比例为 22.41%，同时有大量的老年人口滞留在家。这种情况自然就意味着依托社区资源居家养老的需求十分旺盛，但是，由于农村社区养老服务资源匮乏，许多老人尤其是那些丧偶老人被迫居家自助养老，在物质生活和精神文化生活方面均面临诸多困难。然而，近年来镇政府把主要精力放在事关扶贫攻坚成效的经济发展方面，而在社会养老方面则特别关注对特困老人的兜底服务，难免会在一定程度上对大多数老人尤其是留守老人依托村居家社区养老问题有所忽略。

鉴于以上情况，如欲解决好该镇大多数乡村老人居家社区养老问题，必须从多方面入手予以积极应对。一是地方政府应出台相关优惠政策，积极支持社会企业在乡镇兴办医养结合型养老院，并且在养老院内设置老人日间照料中心，妥善解决该镇老人依托当地资源居家养老问题。二是推进乡镇敬老院社会化改革，将乡镇敬老院打造成乡村区域性综合养老服务中心，在完善养老服务托底、确保有入住需求的特困人员集中供养的基础上，重点向有服务需求的农村低保老人、建档立卡贫困人口中的失能半失能老人、空巢老人、失独老人、高龄老人提供养老和护理服务，并且负责对各行政村内居家养老服务工作进行指导。三是在居家社区养老服务发展比较迟缓的行政村尽快建起幸福大院，为困难老人解决日常生活照料问题，为他们提供洗衣做饭、卫生清洁、医疗保健、文化娱乐等必要服务。四是在各个村民小组倡导邻里之间守望相助的风尚，引导和支持乡村老人在日常生活中互帮互助。五是大力培育和孵化村庄社会组织，引导和鼓励其成员主动入户为特别困难老人提供生活照料或心理慰藉方面的义务服务。总之，需要整合各种社会养老服务资源，不断加大对乡村居家社区养老服务的社会支持力度，为乡村老人尽力创造老有所养、老有所依、老有所乐的良好生活环境条件。

二 豫东民权县城乡居家社区养老服务情况调查

豫东民权县地处豫东平原，县域面积达 1200 多平方公里，下辖 17 个乡镇 2 个街道办事处，其中包括 15 个城镇社区居委会、529 个行政村村委会；2018 年全县户籍总人口为 93.25 万人（城镇人口 35.18 万人，农村人口 58.07 万人），常住人口为 70.47 万人（城镇人口 26.59 万人，农村人口 43.88 万人）。其中，60 岁及以上人口为 13.7 万人，占户籍总人口的 14.69%；65 岁及以上人口 10.83 万人，占户籍总人口的 11.61%；80 岁及以上高龄老年人口 2.45 万人，占户籍总人口的 2.63%。老龄人口呈现规模大、增速快以及日趋高龄化的特点。在豫东，民权县属于经济社会欠发达的地区，2013 年经评定被划为国家级贫困县，这顶帽子于 2019 年 4 月底才被摘掉。民权县还是一个典型的农业大县及劳动力人口输出大县，2018 年，三次产业结构为 18.4∶37.2∶44.4，第一产业占比比同期的全省占比（8.9%）高出 9.5 个百分点，并且这一年全县外出务工的农村富余劳动力为 27.25 万人，占农村总人口的 46.93%。2018 年，民权县常住人口城镇化率仅为 37.73%。这就意味着除了利用现有条件积极开展城镇居家社区养老服务之外，创造条件大力发展乡村居家社区养老服务也是全县社会化服务体系建设面临的重要任务。

（一）豫东民权县社会养老服务体系建设概况

目前，民权县全县各乡镇（包括县政府所在地的街道办）共有 18 所敬老院，负责为"三无""五保"等特困老年人提供集中供养服务；另外，还有 2 所社会养老服务机构。此外，在县城城区南华街道办事处南华社区由县财政投资 120 余万元，建成示范引领型老人日间照料中心 1 个，并且在乡镇（街道办）建成老人日间照料中心 2 个、农村幸福院 53 个。据该县民政局有关人士介绍，近年来，当地政府采取多项措施推动全县社会养老服务体系建设。一是持续改善乡镇敬老院基础设施。以政府主导、多方筹集为原则，并且不断加大财政资金投入力度，先后投入 1500 多万元，对 18 所敬老院进行改扩建和维修，在居住环境、生活条件、医疗保健等方面，使之更适合为"五保户"这类特困老年人提供优质高效的服务。二是做好特困老年人的生活保障。2018 年，将全县城镇"三无"老年人生活补贴增加到每人每年 7440 元，农村"五保"老年人集中供养经费增加到每人每年 5100 元，分散供养经费增加到每人每年 4500 元，农村低保老人的生活补贴增加到每人每年 1848 元。三是切实帮扶特困老年群体。将全县城镇"三无"老人全部纳入医疗救助范围，并且让县财政为农村"五保"老人和建档立卡贫困老人代缴城乡居民医疗保险金。四是建立覆盖不同人群的社会养老保障制度。截至 2018 年底，全县企业养老保险职工参保人数为 41921 人，机关事业单位养老保险入库人员为 26363 人。五是探索实施家庭医生签约服务。目前，民权县以城关卫生院为试点，已经在县城城区居民中开展了家庭医生签约服务，其他乡镇也正在探索如何实施贫困户家庭医生签约服务。县人民医院、中医院以及各个乡镇卫生院，已经与各自辖区的养老机构在医养结合方面联手，签订《医疗卫生机构与养老机构合作协议书》，其规定各医院或各卫生院，应每年上门为其所在地养老机构的老年人提供一次免费健康检查，并且建立起个人健康档案。总体而论，在社会养老服务体系建设上，目前民权县尚未出台与日益增长的社会养老需求相适应的中长期整体规划，也未对各种养老服务类型的功能定位、建设标准等进行详细规定。具体来说，截至 2018 年底，全县共有医疗卫生机构 28 家（不包含村卫生室），床位 3200 张，医疗卫生技术人员 1587 人，并且拥有综合性城乡社区服务中心 546 个。此外，全县养老机构现有床位 2170 张，每千名老人拥有床位 16 张。然而，对于一个拥有 70 多万常住人口及近 14 万老龄人口的欠发达县域来说，这些资源远远不能满足城乡居民日益增长的养老服务需求。

（二）豫东民权县城镇居家社区养老服务状况审视

豫东民权县城区现在设有 2 个街道办事处，绿洲街道办事处地处原来的老城区，下辖 9 个城镇社区居委会及 3 个尚未村改居的行政村，城镇户籍人口占比大；南华街道办事处则地处高新技术开发区，下辖6个城镇社区居委会和14个行政村，城镇户籍人口占比小。在依托社区资源开展居家养老服务方面，目前两个街道办辖区内均存在较大的困难。从政府主导方面看，就居家社区养老服务来说，目前尚未制定中长期发展规划，虽说在宣传引导、组织协调上有所行动，但那也只是按照上级要求去完成规定任务，究其积极主动性及创造性，依然有所不足。从社会养老服务供需方面看，现有的养老机构数目少、规模小且床位少，其服务对象主要是"三无"老人、残疾老人等特困老人，这些机构大多只能提供吃、住、看护等基本服务，尚不能兼顾文化娱乐、康复健身、精神关爱等较高层次服务。在民权县城镇地区，目前规模较大的社会养老机构有2家，一家是公建民营的位于南华街道办事处的南华社区养老服务中心，另一家是由民间资本投资兴办的爱鑫老年公寓。这两家养老服务机构分别有上百张床位，主要是面对城镇工薪阶层家庭以满足其托老养老需求。南华社区养老服务中心内设老人日间照料中心，爱鑫老年公寓也设有为老人日间照料提供方便的专门房间。从社会力量申办社区嵌入型养老机构来看，在毗邻县城城区处有一家民间资本投资兴办的夕阳红养老服务中心。这家养老服务中心规模较大，设有200余张床位，收住自理、半自理和全护理老人，并接收术后康复、卒中后遗症、阿尔兹海默症等类型的老人，可为他们提供日间照料、短期照料等服务。不过，这家养老服务中心以田园生态养老、康复疗养、银发旅游、候鸟旅居等项目为主，而老年餐桌、日间照料等居家服务项目是其辅助项目。对于具有近27万城镇常住人口及5.5万城镇常住老龄人口的县域来说，由于社会养老机构数量少，仅能勉强应对极少数困难老人的照护需要，并且仅有的几家老人日间照料中心被机构养老院涵盖而缺乏独立性，以致城镇老人对依托社区资源居家养老的旺盛服务需求在当前较难得到充分的满足。这就意味着民权县城镇居家社区养老服务尚处于起步阶段，以社区为依托为大多数城镇老人提供便捷、高效的居家养老服务，依然任重道远。

　　豫东民权县城镇居家社区养老服务发展迟缓，与其相关联的原因不一而足。首先，居家养老与机构养老没有形成兼容互补的良性互动关系。一方面，现有养老机构在配套设施、服务质量、管理水平上，无法满足当今老年人的多元化养老需求，致使养老服务供需出现结构性矛盾；另一方面，受传统"养儿防老"观念及"爱面子"心理的影响，许多老人选择居家依靠家人养老或自助养老而排斥机构养老，致使社会养老机构只能维持保本经营。这些养老机构不敢投入较多资金，因此其基础设施不够完善，服务项目少且缺乏正规的医疗服务保障，无法与所在社区的居家养老服务有机衔接，自然也就无从发挥自身应有的作用。依托社区资源居家养老面临重重困难，在不少城镇居民家庭中，"老老照护"即小老人照顾大老人[①]的现象比较普遍，甚至有些小老人既要照管孙辈，又要兼顾自己的高龄父母。在这种情况下，一些条件较好的家庭往往会请保姆帮忙，而那些条件较差的家庭只能是勉强维持现状。

其次，医养结合行业管理体制不完善，不利于广泛、深入地开展城镇居家社区养老服务。当下，养老机构由民政局设置、审批和管理，医疗卫生服务由卫健委主管，医保支付政策由人社局制定，而居家社区养老服务则由乡镇或街道办负责。由于制度、行政职能和资金分割等因素，各相关部门在实施医养结合时，必然存在行业壁垒、职责交叉、业务重叠等问题。此种分而治之、政出多门的格局，容易造成医疗资源和养老资源的相互阻隔，并且导致在医养结合方面，难以达到目标一致、协调统一、横向整合及优势互补。

再次，社区养老服务队伍人员比较匮乏且专业素养较低。目前，民权县城镇居家社区养老服务发展迟缓，除了缺资金和技术之外，尚缺乏热心为老服务的工作人员。现有老人日间照料中心工作的一些服务人员大多年龄偏大、服务技能水平较低，以致影响这类中心的吸引力及其辐射性能。

最后，社会工作者及社区志愿者介入居家社区养老力量不足且力度不够。社会工作者的介入实乃开展居家社区养老服务的重要因素。然而，在民权县城镇社区目前不仅缺少社工及义工，而且有一些社工及义工在参与居家

---

① 按年龄段划分，老人大致可分为小老人（60～70 岁）、中老人（71～80 岁）、大老人（81 岁及以上）这样三种类型。

社区养老服务时，也不能充分适应老人不断增长的多方面需求。譬如，一些以社工身份上门服务的家庭护工文化素质较低且年龄较大，他们在信仰、责任、义务、幸福感方面的体会不深，与服务对象的互动交流和心理沟通较少，在精神健康护理水平上难以达标。再如，一些义工虽有满腔热情，但是在上门服务接触到个别性格比较固执、爱计较、交谈中一味留恋过往的老人时，往往手足无措或者是缺乏耐心和细心，以致沟通困难，最后不了了之。这就意味着在为老人提供便捷化、高效化、精细化、个性化服务方面，他们服务的系统性、针对性及可持续性仍有待加强。

（三）豫东民权县乡村居家社区养老服务状况考察

豫东民权县常住人口城镇化率较低，2018 年仅为 37.73%，低于同年全省平均水平近 14 个百分点，全县农村常住人口数量比城镇多出 17.29 万人，农村常住人口占常住人口的 62.27%，高于城镇常住人口占比 24.54 个百分点。目前，全县虽然已建成农村幸福院 53 家，但是，就拥有 529 个行政村的农业大县的旺盛社会养老需求而论，这只能是杯水车薪。单就乡村居家社区养老来说，由于农村幸福院服务重点是解决少数非"五保"困难老人的日常生活照料问题，大多数乡村老人还得居家依靠家人或亲朋好友的帮助来解决个人的养老问题，尤其是对于全县数以万计的农村留守老人来说，只有少数老人能够进入幸福院得以享受专门为他们提供的搭伙就餐、文化娱乐等日常照料服务。

此外，在医养结合型养老服务方面，乡村老人居家养老，往往比城镇老人面临更多的困难及无奈。一是虽然各个乡镇正在探索实施家庭医生签约服务，可是依然处于试点阶段，尚未全面铺开。二是尽管各个乡镇的敬老院已与当地的卫生院签订了合作协议，但也只是每年上门为入住养老机构的老人提供一次免费健康体检从而建立健康档案，而居家的农村老人暂时还享受不到如此待遇。三是虽然每个行政村基本上设有 1 个卫生室，但一般为私人承包经营，不仅医疗设施比较简陋及药品比较缺乏，而且卫生员的技能技巧比较有限，只能就近处理一些伤风头痛类的日常小病患。显而易见，此类机构缺少正规的医疗服务保障，基础设施十分简陋及服务技术水平较低，导致其缺乏应对突发事件的能力，在遇到特殊情况时则手足无措。

与城镇相比，农村除了物质技术条件较差及护理人员缺乏，开展居家社区养老服务的最大问题，还在于缺乏来自各方面社会力量支持的基本环境条件。首先，社会化养老观念在村落普遍比较淡薄。尽管随着脱贫攻坚及乡村振兴战略实施，乡村两级组织在加快经济发展的同时也加强了社会建设，对非"五保"留守老人、高龄老人或困难老人也给予关注和帮助，而且对农村幸福院养老服务提供较大支持。然而，在许多村落依靠家庭资源来实现个人养老目标依然是大多数老人的心愿及首选。尽管生活现实及其发展态势预示着这类想法的实现难度将越来越大，但是，思想观念的更新毕竟相对滞后于经济社会发展，老人对社会化养老服务的接纳尚需时日，还得依靠耐心细致的广泛宣传或较有成效的积极引导。

其次，在当前大部分农村老人依然选择居家养老的情况下，为他们提供便捷、高效的养老服务，需要靠政府在各方面加大支持力度，完善居家社区养老服务机构配套设施，增强其在生活照料、医疗护理、短期托养、精神慰藉等方面的服务功能，同时大力推行"互联网+养老"服务模式，为老人提供送餐、照料、陪护、娱乐等上门服务。然而，在民权县乡村居家社区养老服务建设上，县乡两级政府在基础设施建设上的资金投入比较有限，社会筹资收效甚小，致使某些服务项目只能在书面上出现，一些政策及其规划暂时还谈不上落地生根。而在依托和运用互联网、物联网、智能终端等信息技术与各类服务机构有效衔接方面，县级有关部门建立了"12349"养老服务网络中心进行规划且正在付诸实施，但其建成后短期内受各种条件限制，尚不能完全覆盖各乡镇村落。

再次，与城镇相比，不少农村老年人还不适应由家政、物业、社会组织承包经营的居家养老上门服务。在由政府买单的服务项目上，例如每年一次的例行免费体检或每月一次的理发、剪指甲等，他们倒是乐意接受，但在部分个人自费项目上，他们对一些较高级别的医疗护理、心理疏导之类服务的收费颇有微词，不是认为不合理，就是觉得收费高。受消费观念及生活习惯的影响，目前居家养老市场化运作模式即便有政府购买服务给予辅助，在不少乡镇也难以推行。

最后，乡村社会组织发育和成长迟缓，严重影响乡村居家社区养老服务的顺利开展。尽管在乡、村两级行政组织的引导和支持下，民权县总共成立了529个"孝赡理事会"和"敬老爱老互助会"，覆盖了全县所有行政村，但是，这类组织的权威性及合法性毕竟来自上级组织授权，其内生性较弱，并且功能作用比较单一。例如，在调解因赡养老人而引起的家庭纠纷以及组织协调乡亲乡邻之间在养老服务上互帮互助上，这类组织由于权威性强且获得资源丰富，显得游刃有余；而在传播医疗保健知识、开展文化娱乐活动等健康养老、积极养老方面，则显得捉襟见肘。事实上，不少村庄居民对居家养老服务的理解多半是吃饱穿暖及有人照料，更多更高的要求则被看作不切实际的奢求，从而不利于养老服务民间组织的孵化及成长。尤其是在老人再婚方面，由于缺乏相关民间社会组织的介入和支持，当事老人往往为村落及周边舆论所不容，面临巨大心理压力。

（四）分析和思考

就目前豫东民权县城乡老人依托社区资源居家养老服务发展情况来看，的确是不尽如人意。这主要是因为该县刚刚摘掉国家级贫困县帽子不久，社会建设及民生改善方面的欠账较多，尤其是在社会基本公共服务方面的短板和弱项凸显，短时期内还不可能有根本性改观。具体到发展社区养老服务方面，受财力、物力、人力影响，地方政府及其职能部门在建设社区老人日间照料中心上只能有所侧重，先打造少数示范性老人日间照料中心，而其他老人日间照料中心则等待条件成熟再逐步推进。现阶段，民权县在开展城乡居家社区养老服务中，客观上存在思想观念比较落后、缺乏整体规划、供需矛盾突出、基础设施建设不到位或缺位、管理体制机制不完善、社会力量支持力度不够、服务队伍建设滞后及人员整体素质较低、科技运用程度不高且含量不足、城乡发展层次及程度不一等问题，需要具体情况具体分析，提出适应民权县的应对思路及解决措施。

1. 应适时更新服务主体及服务对象的思想观念，并且在养老服务中充分体现

作为开展居家社区养老服务的第一责任主体，地方政府应彻底走出重经济轻社会的思维误区，确立以人为本的为老服务理念，切实履行服务民生的基本功能，通过购买服务、制定政策、组织引导协调各方资源等途径，充分发挥自身在社区养老服务中的主导作用。作为家庭养老的首要责任主体，子女们理应树立知法、守法、护法的现代公民意识，通过切实履行赡养、照料和慰藉老人的法定义务，积极配合开展居家社区养老服务。作为开展居家社区养老服务的其他重要责任主体，譬如社会企业、社会团体、社会组织等，也应秉持服务于健康养老、积极养老的新理念，在介入居家社区养老服务的过程中，高度尊重服务对象的意愿和要求，切实做到急老人之所难、解老人之所忧。当然，作为服务对象的老人本身，也应理解现代生活节奏和工作节奏之下上班族的辛苦，逐渐淡化单纯依靠家庭养老的传统观念，努力适应社会化养老的时代发展要求，将加强自助与发展互助、接纳他助密切结合，让自己真正成为健康养老和积极养老的实践主体。

2. 整合各方资源，统筹推进居家社区养老服务

首先，县、乡两级政府应成立专门负责居家社区养老服务建设的领导小组，分别由 1 名副职任组长，其主要职责和任务是发挥组织协调作用，在居家社区养老服务专项规划及上级相关政策文件框架下，定期研究解决资金扶持、政策创新等方面的重大问题。其次，建立部门协调机制，为开展居家社区养老服务打通行政壁垒。在领导小组统一部署和指挥下，可在县一级行政为民服务大厅各部门联合办公中，分别设立居家社区养老服务建设专门项目，同时加强协同配合和强化检查监督，以确保总体规划、财政投入、用地指标、项目审批、建设方案、人员技能培训等各项政策和措施的具体落实。再次，健全经费保障机制。在县里统一指导下，逐步形成以政府投入为主、社会广泛参与的多渠道经费投入保障机制，尤其是应将社区养老服务基础设施建设的投入经费足额纳入财政预算。最后，推进公办养老机构转型升级，鼓励社会力量兴办社区嵌入型养老机构。为了引领和带动居家社区养老服务更好发展，有必要加大对城乡敬老院及幸福院的配套设施改造力度，强化和提高其管理服务质量。这样，就可以在确保城乡"三无""五保"老人集中供养的基础上，向不同收入条件、不同社会层面的老年人开放，并且逐渐扩大自费寄养老人的接受面，以便提高床位利用率，发挥其对居家社区养老示范性和辐射性的功能作用。政府还应引导一些投资较大但入住率较低的养老机构认清形势和看准方向，鼓励和支持其尽早尽快以创新思维及正确运营思路介入居家社区养老服务，以减少养老服务资源的浪费并造福广大居民家庭。

3.分类分层次探索依托社区资源发展居家养老服务，逐步完善居家社区养老服务

首先，在开展城乡居家社区养老服务试点工作时，应充分考虑城乡居民在经济收入、生活方式、教育程度、思想观念、文化心理、行为习惯等方面的差异。比如，对于那些中高端的且含有较强个性化色彩的康养项目，考虑到乡村居民的支付能力及消费心理习惯，就不适宜在乡村社区开展。再如，推行"互联网+养老"服务模式，考虑到乡村居民的科学认知能力及日常生活习惯，在一些发展比较滞后的乡村社区也不应操之过急。其次，在乡村居民刚刚脱贫解困的现阶段，对探索实施居家社区养老市场化运作模式，考虑到大多数村庄尚不具备医疗陪护、文化娱乐、精神慰藉等上门服务的条件，则应慎重实行或候机缓行。当然，一些邻近乡镇养老服务机构且各方面条件较好的村庄，也可开发养老机构服务功能，向其辐射区域内的有需求的居家老人提供日间托养、短期寄养、配送餐等服务。最后，在城镇可重点探索"互联网+养老"服务模式，运用"12349"养老信息服务平台，积极开展智慧养老服务建设，而在乡村则重点扩建幸福院，并且积极引导和大力支持村庄老人互助养老。在一些有条件的城乡社区也可尝试开发建设养老养生社区，以及发展富有个性色彩的康养项目，以满足部分居民较高品位的社会养老需求。

4.加大对家庭养老的社会支持力度，巩固家庭养老在整个社会养老服务体系中的基础地位

现阶段，家庭养老功能由于社会变迁中多重因素的影响和作用而日渐式微，但是在社会化养老供需矛盾比较尖锐、积极养老和精神养老尚不发达的情况下，其依然具有存在的现实合理性及不可替代的独特社会价值。因此，在社会舆论支持层面，要弘扬以孝道为人道之本的民族伦理文化精粹，树立孝老敬老先进典型，以此引领居家社区养老的前进方向，强化尊老、爱老、助老的社区公共意识，培育甘于为老服务的社会风尚及行为习惯。在社会政策支持层面，可制定并逐步实行鼓励家人照料老人的家庭福利政策，并且将政府购买服务向上门为空巢老人、留守老人、高龄老人等困难老人群体服务倾斜。在精神支持层面，可组织和引导社会志愿者积极关注和热情参与面向独居老人或失独老人的心理援助活动。在家庭支持层面，可引导乡村外出务工人员回乡创业或就近择业，以有利于解决留守老人或空巢老人的家庭照料问题，缓解社会养老压力。

5. 加强居家社区养老服务队伍建设，增强服务人员职业道德意识，提升服务人员技能技巧

首先，无论专职服务人员还是业余志愿者，均应由有关部门组织协调对其服务技能技巧进行培训，以适应居家社区养老服务发展的客观需要。其次，在养老机构和社区设置公益岗位，以便建立一支结构合理，素质过硬，以专业人员为主、以慈善义工和社会志愿者为补充的比较庞大的队伍。再次，以优惠政策鼓励有较为丰富的为老服务人才资源的大中型养老机构积极介入或主动嵌入居家社区养老服务，在社区设点承办或联办老人日间照料中心，并且派遣具有一定技能技巧的相关服务人员下沉社区点，以便引领和带动居家社区养老服务的更好发展。最后，在城乡社区上门为老喘息服务这方面，应教育和引导社工正确认知和理解现阶段老人边缘化现象，并且在收入减少、同龄人减少、信息爆炸、快节奏和高消费、心理孤独封闭、生命价值失落等背景下，提高老人从容应对各种脆弱性问题的能力和水平。换句话说，在家庭养老出于客观原因而勉为其难的情况下，由社工介入家庭照料向存在照料困难的家庭提供喘息服务，其前提条件是以服务技能与人性化的融合、保障性服务与多样性服务的结合等贴心服务，去赢得服务对象的信任和认可。

6. 在开展城乡居家社区养老服务过程中，需要讲究和运用正确的策略

譬如，为引导和鼓励社会企业将投入转向居家社区养老服务，除了给予其一定的政策优惠，还可以运用授予荣誉称号等精神激励手段，以引导民营企业家不单纯从支付端考量投入产出，而且从价值定位方面思考投入的社会效益，从而争取实现服务规范化、运营品牌化、社区人文化的有机结合。此外，在上门为老服务中，只有热情、爱心及服务技术还不够，因为热情、爱心及服务技术的有效发挥往往需要运用正确策略进行保障。再如，当服务对象是一名性格比较固执、非常爱面子且对某些话题十分敏感的老人时，上门服务者在其言谈举止中就应顾及老人尊严并体贴老人心情，必要时甚至可以为了迎合老人不切实际的想法，去精心编造一些善意的谎言。

三 豫北新乡县社会养老服务模式创新情况调查

豫北新乡县地处黄河以北，面积近 394 平方公里，全县现辖 6 镇 1 乡和 178 个行政村，2019 年城镇化率为 58.95%，高于全省平均水平 5.74 个百分点。2019 年，全县常住人口 37.2 万人，其中 60 岁及以上老龄人口占 15.98%。在全省县域经济社会发展中，新乡县居于领先地位，曾荣获科技工作先进县和示范县、县域经济发展先进县、平安建设先进县等国家级及省级荣誉。

近年来，该县通过采取加深对建设社会养老服务体系工作的思想认识、加强对社会养老服务体系的政策法规建设、加大对养老机构的政策扶持力度、拓宽社会养老服务体系建设的渠道等得力措施，在建设"以居家养老为基础、社区养老为依托、机构养老为补充，医养相结合、科技作平台"的社会养老服务体系的进程中，创造出让人耳目一新的养老服务模式。

（一）新乡县社会养老服务模式创新的不同类型

新乡县社会养老服务的创新模式，主要表现在以下方面。

69

1. 居家社区养老社会化服务的创新模式

第一，根据老年人的经济条件和生活状况，新乡县采取由政府购买服务和个人购买服务相结合的措施，为他们提供无偿或低偿服务。如在城镇通过政府出资购买服务的形式，建立养老服务队伍，对生活在社区的孤寡老人提供无偿服务，并且对子女不在本地的空巢老人提供低偿服务。

第二，以社区服务设施和网络为依托，实行日托照料与上门服务以及普通服务和包户服务相结合。如村庄组织低保对象中 18～55 岁有劳动能力的人员，自愿上门为农村独居老人服务，并且按照就近安排和方便双方生活的原则，安排服务人员与独居老人结对服务。

第三，从解决居家老人最迫切的实际困难入手，逐步拓展城镇社区养老服务领域。如在城镇"4050"年龄段的"三无"人员中招聘居家养老服务人员，为居家老人提供家政、精神慰藉和基础保健等保姆式服务，并且在一些城镇建立了包括活动室、阅览室、休息室、活动广场在内的老年活动站，其被誉为"没有围墙的敬老院"。

第四，搭建农村养老服务平台，拓宽农村养老服务空间。结合建设农村幸福大院，积极推进农村居家养老和日间照料服务，并且探索将乡亲乡邻间互助养老与幸福大院中各类老人互助服务密切结合型模式。困难老人、留守老人、高龄老人、普通老人等均可从其中受益。

2. 机构养老社会化服务的创新模式

第一，通过公建民营、民办公助以及在服务准入、监督管理、政策扶持等方面对公办和非公办养老服务机构一视同仁的方式，积极推进养老服务机构建设。例如，近年来对公办和非公办养老服务机构的社会养老服务资源进行有机整合，并且对社会力量兴办养老服务机构给予诸多优惠待遇，致使每年全县养老机构新增床位不低于 100 张。

第二，对社会养老服务机构一手抓扶持、一手抓规范。例如，借鉴服务业星级评定方式，对全县养老机构进行星级评定，结果评出四星级 2 家、三星级 4 家、二星级和一星级若干家。再如，由县民政局出台《养老机构以奖代补办法及考核评分标准》，通过建立以奖代补的长效机制，促使养老服务机构提高服务质量和提升服务档次。

第三，加强养老服务机构专业人才队伍建设，努力使护理工作达到规范化和科学化的要求。例如，为了接纳失能瘫痪老人，引导和协调优质养老机构，新乡县专门从大中专毕业生中招聘了一批具有一定护理专业知识和经验的护理人员，并且定期请省会护理学专家对他们进行指导。

第四，通过与省外各城市养老机构联手，推行异地互动养老活动。例如，由县老龄委组织本县养老机构与周边某些中小城市的养老机构建立统一的服务网络，为本县老人去外地或外地老人来本地提供"串门养老"服务。

3. 社会力量参与养老社会化服务的创新模式

第一，通过老年协会来维护老人合法权益，引导老年人自我管理和自我服务。例如，全县178个行政村（社区）均已成立老年协会，目前，这些协会已为近万名老年人进行了家庭赡养登记，并且为近千名老年人主持签订了家庭赡养协议书。再如，通过县"老年文体活动协会"组织开展相关文体活动，吸引城乡社区居家老人参加老年集体活动。

第二，推行各种新型养老服务活动。例如，在多个城镇推行楼院互助养老，以邻居间"一助一、多助一"形式帮助孤寡或困难老人解决养老问题，并且以有条件的居民家庭为活动场所，使孤寡老人或空巢老人就近互相认识和互相照顾。再如，在乡村积极发挥志愿者队伍和老年协会等社会组织作用，为老年人提供邻里关照、协议包户、亲情陪伴、自助互助等服务。县老年协会在全县组织开展"中老年健康大讲堂"巡回演讲活动，组织本县各类医学专家深入各乡（镇）基层社区，与老年人面对面地宣传日常生活保健知识。

第三，建立和壮大以党团员、退伍军人、返乡青年等为主体的农村志愿服务者队伍，为困难老人提供各种志愿服务。目前。全县农村已有近万名注册的农民志愿服务者，乡村两级也相应地建立了农民志愿者协会。通过志愿服务培训、推行志愿服务项目化运作、加强志愿服务制度化建设等方式手段，引导和鼓励农民志愿服务者以各种形式，为困难老人提供日常生活照料、医疗保健关怀、精神心理慰藉等方面的帮助。

4.计生家庭养老社会化服务的创新模式

第一，建立计生家庭养老特别扶助制度。例如，在制定"新农保"政策时优先向计生家庭倾斜，建立农村计生家庭"吃、穿、住、医、乐、葬"六保养老服务体系，并且开展对计生家庭居家养老的"五保六服务"的试点工作，即由5名乡村干部保1个有特殊困难的计生家庭，为其提供生产帮扶、生活照料、卫生保健、爱心护理、精神慰藉、娱乐关怀6项服务。再如，把计生家庭纳入政府购买养老服务的范围，以发放代金券的形式让计生家庭享受政府提供的无偿或低偿养老服务。

第二，积极应对计生家庭老龄化的问题，从制度上优先保障计划生育家庭老人的基本权益，建立和完善以政府为主、社会补充，覆盖城乡，公平合理的利益导向政策体系。例如，由县有关部门出台政策，明确规定对计生家庭实施奖励扶助及特别扶助、新型合作医疗补贴、新农保优惠计生家庭、政府购买居家养老服务政策，使计生特惠政策与全民普惠政策有机衔接起来。

5.乡镇敬老院社会化运营的创新模式

长期以来，县域乡镇敬老院由于受到旧体制机制的影响，在运营管理中存在权属不清、地位不明、投入机制不健全、基础设施陈旧、服务人员技能不达标、床位空置率偏高等突出问题，亟待通过公建民营、公建合营、政府购买服务等社会化改革的新路径、新方法去解决。鉴于上述情况，新乡县有关方面采取以下措施推动乡镇敬老院社会化运营。

第一，采取政府与相关主体签订承包经营合同的方式，将敬老院委托给比较优质的专业养老服务机构经营管理，在充分保障特困供养人员供养需求的条件下，也可将剩余床位用于代养有紧迫需求的社会老年人，以缓解乡镇社会养老服务资源匮乏带来的乡村老人照护压力。

第二，在确保发挥政府兜底作用、承担必须兜底的特困供养人员安置任务的基础上，对社会老年人有偿开放。一些床位空置率较高的乡镇敬老院可将剩余房间和床位委托民营养老服务机构经营，在一个院内实行两种运营模式。敬老院能够学习和借鉴民营养老服务机构的管理经验以及服务标准，从而有效提升自身的管理服务水平。

第三，通过政府购买服务的方式，将一些乡镇辖区内集中供养的特困人员全部委托经招标选中的民营老年公寓进行代养，并且安排专职人员入驻老年公寓进行监督检查，从而提升对集中供养特困人员的服务质量和水平。

（二）分析和思考

豫北是河南省物质和文化比较发达、经济社会发展比较协调的地区，具有开展社会养老服务的群众基础及丰富资源，加上地方政府也比较重视老龄工作及社区养老服务，因此，在中小城镇及乡村社区社会养老服务模式创新方面，新乡县走在全省前列，创造出一些其他地区可资借鉴的做法和经验。新乡县社会养老服务模式创新有以下几点重要启示。

一是统筹兼顾，综合创新。社会养老服务是民生建设的重要任务，涉及千家万户以及家庭与社会生活的方方面面，需要地方政府运用整体性、系统化思维去通盘考虑，集聚一切社会资源和调动一切社会积极性，进行全面谋划和综合创新。

二是分类指导，量力而行。按照打造服务型政府的时代要求，地方政府理应在社会养老服务模式创新中发挥主导作用，但政府的主导不是行政化的包办代替，而是建立在全面了解和深刻把握地方实际基础上的科学的分类指导，以便社会各方面均能够自觉接受且能动发挥作用。此外，地方性政策的制定要依据国家建构适度福利型社会的基本要求，恪守及时雪中送炭与盲目锦上添花的思想边界，以便增强充分利用社会养老服务资源的针对性及可持续性。

三是将坚持原则性与执行灵活性有机结合，实现特惠型与普惠型为老服务的有效融合。无论如何创新模式，总是要把确保困难老人群体基本需求得以满足，以及让他们的物质和精神生活状况有所改善放在第一位。同时，在创新模式谋划中，有关方面也要充分考虑如何通过各种灵活多样的形式转换，去更好发挥政府作用和市场效能，以便不断扩大社会养老服务的覆盖面及其受惠人群。

四 豫西义马市"游牧寿康"养老服务联盟嵌入社区养老服务情况调查

2019 年 4 月 16 日，《国务院办公厅关于推进养老服务发展的意见》强调："持续完善居家为基础、社区为依托、机构为补充、医养相结合的养老服务体系，推动居家、社区和机构养老融合发展。支持养老机构运营社区养老服务设施，上门为居家老年人提供服务。"① 现阶段，我国社会养老服务持续发展，既积累了许多成功经验，也遭遇到了一些挫折和教训。就后者来说，其主要表现在社会政策支持力度不足、居家社区养老社区服务基础设施较为落后、服务人员队伍建设相对滞后、服务技能及质量水平较低、社区服务资源碎片化现象较为严重等方面。尤其是在机构养老与居家养老之间普遍缺乏有机衔接，尚在较大程度上存在"两张皮"现象，两者难以达到良性互动和交融互补。一方面，机构养老的专业技能及管理服务优势不能为居家社区养老所适时吸纳。在提升社会养老服务质量水平方面，养老机构难以充分发挥其引领和带动作用。另一方面，一些居家老人的机构养老需求将不断增强，而目前较多养老机构的考量显然局限于眼前的处境，尚未对未来的情况变化做比较充分的准备。就未来的发展趋向而论，面对多样化、差异化、个性化的社会养老服务需求，机构养老与居家社区养老将并驾齐驱，缺一不可。

从目前社会养老服务发展来看，居家社区养老服务和机构养老服务面临各自有待解决的问题。就居家社区养老服务而论，缺乏较好的为老服务设施条件以及较高素质的为老服务人员，已成为其服务质量水平提高的制约因素。而对于机构养老服务来说，受国际性"去院舍化"潮流以及国内供需结构性矛盾的影响，在某种程度上，似乎已经陷入了投资回报期较长、入住率较低、

---

① 《国务院办公厅关于推进养老服务发展的意见》，中国政府网，http://www. gov. cn/zhengce/content/2019-04/16/content_ 5383270. htm? tdsourcetag＝s_ pcqq_ aiomsg，2019 年 4 月 16 日。

高素质和高技能的护工缺乏等发展中的困境。究其主要原因：一是对传统家庭养老的留恋，让不少老年人目前对入住养老机构尚持保留态度；二是较多养老机构现有服务设施条件、价值定位及运营方式，尚未有效适应和有机对接大众养老服务需求。公办养老机构"一床难求"与床位空置率较高并存，民办养老机构市场化运作项目投资回收周期长、盈利难题待解，而同时有些急功近利的养老公寓收费较高，又将诸多有需求的老人拒之门外。从表面上看，好像机构养老服务供大于求，但实际上不少老人入住养老机构出于多重主客观因素无法实现。倘若再深入考察可见，不少机构养老服务资源的较大浪费与社会老人养老需求的难以满足，恰恰是一体两面，其深层根源在于养老服务市场化、社会化、人文化的相互脱节。如何能使机构养老与居家社区养老兼容互补和携手并进？带着这一问题，课题组前往河南省义马市"游牧寿康"养老服务联盟进行调研。

（一）"游牧寿康"拓宽养老服务发展空间和提升服务效能的主要做法

"游牧寿康"养老服务联盟的前身是义马市寿康养老公寓，成立于2017年底，入住各类老人125人，有员工38人，在县级市中属于一般规模的民办养老机构。面对入住率不高这一养老机构发展的瓶颈，他们的基本思路是：挑战与机遇并存，各种养老新业态的出现，既向传统机构养老提出严峻挑战，也给其向好发展带来前所未有的机遇。"游牧寿康"的经营管理者充分意识到，随着居家老人年龄增大和身体状况渐差，他们终归还是要进入机构养老。问题的关键是养老机构如何顺乎以居家社区养老为主导的时代潮流，积极主动地介入和深度融入居家社区养老服务，创造性地将社会化和人文化因素纳入市场化运营之中，以合作共赢的方式实现社会效益和经济效益的协调统一。因此，养老机构要适时转变传统思维定式、经营理念及运作方式，自觉地提升养老服务从业人员的素质技能及服务质量水平，不再消极地"等人上门"，而是积极地"找米下锅"。面向社区广大居家老人，为他们提供优质、高效、便捷的服务，在推进居家社区养老服务的同时，也实现自身的转型发展和创新发展。多年来，通过主动介入和深度融入居家社区养老，面向大多数社区老人，为他们提供全方位、多层次、多功能的贴心服务，"游牧寿康"已经顺利实现自身的转型与创新发展。2020年，"游牧寿康"旗下设置三大项目，即寿康康养公寓管理联盟服务中心、社区养老运营服务中心、"游牧寿康"养老运营服务中心。"游牧寿康"已经成为集机构院舍养老、居家社区养老、旅居文化养老等于一体的较大规模的综合型养老集团。经过调研，笔者认为其转型与创新发展的做法和经验值得借鉴。

1.以游牧旅居式文化养老为突破口，改变老人传统生活观念及消费习惯，增强他们健康养老和积极养老的生活意识

出生于20世纪五六十年代的老龄或亚老龄群体，大多经历过生活比较困难的时期，对于不少老人来说，生活上"能凑合就凑合"已变成他们的常态，省吃俭用似乎已成为他们的日常生活习惯。不过，这类人群也经历过改革开放40多年的巨大变迁，这种变迁对他们的思想观念及行为习惯也有所触动。正是基于上述认识和考量，"游牧寿康"启动了游牧旅居式文化养老服务项目，并且通过吸引和发展会员参与各类有益身心健康的活动去建构公众平台，最终实现社区养老、居家养老、机构养老有机衔接和交融互动。针对"50后""60后"这类老年群体目前年龄较小、身体状况尚可、子女较少、空巢家庭较多、兴趣爱好较广等实际情况，"游牧寿康"将唱歌、摄影、美食等纳入游牧旅居式文化养老服务之中，以会员制形式吸引和引导广大居家老人参与，让他们在游览观光与文艺自娱融为一体的旅游休闲活动中，以及在体验生活情趣中，尽享老有所乐（见图2-1）。该项目自启动两年多来，深受老人们的青睐，目前，会员已经发展到1万余人，发展前景较好。

2.精心打造凸显人文关怀的服务板块，从精神层面拉近与老人的距离

1991年12月16日，联合国大会提出并通过了《联合国老年人原则》，其中包括5个方面的内容，即独立、参与、照顾、自我充实、尊严。① 这五

---

① 《联合国老年人原则》，联合国网，https://www.ohchr.org/zh/instruments-mechanisms/instruments/united-nations-principles-older-persons，1991年12月16日。

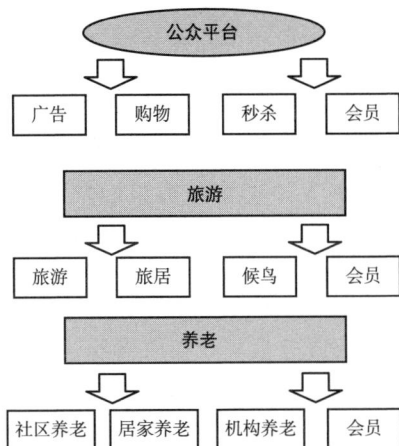

图 2-1　游牧旅居式文化养老服务项目

大方面均涉及老人的精神和心理健康，有益于老人保持良好心态和提高生活质量。一般来说，人到晚年，对物质享受已没有过多的要求，反倒是在思想感情和精神心理上需要得到较多的安慰、体贴和关怀，而在工作节奏加快、生活压力加大、人际交往疏离、孝道伦理淡化的社会转型期，他们这类比较强烈的需求往往容易被忽略。

基于多年从事养老服务的实践经验，"游牧寿康"管理层充分意识到，解决老人的精神孤寂和心理孤独问题，从某种意义上来说，比在衣食住行方面的生活照料更为重要，而某些养老机构恰恰是局限于基本生活照料，仅仅关注老人们"吃好、喝好、睡好"，多半在无意间忽略了深藏于老人内心深处那种无形的、对精神慰藉的强烈需求。其实，这导致不少老人对入住养老公寓产生畏惧及排斥心理，从而在居家养老与机构养老之间形成一道无形壁垒。有鉴于此，"游牧寿康"管理层想方设法地强弱项、补短板，在这方面付诸很大努力。一是通过开展有益身心健康的活动，让老人感受深切的人文关怀，以及体现自身的社会价值。譬如，用儿童时期的游戏勾起老人对往事的美好回忆；组织和引导老人经常参与一些简单的公益活动或简易的园艺劳作，从而使他们焕发活力，体验积极养老的人生价值及充实感；组织中小学

77

校师生及企事业单位干部职工，于节假日来看望老人，通过与老人联欢过程中的交流和沟通，增添他们的生活乐趣和意义。二是提供精神层面的心理慰藉贴心服务，让老人们感受社会大家庭的深情和温暖，增强他们的归属感和幸福感。为了让贴心服务落到实处，"游牧寿康"管理层制定了相关制度规章，不仅要求专业护工对老人的日常护理尽职尽责，还特别要求护工成为"心理咨询师""健康理疗能手"，鼓励她们成为老人们的知音，带给老人们以欢乐和笑容。在此尤其值得一提的是，"游牧寿康"率先在其旗下数家老年公寓试行凸显人文关怀的服务板块，在取得经验后又将这一成功做法移植到其所负责运营的多个社区康养服务中心或老人日间照料中心，同样获得了不少老人的交口称赞。

3. 加强为老服务员工素质能力建设，打造"管理规范、技能过硬、敬业爱岗"的为老服务队伍

首先，实施队伍管理员工制。与服务管理人员签订劳动合同或劳动协议，严格按照国家劳动法的规定，保障这些员工的合法权益及合理的利益诉求。其次，实行人员招聘本地化。招聘熟悉本地语言、风土人情、文化习俗及生活习惯的本地居民，尤其是优先招聘"4050"待岗人员，以及见过世面的返乡人员，以便他们能在与老人进行毫无障碍的语言沟通和亲密无间的心理交流中将为老服务做到极致。再次，实施人员配比合理化。在联盟属下每个养老公寓，上至主管院长下到一线护工，全部按国家颁布的养老公寓护理级别的标准，统一配备管理人员与护工人数，同时，按比例搭配储备人员，以确保所有服务环节不脱节，让所有入住老人在公寓有序运行和合理运转中，都能享受到优质高效的周到服务。最后，推进服务技能专业化。通过服务标准化和常态化培训，提高护工持证上岗率，使为老服务体现出专业性、针对性和适用性；对护工的护理技能和沟通技巧，提出多样化的要求并通过多种途径予以培养。

为了在嵌入社区养老服务的转型与创新发展中发挥引领功能及带动作用，"游牧寿康"又将这一套制度化、规范化、科学化的管理原则及其标准，根据社区实际情况，灵活运用于其旗下的社区康养服务中心及老人日间

照料中心。这就使从事这项工作的服务人员能够有所遵循、独当一面，从而有效融入他们所服务社区的居家老人生活，充分发挥这项工作作为沟通居家养老与机构养老的桥梁和纽带作用。

4. 注重项目的现实可行性和未来可期性

第一，转租合并经营不善的养老公寓，以节约成本实现投入产出比的理想效果。就此项选择，"游牧寿康"决策层进行了周密考量，用较低的租金及运营成本，把那类因经营不善严重亏损的公寓转租过来，既可以省却巨大基础投资，也可以通过经营管理创新和服务质量提升获得较好的收益。

第二，促使旗下更多公寓努力实现医养结合乃至深度融合。医护服务是实现健康养老的关键因素，能否同时获得基本养老保障和高质量的医疗保障服务现已成为影响老年人选择养老方式的重要因素。目前，对居家服务型、社区嵌入型、机构融合型这三个层次的医养结合模式，"游牧寿康"已经进行了初步探索，即尝试与市人民医院进行无缝对接，以便为老人提供完整而又优质的医疗服务；在旗下的各个社区康养服务中心及老人日间照料中心，配备全科大夫轮值，让社区老人方便就近寻医问诊；尝试通过"互联网＋家庭医生"形式，为居家老人提供便捷而又高效的医疗保健服务。

第三，对外向同行输出管理运营体系，帮助那些处于亚亏损状态的养老机构走上科学发展的正轨。"游牧寿康"决策层的设想是，帮助别人就是帮助自己，将自己已经成形且被证明可行的全套运营管理方案直接嫁接给效益欠佳的养老机构，并且委派专家老师带领团队上门帮扶，这样做既可以实现资源共享，也可以为下一步与对方精诚合作创造必要条件。

5. 主动嵌入并深度植根于社区，大力创设面向居家老人的社区康养服务中心

社区康养服务中心及老人日间照料中心，是近年来深受地方政府高度重视以及深受社会各界普遍欢迎的新型养老服务形式。这一形式兼具居家养老和机构养老的优点，既有利于家庭生活和谐幸福，又有益于老人身心健康及个人价值体现。面向社区谋求发展，"游牧寿康"的核心理念和基本思路是，以"老有所养、老有所依、老有所学、老有所乐、老有所为"为宗旨，替家庭和社会分忧减负，在"敬老、爱老、助老"的贴心服务中，创造和延伸服务价值,进而实现社会效益与经济效益的双赢。目前,在地方政府及社会力量的大力支持下,"游牧寿康"已在其周边社区成功创建数家具有一定规模的社区老人康养服务中心或老人日间照料中心,每个服务中心每天同时能为数百名老人提供针灸理疗、艾灸、药浴以及文体娱乐等方面的服务。为满足老人多样化和个性化需求,已建立的这类中心持续拓展为日托老人服务的空间,其服务项目包括医疗保健、医疗咨询、保健讲座、理疗康复、助餐代购、日托照料等。在此种成功探索的基础上,"游牧寿康"在 2020 年又投入较大资金,在三门峡地区增设 16 家社区康养服务中心样板店,可为15000 名社区老人提供中医药保健及较高质量的日间照料服务。"游牧寿康"的理想目标是用 3 年时间面向全省县域渐次开设 240 余家社区康养服务中心,满足 20 万名社区居家老人的养老服务需求。

6.运用现代信息技术,依托互联网、物联网、智慧养老设备,寻求适宜的合作伙伴,面向广大社区居家老人,探索建立线上线下一体的多元化一站式养老服务新模式

养老机构面向社区广大居家老人,为他们提供日常必需的服务,这既需要具备良好的基础服务设施条件及扎实的为老服务的素质技能,也需要先进信息技术及"互联网+养老服务平台"的支撑。为此,"游牧寿康"决策层精心组建了为老服务的线上团队和线下团队,并且分别对两者进行了比较周全、比较合理的职能分工。其中,线上服务团队由管理统筹协调中心统一调配,可统筹协调紧急救助中心、生活服务中心、健康医疗中心等分支部门任务的执行,而线下服务团队则由居家养老上门服务团队、社区为老服务活动组织团队、专业技能服务团队构成(见图2-2)。

此外,作为配套设施,"游牧寿康"还在社区设立互动娱乐、日间照料等服务网点,通过丰富居家养老援助服务内容吸引居家老人走出家门,融入集体生活,参与丰富多彩的文化娱乐活动和享受社区精心照料服务,从而远离寂寞和孤独。

```
                        ┌──────────────┐
                        │  线上服务团队  │
                        └──────────────┘
    ┌──────────┬──────────┬──────────┬──────────┬──────────┐
┌────────┐ ┌────────┐ ┌────────┐ ┌────────┐ ┌────────┐
│紧急救援团队│ │主动关爱团队│ │生活服务团队│ │专业咨询团队│ │线下管控团队│
└────────┘ └────────┘ └────────┘ └────────┘ └────────┘
┌────────┐ ┌────────┐ ┌────────┐ ┌────────┐ ┌────────┐
│365天24小时│ │每周与老人│ │承接并提供│ │承接健康及│ │线下服务派单、│
│为老人待命，│ │进行互动关怀│ │10类150项│ │法律咨询等│ │助老员管理、│
│联络110、120、│ │        │ │便民服务  │ │专业咨询  │ │满意度回访等│
│119及紧急联络人│ │        │ │        │ │服务     │ │        │
└────────┘ └────────┘ └────────┘ └────────┘ └────────┘
```

```
                        ┌──────────────┐
                        │  线下服务团队  │
                        └──────────────┘
       ┌──────────────────┬──────────────────┐
  ┌──────────┐      ┌──────────┐      ┌──────────┐
  │居家养老上门│      │社区为老服务│      │专业技能  │
  │服务团队   │      │活动组织团队│      │服务团队  │
  └──────────┘      └──────────┘      └──────────┘
┌──┬──┬──┬──┐    ┌──────┬──────┐  ┌────┬────┬────┬──┐
│服务│服务│服务│服务│    │活动策划│志愿者/│  │医生│护理│适老化│……│
│站A│站B│站C│站…│    │执行团队│社工团队│  │团队│团队│团队│  │
└──┴──┴──┴──┘    └──────┴──────┘  └────┴────┴────┴──┘
┌──────────┐      ┌──────────┐    ┌──────────────┐
│助老员团队管理，│   │多样化活动组织，│ │健康管理服务、社区│
│工单分配与管理，│   │集体文娱活动、│   │义诊服务、专业护理│
│线下服务监督与│    │节日问候、郊游│   │服务、适老化改造的│
│管控       │      │活动等     │    │评估与实施等    │
└──────────┘      └──────────┘    └──────────────┘
```

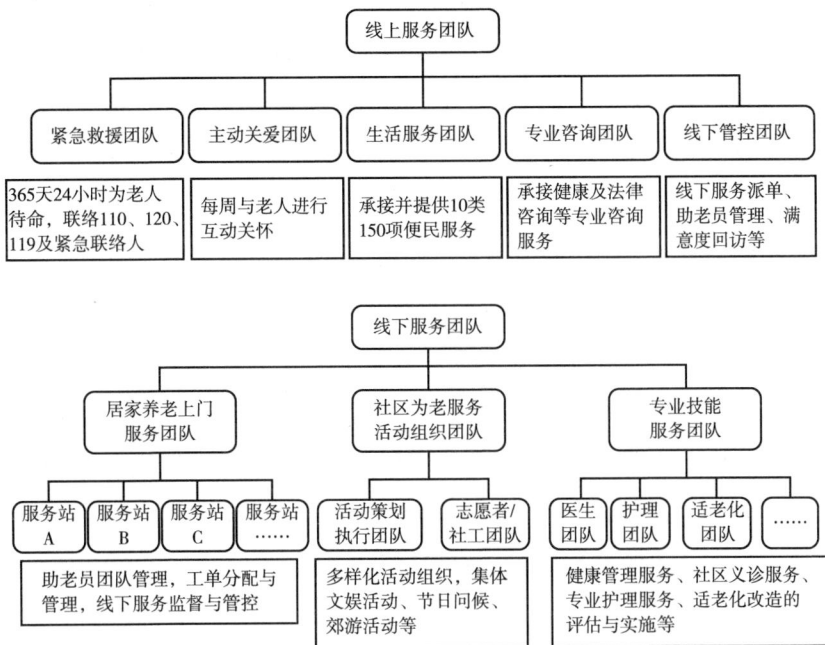

图 2-2　"游牧寿康"为老服务线上团队和线下团队服务内容

（二）"游牧寿康"拓宽养老服务发展空间、提升服务效能的基本经验

为老服务是社会公共服务的一项重要内容，也是保障和改善民生的重要体现。在家庭养老功能日渐式微、社会养老服务供给压力加大的现况下，依托社区资源居家养老，既符合我国实际国情，又契合老人养老心理需求及行为习惯。看准社会养老服务这一发展方向，"游牧寿康"积极主动地介入社区养老谋求转型运营及创新发展，面向大多数居家老人布局设点，并且依托智慧养老平台广泛、深入地开展社区养老服务。在这一拓展和提升机构养老服务的创新过程中，"游牧寿康"取得了明显成效，积累了丰富经验。

1. 以思想观念更新打造养老服务新模式

正确的思想观念往往是行动成功的先导，在社会养老服务业已辛勤耕耘多年的"游牧寿康"创业者，对此有深刻的体验。面对社会养老服务业发展的新形势、新情况、新要求，"游牧寿康"决策层清醒地意识到，不能再恪守"关起门来办养老院"、坐等有需求的家庭送老人上门的静态养老服务理念，相反，需要虚心学习和适时接受居家社区养老、跨界医养结合养老、旅居文化养老乃至"虚拟养老院"等新事物，并且适时吸纳精华，将其有机融入机构养老向外延伸服务的社会网络之中。"游牧寿康"的经营管理者明确提出，要将自身打造成"以居家养老为引导，机构养老为补充，医养康结合为保障"的综合型多功能的为老服务模式。这一选择表明"游牧寿康"决策层已经比较充分地意识到机构养老的现实局限性，以及看准未来发展的新契机，从安于院舍式固定养老服务套路，毅然转为面向社会广阔天地发挥更大作用的前瞻性思考及经营创意。思想观念的转变是根本性转变，这一转变带来了"游牧寿康"在项目谋划、运营策略、服务方式及手段和途径等方面的较好选择，以及提高了其在社会资源拓展、延伸服务等方面的效能。

2. 因地制宜，综合创新

一地区的经济社会发展状况、老龄化程度往往决定了其社会养老服务所应采取的基本运营模式和发展策略。"游牧寿康"所在的义马市虽然只是一个人口规模较小的县级市，截至 2019 年末，义马市常住人口仅有 148110人，但经济社会发展程度较高。2019 年，义马全市人均 GDP 为 9.52 万元，全市居民人均可支配收入为 30946 元，其中城镇居民人均可支配收入为31349 元，涉农居民人均可支配收入为 19556 元。义马市 65 岁及以上老年人口有 1.91 万人，约占常住人口的 13%，高于同时期全省这一项占比 1.84个百分点；80 岁及以上老年人口有 0.26 万人，占常住人口比重约 1.8%，高于同时期全省这一项占比的近 1 个百分点。[①] 尤其是近年来随着义马市的转型发展，很大一部分年轻人外出务工，产生了大量空巢独居老人。另外，

———————

① 《2019 义马市国民经济和社会发展统计公报》，义马市统计局网，http://tjj. yima. gov. cn/col/col1379/index. html，2020 年 5 月 4 日。

义马市是由煤矿开掘而兴起的资源型城市，外来产业工人及其家属占当地居民比重超过一半。这就意味着义马市老年人口中大多数是退休职工，他们不仅有固定的养老金收入保证其养老消费，而且其文化水平、科技知识、社交能力等综合素质比乡村居民高，自然而然地，他们对生活照料、医疗保健、文体娱乐等方面服务的需求也就较高。此外，精神养老比物质养老重要，如何满足大多数老人此种心理需求，在健康养老基础上开展积极养老活动对养老服务者来说，更是一个亟待解决的重要问题。

正是基于对上述实际情况的考量，"游牧寿康"决策层认为，以发展会员制为桥梁和纽带，并且依托互联网、物联网、云计算、大数据、智能软件等科技载体，去探索和创设一种兼具居家养老、社区养老、机构养老优势，以及融会旅居养老、文化养老、智慧养老等特征的、综合型多功能的养老服务运行模式，或许是适合义马市社会养老服务发展的正确选择。其理由在于：一是义马市大多数居民家庭对接受此类服务具有一定的心理需求及支付能力；二是义马市老年人口居住相对集中且需求层次较高，适合线上线下一体的多元化一站式服务，开展托养护理、理疗保健、医疗咨询、助餐代购、保洁维修、游艺娱乐、游览旅居、心理互动等多样化、个性化的为老服务；三是在家庭养老功能日渐式微的现状下，主动嵌入社区面向广大居家老人为他们提供必要服务，既契合当地老人养老心理需求及行为习惯，也符合当前居家养老、社区养老、机构养老、文化养老、医养结合养老五位一体养老服务体系建设的要求。总之，"游牧寿康"的经营之道是秉持"一切以满足老人需求为宗旨"的为老服务理念，并且在符合当地经济社会发展状况，以及贴近老人生活实际的动态服务过程中，从多角度、多层次、多方面进行综合创新，力求达到健康养老与积极养老的有机结合，以及实现社会效益与经济效益的高度统一。

3.注重差异、推陈出新，虚实结合、软硬兼具，全面提升为老服务质量水平

服务管理创新，这是任何一个为老服务机构赖以健康生存和向好发展的根本途径。"游牧寿康"决策层不仅从理论上弄明白这一道理，而且在实践

中逐步破解了服务管理中的多重难题。经过深思熟虑，他们对当前养老服务发展形势进行了预判，即依托网络平台居家社区养老、游移旅居养老等新业态养老，终归不能完全代替实体养老。当早期参与新业态养老的年轻老人迈入耄耋之年时，他们还是要回归机构、院舍等公寓里安度晚年。尤其是在前端新业态养老的那些体验已经让老人们领悟到，最后到养老机构的也并非因为个人孤寡或子女不孝，而值得期许的倒是在那里，可以寻找属于自己生活圈子里更多的快乐与自我价值。因此，新业态养老的冲击对于实体养老来说恰恰可以理解为一次机遇，而抓住这种机遇的关键则是搞好实体养老本身的服务管理创新，并且以此良效去赢得社会认同。

首先，"游牧寿康"特别注重推陈出新。众所周知，养老项目虽然是国家以各种方式大力支持的民生建设项目，但是，一些养老机构因严重亏损而难以为继。其原因当然有多种，但根本原因是服务管理方面的因循守旧，主要表现为同质化太严重，大多摆脱不了那种只管"吃喝拉撒睡"，而不过问老人多样性、多层次需求的千篇一律运营模式。实践已经证明，与差异化服务管理相比，同质化的服务管理毫无优势，且其前景令人担忧。有鉴于此，"游牧寿康"不断强化自身差异化服务管理意识，并且就加强差异化服务管理制定了具体实施方案。一是建构差异化服务板块，从精神层面拉近与老人的距离。譬如，要求护理人员陪老人聊家常，聆听老人讲过去的故事，为老人唱歌助兴，并且要求她们与老人一起参加力所能及的公益活动等。二是建构差异化管理板块，推动管理体制机制创新发展。例如，在整个"游牧寿康"实行公司集团化统一管理，规定所有护工上岗前进行技能培训，对薪酬与绩效、岗位职责及护理工作流程、护工服务水平与亲和力的标准认定等实行统一规范；设置由年轻有为的专业人员担当重任的技能服务板块，规定老人每天参与的娱乐游戏活动应标准化和多样化，并且配备专人负责引导；制定对陪老人聊天及散步、为老人捶背和洗脚等亲情化服务的考核标准，规定每个护工都要与其所护理的老人的子女通过微信建立起温暖家庭群；等等。三是建构实施板块，用以增加自身为老服务社会影响力与认可度。例如，规定下属机构统一使用寿康联盟公寓名称，实施企业咨询师带队、直营院长负责管理、护工当地招聘、对接当地医院或卫生服务中心等措施；依据整体形象、入住率管理水平、员工责任心及干劲、运行机制及职责、老人感受、子女认可度、群众口碑等指标，精心打造一个个样板公寓，从而为其嵌入社区转型与创新发展做好铺垫，树立标杆。

其次，"游牧寿康"竭力做到虚实结合、软硬兼具。现阶段，在整个社会养老服务体系建设中，以机构院舍、社区设施及其服务人员为物质载体的实体养老是根本基础，而以高新科技建构的智慧养老服务平台为依托的虚拟养老则是发展的主导方向，两者缺一不可。正是由于充分认识到这一点，"游牧寿康"决策层采取了双管齐下的经营方略，即以高品质、差异化服务管理提升实体养老质量和水平，同时依托智慧养老服务平台，建构动态化、普惠性的"无围墙的社会养老院"。此外，"游牧寿康"还以在社区设局布点的方式，将以上两项有机衔接及深度融合。在硬件建设方面，"游牧寿康"在服务场地、技能设备及人员配置上不惜投入重资，开设多家社区康养服务中心及老人日间照料中心并精心打造其样板，以确保其能与市级智慧养老服务平台有效衔接。而在软件建设方面，"游牧寿康"不仅借助智能软件对各养老公寓及各社区康养服务中心实施智能化管理，还通过培养护工技能和职业责任感、扩大项目实施的社会影响力、建立与同行合作共事的良好伙伴关系等有效措施，深化与提升自身的精神文化内涵和科学技术含量。

最后，"游牧寿康"注重制定切实可行的中长期发展规划，志在实现养老服务社会化、市场化、人文化的有机融合。凡事预则立，不预则废，一些中小养老机构目光短浅，往往在取得一定成就之后，就满足于现状，仅仅关注现实的得与失，缺乏长远打算。与某些因循守旧的养老机构截然不同，"游牧寿康"眼光远大、志存高远，其决策层并不满足于已经取得的业绩，他们通过制定切实可行的中长期发展规划，对自身未来的发展前景通盘考量及科学谋划。他们的前瞻性思维及比较宽广的胸襟和情怀使自身的经营上升到新的境界，他们教育和引导所有员工把养老服务当作个人和集团的终身事业，持之以恒地做下去，最终达致社会化、市场化、人文化有机融合的理想境地。

（三）相关启示

综上所述，"游牧寿康"的做法和成功经验主要给予人们以下几点重要启示。

第一，思维方式转变是根本性转变。作为养老服务业经营管理者，决策者不应当恪守僵化的、形而上学的思维方式和一成不变、非此即彼的思想观念，相反，他们应当以辩证的、兼容的思维方式和历史的、不断变化和发展的眼光，去看待社会养老服务体系建设中居家养老、社区养老、机构养老之间的关系，以及看待新业态养老与传统机构养老、虚拟养老与实体养老之间的关系。只有如此，他们才能视野广阔，思维敏捷，不断学习和接受新事物，进而发挥自身的创造性，去有效破解养老机构自身服务管理中面临的各种难题，紧跟社会养老服务创新发展的时代潮流。

第二，面向城乡社区广大居家老人，优化、整合和聚集各种养老资源，走市场化、社会化、人文化密切结合和深度融合之路，是未来县域社会养老服务发展的大势所趋。正是认准并适应此种发展趋势，"游牧寿康"将自身特色定位为，以系统化思维、规模化运营、智能化操作、社会化改革、人文化关怀的养老发展思路，打造多元化、一站式养老平台。多元化，即乐购、文旅、康养。一站式，即以居家养老为基础、社区养老为依托、机构养老为补充、医养康结合为保障，通过公寓联盟来凝聚力量。对于那些经营管理不善的县域民办养老机构来说，或许从中可以学到一些有用的经验或有益的智慧。

第三，从事社会养老服务业，没有任何捷径可走，只有将脚踏实地与博大胸怀密切结合才能行稳致远。在这里，脚踏实地体现着一分耕耘、一分收获的实干精神，博大胸怀则标志着前瞻性科学谋划及社会责任担当，而此种品位的形成则建立在周密思考与大胆创新的基础之上。一方面，实践出真知，埋头苦干的辛勤汗水"接地气"，靠它才能浇灌出珍贵经验这株鲜艳的智慧之花；另一方面，格局决定命运，有多大的胸怀和气度，就能干成多大的事情，乃至闯出一条别人从来没有走过的路来。综观"游牧寿康"的经营之道，可谓深得将以上两方面融会贯通之要领。

第四，用心服务获认可，真挚合作创效能。面对前进道路上难免会遇到的各种困难和挑战，养老服务机构理应积极应对、迎难而上，要靠用心服务获得社会认可，靠真挚合作创造企业效能。俗话说得好，"金杯银杯不如老百姓的口碑"，为老服务固然需要动嘴用手，但是，其关键之处还是要用心去做，只有前思后量、做细做精、达到贴心服务，才能获得老人、家人及社会的认可。为此，"游牧寿康"将规章制度的督导、职业责任的引导与敬老爱老的启导有机融合，其社会影响力甚大。这种已被实践证明为颇有成效的做法，对搞好当今养老服务业内部经营管理，自然具有发人深思的借鉴和参考价值。此外，孟子曰："天时不如地利，地利不如人和。"养老服务业兴盛之道也是这样，贵在人和。在此，"人和"特指一个企业善于在激烈的市场竞争中，与同行通过合作分享建立良好的业缘关系。经过多年打拼，"游牧寿康"已经取得较大成功，但其经营管理者清醒地认识到，这只是万里长征走完第一步，朝向更大目标的发展，除了自身更加努力，尚离不开包括同行竞争对手在内的社会各界的鼎力支持。基于此种认识，"游牧寿康"不仅花费重金与国内顶级咨询公司深度合作，学习经营之道和共商发展大计，而且放下"架子"，尝试以转租合并经营、输出管理运营体系、项目合作等方式和手段，去帮助和支持一些常年亏损的养老机构重整旗鼓，以及提携一些有志于创新发展的养老机构共同创业。之所以如此做，这与"游牧寿康"一直在功能定位上将自身看作一个薄利经营以造福于大众的社会企业，并且始终按照社会企业的标准去打造不无关系。可以预期，在健康养老和积极养老的时代潮流下，"游牧寿康"必将以更加完善可行的项目规划，真诚地邀请更多的同行一起为国分忧、为民解困，在不懈的坚守及努力的奋进中，去体验开拓过程的快乐，分享事业成功的喜悦。

五 归纳和总结

在河南这个历史文化悠久的中部大省，县域小城镇及村庄星罗棋布、人口众多，可谓拥有开展居家社区养老服务的广阔天地。在调研中，课题组所选取的豫南淮滨县、豫东民权县属于经济社会欠发达的县域，豫北新乡县、豫西县级市义马市则属于经济社会比较发达的县域。显而易见，在经济社会欠发达与经济社会比较发达的县域之间，在开展社会养老服务方面具有一定的差异性。

其一，在对发展社会养老服务的思想认知及观念更新方面，经济社会发展相对落后的县域，无论是政府部门还是居民家庭，都还存在一定的认识误区。就地方政府部门而论，有一些工作人员对社会变迁带来的家庭结构、功能、关系等方面变化缺乏深层次认识及正确理解；他们视子女奉养和照料老人为理所应当的法定义务，对家庭养老向社区延伸和发展的社会化养老趋势认识不足，认为只要将针对一些特困老人的兜底特惠型服务搞好就行，而把开展居家社区养老服务当成权宜之计；他们疏于从社会和谐发展及积极老龄化的高度来看待社区养老服务发展的意义，在一定程度上缺乏工作的积极主动性，对上面布置的目标及任务往往应付了事；他们总是强调本地经济发展落后、群众思想保守、社会力量薄弱等客观因素，为自己在这项工作中缺乏创新能力寻找借口。从居民家庭来说，不少居家老人拘泥于传统养老观念，对老人入住养老机构心存芥蒂，认为有儿有女却去机构养老终归是一件不光彩的事情；对居家社区养老，他们中也有人将社区养老服务当作国家和政府给予个人的一项单纯福利，认为这是对以往个人履行计划生育义务的一种福利性补偿；他们看不到社区养老服务是一种兼具社会公益性和市场营利性的准公共服务，对一些微利性质的社区养老服务活动不够理解、不予参与，甚至颇有微词。

其二，社区养老服务基本组织架构和基础设施建设还有不足之处。那些经济社会发展相对落后的县域，在一些小城镇尚未设立居家社区养老服务中心及老人日间照料中心；而在农村社区，幸福院建设水平参差不齐，呈现零散分布状态，村庄覆盖率不高。即使在某些已经建立起来的城镇居家社区养老服务中心或村庄幸福院，其房舍也比较陈旧，基本设施比较简陋，通风、透光、除湿等健康生活的基本条件也稍差。

其三，社区为老服务队伍建设依然比较滞后。那些经济社会发展相对落后的县域，无论是养老机构还是居家社区养老服务中心，普遍存在服务人员老化、素质和技能较低、中途离岗人员较多等现象。在不少养老机构，由40～55岁年龄段的护工照料70岁以上老人的现象比较普遍，并且这类服务人员大多是女性，文化程度较低、专业服务技能较差，在对失能半失能老人的照料及应对突发事件上显得比较吃力。而在一些城镇社区挂牌的所谓居家社区养老服务中心，不仅缺乏医疗保健、康养护理的功能，而且缺乏专职服务人员，往往由社区居委会安排中老年妇女义务轮值，任务也就是每天按时开门和锁门。在里面打牌、下棋、唱歌、跳舞的年轻老人往往是自我服务，身体状况较差的老人以及高龄老人很少去那里。在一些农村幸福院，专职护理人员更是奇缺，通常是由村委会安排一人义务轮值，老人之间往往习惯于互助服务。

其四，在对居家社区养老服务的政府支持方面，通常经济社会发展相对落后县域的地方财政投入不足，并且在资金使用上，往往有较为明显的行政化支配倾向。例如，以"撒胡椒面"的方式给每个社区分配一点扶助资金，看上去似乎公正公平，实则无益于普遍提升社区养老服务水平，倒不如先集中财力培育社区养老服务先进典型，可以起到"以点带面"的示范作用。尤其是在政府购买服务这方面，如何能以较少的资金发挥较大的作用，并且在兜底特惠型服务与大众普惠型服务之间寻求平衡，仍是一个悬而未决的问题。

其五，在对居家社区养老服务的社会力量支持方面，由于社会组织的孵化和发展比较滞后，经济社会欠发达的县域明显比经济社会较发达的县域薄弱。与经济社会比较发达的县域相比，经济社会欠发达县域的社会组织不仅数量较少，而且质量较差，难以在社会建设及社会公共服务中充分发挥其功能作用。在经济社会发展相对落后县域的城镇，社会组织在一定程度上缺乏参与居家社区养老服务的积极性、主动性和创造性。在居家养老服务中，很难见到专业社会工作者的身影，而一些义工在上门服务时则缺乏必要的专业服务技能，尤其缺乏与老人进行心理沟通和交流的技巧。在一些经济社会发展比较落后县域的村庄，几乎没有社会组织，传统节庆期间向居家老人献爱心服务活动，通常由村委会或党团支部组织和动员一些青年党团员参加。凡此种种，无不说明社会组织发育迟缓以及对居家社区养老服务的社会力量支持不足，这是经济社会发展相对落后的县域居家社区养老服务发展中的弱项，亟待补强。

其六，在对居家社区养老的宣传、教育、引导方面，经济社会发展相对落后的县域在方式方法上仍然拘泥于传统思维定式，缺乏现实针对性、科学合理性和未来前瞻性，并且往往因为形式化和呆板性而难以达到预期效果。例如，二十四孝图中某些带有迷信色彩的故事，被作为宣传孝亲敬老的先进典型，以绘画配文的形式在城乡社区周边院墙或围墙上展示。再如，一些传统家训家规虽被以格言抄录的方式在社区橱窗内广为展示，但是这种照本宣科式的宣传，由于未结合当地实际生活事例及社会主义核心价值观来阐释，说服力和感染力往往不大。

其七，在机构养老与居家社区养老的衔接和融合方面，经济社会发展相对落后的县域内普遍存在"两张皮"现象，以致相互抵牾和扯皮，不能形成发展合力实现效能互补。介入社区养老服务的政府机构、群团和社团组织以及其他社会力量，普遍缺乏协调、沟通及合作，"各自为政"，造成社会养老资源碎片化，难以得到充分利用。尤其是乡镇敬老院社会化改革步伐缓慢，一些乡镇敬老院墨守成规，对上级政策规定不能按照当地实际去科学把握及灵活运用，从而亦步亦趋，缺乏创意，无法破解自身发展中的瓶颈，难以在乡村社会养老体系建设中发挥骨干作用。

2023 年 8 月 22 日，河南在郑州召开全省居家社区养老服务体系建设工作推进会，会上提出，"加快构建以居家养老为基础、社区养老为依托、机构养老为补充、医养康养相结合的'多元一体'养老服务体系"，不断增强老年人获得感、幸福感、安全感。① 基于此种情况，以上分析和总结或许能

---

① 李铮、冯芸：《全省居家社区养老服务体系建设工作推进会召开》，《郑州日报》2023 年 8 月 22 日。

够给予有益的启迪，即在开展以社区为依托的居家养老服务时，发展程度不同的县域务必根据当地实际情况采取不同的发展策略。例如，在经济社会欠发达县域的小城镇开展居家社区养老服务应以加大政府支持力度、鼓励社会力量介入、优化整合社区资源、破除医养结合障碍为重点任务；而在乡村，现阶段则应以落实家庭赡养责任为基础，以居家养老乡邻乡亲间互助型服务为依托，以兴办村庄幸福大院为支撑。在经济社会比较发达县域的小城镇，开展居家社区养老服务则应以提升政府购买服务质量水平、鼓励养老机构嵌入社区创新发展、探索"互联网+居家养老"服务模式、促进医养深度融合等为重点任务。而在其乡村，现阶段则应大力推进乡镇敬老院社会化改革、不断扩大敬老院养老服务受惠面、充分发挥敬老院的引领和带动作用，从医养结合、心理慰藉、人际互动等方面大幅提高村庄幸福院为老服务质量和水平，实现与城镇"12349"居家养老服务平台的有效衔接。

第三章
河南省大中型城市居家
社区养老服务调查

一 郑州市居家社区养老服务情况调查

（一）郑州市居家社区养老服务发展概述

郑州地处中原，全市总面积达 7446 平方公里，现辖 6 区 5 市 1 县及郑州航空港经济综合实验区、郑东新区、郑州经济技术开发区、郑州国家高新技术产业开发区。截至 2019 年底，全市常住人口 1035.2 万人，其中城镇人口 772.26 万人，城镇化率 74.6%；全市 60 岁及以上人口近 130 万人，占全市常住人口的 12.56%。截至 2019 年底，郑州市共有养老服务机构 122 家，拥有床位数 22628 张。郑州市是河南省省会，经济社会发展程度较高，2019年，郑州市地区生产总值完成 11589.7 亿元，占全省的 21.4%，全市居民人均可支配收入 35942 元，其中城镇居民人均可支配收入 42087 元；截至 2019年底，全市建立社区服务中心 150 家，社区服务站 801 个。[①] 较发达的经济社会条件为郑州市开展居家社区养老服务打下了良好的基础。按照国内流行

---

① 《2019 年郑州市国民经济和社会发展统计公报》，郑州市统计局网，https://tjj.zhengzhou.gov.cn/tjgb/3112732.jhtml，2020 年 4 月 3 日。

的"9073"的养老模式，在郑州全市近130万老年人口中，有117万老人需要居家接受社会养老服务，9.1万名老人需要进入老人日间照料中心接受日托式社区养老服务，3.9万名老人需要入住养老机构接受长期照护，97%的老人要在居家养老和社区养老中接受各种社会化的服务，这就意味着居家养老和社区养老已成为郑州市社会化养老服务发展的主导方向。

此外，第七次全国人口普查（以下简称"七普"）公报显示，截至2020年底，郑州市常住人口为1260.06万人，占全省常住人口的12.68%。其中，60岁及以上人口为1617392人，占全市常住人口的12.84%；其中65岁及以上人口为1130977人，占全市常住人口的8.98%。[①] 尽管郑州市目前老龄化程度低于全省乃至全国平均水平，然而，按照国际标准，郑州市也早已进入老年化社会，并且随着流入人口的不断增加以及随迁老龄人口的持续增多，社会为老公共服务压力逐渐加重。在积极应对人口老龄化方面，郑州市依然面临比较严峻的挑战。河南省"七普"数据显示，在按10%的比例被抽查的郑州市154356名60岁及以上老人中，独居（无保姆）的有12050人，并且在这些被抽查的老人中，身体处于非健康状态的老人有15510人（其中生活不能自理的有3956人）。[②] 按此推论，这就意味着全市有10.05%的老人处于非健康状态，有2.56%的老人在生活上不能自理，而现有社区养老服务设施及其服务能力水平，尚不能充分满足这些老人的各类需求。此外，作为国家中心城市，郑州市流入人口中随迁老人数量日渐增加，在社区养老服务建设中依然面临较大压力，责任重大且任务艰巨。

2012年3月12日，郑州市政府出台了《关于加快推进居家养老服务工作的意见》，就养老服务工作的指导思想、基本原则、工作目标、主要任务、保障措施等进行了明确规范。2017年11月10日，郑州市在河南省率先入选第二批全国居家和社区养老服务改革试点地区，这类地区的试点工作由中央财

---

① 《郑州市第七次全国人口普查公报（第一号）》，郑州市统计局网，https://tjj.zhengzhou.gov.cn/tjgb/5012681.jhtml，2021年5月15日。

② 河南省统计局提供的七普数据中，"c-8-1-1"为全省各地区分性别、健康状况的老年人口，"c-8-2-1"为全省各地区分性别、居住状况的老年人口。

政给予大力支持。入选全国试点之后，郑州市以此为契机，相继开展了政府
购买养老服务、推进社区老人日间照料中心的建设奖补，以及建立助浴、助
餐示范点项目奖补等行动，居家社区养老服务在设施设备、服务组织等方面
得到快速发展。尤其是近年来，郑州市聚焦"一老一小"提供优质服务，高
度关注养老问题，推动居家社区养老服务跃上新台阶。2018 年郑州市新建社
区老人日间照料中心 80 家，2019 年新建 100 家，2020 年新建 120 家，越来越
多的老人能够就近享受贴心而又周到的社区养老服务。2020 年，郑州市又计
划实施普惠养老城企联动试点专项行动，推进居家和社区养老服务改革试点，
新建、改扩建城乡社区养老服务中心 100 家，新增养老床位 3000 张。① 至今，
郑州市每个街道至少有 1 所综合性社区养老服务中心，养老照料设施已经基本
覆盖城市社区。2021 年 8 月 31 日，在全市推进养老服务高质量发展工作会议
上，市主要领导提出，到 2022 年，通过实施"百千万"温暖工程，建成高水
平的街道养老服务中心 100 家、社区日间照料中心 1000 家、培育养老护理员
10000 人；通过品质提升工程，培育发展有规模、有品质的养老机构 100 家左
右。到 2025 年，居家养老实现城乡统筹、全面提升，机构养老实现多样化、
品质化、品牌化，为老年人提供高效化、人性化、体系化、嵌入式的养老服
务。② 截至 2023 年 9 月，全市包括养老机构、社区老人日间照料中心等在
内的养老床位已经达到 5.7 万张。③

（二）郑州市开展居家社区养老服务的主要特点

1.形式多样，不拘一格

在对开展居家社区养老服务的支持上，郑州市以 70 岁及以上的老人为
重点，以政府购买、补贴、老人自费购买等多种形式，为社区居家老人提供

---

① 《读报告看郑州高质量发展 建设国家黄河绿道郑州段》，凤凰网，http：//hn. ifeng. com/
a/20200523/14227689_ 0. shtml，2020 年 5 月 23 日。

② 《徐立毅主持召开市推进养老服务高质量发展工作领导小组会议》，郑州市人民政府网，
https：//public. zhengzhou. gov. cn/D4806X/5971392. jhtml，2021 年 9 月 1 日。

③ 《郑州市已建成养老床位 5.7 万张，郑州 2023 年全市民政年中工作推进会召开》，《大河
报》2023 年 9 月 7 日。

各种服务。譬如，通过政府购买服务的形式，建立专门养老服务队伍，为社区居家老人提供上门服务；在社区老人日间照料中心的场地选择、手续办理方面提供优惠；对每个建成的社区老人日间照料中心（托老站）或居家社区养老服务站，直接根据面积及规模给予运营补贴，并且每年对考核和验收合格的社区老人日间照料中心给予一定的物质奖励。再如，通过公建民营、民办公助、股权合作、购买服务、以奖代补等方式，充分调动社会力量参与建设和运营养老照料设施。此外，郑州市还出台相关政策鼓励在社区利用废旧场所兴办小型托老服务机构。

2. 典型引领，以点带面

在探索"政府主导、社会参与"共建养老模式的基础上，郑州市形成了"爱馨"三位一体[①]的医养交叠模式、郑州九院集医、护、教、研、防为一体的医养深度融合模式。在机构养老与社区养老相融合方面，郑州市以郑州爱馨阳光城为样板，推动诸多社区在吸引老人"走出家门、参与社会、融入社会"方面努力进行探索；以金水区试点为引领，全面加强居家社区养老服务建设。郑州市以政府购买助餐、助浴服务的形式推动助餐、助浴示范点建设，给予每个达标的助餐、助浴示范点以 30 万元一次性建设补贴及运营补贴，并且精心打造了金水区凤凰城社区托老站为老助浴示范点、上街区中心路街道办事处瑞祥助餐示范点等先进典型。通过其示范引领作用有效解决了老旧小区老人就餐及洗浴难题。

3. 优化整合，五位一体

居家和社区养老服务面对的是占老年人口总数的 97% 的老人，这表明居家和社区养老服务并不是孤立存在的社会事物，它涉及千家万户，需要全社会力量积极踊跃地参与其中，养老服务产业才能兴旺发达，长盛不衰。加上郑州这座城市独特的历史发展轨迹，也需要因地制宜及因时制宜，优化整合各种社会资源，形成强大社会合力。

首先，郑州市地处中州腹地，交通四通八达，流动人口众多，其总数占

---

① 三位一体，即以机构养老为基础、以居家养老为依托、以互动养老为延伸。

全市人口比重超过 1/3，仅 2019 年就净增近 50 万人，居中部六省之首。[①]其次，郑州文化秉承中原文化特色，其文化来源甚多，有"八方风雨汇中州"之说。郑州文化融会古典文化与现代文化、边陲文化与中心文化的精髓，体现出中和守正、兼容并蓄的文化特质。再次，早在 20 世纪 80 年代，郑州就被定位为商贸城，著名的全国商战曾在此发生，并且每年全国各种商品交易会在此举行。最后，郑州市是"由火车拖出"的城市，20 世纪初，其由于处在京广与陇海两大铁路交会点，便迅速地由一个名不见经传的小村庄发展为铁道线上的明珠城镇。至今，郑州市又成为闻名遐迩的国家级中心城市，其地理优势可谓得天独厚，便于各类人群交往互动和各种文化类型交融互惠。凡此种种，无不说明郑州市是一个具有"合金文化"特征的城市发展典型。因此，在包括居家社区养老服务在内的社会公共服务建设中，应充分考虑郑州地方特征。有鉴于此，郑州市通过创新社会政策、改善管理机制、加大财政投入力度等措施，精心打造集"居家养老、社区养老、机构养老、互动养老、慈善养老"于一体的养老服务模式。这种模式既具有郑州地方特色，又体现了全市居家社区养老服务发展的时代趋向。当然，郑州市各区（市、县）的侧重点又有所不同。例如，金水区是以政府购买居家社区养老专门服务为主，二七区是以开展面向社区老人的多元化的机构养老为主，惠济区是以开展互助型的居家社区养老服务为主，荥阳市是以开展全民慈善社会助力为老服务为主。

4. 创新政策，分类推进

第一，依据《郑州市人民政府关于全面推进养老服务业发展的实施意见》的文件精神，郑州市民政局、财政局联合制定了《郑州市城乡养老照料设施建设资助和运营管理暂行办法》，就加快推动全市城乡养老照料设施建设、促进郑州市城乡养老设施建设和管理工作做出进一步规范，为提高老年人就近享受生活照料、家政服务、康复护理、精神慰藉等养老服务的获得

[①] 《郑州 2019 年净增人口为 47 万，流动人口为中部之首》，搜狐网，https://www.sohu.com/a/371890742_120441533，2020 年 2 月 10 日。

感和幸福感，从制度层面提供了基本保障。

第二，郑州市出台了各种优惠政策，推动养老机构积极主动地嵌入社区养老服务，兴办集养老、娱乐、学习、医疗、康复为一体的社区综合性养老服务中心，并且积极支持社会养老服务、餐饮服务、家政服务、物业管理、教育文化等机构通过签订协议的形式参与承办专业化的居家社区养老服务项目，扶持发展连片辐射、连锁经营、统一管理的服务模式。

第三，郑州市通过政府购买居家养老服务、兴建社区托老站等得力措施，促进居家养老与社区养老融为一体，让依托社区资源居家养老成为社会常态。在政府购买居家养老服务方面，金水区委托民办养老机构组建一支服务队伍，专门为辖区困难老人提供洗衣做饭、清洁卫生、聊天谈心等日常照料服务，其服务费用由政府买单。为便于居家老人依托社区资源养老，二七区率先在全市建立了首个区级居家社区养老服务中心，借助自主开发的居家养老服务信息管理系统，并且通过相关设备连接至居家老人家中，可为他们提供各种类型的便捷而又优质的服务。在兴建社区托老站方面，针对身体比较健康、喜爱文体活动、子女"远飞"后空巢、日常生活多有不便的老人，由社区提供场地、政府出资兴建、民办养老机构负责管理服务，建立起多家具有托老服务功能的"银龄之家"。其中不仅有阅览室、电脑室、棋牌室、书画室、康检室、手工室、游艺室等设施，而且服务人员的细心、贴心服务，让社区老人深切感受到生活的意义和乐趣。金水区居家养老服务起步较早，至今在全区已经成立了 28 个社区托老站，居家养老服务搞得有声有色，其丰富多彩、有益身心健康的为老服务活动吸引诸多社区老人走出家门，融入集体生活。

第四，交融互补，综合创新。基于外来人口多源性、生活方式多样性，以及包容性、兼容性、中和性较强的地域思想文化特质，郑州在开展以居家为基础、社区为依托的社会养老服务时，集思广益、博采众长，既脚踏实地不流于形式，又追逐潮流而不落窠臼，在多重为老服务模式的交融互补和综合创新方面搞得可谓风生水起，最终建立起具有郑州地域特色的"居家养老、社区养老、机构养老、互动养老、慈善助老"五位一体的新型为老服务模式，这五位一体的为老服务模式，主要是在政府主导、政社互动、政企合作等积极因素交互作用下形成和发展起来的。

（三）郑州市开展居家社区养老服务的不足之处

从郑州市开展居家社区养老服务的现状来看，尚存在以下不足之处。

第一，各区（市、县）的居家社区养老服务发展不平衡。在中原区、二七区、金水区、新密市、新郑市等经济社会发展水平较高的区（市、县），不仅养老机构较多以及医疗、照护资源比较丰富，而且居家社区养老服务中心已经基本覆盖社区；而在经济社会发展水平相对较低的惠济区、管城区、上街区、登封市、中牟县，不仅养老机构较少且医疗、照护资源比较匮乏，而且居家社区养老服务中心也尚未实现社区全部覆盖。

第二，针对民间资本参与居家和社区养老服务的政策激励力度不足和不够合理，民办养老机构与公办养老机构相比，在享受优惠待遇上存在较大差距。例如，对公办养老机构区分自建和改建，分别给予每个床位6万元、3万元的建设补贴；对社会资本参与建设的民办养老机构区分自建和改建，分别给予每个床位9000元、6000元的建设补贴。[①] 这种补贴上的较大差异，势必会严重影响民间资本参与居家社区养老服务的积极性、主动性。此外，政府扶持资金多半以"撒胡椒面"的方式分配给各个养老机构；已建成小区养老服务设施用房法定要求未能得到很好落实等问题，也会挫伤民间资本参与居家社区养老服务的创造性及可持续性。

第三，嵌入式社区养老服务模式尚处于尝试和初始发展阶段，仍需进一步健全和完善。内陆城市郑州与沿海发达城市相比尚存在一定的差距。例如，一些民间资本及社会企业虽有嵌入社区为居家老人服务的热情，但其在社区所兴办的养老服务中心或托老服务场所，在管理服务水平及专业工作技

---

① 《郑州市出台城乡养老照料设施建设资助和运营管理办法》，郑州市民政局网，https：//mzj. zhengzhou. gov. cn/gzdt/2633150. jhtml，2018年7月11日。

能方面有所欠缺。再如，嵌入式社区养老服务的各种社会资源碎片化现象在一定程度上依然存在，有必要进一步整合社区养老服务资源，以便为社区老人提供更为便捷、更为优质的服务。此外，嵌入式社区养老服务模式在创新服务方式及其能力建设方面尚有待提升。例如，服务内容及其运作路径和手段流于一般化，缺乏创意及品牌意识，"一公里医养服务圈""10 分钟内一键上门服务"等居家社区养老服务尚未覆盖大多数城镇社区，服务便捷高效性仍有待充分开发，并且在打破"居"与"养"时空界限、实现"居、养、医"为老服务的有机衔接和深度融合、提升社区养老服务专业性与综合性的良性互动和兼容互补等方面，嵌入式社区养老服务依然是面临诸多困难，任重道远。

第四，郑州市智慧养老服务信息化平台与居家社区养老服务，尚未完全实现有效对接。目前，郑州市虽已建成"12349"养老服务网络信息平台，并且以此为基础与各区"12349"养老服务热线相连接，推动养老服务呼叫网络向乡镇街道扩展，但至今尚未实现全市社区全覆盖。从形式上看，四级居家养老服务管理体系虽已初步形成，但充分利用智慧养老服务信息化平台，延伸至基层社区并与居家养老服务水乳交融，为居家老人适时提供紧急救援、日常照顾、家政服务、休闲娱乐、法律咨询、精神慰藉等服务，尚需时日。换句话说，由于手机 App、微信公众号等媒体的中介传输功能尚未在社区老年群体得到充分开发，"互联网+居家养老"的应答服务时效性因此而有所不足。此外，依托郑州"智慧城市"建设大平台，进一步强化基层社区"居、养、医"深度融合，以及健全和完善各社区、村镇老年人健康信息档案，提升大数据在全市居家社区养老服务中的效能，从总体上看也显得比较薄弱。

第五，社区养老服务队伍建设依然相对滞后，尚不能充分满足不断增长的居家社区养老服务的迫切需求。郑州市居家社区养老服务队伍建设长期滞后，制约居家社区养老服务发展。据统计，在郑州持有国家职业资格证书的养老服务专业护理人员有 1181 人，医养结合型、高端颐养服务型人才以及高层次养老服务管理人才的奇缺，也是郑州市居家社区养老服务队伍建设亟待补足的短板。① 截至 2018 年底，郑州市养老服务人员实训基地仅有 8 个，从事养老服务行业的总职工有 2548 人，其中具有大专及以上学历的仅有 420 人，持证执业者仅有 1181 人。② 从现实需求与长远发展结合的视角看，对养老护理员的专业技能培训及其资质认定，已成为郑州市社区养老服务队伍建设的关键所在。

第六，居家和社区养老服务规范化、标准化建设尚未完全到位。迄今为止，郑州市行政立法机构不仅尚未出台综合性的"居家养老服务条例"，也没有颁布专门性的"社区老年人日间照料中心服务基本规范""居家养老服务分级分类评估标准"等服务准则，由于社区养老服务的流程、内容及衡量标准不够明确，居家社区养老服务中心及老年人日间照料中心在运行中问题迭出，效能欠佳。

有鉴于此，在郑州社会养老服务发展中，应突出以居家养老为主、机构养老为补充，形成医养康养结合特征明显、"大中心+小中心+数字化"的格局，合理有序布局街道养老服务中心、社区老人日间照料中心，完善覆盖全市的智慧化居家养老服务体系。③

二 洛阳市社区智慧养老服务情况调查

（一）洛阳市以智慧养老为纽带的社会养老服务概况

截至 2019 年底，洛阳市常住人口为 692.22 万人，其中 65 岁及以上老龄人口有 92.76 万人，在全市常住人口中的占比为 13.4%，比同期全省占比高出 2.2 个百分点，比同期全国占比高出 0.8 个百分点。洛阳市市区常住人

---

① 李晓瑜：《改革开放 40 周年郑州养老服务体系改革之回顾与展望》，《漯河职业技术学院学报》2019 年第 1 期。

② 李晓瑜：《改革开放 40 周年郑州养老服务体系改革之回顾与展望》，《漯河职业技术学院学报》2019 年第 1 期。

③ 《徐立毅主持召开市推进养老服务高质量发展工作领导小组会议》，郑州市人民政府网，https：//public.zhengzhou.gov.cn/D4806X/5971392.jhtml，2021 年 9 月 1 日。

口近 231 万人，65 岁及以上老龄人口在市区常住人口中的占比为 13.8%，略高于同期全市占比。第七次全国人口普查公报数据显示，洛阳市常住人口为 7056699 人，其中 60 岁及以上人口为 1291933 人，占比为 18.31%，高于全省平均水平 0.23 个百分点；65 岁及以上人口为 915231 人，占比为 12.93%，低于全省平均水平 0.53 个百分点。[①] 自 2010 年第六次全国人口普查以来，洛阳市老年人口增加快速化、高龄化和空巢化的趋势逐渐明显，给社会养老服务体系带来巨大压力。洛阳市政府对此高度重视，不仅及时制定积极应对老龄化的发展规划，而且连续颁布多项扶持政策。譬如，制定养老设施规划，保障土地供应；完善投融资、税费优惠等政策；提高新建养老机构建设和运营补贴标准，按照开办年限给予其适当的装修和改造补贴，鼓励其配套服务设施升级；安排专项资金为困难老人购买居家养老服务；全面落实高龄补贴制度；建立养老产业信息化平台，为老年人免费发放紧急呼叫设备及其服务补贴；加强数字赋能，积极发展智慧健康养老产品，完善智慧养老平台功能，打造居家养老数字化应用场景，不断提高养老服务质量等。这类政策举措得到落实后，洛阳市较有成效地解决了养老机构介入社区养老服务的用地难、融资难、运营难和用工难之类问题，同时推动居家社区养老服务深入开展，社会养老服务体系建设初见成效。

尤其是近年来，作为国家老工业基地城市的洛阳市，根据自身产业工人众多、文化和生活方式文明程度较高等特点，更加注重依托和运用移动互联网、物联网、大数据、智能终端等新一代信息技术，发展智慧化养老服务模式，并且通过促使其与传统养老产业深度融合，以及优化和整合城市社区周边养老服务资源，不断满足老年人对于健康养老、积极养老的服务需求。目前，洛阳市依托"12349"居家养老服务中心、互联网和物联网技术建设了养老服务云平台，已经实现养老需求与服务实体线上线下的有效衔接，智慧养老服务平台已覆盖洛阳市，智慧社区养老服务中心共建成 29 个，年服务

---

① 《洛阳市第七次全国人口普查公报》，洛阳市统计局网，http://lytjj.ly.gov.cn/sitesources/lystjj/page_pc/tjsj/tjgb/qsgb/article2871e34d8a8d4e2e8d8ae7050f4d01f7.html，2021 年 6 月 2 日。

呼叫量超过 300 万人次，提供上门服务 2 万余人次。① 此外，10 分钟居家养老服务圈正逐步形成；洛阳市组织洛阳中心医院等 34 家医院、20 多个家庭服务商家、500 多家服务企业、近万人服务团队，针对居家老人分别提供医疗、通信、家政、维修、配送、金融等便利服务。

（二）洛阳市"12349"居家养老服务中心调查情况

2017 年初，洛阳市被确定为全国智慧健康养老应用示范基地。同年 6 月 8 日，课题组专程到洛阳市"12349"居家养老服务中心进行调查，受到该中心张主任的热情接待。

据张主任介绍，截至 2016 年底，洛阳市 60 岁及以上的老年人有 108 万人，社会面临较大的养老服务压力。该中心的前身是洛阳市社区老年日间照护中心，按照上海"9073"的养老格局中"7"的标准，在洛阳全市建设若干个这样的日间照护中心，主要是解决大多数老人的用餐问题和老人面临的其他生活方面的照顾困难。然而，在具体的工作实践及其发展过程中，课题组发现，该中心服务的对象及其空间和范围受到较大限制，并且缺乏先进技术手段用以从事精细化、便捷化、个性化服务，于是该中心就转而开展"互联网+居家养老"服务，用智慧养老方式整合各种资源，节约各种成本及提高服务质量，以便充分满足人们对居家养老服务的多样性需求。该中心有工作人员近 100 人，其中女性占 60%。女性员工较多有利于这项工作更好地开展，因为她们既比较认真负责，又较有爱心、耐心、细心，能较好地与服务对象交流和沟通。该中心属于民办公助性质的社会企业，既有社会公益性的一面，又有市场营利性的一面。中心实行四班三运转的 24 小时全天候值班制度，其中上午 8 点半至下午 6 点半是行政班，其他则属于非行政的轮值班。节假日则通过调休让每名工作人员都能享受法定休息权益，并且在此期间，工作人员如有要事，也可通过调班得以解决。

---

① 《洛阳市创新发展打造居家社区智慧养老新模式》，河南省财政厅网，https：//czt. henan. gov. cn/2018/05-29/1063831. html，2018 年 6 月 11 日。

洛阳市"12349"居家养老服务中心于 2010 年开始运营，近年来不断承担政府购买服务的养老服务项目，包括急救服务、预约医疗服务、医养结合中介服务等。该中心与洛阳市各家政服务机构及社会志愿服务组织、各种协会等社会团体均建立起密切联系及合作伙伴关系。市政府在洛阳西工区、洛龙区、老城区搞居家养老服务试点，该中心全力配合这一试点工作。洛阳市一直重视居民养老问题，早已在全市城市社区建立起居家社区养老服务中心，实现了全覆盖。该中心与各居家社区养老服务中心联系密切，并且通过这些机构将智慧养老方式扎根于基层，落实到每个家庭和每位老人。

张主任透露，该中心目前遇到的主要困难有以下几方面。一是融资问题。政府支持力量有限，并且相关政策规定有待完善，致使一些民营企业有所顾虑，不愿涉足这一领域。例如，民政部门规定，社会企业进入民办公助性质的养老服务领域，其投入资金及固定资产则被视为社会所有，当社会企业想退出这一行业时资金不得收回，应当留下用于公益事业。这种只准许进入而不鼓励退出的政策规定，造成民营企业退出后其所投资金无从回笼，以致不少民间资本在进入该领域前面临决策纠结。二是进入该领域的社会企业与民间志愿组织之间既有合作共识及需求，又存在一定程度的合作障碍。一方面，由于社会企业运营的民办公助性质，民间志愿组织对其有一定的信任感；另一方面，由于社会企业的营利性，民间志愿组织对其也有一定的戒备之心，甚至有些志愿组织自视清高，认为自己是"散财童子"，而对方是敛财童子，不愿与其精诚合作。三是有关政策规定社会企业进入这一领域后，其收益分配方式是只能给员工发工资而不能分红，并且其所发工资不能超出当地平均工资水平的 2 倍。这种规定也就在一定程度上影响了诸多民营资本的进入。四是目前政府购买力度尚小，民营资本往往承担一定的经营风险，这也就要求政府加大民办公助中的政府投入力度。

最后，张主任介绍，目前该中心的"12349"服务热线拟深度扎根社区，在洛阳市选择了 6 个中心社区作为专门试点，取得先进经验后再在全市推广。他还就此进行分析，现在洛阳市上百万老人中绝大多数人不愿入住养老机构养老，其主要原因是认为其成本高，且认为自己有儿女却去机构养老脸面上过不去。所以，目前居家依托社区养老已成为大多数老人的首选，这就为"互联网+居家养老"服务的开展带来了发展机遇及空间。此外，人们也应当看到，再过 10 年，现在 60 岁左右而到那时已 70 多岁的老人的态度可能会改变，他们会变得乐意入住养老机构，因为他们现在会玩微信、用支付宝，养老观念的更新属于自然而然的事。因此，在不远的将来，随着选择机构养老的人数的增多，"互联网+机构养老"服务与"互联网+居家养老"服务将成为趋势。

（三）洛阳市智慧养老服务的主要做法和基本经验

1. 主要做法

一是观念更新。根据社会变迁、家庭结构功能变化的规律和特点，对居民养老思想观念、养老行为习惯的变化及更新进行周密考量和科学预判，进而确立将"孝亲敬老"道德情怀与高科技先进手段相融的"技术人性化"理念。秉持此种理念，考虑到大多数老人想要通过社区服务实现居家养老的现实需求，并且结合全市总体上潜在的、实际存在的社会养老服务需求，洛阳市有关方面较早就将建立和完善"12349"居家养老服务中心作为破解居家社区养老服务难题的突破点。正是在"技术人性化"理念的指导下，洛阳市有效运用物联网技术，建立起四通八达的养老服务云平台，从而为全市上百万老年人提供了各类便捷优质的居家就能享受到的落地服务。

二是技术创新。经过自主研发和联合开发，洛阳市有关部门先后建成养老服务呼叫设备、居家社区养老服务管理、远程健康养老管理、社区助购服务、养老服务 ERP 管理等类系统。其中，自主研发和集成的居家社区养老服务管理系统的扫卡支付技术属于国内首创。

三是服务创新。洛阳市有关部门从与老年人日常生活密切相关的服务入手，分别建构医疗保健、生活服务、资金融汇 3 个板块。其中，医疗保健板块中的紧急救助、名医问诊、用药提醒等类项目，在国内属于首创；在资金融汇板块中，有与银行联合发行的养老服务联名卡；而在生活服务板块中，则有社区养老与居家养老相融合的项目。此外，为了更好地推动上述板块中的服务项目落地生根，洛阳市还建立起与市内各社区有效对接、专门为居家老人提供线上线下服务的市社区智慧养老服务中心，这一中心当时在省内属于首家开设。

2. 基本经验

一是因地制宜和因时制宜。针对洛阳市上百万 60 岁及以上老年人、产业工人集聚、城镇居民综合素质较高、城市文明程度较高等实际情况，顺应国家关于发展"互联网+居家养老"服务模式的要求，以及结合多年来全市开展智慧养老服务的实践经验，洛阳市有关方面将老龄人口多、养老需求大且思想观念更新快之类特点看作利用云计算、大数据技术普遍开展智慧养老服务的有利条件和大好机遇。在科学预判的基础上，洛阳市制定了具有针对性、可行性及前瞻性的智慧养老服务发展规划。

二是勇于创新和善于创新。在日益增强的互联网思维的引领下，乘国家高度重视发展社会养老服务业的东风，洛阳市有关方面以提供优质、高效、便捷的养老服务为出发点，坚持边实践边探索、边创业边创新，在理念、技术和服务上实现全面突破，最终走出一条将"12349"居家养老服务中心、互联网、移动互联网和物联网技术与全市养老体系建设深度融合的创新之路。

三是优化整合和分类服务。洛阳市有关方面充分利用"互联网+养老"服务方便快捷、资源丰富、质量可控、价格低廉、覆盖地域广、服务人群大等优点，经过优化整合而促成全市网络化、智能化、标准化、协同化、连锁化的"互联网+养老"生态体系。例如，市"12349"居家养老服务中心将自身定位于智慧养老生态链平台+专业性养老服务和产品提供运营商，这就有利于弥补传统居家养老的短板、优化整合各类养老服务资源，进而构建养老服务新业态。秉持"为老人造福"的理念，洛阳市有关方面在优化技术、服务和管理上下功夫，使之形成有机的整体。例如，由市"12349"居家养老服务中心研发的一款居家社区养老服务管理手机 App，不仅具有集成定位、派单、手机扫卡结算等功能，可记录家政员的服务签到、签退和服务时长，精确到秒，而且可以为被服务方提供随时回访、损坏索赔等服务。此外，洛阳市有关方面为智慧养老设计了2种方式：一种是引导老人更多使用语音通信的方式，通过"12349"居家养老服务中心为老人提供急救、生活帮助等服务；另一种是辅助老人使用互联网工具，比如在专业人员的帮助下，能够通过互联网在线进行远程视频诊疗，体验"空中医院"服务。

三　信阳市居家社区养老服务情况调查

（一）信阳市老龄化程度及社会养老服务发展概况

信阳市地处鄂豫皖三省交界处，全市总面积为1.89万平方公里，辖8县2区及6个管理区、开发区。2007年，信阳全市60岁及以上的老年人口已达90.68万人，占总人口的11.6%，并以每年8.55%的速度继续增长。截至2018年底，信阳市（不含省直管的固始县）常住人口中60岁及以上老年人口达110万人，占常住人口的15.9%；其中80岁以上的老年人口达10.4万人，占常住人口的1.5%。[①] 截至2019年末，信阳市常住人口646.39万人，市区人口近100万人。信阳市既是农业人口大市，也是劳动力人口输出大市，外出务工经商人员近240万人；截至2019年末，信阳市常住人口城镇化率为48.98%，低于同期全省平均水平4.23个百分点。信阳市第七次全国人口普查数据显示，全市常住人口为6234401人，其中60岁及以上人口占比19.27%，65岁及以上人口占比15.20%，这两项占比均高于全省平均水平；城镇人口占比50.12%，低于全省平均水平。[②]

由于以上市情的影响和作用，信阳市留守老人和空巢老人较多，给全市社会养老服务工作带来较大的压力。截至2019年底，信阳城镇各种社区服

---

① 《人口老龄化呼唤养老新模式　信阳养老市场面面观》，《信阳日报》2019年3月27日。

② 《信阳市第七次全国人口普查主要数据》，信阳统计信息网，http://tjj.xinyang.gov.cn/www/tjzl/tjgb/2021/0527/26461.html，2021年5月27日。

务设施 2877 个，其中，社会服务中心 59 家，社区服务中心 103 家，社区服务站 1878 个；各类提供住宿的社会服务机构 233 家，社会服务床位 18574 张，其中，养老服务机构 228 家，养老床位 18304 张，入住养老人员 7453 人。① 截至 2021 年底，全市 60 岁及以上人口为 122.5 万人，65 岁及以上人口为 98.3 万人，同期全市有社区服务中心 225 家，社区服务站 2513 家；全市城镇各种社区服务设施 734 个，其中社区服务中心 126 家；各类提供住宿的社会服务机构 293 家，其中养老服务机构 283 家；社会服务床位 26194 张，其中养老床位 25779 张；收留抚养和救助各类人员 9993 人，其中养老人员 9818 人。② 从以上数据看，养老机构、养老床位和社区养老服务设施尚未能充分满足上百万老人日益增长的养老服务需求。

目前，信阳市养老机构大多数为民营机构，在发展中存在批地难、消防设施陈旧、融资不到位、床位紧缺或入住率较低等难题。此外，面对老龄化发展速度快、空巢化、失能化、高龄化显著等态势，以及老龄人口基数大、比重高和城乡分布不均衡等实际情况，全市为老服务公共设施建设、为老服务能力建设显得相对滞后，并且在较大程度上存在供求失衡状况。例如，"一床难求"与入住率不高现象并存，全市需要入住机构的失能半失能老人近 48000 人，而这些失能半失能老人受床位不足等客观条件所限，并非都能如愿以偿，亟待通过开展居家社区养老服务来妥善解决。尤其是处于"未富先老""未备先老"双重压力之下，在居家依托社区资源养老、机构养老与社区养老的结合等方面尚存在诸多难题。2020 年 3 月初，信阳市被确定为全国居家和社区养老服务改革试点地区，荣获第五批中央财政支持地方开展居家和社区养老服务资金。这无疑为信阳市努力突破全市开展居家和社区养老服务的瓶颈、大力推动社会养老服务业供给侧结构改革、持续提升社区养老服务依托及承载能力，创造出巨大机遇，提供了良好条件。

---

① 《2019 年信阳市国民经济和社会发展统计公报》，信阳统计信息网，http://tjj.xinyang.gov.cn/www/tjzl/tjgb/2020/0429/26107.html，2020 年 4 月 29 日。

② 《2021 年信阳市国民经济和社会发展统计公报》，信阳统计信息网，http://tjj.xinyang.gov.cn/www/tjzl/tjgb/2022/0407/26722.html，2022 年 4 月 7 日。

（二）主要做法

鉴于信阳市社会养老服务体系的发展水平整体不高，在基础设施建设和专业化、规范化管理等方面均存在短板，不能适应老年人对社会养老服务实际需求的现状，市里有关方面采取以下措施积极应对。

第一，按照"政策引领、政府支持、社会兴办、市场运作"的原则，逐步建立和完善以"居家养老为基础、社区服务为依托、机构养老为补充"的社会养老服务体系。通过建立公开公正、科学规范的养老服务业准入制度，大力支持以"公建民营、民办公助、政府补贴、购买服务"等多种方式兴办社会养老服务业，并且以在税收、用地等方面的优惠政策，积极引导和大力鼓励社会力量参与兴办养老服务业。例如，位于信阳市浉河区五星办事处马鞍山脚下的阳光家园老年公寓是公建民营性质，已有 14 年为老服务历史，现有 1200 张床位，在地方政府的支持下，该机构除了提供贴心服务，还积极介入社区，竭诚为周边社区的老人提供医疗康复、中药养生、健身娱乐等多重有益身心的活动。

第二，加大政策支持力度。近年来，市里先后出台了《关于全面放开养老服务市场提升养老服务质量的实施意见》《关于加快发展养老服务业的实施意见》《信阳市老龄事业发展和养老体系建设"十三五"规划》《关于推进医疗卫生与养老服务相结合实施意见的通知》等政策文件，在市场准入、政府补贴、土地供应、税费优惠、人才培养、老年护理等方面制定了一系列优惠政策，为促进居家社区养老服务提供了强有力的制度支撑。例如，在建设补贴上，政府给予自建房每张床位 1500 元的补贴，给予租用房每张床位 1000 元的补贴，而在床位运营补贴上则按照入住老人的数量，按照收住老年人的身体状况分别给予每人每月 60 元、80 元、100 元的运营补贴。[①]对涉及居家老人服务以及老年护理、心理慰藉的业务给予大力支持。引导和鼓励社会团体、社会企业和个人投资兴建以居家老人为服务对象的生活照

---

① 《绘就颐养蓝图 托举幸福"夕阳红" 信阳市出台相关方案加快推进养老服务高质量发展》，河南省人民政府网，https：//www.henan.gov.cn/2022/03-08/2410915.html，2022 年 3 月 8 日。

料、家政服务、康复护理的服务机构，并且鼓励和支持其开展相关业务；加大对以康复护理为主要内容的养老机构及其服务业务的帮扶力度；支持医疗机构与养老机构有机衔接和融合，积极开展老年护理及其心理慰藉服务。例如，信阳市浉河区富邦颐养院是一家医养结合型养老机构，入住这里的老人如果患有小病可在此得到及时治疗，如果患上重病则可通过该机构的绿色通道转诊至大医院治疗，治愈后再接回颐养院继续康养。

第三，以努力实现居家养老服务全覆盖、提升其服务质量为主要目标任务，逐步满足老年人多层次、多样化养老服务需求。目前，信阳市城乡虽已拥有791家各种类型的养老服务机构（其中包括农村幸福院460家），并且已经建成139个城市社区老人日间照料中心和144个城市居家社区养老服务设施，全市市区社区覆盖率达到30%，但与广大社区居家老人的紧迫需求依然存在很大差距。基于此种情况，信阳市有关方面牢牢抓住全国第五批居家和社区养老服务改革试点的大好机遇，出台《信阳市居家和社区养老服务改革试点实施方案》，紧紧围绕深化养老服务供给侧改革，促使养老服务由单一供给向多样供给、由粗放式向精准化、由被动需求向主动服务转变，并且努力强化为老服务的多样性、可及性、精准化、智能化，积极促成居家社区养老服务多方参与发展的崭新局面。例如，2019年，信阳市就投放政府购买服务资金1600余万元，专门用于为居家老人提供生活照料、家务料理、医疗护理、精神慰藉等上门服务，惠及1.6万名高龄、空巢、失独、特困等居家老人。

第四，城市支持农村，城乡统筹协调发展。在居家社区养老服务方面，信阳城乡之间依然存在较大差距。例如，全市只有418个村建成村级居家和社区养老服务设施，仅仅覆盖18%的农村居家老人。市政府为此加大对农村开展居家社区养老服务的扶持力度。一是投入8000余万元资金，全面实施首批51家乡村敬老院标准化综合改造，并且大力推动乡村敬老院延伸服务，增加居家养老服务功能，拓展服务内容，为乡村敬老院配备专业服务人员。着力把乡村敬老院打造成兼具兜底保障和辐射周边功能的区域性养老服务中心，能够为社区居家老人提供日间照料、医疗康复、心理关怀等服务。

二是积极开展农村困难老人关爱服务工作。深度挖掘农村居家养老服务潜力，组织和协调各种社会力量为农村留守、特困等类型居家老人提供助餐、助洁、助医、助行、心理慰藉等上门服务。例如，在驻村工作人员支持下，新县箭厂河乡戴畈村将精准扶贫与为老服务密切结合，率先建立由民资非营利机构注册的村级老龄协会。该协会为开展居家养老服务，专门建立了一支上门为困难居家老人服务的护理员队伍，其中有毕业于省城社工专业的人员参与活动并给予指导，形成了风靡全市的"戴畈模式"。如今，该模式已在新县 17 个乡镇（街道）33 个村（居）全面推行，惠及近 9000 名老年人。

第五，将开展居家养老服务融入社区建设之中，探索多元主体参与社区养老服务模式。通过实施"提升高度、释放温度、拓展宽度、挖掘深度"的"四度"工作法，激发基层在社区治理创新以及社区服务工作中的生机和活力，秉持"一个不能少、一个不落下"的养老服务理念，着力建设适老化社区。同时，通过探索实施"党建+居家养老""互联网+居家养老"的服务模式，推动社区、社工、社会组织"三社联动"，广泛、深入地开展居家社区养老服务，不断提升为老服务供给的技能技巧及质量水平，为城乡老人提供贴心、周到的日常生活照料以及温馨、宜人的精神心理慰藉。目前，信阳市有关方面已经初步建成可覆盖市区所有社区的"12349"居家养老网络服务平台。一方面，在线上专门设立涉及老人情况的大数据库，全面掌握老人日常生活方面的各种需求；另一方面，在线下依托优质高效的医疗、家政、养老等服务机构，为广大居家老人提供助餐、助浴、助行、助医等类型的上门服务，提升他们的幸福感和满意度。

第六，重点突出嵌入式养老服务中心建设，发挥老人日间照料中心辐射作用。信阳市以专业养老机构为支撑，通过嵌入式养老服务中心带动社区老人日间照料中心，连锁化经营，连点成面，可以有效发挥居家社区养老的功能，有效解决其发展中出现的服务项目单一、服务能力弱化、无法持续运营的问题。近年来，浉河区引入社会组织和家政第三方服务机构，兴办和运营社区老人日间照料中心、老年活动中心（日间照料中心），总投资 3400 万元，现已建成 4 个社区嵌入式养老服务中心、70 个社区老人日间照料中心。与此同时，信阳市地政府以购买服务的形式，利用日间照料中心的平台，先后投入 200 万元，用以优先服务留守老人、特困老人和高龄老人。2020 年底，所有嵌入式养老服务中心和社区老人日间照料中心已投入运营，为老人提供短期照料、助餐、助浴、助洁、助医、精神关怀等重点服务。

（三）基本经验

1. 以基层党建为组织保障及思想引领，在做好新时代居家社区养老服务工作中秉持新理念，拓展新思路

通过加强基层党建统一思想认识，信阳市有关方面引导社区各方，在为老服务实践中坚持贯彻"以人为本、齐抓共建、互助共济"的新理念。同时，以"民生与经济、事业与产业、补缺与普惠"互动互促的发展思路，正确处理为老服务工作中单一与融合、减负与赋能、城市与乡村、常住与流动、主办与主管之间的矛盾，从而达到了补短板、强弱项的预定目标。在处理民生与经济关系时引导基层工作人员充分认识养老照顾政策本身所具有的社会意义及经济价值，并且提示有关人员在开展居家社区养老服务时，要合理划分家庭、社会、政府和市场的边界，以及厘清基本养老公共服务与非基本养老公共服务的关系。在处理事业与产业的关系时引导有关人员充分认识公益性、公共性与经营性、市场性对立统一和兼容互补的关系性质，以便在执行政策时将原则性与灵活性、针对性与前瞻性有机结合起来。引导相关人员正确认识和处理补缺与普惠的关系，将解决养老服务的群体性问题转变为解决全体公民老年期的健康生存与发展问题，将解决单纯的为老服务问题转变为全面、积极地应对人口老龄化问题，进而实现养老照料服务由补缺型向普惠型的转变，实现国家和社会所期许的健康老龄化和积极老龄化的预定目标。

2. 牢牢抓住机遇，积极应对挑战

俗话说得好，"机不可失，时不再来"。对于信阳市这样一个经济社会欠发达的地方来说，入选由中央财政支持的全国第五批居家和社区养老服务改革试点实在是一个巨大的发展机遇。这不仅是因为获得了一笔较大的政府资金支持，更为重要的是这意味着一份殊荣及责任担当，能够鼓舞和激励全市人民齐心协力地克服困难、奋发向上，推动居家社区养老服务摆脱被动落后局面，跃上新的发展台阶，最终实现"弯道超车""后来居上"。正是基于此种清醒的思想认识，信阳市适时出台《信阳市居家和社区养老服务改革试点实施方案》，并且通过制定其他相关政策规定来推动实施。信阳市有关部门依据改革试点的总体要求，在全市城乡已经建成且投入使用的 139 个社区老人日间照料中心中，精心挑选一些作为试点先行，譬如浉河区湖东办事处三五八社区日间照料中心、罗山县丽水办事处赵园社区日间照料中心、平桥区震雷山街道居家养老服务中心、浉河区五星办事处老年公寓、平桥区双邻社区、东平湖日间照料中心、十八里日间照料中心、新县箭厂河乡戴畈村社区等。此外，信阳市有关部门还在重点打造市老年活动中心的同时，努力推动乡镇敬老院专业化、社会化和市场化，并将其打造成兼具兜底保障和辐射周边功能的区域性养老服务中心，并为此而举办养老从业人员暨老龄业务培训班，把大力弘扬尊老、敬老、爱老、助老传统美德与积极应对人口老龄化紧密结合，为增强居家社区养老服务功能、丰富居家社区养老服务内涵、拓展居家社区养老服务空间等，创造出良好环境和有利条件。

3.因地制宜探索社会力量参与为老社会服务模式

实践证明，公建民营是吸引和激励社会力量参与居家社区养老服务的好形式。所谓公建民营，就是保持国有性质不变，将其整体打包委托给专业养老机构运营，为的是充分发挥民间资本、社会团体等社会力量对基层公办敬老院发展的促进作用，有效破解养老机构管理体制僵化、服务功能单一、资源分配和利用不均衡等难题。目前，信阳市有关部门已在全市广泛推行公建民营这一行之有效的养老服务运行模式，以推进居家社区养老服务发展。其总体发展思路是：在公建民营养老服务模式主导下，以专业养老机构运营社区嵌入式养老服务中心为支撑，以社区养老服务设施（社区老年活动中心和老人日间照料中心）为支点，以智慧健康养老应用平台为技术手段，实现机构、社区、居家三位一体养老的融合发展。例如，平桥区在双邻、东平湖、十八里等社区于 2019 年建成 10 个日间照料中心，以公建民营方式委托有关社会企业运营，其设施设备齐全、养老文化氛围浓郁、养老服务规范专业、护理人员素质和技能不断提升，深受居家老人欢迎。再如，浉河区湖东办事处三五八社区是一个拥有 1600 多名老人的重度老龄化社区，为推进居家社区养老服务，街道办事处及社区专门拨付资金，以政府购买服务形式委托第三方民办机构建立网络平台，采集老人信息，优化整合社会资源，为老人提供多样化、个性化服务。此外，在推动乡镇敬老院专业化、社会化和市场化的改革过程中，信阳市各县（市、区）以公建民营的方式盘活了乡镇敬老院资源，在为居家老人提供社会养老服务的过程中，提高了运营经济效益，增强了为老服务公共资源的社会利用价值。尤其值得一提的是，信阳市民政局以政府购买服务的方式选择资质优良的专业机构，以政策解读、理论剖析、现场观摩等方式，为城乡社区培训老人日间照料中心护理员；在市属各县（区）引导和支持公益爱心志愿者协会、红十字会、社会爱心企业等，积极参与社会福利院和乡镇敬老院建设及其敬老助老活动；在乡村选择一些村庄依托民非组织注册的村级老年协会，设置孝心护理员，运用上门形式为居家老人提供日常生活照料服务；等等。

4. 注重为老服务的科技支撑，发挥智慧养老技术平台支撑作用，实现"机构—社区—居家"三位一体融合发展

为了摆脱居家社区养老服务的落后局面，为实现"弯道超车"提前做好准备，在各种条件比较有限的情况下，信阳市有关方面仍然将信息技术手段运用于社区养老服务，并且在将医养结合融入居家社区养老服务方面，进行了有益的探索。2020 年，信阳市民政局将"互联网+养老服务"作为工作要点之一，并且以此为健全社会养老服务供给体系的重要抓手。目前，信阳市区已经初步建成"12349"居家养老网络服务平台，并在线上建立老人大数据库，梳理老年人的养老服务需求，在线下整合成熟的医疗、家政、养老等服务资源，为居家老人提供助餐、助浴、助洁、助医、助购、助急等上门服务，满足他们在物质和精神生活方面日益多元化、个性化的需求。在信阳市老城浉河区，依托这类居家养老信息服务平台，构建广覆盖、多层次、智能化的社会养老网络服务平台，打造城区"15分钟养老服务圈"。至今，这一平台已经将1.8万条老人数据信息录入系统，整合为老社会服务加盟商20家，其服务内容涵盖十大类50余项。尤其是在该区的试点"三五八社区"，依托互联网智慧管理平台，已经形成一套"预约—服务—监督—调整"的为老服务系统，为"鳏寡孤独痴残困"老龄人群及困难老党员提供爱心服务，累计服务16000余人次，获得良好社会反响。

四 分析和思考

自古以来，河南就是一个农业人口大省，全省城镇化率一直低于全国平均水平，截至2022年底，依然低于全国平均水平8.13个百分点。① 河南城镇化进程在全国相对滞后，不利于"以居家为基础、社区为依托、机构为补充、医养相结合、科技为保障"的社会养老服务体系建设。2017年，河南省人口城镇化率首次超过50%，这一重要拐点标志全省从以乡村为主体进入以城市为主体的社会发展阶段，同时也意味着包括社会养老服务在内的河南社会建设，迈入一个较快发展的新时期。2017年，郑州市和许昌市在河南率先入选第二批全国居家和社区养老服务改革试点，之后河南又有洛阳市入选第三批试点，鹤壁市和商丘市入选第四批试点，信阳市和焦作市入选第五批试点。全省总计有7个省辖市入选全国居家和社区养老服务改革试点，有利于推动河南居家社区养老服务的创新发展，但同时也意味着这是一次巨大挑战。在此，课题组选择郑州、洛阳、信阳三市来进行考察，分别代表着河南发达地区、较发达地区、欠发达地区三种类型。其中，郑州市和洛阳市在人均GDP、城镇化率、社会公共服务建设等方面的指标均高于信阳市，理应在城市居家养老服务创新发展上起到标杆作用，而信阳市是"老少边穷"地区的典型代表，其在乡村居家和社区养老服务改革试点中取得

---

① 参见《2021年河南省国民经济和社会发展统计公报》和《中华人民共和国2021年国民经济和社会发展统计公报》。

的经验自然也可以对其他地区起到可资借鉴的重要作用。

从目前情况来看，针对流动人口较多、人口城镇化率较高、医疗条件较好等实际状况，郑州市近年来着重抓政府购买养老服务，推进社区老人日间照料中心的建设奖补，建立助浴、助餐示范点项目奖补，社区医养结合服务等工作，并且推动居家社区养老设施、设备建设逐步完善，以及促进为老社区服务组织较快发展。针对工业化文明程度较高、城市人口居住比较集中、电子科技比较发达等实际状况，洛阳市近年来着力拓展智慧养老模式，在建立"12349"居家养老服务中心，运用互联网、物联网技术建设养老服务云平台等方面取得较大进展，并且大力推进养老与互联网、休闲旅游、保健养生、医疗康复等产业融合发展，为居家养老的老人健康养老和积极养老提供了良好条件。针对农村外出流动人口较多、留守老人及空巢老人较多、城乡为老社会公共服务设施薄弱、人员队伍建设较为滞后等实际状况，信阳市在创新城镇公建民营为老服务模式，结合城市社区治理创新推动居家为老服务发展，促进乡镇敬老院专业化、社会化和市场化，支持乡村老龄协会介入居家养老服务，开展养老服务业从业人员暨老龄业务培训，营造尊老、敬老、爱老、助老社区文化氛围等方面，进行了大胆探索并且取得初步成效，为实施已获中央财政支持的《信阳市居家和社区养老服务改革试点方案》创造了必要条件。

总体而论，在开展居家和社区养老服务方面，省会郑州市及中原城市群副中心城市洛阳市代表着全省最高水平，其中包括政府购买服务投入力度、地方性政策法规制定状况、支持民非为老服务机构发展程度、支持社会组织介入居家社区养老服务程度、推动居家社区养老的医养结合及医养融合程度、提高居家社区养老服务科技支撑效能等内容。然而，与发达省份中心城市开展的居家社区养老服务相比，郑州市和洛阳市依然存在自身的短板和弱项，需要及时弥补和强化。譬如，就养老机构介入居家社区养老服务来说，郑州市和洛阳市目前尚处于初始发展阶段，无论是在政策支持、组织协调、监管评估的效能上，还是在宣传引导、社会认知和居民接纳程度方面，都还有提升的空间。再如，在城乡居家社区养老服务的均等化及均衡发展方面，郑州市和洛阳市尚与发达地区城市存在一定的差距。尤其是地处豫西山区的洛阳某些农业县域，与洛阳市区在这方面存在较大差距。具体来说，经济社会欠发达的信阳市虽然由于具有革命老区和边远地区的双重身份而得到上级大力支持，但是在开展居家社区养老服务中由于主客观条件所限，仍然存在诸多困难和障碍。譬如，在地方财政比较困难的情况下，怎样克服服务项目单一及技能欠缺的问题以便提升为居家老人服务的质量水平，怎样在养老方面认知和划分基本公共服务与非基本公共服务的边界，怎样厘清和处理为老服务公益性、公共性与经营性、市场性的关系，怎样在为老服务中处理好补缺与普惠的关系，怎样增强社会组织介入居家社区养老服务的积极性、主动性和创造性，怎样从医养结合向医养融合转变，怎样扩大智慧养老服务覆盖面，等等，均在一定程度上面临挑战。尤其是在拓展和提升居家社区养老服务方面，怎样因地制宜、因时制宜，抓住机遇、充分发挥后发优势去实现"弯道超车"，似乎可以说在地方决策中依然存在如何正确处理求实与创新关系的难题。

根据以上分析，笔者认为，从加大居家社区养老服务的社会支持力度视角来看，这 3 个试点地区由于各自发展状况不同且各自面临的难题不同，在应对思路及具体举措方面，自然也应当有所不同。譬如，在政府财政资金支持上，郑州市和洛阳市面临着如何实现地方财政资金支持效能最大化的问题，而在信阳市则面临着如何加大政府财政资金支持力度、保证其兑现程度以及可持续性的问题。再如，在居家老人居住环境适老化改造方面，郑州市和洛阳市面临的是如何扩大覆盖面以实现最佳普惠效能的问题，而信阳市面对的则是"雪中送炭"，优先解决好特困老人的家庭适老化改造的当务之急。此外，在加强老年人能力评估、分层次分类别开展为老精准服务方面，由于物质和技术条件及开展时间进度的不同，郑州市和洛阳市与信阳市在推行思路、具体做法上也应有所不同。

第四章
安徽省城市居家社区养老服务情况调查

一 合肥市包河区居家社区养老服务情况调查

（一）包河区居家社区养老服务发展概况

包河区位于合肥市主城东南，现辖 9 个街道 2 个镇 2 个街道级大社区和 1 个省级经济开发区——包河经开区。截至 2019 年底，全区户籍人口为 68.49 万人，其中 60 岁及以上户籍老年人口为 10.23 万人，约占户籍人口的 15%。2017 年，合肥市入选第二批中央财政支持开展居家和社区养老服务改革试点地区，作为该市主城区的包河区，依据《合肥市居家养老服务条例》《合肥市社会养老服务体系和养老智慧化建设实施办法》《包河区城乡养老服务三级中心运行方案》等地方性政策法规，积极落实社区养老服务改革试点任务，通过政策支持、市场化运营、社会化运作，厚植积极养老和健康养老、嵌入式养老、互助式养老、文体娱乐式养老等多元理念，在筑牢养老服务顶板、加固底板、补齐短板上下功夫，依托"兜底"特惠服务+"智慧健康养老"普惠服务，以精准化、体系化、多元化"三化"并举的方式，全力推进养老服务与养老智慧化建设，全面提升居家社区养老服务水平，自上而下构建起区、街镇（大社区）、社区的三级社会养老服务中心。

截至 2019 年底，包河区共建成面积近千平方米、具有"一站式养老综合服务"功能的区级养老服务中心 1 个，面积 2000 平方米的街镇级养老服务中心 9 个，面积 1500 平方米的居家社区养老服务站 48 个，以及为老服务专用面积为 300~500 平方米的社区睦邻中心若干个。同期，全区组建家庭医生服务团队 110 个，家庭医生签约服务人数约 30 万人，其中 65 岁及以上老人签约服务人数 6.9 万余人。全区推进医养结合，在振亚颐养长者照护中心、青山老年公寓等社区嵌入型养老机构建立护理院（医务室），并且新增医养结合型为老服务床位 1000 多张，以政府购买服务的方式购买 47 名专业社会工作者服务。此外，全区逐步构建起"线上线下"相结合的"互联网+"养老服务体系，将全区 60 岁及以上老人信息纳入省老龄信息系统平台，并且依托合肥市社管项目一站通平台，基本实现了政府购买居家养老服务电子结算、高龄津贴网上申报和年审等便捷而又优质的为老服务。全区累计走访摸排 7.6 万社区居家老人，收集各类老人需求 2.5 万余条。窥一斑可见全豹，课题组专程去合肥市包河区，选择该区的万年埠街道、方兴社区进行居家社区养老服务方面的实地调研，并举行小组座谈会，走访社区内的养老机构，从而获取了有益于居家社区养老研究的一些鲜活资料。

（二）万年埠街道开展居家社区智慧养老服务情况调查

包河区万年埠街道成立于 2017 年初，截至 2019 年底，常住人口有 7.5 万人，其中老年人口有 10725 人，约占街道常住人口的 14.3%。近年来，面临日益加重的人口老龄化程度，该街道遵循以居家养老服务为主、支持智慧养老先行的原则，通过引导机构嵌入居家社区养老服务，着力构建区、街镇（大社区）、社区三级智慧健康养老服务体系，最终妥善解决了居民健康养老所面临的现实难题。作为合肥市社区智慧养老服务标准化试点，万年埠街道顺利实施了智慧养老指导中心建设项目。自智慧养老指导中心这一项目建成并投入运营以来，已完成老人健康档案采集 7861 人、老人健康体检 4138 人次、老人慢性病监测 1640 人次，总服务量达到 13600 余人次，并且回访服务满意度高达 98.7%，从而基本达到营建温馨居家社区养老院的预期目标。

1.主要做法

一是以老人需求为导向，精心谋划、设计和运作街道智慧养老调度指挥平台、社区智慧养老服务中心、小区智慧养老服务站三级智慧养老服务体系。通过街道智慧养老指导中心及街道智慧养老调度指挥平台，对老年人用户信息与养老资源信息的整合调度、辖区社会性养老服务机构服务过程，实施全方位监管。通过社区智慧养老服务中心，开展线上与线下的良性互动，为辖区老年人提供助餐、助浴、助洁、助行、助乐、助学、助医、助急等全方位的贴心服务。充分发挥小区智慧养老服务站的功能作用，为居家老人提供基础健康档案建立、日常生理指标自主检测、远程问诊等健康养老服务。

二是想老人之所想，急老人之所急，尽力满足老人生活中的迫切需求。面对居家老人中慢性病患者所占比例较高的情况，为了尽快实现慢性病管理监护的闭环，万年埠街道在各个社区精心打造"健康养老+智慧化"模式。为适时满足老龄慢性病患者的护理需求，街道专门设立慢性病监护区，为患有老龄慢性病的患者提供全天候的监护服务。与此同时，街道还运用智慧养老调度指挥平台拓展物联网技术，精确实施对老年人健康数据的实时监测，并且与辖区社区卫生服务中心联手，努力建构起异常数据迅速反馈机制。这样一来，街道智慧养老调度指挥平台就能及时把监测到的异常数据，即刻反馈给老人及其家人，同时也能迅速反馈给与其签约的社区家庭医生，得悉此类信息的社区家庭医生就会向老人及其家人提供专业指导并且开始随访监护。

三是依托"居家养老+新零售"服务模式，形成养老用品租售服务的闭环。面对老人生活辅助用具产品缺乏、老人生活用品价格较高且缺少购买渠道的现实情况，街道智慧养老调度指挥平台通过空间资源整合，建立起将展示、体验、销售、租赁融为一体的智慧养老产品租赁中心。这家智慧养老产品租赁中心在合肥市堪称首屈一指，它不仅提供血压计、血糖仪、轮椅、助行器、智能拐杖、呼吸制氧机器、护理床、心率仪之类适老用品的租赁服务，而且通过基于物联设备的适老物理空间+辅助器具适配改造，为老年人提供实时体验的热心服务。此外，这家智慧养老产品租赁中心还精心推出

"智享万年"App，把与"智慧养老、家政服务、陪护陪诊、餐饮服务、生活照料、康复保健、维修服务、精神慰藉"密切关联的多种商品及多类服务统统纳入线上运作，用以充分满足社区居家老人多样性、个性化的日常生活需求。

四是将充分激发市场活力与更好发挥政府作用相结合，努力实现为老服务便捷化及优质化。作为合肥市社区智慧养老服务标准化试点，万年埠街道顺利实施智慧养老指导中心建设项目，缓解了为老服务中的诸多难题。通过创新智慧养老商业模式、制定养老服务商入库和服务的统一标准、建立健全服务商评价和退出机制等措施，万年埠街道已经初步达到引导和支持各种优质资源积极参与社区养老服务的预期目标，并且借以拓宽智慧养老服务生活圈，大大提升了居家社区养老服务的质量和效能。为妥善解决一些特困老人（包括瘫痪、聋哑、肢体伤残老人）的生活难题，街道适时推出购买智慧养老服务项目，使得为老兜底服务更为温馨和富有人情味。对于70岁及以上的独居老人、空巢老人、孤寡老人，80岁及以上的高龄老人，以及领取养老服务政府补贴的老人，街道提供智慧化健康养老方面的套餐服务，其内容包括健康体检、紧急救援、血压监护、血糖监护、心理关怀等。通过系统而又有效的融合，万年埠街道已形成线上线下闭环的"智慧健康养老"服务模式。自2019年秋季以来，该街道总共发放300余套智能穿戴设备，用以动态守护老年慢性病患者、失能半失能老人的安康。

为适应社区居家老人不断增长的对宜居、康养的生活需求，街道适时升级其所辖万慈社区党群服务中心、小区"一米阳光"党群服务站的配套设施设备，运用现有智慧化健康养老服务系统，合理配置健康状况采集、分析、评估、监测、问诊、数据传输等智能服务设备。这就使居家老人即时、就地便能享受健康体检，并且经过智能系统对体检数据的健康分析和科学评估之后，居家老人能够对自身患各类疾病的风险做到及时预防。对那些行动不方便的老人，街道智慧养老指导中心专门联系辖区卫生服务人员定期入户测量，及时、同步地建立起这类老人专属的健康档案，以便为他们提供更为便捷、安妥、贴心的服务。

2. 基本经验

一是政府将创新、发展智慧养老服务当作重点民生工程抓紧抓好，并将其作为连接居家养老、社区养老、机构养老，以及促进医养与康养结合乃至融合的桥梁和纽带，进而不断加大政策支持力度。例如，对街道辖区内通过验收的省级示范标准的智慧养老机构、省级智慧居家社区养老服务示范项目，街道一次性给予不少于 20 万元的奖励性补助；对验收和考核达标的由社会力量运营的智慧养老服务三级中心（街道智慧养老调度指挥平台、社区智慧养老服务中心、小区智慧养老服务站），则在其原来一次性建设补贴和日常运营补贴标准的基础上，再适当上浮补贴数额。

二是多策并举、做实阵地及分类服务，以实现智慧养老服务体系化、广泛化、多样化、个性化、精准化、人性化。在政策运用和策略选择上，万年埠街道不拘一格，将好的做法尽收囊中，一并实施，从而达到《合肥市社会养老服务体系和养老智慧化建设实施办法》的要求，实现"全人群覆盖、全方位服务、全天候响应"的智慧养老效能。在做实阵地及分类服务上，该街道则是自上而下地倾心打造街道智慧养老调度指挥平台、社区智慧养老服务中心、小区智慧养老服务站三级阵地，为"15 分钟养老服务圈"的有效运行提供了实体支撑。这样一来，街道有关部门就能全面了解、科学把握社区居家老人生活状况及实际需求，细分为老服务对象，并且按照不同年龄、收入、阅历、爱好、身体状况等情况，创设不同的服务方案及工作模式。

三是将人性化的为老服务融入智慧化健康养老科技平台建设之中，体现科技效能与人文效益的高度统一。在创建智慧化健康养老科技平台中，万年埠街道不仅严格遵循制度化、规范化、标准化、便捷性、适用性、普惠性等原则，而且将用心、细心、耐心、贴心、倾心等人性化服务融入其中，持续提升居家社区养老服务品质，为社区居家老人健康养老、积极养老和快乐养老，创造了融天时、地利、人和为一体的良好环境条件。

四是诉诸政企精诚合作和政社良性互动，在智慧养老服务体系建设中，力求达到经济效益与社会效益的双赢。在投资和融资中，发挥政府投资之"四两拨千斤"的引领作用。在总体谋划中，严格遵循政府引导、市场化运作的原则，努力与大型公司、企业建立良好合作关系，并且通过设立智慧健康养老产业投资基金的方式和途径，积极引导社会资本进入智慧健康养老产业，以达成社会共识，形成发展合力。例如，万年埠街道与安徽乐庭健康养老产业有限责任公司成功合作，适时推出"智享万年"App，从而使"养老+新零售"的智慧健康养老模式迅速在该街道居家老年大众中流行。

（三）方兴社区因地制宜开展居家社区养老服务情况调查

1. 调研概况

2015 年初夏，合肥市包河区方兴社区正式成立。这是一个面积较大且人口较多的综合型社区，其建制比较特殊，相当于一个大型街道办事处的规模（规划人口达 22.5 万）。在当年拆迁安置及城市扩容建设背景下，当地政府设立了全市第二个街道级新型"大社区"。该社区面积近 12 平方公里，截至 2018 年底，全社区共有常住人口 7.14 万人，其中 60 岁及以上老年人口有 9283 人，占常住人口的 13%。其中，失能半失能、残疾老人有 164 人，长期患高血压和糖尿病的老人有 2375 人，这两者占老年人口的 27.35%。此外，社区失地回迁安置的老人有 2456 人，享受低保政策的老人有 113 人（包括残疾老人 27 人），"三无"老人有 75 人，企业退休属地在管的老人有 132 人，90 岁及以上高龄老人有 53 人。该社区医疗资源比较丰富，省立医院、滨湖医疗保健中心、社区卫生服务中心等各类医疗机构广泛覆盖，便于老人寻医问诊。

据课题组在座谈会上的了解，该社区老人大致可被分为回迁安置的失地农村老人、购房入住滨湖新区商品房的老人这两大群体，其主要特点如下。一是该社区老年户籍人口多以回迁安置居民为主，2456 名回迁安置的老人每人每月仅领取失地农民养老保险金 579 元，由于没有其他收入渠道，他们的养老保障程度不高。二是回迁安置的老人整体文化水平不高，缺乏高层次精神文化生活。三是入住商品房小区的老人呈渐进式入住，尚未形成老人固定的交际环境，这不仅导致老人参与社会程度有待提高，而且与满足老年群体精神文化生活需求、为老服务集中供给需求还有差距。

开过座谈会之后，课题组走访了设在包河区方兴社区辖区内的振亚老年公寓、振亚颐养长者照护中心。该老年公寓及该照护中心属于民营企业性质，其负责人于 1977 年毕业于安徽医学院，现已从医 40 多年。他从事养老行业的基本理念为提升医养结合的层次，办医养结合型的高品质的养老护理院，并且可以为老人提供临终关怀服务。该老年公寓始建于 2014 年，总建筑面积达 10000 平方米，绿化面积达 10000 平方米，总床位有 488 张（养老床位有 388 张，护理床位有 100 张），设有单间、标间、套间、多人间，内设医疗室，并依托合肥振亚老年护理院（二级医疗资质），可为老人提供专业的、医养结合性质的服务。入院条件是无传染病和精神病的 60 岁及以上老人。从收费标准来看，属于自理型的普通单间 3200 元/月，精品单间 3800 元/月，双人间 2000 元/（人·月），家庭套间 6400 元/月（两室一厅一卫）；属于半护理型的双人间床位费 1750 元/（人·月），另外护理费轻度的 30 元/天，中度的 50 元/天，重度的 80 元/天；属于全护理型的多人间床位费 800 元/（人·月），护理费 40 元/天；属于特护理型的床位费 3600 元/（人·月），护理费 150 元/天。此外，入院需缴纳 5000 元的保证金，自理老人实行点餐制，按月结算，护理型老人伙食费每人每月 450 元，公共水电费每人每月 50 元，医药费及空调费等另外计算。由此看来，该中心收费区间为 1800~6400 元，其服务对象包括一般工薪阶层、中等收入阶层及较高收入阶层多种类型。该社区位于包河区即合肥市政治和文化中心，是省委、省政府的所在地，居民中除原居民外，还有不少是通过购买商品房而入住的老人。目前，由于附近的省直机关及事业单位离退休人员较多，该老年公寓入住率尚可，在 75% 左右。调研后，本课题组的总体感觉是该老年公寓各方面条件都较好，既能适应大众化的居家社区养老服务的要求，又能满足中等收入以上家庭医养结合方面的养老护理需要，蕴含公益性惠民与市场化经营的双重因素。

社区工作人员向课题组介绍，方兴社区通过公建民办、政府补贴、购买服务等多种方式，大力发展社区养老服务业。一方面，方兴社区充分发挥市场在资源配置中的作用，采取租赁方式引入具有较高个性化资质及品位的养老机构，以满足中高档养老市场需求。另一方面，方兴社区在康园、瑞园等小区设立居家养老服务站，并且引入众城夕彩养老产业公司进驻运营，为居家老人提供多种类型的养老服务。耳听为虚，眼见为实。接下来，课题组又走访了方兴社区辖区内的康园、瑞园小区，对其中设立的居家养老服务站进行实地考察。走访中，课题组得知众城夕彩养老产业公司在进驻运营之后，积极开展日间照料、康复保健等为老服务项目，并且与合肥市"佰家伴"居家养老服务中心合作，为辖区有紧迫需求的35位高龄老人开展送餐和家政服务。仅在2018年，众城夕彩养老产业公司就向这两个小区老人发放居家养老服务券55万元，累计服务915人次。课题组还得知，这2个小区居家养老服务站，之前曾针对老人需求做过专项调查。从调查结果可知，希望在家接受养老照顾的老人共占这两个小区老人总数的73.8%，愿意选择入住机构养老的占9.3%，选择其他养老方式或是视情况而定养老的老人占16.9%。其中，需要上门家政服务的占20%，需要上门看病的占19%，需要参与文体活动的占14.5%，需要日间照料的占12%，需要聊天交友的占27%，需要法律和心理咨询的占4.5%，需要申请残疾辅具的占3%。由此可见，依托社区资源居家养老是大多数老人的内在需求，并且此种需求是多样化的，其中聊天交友、生活照料、寻医看病位列前三项。

2. 主要做法

据方兴社区工作人员的介绍，针对不同类型老年群体的状况及特点，近年来该社区开展居家养老服务主要采取以下做法。

一是与社区内各类医疗机构、养老机构、社会组织等结对共建，服务辖区老年群体。

二是推进居家养老与机构养老相结合，通过公建民办、政府补贴、购买服务等多种方式发展社区养老服务业，满足居民对不同档次养老服务的需求。

三是推进居家养老与政策保障相结合，做好城镇居民养老保险工作，完善高龄津贴发放工作，开展银龄安康服务，加强特困群体兜底服务。2018年，为辖区内375名80岁及以上高龄老人发放高龄津贴23.1万元；针对辖区低保、残疾等群体375名老人，由社区帮助其购买城镇居民养老保险。租购并举。近年来，针对回迁的"三无"老人探索社区居家照顾模式，通过结对帮扶、志愿者上门服务等形式，满足他们对于基本生活、困难救助等方面的需求；积极实施社会救助，2018年，救助各类贫困老人73人，共发放救助资金6.3万元。

四是推动居家养老与城市配套相结合。方兴社区服务中心已经在2018年秋末投入使用，明确B座二、三楼2000平方米作为残疾人托养中心和老年人日间照料中心。在现有9个小区居委会范围内，通过措购并举的方式改建、新建睦邻生活馆6处，明确规定预留老人生活空间。此外，为保障老年服务的专业化水平，社区累计投入建设和运转资金500余万元，服务面积达5000平方米，并且先后吸引上海"屋里厢""爱邻"服务社等专业社会组织入驻服务。

五是推进居家养老与医疗保健服务相结合。辖区内建有省直保健中心、义城社区卫生服务中心、振亚颐养长者照护中心、省立医院老年医学康复中心、智慧医疗康园睦邻生活馆等医疗保健机构。基于此种情况，该社区采用与各家医疗机构合作的共治共建的健康管理模式，服务辖区老年群体。一方面，开展辖区家庭医生签约服务，累计签约2.4万人，并且由社区出资为低保、残疾老人开展有偿家庭医生签约服务，累计办理300人。另一方面，积极开展建立老人健康档案、举办每月1期的健康大讲堂、开办慢性病老年健康俱乐部、培训社区健康指导员、组织特色医疗志愿服务等活动，为居家老人依托社区资源养老创设良好条件。

六是在社区清洁、交通协管、看门看车、种植和照管花草树木等岗位招聘时，优先聘用年龄在55~65岁的回迁安置老人，尽量让他们多一份收入。

七是积极开展为老志愿服务活动，组建不同类型的服务站多处。组织建立由老党员、老干部、老教师、老职工、老军人组成的"五老"志愿队，在各个小区形成以"五老"为主体的"邻里关爱团"及楼栋志愿者，动员他们承接"幸福邻声"项目，同时指导他们开展平安巡逻、纠纷调解、邻里互助等志愿服务行动。

八是积极引导老人"老有所学"，大力发展社区老年教育。该社区老年学校现有16个老年班级，招收老年学员390名，旨在营造社区老年生活新风尚，培养一批"活到老、学到老"、终身不毕业的老学员。

九是积极回应老人文体生活需求，满足老人"老有所乐"的愿望。在各个小区培育不同类型兴趣小组，以睦邻生活馆为阵地辐射和带动居家老人开展文体活动。馆内配备乒乓球桌、跑步机、图书阅览架等设施，为老人提供交友、娱乐、健身、阅读、心理疏导等综合服务。此外，各小区共发现和挖掘220名文体骨干，由他们组成太极拳、书法社、戏曲团、舞蹈队等23支老人文体团队，适时开展"日日播放、周周精彩、月月主题"的各种户外演出活动。

十是将推动"平安社区"建设与促进"老有所安"活动密切结合，为老人提供宜居社会生态环境。例如，在各小区安装门禁卡，重点保护老人日常生活安全；针对老年法律意识淡薄和防范意识不强的特点，集中在小区开展打击非法传销、电信诈骗等整治活动；积极开展家风家训教育以及和谐家庭、和谐邻居等评选活动，营造适宜老人居住的安全平和的社区环境。

3. 基本经验

总体而论，在开展居家社区养老服务中，方兴社区积累的经验主要在于按照建构以居家社区养老服务为核心的社会养老服务体系的要求，在深入调研、充分掌握社区居家老人对养老服务需求的基础上，依据不同老年人口的特点，制定相应的政策规定及工作措施，用以对不同的老龄群体分类实施不同的为老服务支持，从而表现出因地制宜和因时制宜的特点。具体说来，这一基本思路体现在推进居家社区养老服务与城市公共配套相结合、推进居家社区养老服务与医疗保健服务相结合、推进居家社区养老与机构养老相结合、推进居家社区养老服务与制度政策保障相结合等科学谋划及具体实施的过程中。

（四）分析和思考

作为市、区两级智慧养老服务的试点，万家埠街道近年来精心建构街道智慧养老调度指挥平台、社区智慧养老服务中心、小区智慧养老服务站这三级智慧健康养老服务体系，并且综合创造和倾力推广"互联网+物联网+人工智能+大数据分析+融合养老"的为老服务新模式，让辖区内的居家老人得以享受全方位、系统化的健康养老服务。其有效做法和宝贵经验确实值得欠发达地区参考和借鉴。这是因为覆盖全街道的智慧养老服务不仅大大推动居家社区养老服务广泛、深入地开展，而且贯通和聚合家庭、社区、机构及社会各方资源，大幅提升了居家社区养老服务质量，从而为欠发达地区在这方面缩小与发达地区的发展差距，提供了良好的平台并创造出可资借鉴的模板。不过，值得注意的是，万家埠街道开展的智慧养老服务基本上还是属于政府主导下的外力推动类型，与发达地区相比，其内在动力资源的挖掘尚有待深化，并且其某些做法也具有一定的局限性。例如，发挥社区老年居民及其家人对智慧养老服务效能评估和监督的作用，有待尽快提到议事日程。再如，就智慧养老的价值取向来说，在为居家老人提供智慧养老服务的总体谋划和具体设计上，万家埠街道尚在一定程度上偏重吃穿住行、保健康养和休闲娱乐，而对于老人更高层次的有关自我实现的发展性需求则有所忽略，从而不利于引导和激励一些社区居家老人开发自身人力资源，实现对"老有所用""老有所为"等更高目标的追求。

出于某些特定的原因，方兴社区成为合肥市包河区一个街道级别的超大型社区，其老年群体包括回迁安置的原居民、购买商品房入住社区的新居民这两种类型。由于生活境遇不同，这两类老人群体在养老需求上自然也有所不同。针对不同的养老需求，方兴社区采取"两条腿走路"的方式。一方面，采取租赁方式引入条件较好的医护型养老机构，用以满足中高档养老市场需求；另一方面，则支持机构嵌入社区设立居家养老服务站，为居家老人提供普惠性的日间照料和康复保健服务。这样一来，也就充分发挥了市场在资源配置中的作用，与更好发挥政府职能作用有机结合，从而实现了经济效益与社会效益的高度统一。显而易见，这一经验可为其他欠发达地区推进居家社区养老服务提供借鉴。此外，方兴社区在社区清洁、交通协管、看门看车、种植和照管花草树木等岗位招聘时，尽量聘用年龄在 55~65 岁的回迁安置老人，以及针对回迁的"三无"老人探索社区居家照顾模式的做法，既有利于推动积极养老，又有益于促进健康养老，不失为一种因地制宜和因时制宜的好做法。当然，目前方兴社区在开展居家社区养老服务时，还存在一些不足之处。譬如，社区养老服务工作的创造性尚有待增强，其整体上的管理服务能力也有待进一步提升。再如，由于缺乏具有优良资质的专业团队运营，社区仍不能满足失能致残老人所提出的肢体功能康复要求。由此可见，在深化居家社区养老服务内涵及拓展其外延方面，方兴社区应紧密结合自身"智慧社区"建设补足短板。一是要努力进行平台开发并适时安装一键呼叫等安全警示系统，用以加强居家老人日常健康指数监测，打造健康安全的居家养老环境。二是社区还应在大社区、小区这两级中心建设的基础上，强化为老服务团队的能力建设，积极引入专业品质的服务团队入驻社区，满足社区居家老人在日间照料、康复保健、助浴理容方面的常态化需求，特别是用以满足失能半失能老人、低保困难老人、失独老人、空巢老人、高龄老人等不同群体的多样化需求。

二 芜湖市镜湖区居家社区养老服务情况调查

镜湖区是芜湖市中心城区，区域面积约为 121 平方公里，全区下辖 10 个街道办事处 55 个社区居委会 12 个村委会。截至 2019 年底，全区常住人口近 60 万人，人口老龄化程度较高，老龄人口基数较大，高龄人口增速较快，60 岁及以上老龄人口为 13.6 万人，约占全区常住人口的 22.67%，其中 80 岁及以上老龄人口为 1.93 万人，占全区常住人口的 3.22%、占全区老龄人口总数的 14.19%。然而，截至 2019 年 3 月，该区仅有养老机构 12 家、养老床位 813 张，不能满足大多数社区老人健康养老的迫切需求。显然，广泛、深入地开展居家社区养老服务，是有效解决当地老龄居民养老问题的必由之路。通过调查，课题组了解到近年来镜湖区高度重视"以居家为基础、社区为依托、机构为补充、医养相结合的社会养老服务体系建设"，在政策制定、组织协调等方面不断加大对居家社区养老服务的支持力度，选择了比较好的做法，同时也积累了比较成熟的经验。

（一）镜湖区调研纪实

2019 年初夏，课题组一行五人赴芜湖调研，考察芜湖市镜湖区居家社区养老服务情况，先是召开小组座谈会，接着参观了福龄金太阳长者照护中心与福延颐乐堂结合项目，走访了张家山社区零距离便民生活服务中心的社会志愿者服务站。

小组座谈会参加人员有芜湖市镜湖区民政局李副局长、芜湖市镜湖区张家山社区公共服务中心党工委邹书记、张家山社区零距离便民生活服务中心张主任等。在介绍居家社区养老情况时，邹书记特别强调了分类服务的原则，他认为失能半失能老人应进入养老机构养老，有家庭护理特殊困难的应进入社区日间照料中心，大多数能自理的老人则可依托社区资源（居家养老信息服务平台及上门服务、家庭医生签约服务）养老或者以自我照料为主。他认为，开展居家社区养老服务应将特惠少数特困老人与普惠大多数中低收入老人相结合。

民政局李副局长在发言中强调，开展居家社区养老服务面临的难题主要是政府购买服务效果不佳，民间资本介入积极性不够，社会组织参与短期行为居多而可持续性不足。同时，他认为，如何将这三者有机结合起来的问题一直未得到有效解决。他还提出，应对居家养老方面政府购买服务效果进行第三方评估，降低民间资本准入门槛，制定社会组织参与居家养老服务的运作规范，提升居家养老型医养结合服务质量，提高居民对居家养老服务的认知水平，扩大居家社区养老服务的覆盖面。应当说，这类看法不仅发人深思，而且对深化居家社区养老的研究具有较大参考价值。

张家山社区零距离便民生活服务中心张主任是一位中年女性，她也是社区居委会的成员。在发言中，她介绍了零距离社会服务中心建立以来的基本情况，并且着重对其中的养老及托老服务进行推介。她向课题组解释，该社区的养老及托老服务属于零距离家庭发展指导中心的业务范围，旨在体现提高家庭发展能力与养老及托老服务的密切结合。这类服务主要是针对大多数具有生活自理能力的老人，为的是丰富他们的文化生活，提高他们的生活质量，促进他们的身心健康及家庭和谐。她认为该中心的最大特色，就是体现了"养老须养心"的文化养老之真谛。该中心服务内容由诸多板块组成，而社区养老及托老服务在其中占有重要位置，主要包括老人日间照料、志愿者助老公益服务、老年健康知识讲座，以及针对老人的零距离家政服务如老人餐桌、老人理发和洗衣等。该中心经营活动的性质是政府购买服务、市场低偿服务、社会公益服务兼而有之，而其成功经验则是通过政府购买活动，探索出民非企业参与公益活动与社区服务相结合的"零距离模式"，可为包括老人在内的社区居民提供衣、食、住、行、娱、教六大板块的服务。

下午，课题组首先走访芜湖市福龄金太阳长者照护中心。该中心位于镜湖区海南渡社区，主要服务对象是高龄失能半失能老人、空巢老人等群体。该中心面积为3300平方米，共有3层，包括自理型、全护及特护型长者房间，以及日间照料中心、康复大厅、医务室、书画阅览室、心理咨询室、法律咨询室、空中花园、多功能室、棋牌室、餐厅等，能为当地居民提供老人日间照料床位15张，机构养老床位117张。据工作人员介绍，该中心具有全套城市智慧养老系统化服务，现已建起信息化服务平台，将居家养老、社区养老、机构养老包括其中，形成养老及托老服务的全生态链。参观后，课题组认为该中心具有较高的品位，适合中等收入家庭老人入住（床位费为3000~4500元/月），同时也兼顾平民化需求（1500~2500元/月）。尤其是该中心专门设置了有15个床位的老人日间照料房间，可解决有特定困难家庭的老人托养问题。当然，这也是在该中心建立前由政府相关部门与投资者协议性约定，而为了享受政府补贴等，投资者也乐意接受此类约定。不管是出于何种原因，在具有较好条件及运营资质的机构养老院中专设老人日间照料中心，这件事本身客观上已成为居家养老、社区养老、机构养老结合的有益尝试。

紧接着，课题组走访了芜湖镜湖区张家山社区文化服务中心，以及零距离便民生活服务中心。在社区文化服务中心内，有一些老人在打麻将和打扑克，有一些老年女性在唱歌及排练舞蹈节目，还有一些老年男性在打乒乓球。进入书画展览室，课题组发现室中陈列的一件件老人书画，充溢艺术气息，展示了老人热爱生活、奉献社会的高尚情怀。随后，课题组又来到零距离便民生活服务中心的志愿服务站，了解社会志愿者是如何热心社区公益，竭诚服务于社区居民的日常生活，以及如何帮助困难老人解决生活中面临的实际问题的。据志愿服务站负责人介绍，志愿者服务的项目较具全面性和系统性，用流程图表现则会有诸多板块，而为老服务则是其中的核心板块。例如，为生日在 12 月的老人举办"零距离孝老集体生日派对"活动，举办"爱在重阳"敬老活动，举办老人健康知识讲座及义诊活动，组建老年桥牌象棋、老年合唱团、老年舞蹈班、老年书画班、老年戏曲队等团队。再如，节假日组织儿童去日间照料室与老人联欢，免费给老人理发、洗衣、按摩、捶背、送餐、掏耳朵、修理家用小电器、手把手教会老人使用智能手机等。给课题组留下深刻印象的是这里比较丰富的业余文化生活，老人的笑靥让他们看上去生活得比较幸福如意。工作人员向本课题组介绍，志愿服务站得到政府购买服务的支持，每年每个服务站是 5 万元的支持金，其余的经费则由志愿者自己募捐，类似这样的服务站，张家山社区有好几个。不过，课题组注意到，零距离便民生活服务中心内设的老人日间照料室面积稍小，只能入住几位老人，医务室设备及器械也比较简陋。此外，课题组也发现，所有的项目浓缩在一个服务中心，看上去这里的工作任务较重，工作人员也比较忙碌。张主任介绍，该中心所创造的是民非企业参与公益活动、社区服务和社会治理相结合的零距离模式，目标定向是在居家养老、家庭发展、社会事务延伸等方面，为困难群众提供惠民兜底服务，为中等收入群众提供平价优质服务，为高收入群众提供高档定制服务。此外，该中心还依托安徽工程大学等高校开展社区为老志愿服务活动，于 2016 年成立零距离志愿服务队，现有大学生志愿者 200 余人，每月的 28 日为志愿者活动服务日，他们现已坚持数年深入社区开展志愿服务活动。

走访后，课题组认为，该服务中心的运作虽然是在党委领导和政府主导下，但其行政化倾向较弱而民非企业、社会组织的自主权较大，群众基础比较牢固，群众参与积极性、主动性、创造性较强，从而起到了贯通党群、干群、政社等关系的桥梁和纽带作用。尤其是在社区养老服务方面，该服务中心发挥了便利、快捷、普惠、高效的典型示范作用，其做法和经验具有较大的推广意义及运用价值。当然，这种模式仍需进一步完善，例如，在主动服务方面要更为热心和更加努力，在针对性服务方面要更为细致入微，在个性化服务方面要体现更高的社工专业技能水平，在精神文化需求服务方面则要更加深入老人内心等。

（二）主要做法

近年来，镜湖区紧密联系地方实际，精心谋划和出台《镜湖区社会养老服务体系和养老智慧化建设民生工程实施方案》，紧紧围绕其中规定的预期目标任务，有条不紊地推动居家社区养老服务向前发展。

第一，注重社区养老服务设施建设及其更新和改造，为居家老人依托社区资源养老创造必要条件。镜湖区现有社区养老服务设施77处，其中，街道养老服务中心10个、城镇社区养老服务站55个、农村社区养老服务站12个。这类配套设施因时而动、因地制宜，重点强调功能发挥，并且活化功能载体，从而为社区老人提供生活照料、医疗保健、心理慰藉、文体娱乐等方面的常态化服务。此外，镜湖区还持续加大对居家养老服务设施建设的投入力度。新建总面积达1953平方米的两大居家社区养老服务设施（福达花园4号楼、旭日天都社区综合用房），现已移交市宜居公司运营管理，从而为该区广泛、深入地开展居家社区养老服务提供了强有力的支撑。

第二，大胆探索居家社区养老服务运营模式及工作方式的新路径。秉持改革创新的理念，镜湖区选择辖区内大富居家社区养老服务中心、汀苑社区日间照料中心等处，以公开招标的形式尝试在居家社区养老服务中推行公建民营的运营模式。及时引导和督促中标民办企业，在居家社区养老中融入医养结合元素，添加社区医疗门诊为老服务，以及配备合格全科大夫，就近提供诊疗、康护等为老服务项目。此外，在民非企业参与公益活动与社区养老服务之间，镜湖区还努力探索两者相结合的"零距离"模式，借以提升居家社区养老服务的管理水平。该区所辖张家山社区日间照料中心，依托零距离便民生活服务中心，内设社区食堂、养老托老、公益花坊、多媒体活动室、康护室、电子书刊阅览室、无烟棋牌娱乐室、多功能舞蹈室、书画室、"四点半"公益课堂、艺术培训作坊等设施，采用"互联网+"电商新模式，有机整合社会资源，适时为社区居家老人提供衣、食、住、行、娱、教等服务。

第三，采取政府购买服务方式，为社区困难老龄群体提供居家养老服务，从而扩大面向社会力量购买为老服务的开放力度。近年来，镜湖区政府进一步完善高龄津贴制度、低收入老人居家养老服务补贴制度，做到高龄津贴、低收入老人居家养老服务券应发尽发，并且将发放范围、对象、标准、审批程序等事项公布于众，以示公正和透明。针对城镇"三无"老人、重点优抚老人、1级伤残老人、城镇低保老人及空巢老人，由区民政部门向其中60~79岁的老人每人每月发放100元居家养老服务券，并且向其中80岁及以上的每人每月发放300元居家养老服务券，居家养老服务券可用于家政保洁、家电维修、助医助浴等多项服务。该区享受高龄津贴的80岁及以上的老人共有19628人，其中80~89岁的有17211人，90~99岁的有2389人，100岁及以上的有28人。当地高龄津贴的发放标准是，80~89岁的老人每人每月50元，90~99岁的老人每人每月100元，100岁及以上的老人每人每月300元。2018年1~9月，该区累计发放居家养老服务券39万余元，累计发放高龄津贴895万余元；2019年1~7月，累计发放居家养老服务券29万余元，累计发放高龄津贴715万余元。

此外，该区适时实施政府购买社会力量为老服务，充分发挥社会组织在为老服务布局、方式、技能等方面的长处，重在为社区居家老人提供"菜单式"及"点餐式"便利服务。通过项目公告、项目设计、项目评审、评审公示、跟踪评估等进行严格筛选，由最终中标的社会力量承接政府购买为老服务的年度工作任务。这类任务包括对"独居孤寡"老人进行上门照料护理、送医陪护、心理疏导、事后探访等类服务，对"三无"老人进行电话问访服务，向失智老人免费发放"黄手环"①，以及开展老龄数据库信息核对和模拟满意度调查等。此外，中标承接政府购买为老服务的社会力量，还应遵照《芜湖市居家养老服务条例》的要求，以购买服务方式，挑选辖区内的"零距离"便民生活服务中心开展助餐试点，满足居家老人特别是高龄、空巢、失能半失能等老人的助餐需求。

第四，着力拓展智能养老服务，使其成为居家老人依托社会资源养老的先进手段和运作平台。2012 年 7 月，镜湖区"96365"生活服务中心建成启用，并且在辖区内花园社区试点运行。2014 年底，该区"96365"生活服务中心正式升级为市级养老服务平台，同时与芜湖市援通智能化养老服务系统相整合，形成了覆盖市、区两级居家养老呼叫系统及其信息平台。由于搭建了"一键通""一号通"居家养老综合服务平台，该区所有老龄居民可通过"一键通"或拨打"96365"热线，免费享受家政保洁、陪护看病、家电维修等"订单式"服务。此外，智能化养老注册的老年用户还可享受紧急救助、温馨问候、志愿服务等标准化、专业化、亲情化的定制式服务，以及由援通系统提供的在线充值、车票代订、水电气代缴等电商服务。仅在 2018 年 1~9 月，"96365"居家养老信息平台的服务总量就达 3.4 万个，该平台在此期间为 1320 名空巢老人免费安装了固定呼叫器，同时免去他们的呼叫信息费用。从 2018 年 10 月至 2019 年 8 月，该区还大力推进家庭医生签约"两卡制"② 系统上线运行，共采集 10 万余人人脸信息，随访高血压和糖尿病老年患者 20 余万人次，其中 65 岁及以上受益老人达 4.5 万。尤其是依托援通智能化养老服务中心信息平台，整合各种为老服务资源，打通家庭养

---

① "黄手环"是一款专门为老人设计的爱心安全手环，其内芯片记载了老人及家属的详细信息，一旦老人走丢或遇到危险，救助人员可以按照其中留存的信息及时联系老人亲属，以帮助老人平安返家。

② "两卡制"，一是指人脸识别的身份认证，二是指对医生服务工作的绩效评估。所谓"卡"，在此只是一种形象化的表述。

老、社区养老、机构养老及异地养老的联结通道，融康养护理、生活照料、休闲养生、心理慰藉等多类服务为一体，从而为广大居家老人营造出高、中、低端相结合，大、小、远、近相呼应的"15分钟养老服务圈"。

第五，"外引内联"，鼓励和支持养老机构和医疗机构积极介入居家社区养老服务。为深入推动居家社区养老，向开展社区健康养老服务注入新元素，该区以税费、用地等方面的优惠政策，引入安徽福延、北控集团金太阳、浩研彩虹苑等知名养老企业及其品牌项目入驻。目前，由这类企业承接兴建的社区养老服务中心均已投入使用，其中设有日间照料中心、"12349"公益信息平台、社区医疗门诊、心理咨询室、多功能餐厅、助浴间等为老服务设施。此外，2017年9月，该区与芜湖中医院就医养结合项目正式签订合作协议，并且芜湖中医院于2018年底入驻该项目，致使许多社区居家老人，就近享受优质的中医药医养结合服务。

第六，注重社区养老服务人员队伍建设，提高为老服务效能。为尽快提高社区养老服务人员素质和技能，近年来该区民政局、人力资源和社会保障局委托芜湖市皖星职业培训学校，举办为期十天的养老护理员骨干培训班，数十名人员参加培训。通过前期摸底、科学设计，师生互动、双师教学，后续保障、意见反馈之类环节，在服务专业化、科学化、精细化、标准化、规范化等方面，这些人员的水平均有不同程度的提升。依托辖区内各社区卫生服务中心，精心组建家庭医生团队，为居家老人提供日间照料、家庭病房巡视、医疗保健咨询、心理健康咨询、上门诊疗等贴身守护型服务。此外，该区还特别注重依靠社区法律援助工作站的专业社工及志愿者，通过积极受理涉老民事案件、搭建为老维权网络、助老网上法律援助申请、涉老民事案件处理回访等方式，为辖区内居家老人适时提供有效的法律支持。据不完全统计，2017年1月至2019年8月，该区各社区法律援助工作站共受理涉老民事案件78件，其中仅在2019年1~8月就受理19起赡养和继承方面的涉老民事案件。经过调解，这些涉老民事案件大多得到妥善解决，深受社区居家老人的好评。

（三）基本经验

概括以上做法，从中可以归纳出镜湖区开展居家社区养老服务的基本经验。

一是围绕中心。紧紧围绕推动居家社区养老服务发展这一为老服务的中心任务，镜湖区以坚持政府主导、吸纳多方参与、支持市场运营的方式，精心打造适合当地老人居家社区健康养老和积极养老的服务模式。

二是多管齐下。在基础设施建设、运营模式、政策扶持、组织协调、队伍建设等方面进行多元化探索，用以夯实社区养老服务基础、吸引社会力量介入、克服养老服务工作碎片化现象，进而从整体上提高居家社区养老服务的质量和水平。

三是抓住重点。紧紧抓住全面推进养老智慧化这一为老服务的重要任务，大力推进智慧健康养老试点示范工作，运用人工智能、大数据、物联网等新一代信息技术，促进其与居家养老、社区养老、机构养老及医养结合实现有机融合，从而在为老服务方面，创造出一种与当地经济社会发展状况、社区建设情况相适应的新方式和新途径。

三 分析和思考

与合肥市包河区有所不同，芜湖市镜湖区虽然不属于全国居家社区养老服务改革试点，但其在实践过程中采取的主要做法及其形成的基本经验，对发展比较迟缓的其他欠发达地区同样具有一定的借鉴意义和参考价值。当然，经过调查，课题组也发现镜湖区在开展居家社区养老服务中，尚存在一些有待尽早解决的问题。例如，从事社区养老服务的社会组织乃至社会企业盈利不足，其培育和发展仍需加大政策扶持的力度。这是由于居家社区养老服务收益率较低，需要规模效应来支撑，但暂时难以实现。一般来说，为老服务的社会组织的收益主要来自政府针对困难老人购买服务的费用，而仅仅依靠这笔费用，社会组织自身收支难以保持平衡。对于承接居家社区养老服务的某些社会企业来说，因为缺少更广泛的服务对象而盈利不足，其正常运营往往捉襟见肘，亟须拓展服务人群；然而，受地域发展状况、文化心理习惯等因素的限制，拓展成本高且效果差。政府购买服务流程不断规范，社会组织及社会企业参与居家养老服务的难度不断提高且对其考核、监管、兑现之类的机制尚不健全，从而影响社会组织参与的积极性，流标现象有所发生，政府采购成本增加及采购周期延长。再如，基于服务行业性质，人力资本在社会组织运营成本中占有较大比例，这往往会导致参与居家社区养老服务的社会组织或社会企业陷入服务外包使服务质量难以保证的窘境，而如欲提升质量，则队伍本身自管人员成本将一路攀升。此外，参与居家社区养老服务的某些社会组织或社会企业，往往是单独从事此类工作，因没有上下游服务产业的支撑而孤掌难鸣，加上自身"造血"功能不足、其承接的社区日间照料服务缺乏盈利点、能够提供的各类为老服务与市场具备的功能多有重复等不利因素也会导致其服务成本高且收益低，难以实现长足发展。

通过对以上问题的分析，得出如下结论。

其一，在类似镜湖区这样的地方进一步往前推进居家社区养老服务，应当在规模化上求发展，以增强为老服务组织自我"造血"功能、扩大为老服务社会面。有效做法是加强政府部门监管和指导，强化社区日间照料中心规范化、标准化及特色化建设，通过自建、引进、优化整合等办法盘活社区养老服务资源，从而突破居家社区养老服务运营瓶颈，扩展其覆盖面及增强其承载力。

其二，在精细化上下功夫，进一步提升为居家社区老人服务的质量和效能。加大对居家养老服务券发放和管理的力度，全面做好为困难老人贴心服务的日常工作，提高对居家养老服务情况的回访率，开展对服务人员为老服务满意度和差错率的双考核等。

其三，在市场化运作上谋突破，进一步提升为老服务社会效益和经济效益的契合度。加大对社区养老服务社会组织发育和成长的政策支持力度，帮助社区养老服务组织与入驻社区的养老机构、集中养老机构建立联系，探索和利用本地资源优势拓宽为老服务途径等。

其四，在开展居家社区养老服务过程中，政府购买服务效果不佳、民间资本介入积极性不够、社会组织参与短期行为居多而可持续性不足这三大问题具有同源性，实质上反映了养老服务中社会化、市场化、人文化三者的不协调，应当通过制度创新、政策创新、组织创新、文化创新的有机结合予以妥善解决。

第五章

江浙城市居家社区养老服务
发展状况调查

一 无锡市居家社区养老服务发展状况调查

（一）无锡市养老服务体系建设及居家社区养老服务发展概况

无锡市位于江苏省南部，面积有 4628 平方公里，下辖 5 个行政区和 2 个县级市。据统计，截至 2019 年 12 月末，无锡市 60 岁及以上老年人口已达 133.4 万人，占全市户籍人口的 26.49%。此外，第七次全国人口普查统计数据显示，无锡市常住人口为 7462135 人。其中，城镇人口为 6178208 人，占常住人口的 82.79%；60 岁及以上人口为 1473820 人，占常住人口的 19.75%；65 岁及以上人口为 1093557 人，占常住人口的 14.65%，[①] 以上 3 项比例均高于全国平均水平。现阶段，该市正面临老龄化、高龄化、空巢化、失能化"四化"叠加发展的挑战。近年来无锡市积极应对此类挑战，着力推进社会养老服务发展，取得了可观成绩，积累了丰富经验。据统计，到 2019 年 12 月末，无锡市养老机构总共有 165 家，全市拥有老人日

---

① 《无锡市第七次全国人口普查公报》，无锡统计局网，http://tj.wuxi.gov.cn/doc/2021/05/20/3297403.shtml，2021 年 5 月 20 日。

间照料中心 90 个、区域性助餐中心 65 个、居家社区养老服务机构 1100 多家，基本实现了城乡社区养老服务机构全覆盖。养老服务床位（含居家养老服务床位）共有 5.8 万张，每千名老人拥有的养老服务床位已经超过 40 张。[①] 为了着力建设"以居家为基础、社区为依托、机构为补充、医养相结合"的社会养老服务体系，近年来，无锡市先后出台《无锡市养老机构条例》《市政府关于全面放开养老服务市场提升养老服务质量的实施意见》《无锡市养老服务项目补贴办法》《无锡市居家和社区养老服务改革试点方案》《无锡市困难老年人家庭适老化改造实施办法（试行）》等政策，用以促进养老机构的规范化和科学化发展。2018 年 5 月，无锡市成功入选全国居家和社区养老服务改革试点地区。自此，通过不断深化养老服务"双试"[②] 改革及"放管服"改革，无锡市全面、深入地推动居家和社区养老服务发展，在创新服务模式、更新服务方式、拓展服务途径、丰富服务内容、提升服务质量等方面均有所建树。

近年来，无锡市以深入推进居家社区养老服务为抓手，不断提高养老社会化、市场化、智慧化的运作程度和水平。一是精心打造"朗高"医养结合亲情养老服务模式、百禾颐养院的智慧养老模式、滨湖区嵌入式居家社区养老服务模式、梁溪区"今锡惠晚"社区随迁老人关爱服务模式等。二是优选服务途径，推出扶残助老共融"幸福餐厅"新模式。三是秉持健康养老和积极养老理念，持续开展敬老文明号创建、"银发"招聘、老年春晚、老年书画摄影大赛、老年文体特色团队示范社区创建、老年人抱团互助养老精神关爱服务主题交流会等活动。四是悉心致力于养老服务队伍职业化、专业化、标准化建设，举办养老服务管理人员培训班、养老护理员能力提升班及养老护理员职业技能选拔赛。五是大力推进"互联网+居家养老服务"发展，组织居家社区养老智慧管理服务系

---

① 《〈无锡市推进养老服务高质量发展三年行动计划（2020—2022 年）〉情况说明及问题解答》，无锡市民政局网，https://mzj.wuxi.gov.cn/doc/2020/10/22/3074815.shtml，2020 年 10 月 22 日。
② "双试"即国家养老服务业综合改革试点、全国居家和社区养老服务改革试点。

统培训。六是优化聚合社会资源，开展居家养老援助服务项目。此外，为适应养老服务发展的新要求和新态势，2020年10月，无锡市又出台《无锡市推进养老服务高质量发展三年行动计划（2020—2022年）》，为全市进一步提升机构、居家和社区养老服务的水平做出新谋划和新布局。

（二）无锡市居家社区养老服务发展的主要特色

无锡市的养老服务特别是居家社区养老服务在发达地区的地级市中具有一定的代表性及典型意义。通观无锡市居家社区养老服务发展历程，笔者认为其主要具有以下特色。

第一，思想观念更新先行，积极引导老人适时树立健康养老和积极养老的新型老龄观。近年来，面对老龄化、高龄化、空巢化、失能化"四化"叠加的势头，无锡市有关方面沉稳应对、主动作为，抓住根本、思想引导。在做好为老"兜底服务"、为老"普惠服务"方面"补短板、强弱项"的基础上，循循善诱地引导老人树立"生命历程、独立参与、终身学习、健康养老、积极养老"等新型老龄观。无锡市有关方面不仅通过社区老年大学、老年课堂等载体向老人灌输新的养老理念，而且通过组织各种社区活动，促使这类理念扎根于老人的所思所想之中。譬如，惠山区钱桥街道晓丰社区、西漳社区广泛开展太极拳、八段锦、广场舞、佳木斯操等体育活动，市民政局积极组建老年人心理调适工作站点，鼓励和支持社会力量参与建立老年关爱中心，面向社区持续开展"银发"招聘、老年春晚等活动，用以为老人发挥余热和展示风采搭建平台。

第二，高度注重老人托养服务的社区嵌入及其深度融入。老人托养服务的社区嵌入及深度融入关键在于打破居家养老、社区养老、机构养老的边界，广泛、深入地动员、引导和组织全社会力量，积极主动而又创造性地参与居家社区养老服务发展。无论是滨湖区美湖社区的老人幸福餐厅、梅园朗高护理院的医养结合亲情式服务，还是梁溪区城南社区、滨湖区稻香社区依托社工和义工的随迁老人关爱服务、惠山区钱桥街道的老年文体特色团队示范社区创建活动、市民政系统主导的居家养老服务援助项目，均是扎根社区、面向社区广大居家老人，为托养服务创造必要的环境条件，以及为托养服务打下深厚的群众基础。尤其是在创建"全国敬老文明号"活动中，市社会福利中心积极主动地向社区延伸，在社区设立居家养老服务点，提供包括医护、康复、教育、文化娱乐、心理慰藉等方面的上门服务，并且定期组织专业人士入点进行专业指导，以及引导和动员社工和义工积极参与其中。

第三，集聚社区医养结合要素，营建居家晚年生活福地。随着健康养老意识的不断增强，居家老人对加快社区医养结合步伐的呼声日益高涨。近年来，无锡市先后荣膺"全国居家和社区养老服务改革试点地区"、省级"居家和社区养老服务创新示范"试点区，无锡市紧抓这一有利契机，积极回应居家老人对加快社区医养结合步伐的呼吁，大力推进社区医养结合工作，积极打造社区医养综合服务平台，为居家老人尤其是为失能、孤寡、高龄等老人在"家门口"养老，提供了更多的"养老+医疗"选择，较好地破解了居家老人"养老难、看病难、康复难"的问题。

无锡市发展居家社区养老服务采取了以下几方面的措施。

一是把社区在养老服务中心设立卫生服务站，列为养老服务体系建设的重要考核指标，以此引导和鼓励社区在建设、改造居家养老服务设施时同步规划设计医疗设施。这样做有利于加强和完善"养"与"医"的合作和互动，推动和促进社区"养"和"医"的资源共享共用。此外，相关部门还在全市积极推动社区医疗卫生机构与居家养老服务中心实行签约服务全覆盖，为老人免费建立电子健康档案，提供持续性的健康管理和医疗服务。

二是"养"与"护"同步而行，实现老人就医流向末端闭环。"小病在社区，大病去医院，康复再回社区"，这是无锡市有关方面为居家老人规划的就医、养护的新路径。近年来，全市积极引入万科、朗高、金夕延年等行业龙头企业，依靠其在康复、护理等领域的专业性和资源储备，为社区居民提供"医疗—护理"一体化的养老服务。例如，在连锁运营的居家社区养老服务中心设立护理站，朗高养老运营管理有限公司向其中派驻医护人员，为接受日间照料的居家老年人提供专业的诊疗、康复和护理服务，从而有效解决了社区在老人长期照护问题上的"痛点"，初步实现了居家老人就医流向的末端闭环。

三是在居家社区养老服务站内设全科医生工作室。目前，在全市一些具备条件的居家社区养老服务站，有关方面率先设置全科医生工作室，借此鼓励、推动社会办医疗机构、基层医疗机构的全科医生进社区，建立与老人家庭的医疗契约服务关系，并且将居家老人划分到各社区责任医生团队，让医生通过工作室定期坐诊、不定期上门巡诊等方式打通社区老人医养服务的"最后一公里"。

第四，精心打造全市智慧养老服务平台。智慧养老堪称无锡养老服务高质量发展的一张亮丽名片。无锡市在全国地级市中捷足先登，构建了市、区、街道（镇）、社区（村）四级联网、标准统一、互联互通的养老服务信息管理系统。无锡市还谋划了全市智慧养老服务"11311"工程，通过推动智慧养老机构建设，依托借助物联网优势建成的智慧养老服务平台重点营建"精准服务、高效管理、安全保障、健康保健、社区餐饮"这5张"网"。截至2019年底，无锡市已经建成各类智慧养老服务机构90家，并且全市智慧养老服务平台可供162家养老机构和1100多家居家养老服务机构常年免费使用。这无疑对提高全市养老服务智能化、精细化、高效化起到了巨大作用。特别值得一提的是，居于滨湖区永固路1号的百禾颐养院不仅在服务中运用无线定位系统、紧急呼叫响应、周界报警等先进科技设备，而且为入院老人佩戴一按就灵的胸卡，该做法充分体现了无锡智慧养老服务的特色及优越性。

（三）无锡市居家社区养老服务发展的典型个案调查

2018年6月下旬及2019年12月中旬，课题组围绕一定的调研题目先后到梁溪区、滨湖区的相关社区进行了实地调研。

1. 无锡市梁溪区广益养老服务中心调研纪实

2018 年 6 月 26 日上午，课题组一行 5 人前往无锡市梁溪区广益养老服务中心（街道级别）进行实地考察。

广益养老服务中心位于广益街道辖区之内的广益佳苑社区。广益街道办事处隶属于梁溪区，东与锡山区东亭街道交界，南与江海街道毗邻，西与上马墩、广瑞路街道相连，北与锡山区东北塘街道接壤。广益街道办事处辖区面积为 9.19 平方千米，常住人口为 4.65 万人（2017 年），其中 60 岁及以上老年人口约占常住人口的 20%。该办事处辖广益佳苑、尤渡、上马墩、莫家庄、丁村、广丰、黄泥头、向阳、毛岸 9 个社区。过去，这里属于典型的无锡市城郊地带，快速城镇化后推行"村改居"，农村居民身份大多转换为城镇居民身份，但其收入水平目前在全市仍处于低端位置。严格地说，这家养老服务中心还是一个由政府购买服务支持的、面向社区居家老人提供服务并由民非企业运营的养老机构。不过，其早已不是传统意义上的乡镇敬老院，因为除入住少数由政府出资照料的"三无""残障"等特困老人之外，它已经基本实行社会化运营，也就是说只要缴纳一定费用，任何社会老人均可入住。该养老服务中心现已由北控宏泰专业托管及负责运营，陪同课题组调研的正是该专业托管及运营组织的负责人。据负责人介绍，广益养老服务中心占地面积 10 亩，现有床位 285 张，入住率已经达到 86%。在启动运行及以后的运营中，该中心均享受到政府补贴，启动运行时每张床位由政府民政部门一次性补贴 1 万元，而在实际运营中每年每张床位由政府民政部门补贴 600 元。

在参观中，课题组发现，该中心的养老服务设施比较齐备，卫生条件优良，房间及衣被看上去干净整洁，收费也比较合理。每个房间大概有 18 平方米，分单人间和双人间，空调、小冰柜、热水器等日用电器应有尽有。房内卫生间也比较干净，专门设有老人扶手或轮椅，个别房间还有专门为残障老人提供的如厕设施。住单人间的老人每月收费 2900 元，而住双人间的老人每月仅收费 1500 元。该中心还设有小型医护站，站内有 15 名女护士 24 小时轮值，她们多半是职业技术学校（市或区卫校）毕业生，平均年龄在

25 岁左右。此外，该中心还设有重点护理床位，同时配有 48 名护工（其中有少数男性），他们平均年龄为 50 岁左右，能为失能及患病老人提供 24 小时全天候监护服务。

该中心负责人介绍，该中心运营目前主要存在以下几方面的问题。一是虽能享受到政府部门的补贴，但民政部门的要求标准较高，比如，要求该中心必须为体现医养结合性质而专设一个 X 光摄片室，但聘请专业技术人员较难，加上机器设备、人员待遇等的投入太大，让该中心比较为难。二是当地制定政策时整齐划一，有些政策制定缺乏具体情况具体分析，以致在普遍实施中可能会造成一定的资源浪费。例如，无锡市政府规定全市每个社区均要建立老人日间照料中心，并实现全覆盖，每建一个这样的中心前期投入平均为 200 万元。这样做当然是利民、惠民、便民的好事，但有较大改善空间。比如，在中年人、青年人居多的流动型社区，就没有必要千篇一律地兴建日间照料中心或托老所之类的机构，因为空置率太高，集聚效应较弱。倒不如因地制宜，将其改造成为集文化、娱乐、体育为一体的综合性活动中心，老少皆可参与其中，能发挥政府资源社会共享的最佳效应。三是护工人员年龄较大，从业时间短且专业技能差，同时，年轻人多半不愿选择此类行业，以致护理人员青黄不接，存在中断运营的风险。四是为能留住护士及护工，该中心不得不煞费苦心地为其从业人员解决孩子入托、住房、择偶等方面的难题，并且不断提高他们的工资待遇，定期为他们检查身体，以免除他们的后顾之忧。

另据负责人介绍，该中心还制定了"几不收"的规定，如有精神疾患者不收、有传染病患者不收、有严重的家庭矛盾冲突者不收。做出这样的规定，是为了预防和避免一旦出现问题会带来种种麻烦事。尤其是入住该中心的老人，他们中有不少过去来自农村，虽说城镇化以后其身份已转变为城镇居民，但多半家境不太好，他们入住的费用往往由儿女支付。倘若发生比较严重的家庭矛盾冲突，子女就很有可能互相推脱赡养责任，致使食宿费没有着落，而该中心又不能强制性地驱赶老人，这样一来事情就十分棘手。正是鉴于类似事件已经出现数起，故此，该中心才出台此类限制性及防范性的规定。负责人还特意向课题组介绍，那些年龄较大的女性护工多半来自安徽、湖北、河南、江西、湖南等欠发达地区的农村，家境欠佳且子女较多，用钱的地方也较多。她们出来就是为补贴家用而想方设法地多挣点钱，故此，虽然是"苦脏累"的工作，但只要报酬较高她们就愿意干。相比之下，本地像她们这个年龄段的女性对于此类工作可能不屑一顾，因为她们靠出租几间房屋的收入就足以过得逍遥自在。

2018年6月26日下午，课题组又参观了一家在梁溪区广益街道办事处辖区内的社区老人日间照料中心。该中心是该办事处按照上级要求兴建的标准化老人日间照料中心，投资近300万元。该中心占地约1000平方米，共有25个房间，其中有5间较大的活动室。该中心不仅各种设施应有尽有，各种电器设备齐全，网络设施先进，通风、采光等条件较好，而且设有卫生室、文体娱乐活动室、健身按摩室、书画展览室、会议室等。看上去，该中心提供了集生活、娱乐、休养健身为一体的一条龙服务。然而，迄今为止，该中心运营已近1年时间，仅有4位老人入住，床位空置率高达92%。为何如此呢？据了解，该中心并不完全是公益性为老服务，入住老人还要支付少量数额的服务费，因此降低了老人的入住意愿。该中心负责人说，如果实行全部免费，肯定会有不少老人前来入住，但是，这样一来中心会因为运行成本太高而难以维持，而地方政府也缺乏为此全部买单的支持能力。从归因分析看，该中心的服务对象主要是居住在较高档次住宅的居民。这些住宅的买家大多是来自安徽、湖北、河南、江西等地的年轻打工者，他们倾其所有并且凭借父母的支持买下房产，因为需要偿还房贷和车贷而面临着很大的生活压力。结婚生育之后，远在家乡的老人随迁来此帮助他们照看孩子。这些老人年龄多半在50~65岁，身体状况尚可，他们为了给其子女节约开支，平时在生活上总是精打细算，让他们支付少量费用入住老人日间照料中心颐养天年，对于他们说来眼下尚是一件比较奢侈的事情。对于这种情况，社区居委会李主任倒有另一种看法，他认为此种情况的形成并不全是经济因素导致的，思想文化因素在其中也发挥着重要作用。按照他的观点，这些来自乡村的随迁老人对于城市生活环境并不十分习惯，他们本身尚处于逐步适应城市生活的社会融入的初始阶段，拘泥于传统，思想并不开放，担心自己入住老人日间照料中心会对子女产生不良影响，加上他们平日疏于交往，对于陌生环境总有防范和戒备的心理，而一旦帮助他们打开这一心结，情况肯定会有所不同。听了李主任的解释，课题组认为虽然他的说法有一定的道理，但兴建老人日间照料中心还是应因人而异、因地制宜，尽量避免社会宝贵资源的浪费。

2.无锡市滨湖区嵌入式居家社区养老服务情况调查

滨湖区下辖 6 个街道 1 个镇，截至 2019 年 12 月，全区户籍人口共有 36.71 万人，60 岁及以上人口有 10.5 万人，户籍人口老龄化率达 28.6%。该区现有街道级老人日间照料中心 7 个、居家社区养老服务中心 78 个，日间托老床位共 800 多张，其中护理型床位占比超过 85%，实现了居家社区养老服务全覆盖。该辖区内共有养老机构 13 家，全托床位有 4200 张，每千名老人拥有养老床位已经超过 45 张。全区各社区养老服务用房已超过 4 万平方米，平均每百户配套社区养老服务用房超过 29 平方米。

早在 2017 年，滨湖区就成为江苏省居家和社区养老服务创新示范区。自此之后，滨湖区通过周密科学规划、加大政策支持力度、狠抓落实保障等措施，精心构建具有地方特色的居家社区养老服务模式，其可圈可点之处甚多。譬如，支持机构深度嵌入社区开展居家养老服务，创新老人居家探访制度，开展"友邻包"邻里守望项目，构建老伙伴生活馆综合服务平台，实施"互联网+"赋能老人家庭适老化改造工程，实施社区居家老人能力专业评估，开展专业医生进社区为居家老人提供"医养护"一体的常规化服务，探索"互联网+养老"智慧养老服务体系等。再如，在全区创新"一站、延伸、嵌入"服务模式，推动"一站式"无缝对接，促进居家、社区、机构养老设施和医疗设施同步设置，形成"平台一体化、供给一条龙、服务一站式"的综合养老服务方式，进而实现医、养、康、护全过程的"无缝对接"。促进"延伸式"专业辐射，鼓励品牌养老机构充分发挥人才、资源等优势，把养老机构的专业服务理念和做法向周边社区辐射。推行"嵌入式"居家社区养老服务先行先试，一些街道利用社区闲置用房建设小型托老所和居家社区养老服务中心，积极打造机构、居家社区养老"联合体"，为老人提供就近便捷的嵌入式居家社区养老服务。

当然，该区在开展居家社区养老服务中也存在一些问题。例如，逐年完善的养老服务设施仍跟不上快速提升的老龄化程度，逐渐丰富的养老服务供给未能满足老人多样化需求，逐步加强的服务人员队伍未能满足养老服务的专业化需求。此外，居家社区养老服务中心社会化运营程度较低，居家社区养老服务团队建设比较迟缓，社会力量参与活力激发不足，资源融合和共享程度有待提高，居家社区养老援助覆盖率有待提升。调查研究的主要目的是发现问题和解决问题，故此，课题组并未选择该区在这方面的先进社区典型进行调研，而是选择了几个在这方面发展比较一般的社区进行实地考察。

（1）滨湖区河埒口办事处稻香居家社区养老服务中心实地考察。

河埒口办事处稻香社区居家养老服务中心位于滨湖区溪东路与稻香路交叉口北150米溪南新村北区。2019年12月16日，课题组到该中心实地考察。社区居委会殷主任介绍，稻香社区常住人口有1.3万人，其中60岁及以上老年人口有2470人，占该区常住人口的19%。该社区在滨湖区原本属于一个典型的村改居社区，原名叫稻香新村，实现城镇化20多年来，居民大多务工经商或者以向流动人口出租房屋为生。尤其是近年来经过老旧小区改造，稻香社区的面貌焕然一新，环境卫生条件得到改善，餐饮、修理等服务业十分发达，居住在此日常生活十分方便，因此，常住人口中流动人口占比比其他社区高得多。

该中心上下两层楼，总面积有1000多平方米。一楼与社区一家诊所紧密相邻，从其左侧有一门可直接通达，据说是为了让老人能够更方便地享受医养结合服务。慢性病老年患者可在此检测自己的血压、血糖、血脂等指标，并且也可得到轮值医护人员的用心呵护。该社区诊所面积约为90平方米，与正规的社区卫生服务中心相比其条件差得多。这里仅有3个房间、3张病床，前台、注射室、诊断室在同一间大屋子里，并且只有2名医护人员，其中1名医护人员还兼收费和取药2项工作，加上医疗设备比较少且比较简陋，该诊所给人的总体感觉就是一个小巧玲珑的"健康小屋"。在为老服务这方面，该社区诊所虽与居家社区养老服务中心业务上联系紧密，但仍是各自单独核算，在人员调配上也是各负其责，互不牵扯。老人餐厅设在一楼，面积较大，可同时容纳200多人就餐，午饭是营养餐，品种较多。工作人员介绍，每天会有一种菜是半价。有一位老人向课题组夸奖，这里的饭菜可口，助餐服务周到细致，碗筷经过消毒处理也很让人放心。

老人日间照料中心设在一楼，入住老人不多，仅有十几名老人。据居家社区养老服务中心负责人介绍，入住老人大多是流动人口家庭中的随迁老人，由于子女工作忙而无暇顾及父母，就将他们托养在此，一般是早上送来，晚上接回。他们大多是生活上能够自理的65~80岁的老人，行动不便的只是极少数。当地老人一般不在此居住，他们大多是白天在这里参加各种文体娱乐或社区交往活动，并且在此享受物美价廉的午餐或晚餐。特别是当地一些高龄老人，他们白天并不在这里参与各种活动，只是因为这里饭菜可口又便宜才过来吃午饭，通常是他们吃完饭就会回家。入住老人日间照料中心的老人，一般是两个人同居一间房间，每间面积约有18平方米，内设报警器以及助浴服务设施。棋牌室、文体活动室、图书阅览室、舞蹈排练室以及家庭影院等也都在一楼，为的是方便老人参与活动。舞蹈排练室面积有50多平方米，足够十几个人在其中活动。在图书阅览室中陈列了好几架子各种类型的图书及报纸杂志，但是显得比较冷清，只有几名年纪较小的老人在此阅读。棋牌室和文体活动室十分热闹，有不少中老年人在此活动。二楼是居家社区养老服务中心与其他机构合署办公的地方，有环保、慈善、妇女儿童等社会公益组织在此活动，也有社区党支部在此组织党员集中活动。环保组织在活动中教老人学习编织以及使用智能手机，妇女儿童组织则让幼儿与老人在活动室联欢，或者一起做游戏和手工艺品。此外，在一楼老人日间照料中心入住的老年党员，也可每周就近上二楼参加社区党员集中活动。

社区居委会殷主任介绍，这家居家社区养老服务中心属于公办民营的嵌入式居家社区养老服务模式，承包经营者是一位浙江籍的中年民营企业家，他在其他省份也拥有类似的分支机构，算得上连锁经营的形式，其业务属性则为半营利和半公益。现在居家社区养老服务中心正在使用的这栋二层楼房，原本是社区居委会的办公场所，多年前社区居委会搬迁他处，这里就被社区作为从事居家养老服务的场所。为了解决社区流动人口较多（占常住人口的一半）以及随迁老人的托养问题，河埒口办事处投资300多万元对社区居委会旧址进行了改造和更新，以比较优惠的价格，租赁给承包经营该服务中心的民营养老机构或其他民间社团。在这里，承包经营者开业不到一年。自开业以来，总体情况看上去还不错，外来随迁老人对这里的服务比较满意。不过，该中心在运营中也存在一些问题，例如，由于经营利润微乎其微，在其初始阶段主要是靠政府购买服务来支撑，但这并非长久之计。从长远来看，在"政府购买服务+市场化运作"中，如欲达到社会效益和经济效益的高度统一，还是要靠培育自我"造血"功能来解决问题。再如，目前河埒口办事处及社区居委会如何对该中心进行监管和验收，如何引入第三方机构进行科学评估，诸如此类的问题尚有待解决。此外，由于地方语言和文化方面的差异，有时在随迁老人与当地老人之间也难免会发生一些误解乃至小冲突。这意味着随迁老人在文化方面的社会融入也是一个有待解决的重要问题。就此，办事处及社区居委会正在考虑采取有效措施推动他们更好地融入当地的社会生活。

（2）无锡市滨湖区雪浪街道板桥居家社区养老服务中心实地考察。

板桥社区居委会位于滨湖区敦睦路附近仙河苑三期（东区），板桥居家社区养老服务中心则与该社区居委会毗邻。2019年12月17日上午，课题组一行5人前往此处进行实地考察。

板桥社区常住人口有2万多人，其中60岁及以上老年人口有4000多人，约占社区常住人口的20%。与稻香居家社区养老服务中心类似，板桥居家社区养老服务中心所在场所也是上下两层楼结构，不过整个楼栋面积比前者小一些，约有700平方米。除居家社区养老服务中心之外，在这栋楼里还有社区居委会、物业管理站、警务室等。板桥居家社区养老服务中心袁主任介绍，在服务中心初期建筑使用上，办事处的总投资有160余万元。在民营资本嵌入居家社区养老服务趋势的推动下，该中心建成后就由一家民营养老机构以连锁经营的方式承包，并且根据每个社区服务中心的具体情况，再由政府给予5万~7万元不等的补贴。为了扶持该中心发展，承包方不用缴纳房租及水电费用，由办事处及社区买单，并且依据人数，给每天来此就餐的老人一定的伙食补贴。尽管如此，袁主任表示，由他负责管理的像板桥社区这样的居家社区养老服务中心目前就有5个，为此他深感压力巨大。因为，每个社区养老服务中心均要自雇4名员工，且需要给每人每月发放工资2600元，但是，政府补贴的资金不多，还不够给所雇员工发放工资。在改革开放前，这5个社区原本是同属一个公社的5个自然村。改革开放后，由于城镇化加速，无锡市开发仙河苑一至五期工程，并且在此安置来自这5个村的诸多拆迁农民，现在他们均已实现"农转非"。袁主任进一步解释，虽然这些村民随着"村改居"而成为城镇居民，但是，在他们身上依然可以见到过去长期农村生活的痕迹。例如，该中心刚开业时，有一些老人来此参加活动时不停地抽烟，并且不按时进入或退出，甚至相互之间为琐事而发生争执或争吵，让管理服务人员十分为难。后来，经过管理服务人员悉心劝解和耐心开导，并且通过组织老人一起参加各种互动互惠活动，增强了他们的信任感及凝聚力，使他们逐步改掉了那些不守文明规则的生活习惯。在实地考察中，课题组发现，该中心的棋牌室及舞蹈排练室面积比较大，棋牌室有40多平方米，舞蹈排练室有100多平方米，而书画展览和图书报刊阅览活动同在一室开展，面积不足40平方米。此外，老年餐桌所在的房间面积也较小，只有30多平方米，里面放着6张桌子、十多张座椅，并且仅有1名炊事员，厨房比较简陋，炊具及卫生设施也比较陈旧。

袁主任介绍，白天到该中心活动的老人较多，他们均是集中安置的原住居民，平均每天来这里的人数约占此社区老人总数的1/10，他们大多是生活上能够自理的60~75岁的年轻老人，来这里主要是参加文体活动、人际交往或听健康讲座以及接受优惠性的理疗活动。当被问及医养结合情况时，袁主任坦率地表示，目前，该社区在这方面基本处于空白状态，其原因不外乎是受政策因素所限。因为本地医护人员奇缺，加上该中心属于连锁经营形式，需要聘请外地医护人员，但是当地行政管理部门不同意，提出执业资格认证必须由当地签发，因此除由当地个别医护人员间或来这里开展流动性理疗活动外，其他医养结合类活动尚未开展。看来，这一问题的解决须依靠本地民政和医疗部门，与外市及外区的民政和医疗部门协商解决。当被问及有何管理服务难题时，袁主任侃侃而谈，从目前看来，由于到该中心活动的老人都是被集中安置的原住居民，经过一段时间的适应，他们也都比较认可和积极配合该中心的管理服务措施。该中心在文体娱乐方面发展得较好，参与活动的老人较多，而在助餐、助浴等方面做得较差，老人来这里的也较少。其主要原因是老人用餐成本较高但政府补贴太少。再者，由于失能失智及高龄老人很少有人陪护来这里，助浴服务也难以派上用场。此外，许多老人痴迷于打麻将，一连数小时坐在那里"垒长城"，对身体健康会有影响，如何引导他们也成难题。袁主任认为，目前亟须解决的问题在于：一是监管部门尚未将引入第三方机构对服务效能进行评估列入议事日程；二是怎样积极吸纳社工、义工参与为老服务并充分发挥其功能作用，也尚未被列入议事日程。当被问及未来的打算时，袁主任若有所思地回答："还是要想方设法地增强自身'造血'功能，尽快运用智慧养老手段将中心打造成一个老人们认可的综合性服务平台，能为他们提供保洁、维修、助浴、助餐、购物、保健、文旅等方面的优质服务，在服务中既要保证物美价廉，也要获得适当的经济收益。"

（3）滨湖区蠡园街道湖山居家社区养老服务中心实地考察

2019年12月18日上午，课题组一行数人到湖山居家社区养老服务中心进行实地考察。这家服务中心设立在滨湖区银湖路湖山湾家园 B27～28号。湖山社区地处滨湖区边缘地带，规模较小，总共有750户2000多常住人口，其中60岁及以上老年人口有390人，约占该社区常住人口的19.5%。该居家社区养老服务中心总面积近500平方米，其服务人员连同负责人一共

3人。

在走访中，课题组认为该中心的主要特色包含以下几方面。

第一，麻雀虽小、五脏俱全，该中心的装修具有科学合理性，看上去既素朴和大方，又美观和温馨；这种装饰得体和舒适的场所十分适合老人。该中心功能齐全，安全消防及报警设备应有尽有，助浴设施安置得十分方便和适用，并且专门设有为老人理发及修脚的区域；老人居室及卫生间看上去打扫得比较整洁，内装饰的色泽搭配显得宁静而又平和，比较有益于老人身心健康；图书阅览室和书画室虽小，却装饰得很精致。用负责人曹主任的话来说，政府想方设法地挤出资金对中心进行投入，中心理应将钱花在"刀刃"上，以求资源利用效果的最大化，不然就无法回报政府的信任和期待了。

第二，入住老人对该中心的条件及其服务质量比较认可和比较满意。据曹主任介绍，自开业以来，前来预约居住的老人是络绎不绝，人多时有50人之多，但由于条件所限，该中心并不能满足他们所有人的要求。目前，该中心只有4个房间，可供12名老人入住，并且除了日间照料外，老人晚间也可在此过夜，而这种做法在滨湖区所有社区中独一无二。已经入住的老人多半是家人送过来的，他们在这里与其子女的居处仅仅一墙之隔，但为何他们不与子女同住呢？其原因有以下三方面。一是子女工作忙，早出晚归，而这里环境条件好，人多很热闹，有人陪伴老人说话；二是个别老人与其子女相处得不好，自己乐意来此，子女也愿意送出老人；三是极个别老人由于受到子女虐待，把这里当作避难所。曹主任认为，老人比较认可的主要原因是这里的助餐服务价格比较合理，一个月也就1000元左右，并且三餐费用是包括在入住费用（房间费和服务费每天80元）之内的；此外，这里还设有妇女儿童活动室，可为一些年轻老人照料孙辈提供方便；再则，在这里可以享受医保报销待遇，以及获得医养结合服务。

在走访中，课题组还得知这里原来只是一个社区服务工作室，经过改造而成为社区认可的居家社区养老服务中心，由一家较大的民营养老机构以连锁经营的方式承包经营。该社区人口虽然不多，但户籍老年人口占比较高，他们以前都是农民，前些年在城镇化浪潮中通过"村改居"而变成了城镇居民，现在大多居住在政府的安置房内。据曹主任介绍，就未来发展来说，该中心将其服务的主要目标人群定位在失能半失能老人，也就是存在家庭照料困难的、生活上不能自理的老人。与一些比较豪华的中、高档养老机构相比，该中心的确比较适合工薪阶层家庭托老服务。当然，对全失能老人的护理费用比半失能老人以及一般老人的照料费用高，短期（3 天以上）托护的费用也比日间照料要高，但是，比起中、高档养老机构的收费，该中心性价比高，只是入住的手续比较复杂，需要对申请入住老人进行身体状况评估，以及需要家属亲笔签字认可。在走访中，课题组发现由于老人们都在一楼居住，房间内的采光及除湿难免会存在一定问题，并且健康老人与失能半失能老人未能分隔开，也是利弊参半。课题组还发现，来这里参加活动的健康老人大多文化程度不高，他们多半在棋牌室打麻将，去书画室和图书阅览室的较少，对其利用率不高。此外，课题组认为，与一些大社区养老服务中心相比，这里不仅面积较小，而且存在文体活动开展档次较低、助餐服务尚不尽如人意等问题，例如，餐桌和座位较少，饭菜品种不够丰富，负责做饭的一名中年妇女还兼做卫生及照料老人的工作，其精力有限，专业技能也与优质为老服务的标准有一定差距。

（四）相关启发

总体上看，属于发达地区的无锡市在开展居家社区养老服务以及建构社会养老服务体系方面，无疑具有得天独厚的社会环境条件。一是经济和文化发达，人均可支配收入水平较高，人均受教育年限较长，江南文化的人文底蕴比较深厚；二是社会建设质量及社会公共服务效能较高；三是社区建设和社区治理具有鲜明特色、社区自组织比较发达、社工和义工队伍比较齐备；四是社区居民综合素质尤其是道德素养和科技素养普遍较高。凡此种种，莫不为无锡开展居家社区养老服务以及建构社会养老服务体系，提供了诸多利好。可以说，无锡市在居家社区养老服务方面较有特色的创新模式及有效的工作方式和途径，无不得益于上述良好环境条件的内外助力。用一句话来概括，在开展居家社区养老服务及建构社会养老服务体系方面，无锡市的鲜活实践充分体现了顶层设计与基层实践的密切结合、科学谋划与精准实施的交融互补、典型引领与全面跟进的有机统一、智慧养老与居家社区养老的深度融合。

总的来说，笔者从调研中得到的体会及受到的启发主要如下。

以上社区各有其发展特点，并且在助餐、娱乐、托养照料等为老服务方面呈现不同特色。这些社区中有的原来就是城市社区，有的是由城中村变成了城市社区，有的则是因为拆迁的集中安置，在原来的城乡接合地带形成了新的城市边缘社区。一般来说，街道会在其中心社区投资兴建居家养老服务中心及老人日间照料中心，并且将社区养老服务的工作重点放在本地特困老人及外地迁入的困难老人身上。在较早实现城镇化且流动人口居多的稻香社区，其为老服务工作侧重流动人口中随迁老人群体。板桥社区为老服务的工作重点放在为新市民解决托老照料服务难题方面。作为由搬迁而集中安置形成的城市边缘社区，其为老服务的工作重点放在照顾好老龄移民群体上。

究其实质，这些社区为老服务类型具有共同点，即均是属于半公益、半营利性质的嵌入式居家社区养老服务。就此而论，现在机构以连锁经营的承包方式嵌入居家社区养老服务渐成气候，并且发展势头甚猛，前景看好。不过，从目前的情况看，这几个社区都在用房用人、用水用电、助餐服务、床位设置、医疗保健、护理照料等方面享受政府补贴，在一定程度上尚未摆脱对政府"输血"的依赖性。因此，在"修炼"经营管理"内功"，培育自身"造血"功能，确保自身健康、有序、可持续发展等方面，政府、社区、民间资本均有待继续付诸努力。一方面，政府投入和社区公共资源的供给要求体现公益性；另一方面，民间资本的投入则要求一定的营利性。如何将两者有机结合使之达到互补双赢，有关方面尚需付诸更大努力。

此外，在嵌入式居家社区养老服务发展中，如何通过良性互动将机构、社区、家庭多重资源逐渐融为一体？在居家社区养老服务具体实践中，如何提升市场运作与政府购买服务有效结合的程度？如何加强政府监管和社区监督，促使承包经营机构在价格上保持合理收费标准，防范将老人当作单一消费群体加以牟利的现象出现？引入第三方机构之后，如何进一步完善和保证其评估的科学性和公正性？在居家社区养老服务站连锁经营状况下，如何持续提升其服务人员为老服务的专业素质？以上问题，依然有待于在全面拓展和深化居家社区养老服务建设中，由相关机构或部门采取创造性举措，从而合理又妥善地解决。

二　杭州市居家社区养老服务发展状况调查

（一）杭州市养老服务体系建设及居家社区养老服务发展概况

杭州市地处长江三角洲南翼，杭州湾西端，是浙江省省会及全省的政治、经济、文化、科教中心。该市面积为 16850 平方公里，下辖 10 个区 1 个县级市 2 个县，全市共有 190 个乡镇（街道） 1206 个社区居委会 2011 个行政村。截至 2019 年底，杭州市常住人口为 1036 万人，户籍人口为 795.40 万人，其中 60 岁及以上老龄户籍人口 180.43 万人，约占全市户籍人口的 22.68%；65 岁及以上老龄户籍人口 132.6 万人，约占全市户籍人口的 16.67%。杭州市第七次全国人口普查数据显示，全市常住人口为 1193.6 万人，其中 60 岁及以上人口为 201.33 万人，占常住人口的 16.87%；65 岁及以上人口为 139.14 万人，占常住人口的 11.66%。[①] 在全国，杭州市是老龄化程度较高的省会城市之一，早在 2006 年就已超过全国平均水平，近年来老龄化速度加快、高龄化程度提升、失能化状况加重。[②] 截至 2019 年底，杭州市 80 岁及以上高龄老人有 28.58 万人，占老年人口的 15.91%，100 岁及以上老人有 618 人，居全省之首。[③]

---

① 《杭州市 2020 年第七次人口普查主要数据公报》，杭州市人民政府网，http://www.hangzhou.gov.cn/art/2021/5/17/art_ 805865_ 59034996.html，2021 年 5 月 17 日。
② 《杭州人越来越长寿！80 以上高龄老人 16 年增近 3 倍》，《钱江晚报》2020 年 5 月 7 日。
③ 资料来源：河南省社会科学院与杭州市民政局、杭州市老龄委座谈内部材料，2020 年 9 月。

面对比较严峻的老龄化发展形势，近年来杭州市委、市政府高度重视、沉稳应对，科学谋划、多策并举，着力建构社会养老服务体系，持续推进居家社区养老服务，取得了比较显著的成效。截至 2019 年，杭州市共有养老机构 320 家，其中民办机构 213 家；共拥有养老床位 69106 张，其中民办机构 53841 张，在所有床位中护理型床位 37203 张，每千名老人拥有床位 38 张；内设医疗设施的养老机构 45 家，拥有老人医疗床位 2950 张；设立养老机构或开展养老服务的医疗机构 26 家，拥有养老床位 4143 张；医疗机构老人康复护理床位 14553 张，每千名老人拥有床位 8.1 张；实行"1 名全科医生+1 名专科医生+1 个签约团队"的家庭医生签约服务新机制，65 岁及以上老人接受健康管理比例为 70.23%，65 岁及以上老人家庭医生签约服务人数为 97.07 万人，家庭医生签约比例为 80.97%。此外，在居家养老服务设施及人员队伍建设方面，截至 2019 年底，全市拥有乡镇（街道）居家养老服务中心 124 个，居家养老护理人员 7389 名。在"老有所学"和"老有所为"方面，截至 2019 年底，全市拥有老年电视大学 16 所，教学点 3205 个，注册学员 13.32 万人；老年大学（老干部大学）13 所，学员 2.64 万人；老年开放大学和开放学院 14 所、乡镇（街道）老年学校 102 所，学员 5.17 万人。同期，全市共建成老年体育协会 2479 个，拥有会员 31.05 万人。[①] 可以说，以上成就对作为国家中心城市的杭州市来说，无疑是为其进一步完善社会养老服务体系，以及进一步拓展和深化居家社区养老服务，奠定了良好的基础。

（二）杭州市居家社区养老服务发展的主要特色

1. 产业事业并举，城乡一体化发展

杭州市以社区为依托，把养老产业作为九大运用场景之一纳入社区建设，将养老服务体系项目纳入社会服务兜底工程，实现产业事业并举双赢的

---

① 资料来源：河南省社会科学院与杭州市民政局、杭州市老龄委座谈内部材料，2020 年 9 月。

目标。此外，在推动养老服务城乡一体化发展方面，杭州还采取有力有效的政策措施，促使全市居家养老服务照料中心实现全覆盖，推动街道（乡镇）居家养老服务中心全部委托专业机构运营，并且通过实施城乡老人低保标准一体化、建设特色小镇和村落吸引城市老人来乡村养老等举措，促进城乡养老服务一体化发展。

2. 加强合作，其利良多

近年来，杭州市不断扩大政府购买服务规模，鼓励和支持养老机构与医疗机构，联合城乡社区开展养老康养服务。例如，全市一些条件好的大中型医院协同中心城区的社区卫生服务中心及居家养老服务中心，构建了老年健康评估体系（与社区居民健康体检一并完成）、健康老人宣传教育体系（编印健康教育宣传册，通过社区卫生服务中心及居家养老服务中心进行宣传）、失能失智高风险老人干预体系（建设针对老人的健身房，设在老人日间照料中心或居家养老服务中心或第三方机构）。

3. 典型引领，以点带面

在全面、深入地开展基层居家社区养老服务照料中心建设的基础上，杭州市着力推进街道（乡镇）一级示范型居家养老服务中心建设，并且将其列入为民办实事重要项目，同时加大考核督查和财政支持力度。此外，杭州市还围绕打造"幸福颐养标杆区"的目标任务，以公建民营方式精心培育杭州滨江阳光家园、耀阳健康养老院等医养结合的为社区老人贴心服务的先进典型。以上做法充分发挥杭州市典型示范的功能作用，从而推动全市居家社区养老服务跃上新台阶，实现了高质量发展。

4. 智慧健康养老服务体系建设规范化、科学化、社会化和普惠化

以积极养老和健康养老的理念为指导，围绕增强老人获得感、幸福感的工作主旨，在全市运用高科技手段推行"一通一查三录三码"（老年优待证全市通办；老年食堂等实体助餐网点查询；机构老人、护理员、城镇空巢老人及农村留守老人信息录入，养老机构备案、养老机构入住、申请老年优待证均"码上办"）。在全市推进"浙里养"智慧养老服务平台建设中，通过开展智慧健康养老应用试点示范评选、组织制定智慧健康养老技术标准，为建立"医、康、养、护"一体化服务体系创设必要条件。鼓励和支持医养结合型机构嵌入城乡社区，开展社区康养场景及康养能力建设，建立和完善医疗—康复—养老服务融合、医疗机构—养老服务机构（包括居家社区养老服务中心及老人日间照料中心）—家庭转接有序、能力评估—专业服务—照护政策相配套的覆盖城乡社区的康养服务体系。

（三）杭州市居家社区养老服务实地观察

2019年下旬，课题组到杭州市调研居家社区养老发展情况，除了到市有关部门了解全市养老服务面上的情况之外，还到住所周边社区的居家养老服务中心进行实地观察。以下是课题组对中心城区西湖区一些社区实地考察后的如实记录。

1. 西湖区西溪街道随园之家居家养老服务中心调查实录（2019年3月28日上午）

该中心所在楼栋占地面积约为600平方米，共有6层，随园之家居家养老服务中心位居最顶层。一至五层被街道卫生服务中心占据，其中一层是中医理疗室，二层是检验和检查科室，三层是牙科科室，四层是儿科科室，五层是妇科科室。看上去，街道卫生服务中心的仪器设备比较先进，医务人员队伍具有一定的规模，并且其专业化技能程度也比较高。在第六层居家养老服务中心所在处，偌大的场地包括近20个房间，装饰得很不错，不过只有几位老人在此，资源未被充分利用。

白天，只看见十几个中老年人在棋牌室下棋、打牌，或者在文体活动室唱歌，这里俨然变成了中老年人文化娱乐场所。当然，这也符合积极养老和健康养老的要求，但居家养老服务中心建设的主要目标还是解决那些不愿去养老机构，或者受条件所限暂时尚无可能去那里的困难家庭老人的托养问题。该楼内一至五层街道卫生服务中心各科室内非常热闹，求诊看病者络绎不绝，相形之下六层的居家养老服务中心有点冷清，前台虽有多名服务人员，可是前来登记日托的人员较少，这种情况或许与调查当天不是双休日有关。居家养老服务中心与街道卫生服务中心同居一楼，如果老人白天在此日托，看病方便，那么为何老人日托者较少呢？带着疑问，课题组向该中心一位看上去60多岁的老人请教。他莞尔一笑，随即解释，日托者较少，主要还是由于人们思想观念不够开放，因为一般身体健康的老人，只是白天来此活动或在一楼餐厅（街道卫生服务中心和居家养老服务中心的人员均在这里）就餐，而那些生活不便的具有各种困难的老人及其子女，宁可请住家保姆或钟点工照料也不愿来这里。其主因是这一地带很少有流动人口在此居住，加上邻居彼此之间十分熟悉，他们会觉得脸面挂不住。

2.西湖区北山街道松木场居家社区养老服务站实地观察（2019年3月28日下午）

该中心面积约150平方米，其内设有老年棋牌室，以及放置了几个按摩器械的文体活动室。有几名老人在棋牌室下围棋和象棋，另有十几名老人在玩扑克和打麻将。令人遗憾的是，这里尚无医疗室和老人日间照料室。这是某家养老机构在诸多社区设置的居家养老服务站之一，仅有1名被派驻的年轻女性在此服务。她向课题组表示，自己特别想组织棋牌赛，以便活跃老人的文体生活，但是，由于经常来这里活动的老人并不多，以致报名响应者很少。该中心享受政府购买服务待遇，女工作人员的工资由此支付，而该中心占用的房子则由社区无偿提供。据该工作人员介绍，她所在的养老机构嵌入社区之后，在上门服务方面是微利，很难有较大创收；运营者原来想把盈利点放在组织社区老人参与文旅活动上，但其效果欠佳。此外，运营者在此附带发行《浙江日报》，也很少获利。

尽管如此，课题组还是发现该居家养老服务站与社区某家小诊所相邻，方便老人寻医问诊。这家民办诊所面积并不大，外面有1个厅，后面有2间房子，约有140平方米，坐诊医生有3人，外面另有1名专门负责挂号和拿药的服务人员。听前来就诊者说，该诊所最近新添置几台仪器和身体检查器械，包括量体重、血压和测血脂的器械。在此，课题组听到一名就诊的老年妇女对服务人员说，这里现在比过去强多了，就近看病的条件改善了。在此坐诊医生中有2名是全科大夫，还有1名老中医，大概是退休人员。不过，课题组也发现，在此处理日常病患以及做简单的体检尚可，但是不能应付复杂病以及大病、重病方面的检查。于此种情况下，在松木场社区，医养结合为老服务发展，尚待付诸更大努力。

3.西湖区北山街道绿城暖君居家养老服务中心观感（2019年3月29日上午）

该中心占地面积较大，整个建筑物共有三层约3000平方米，其中基本设施"高富美"，内部装修得比较豪华，医疗器械齐备，房间宽敞，空调和洗浴设施齐备，对图书室、文体活动室、自由活动区域均有合理安排。餐饮设施、体育设施、康乐器械较多，家具及房间设施比较高档，通信传呼设备也比较齐全。看上去，这是一家由较大型民营企业兴建的条件较好的居家社区养老服务机构。该中心规定，24小时入住者月收费5000元，其服务对象主要是失能半失能老人，但不接纳失智老人。据负责人介绍，这样做是因为目前中心尚不具备这方面护理条件，如果失智老人家庭对此项服务确有迫切需求的话，他们可以代为联系专门接受此类老人的其他服务机构，不过需要收取一定的中介费用。

此外，该中心虽也接收有日托需求的老人，并且他们可以在这里参与各类活动，以及中午在此就餐，但其要价较高，每月4000元左右，对于中等收入家庭或许这算不上什么，但对于一般工薪家庭来说则有点捉襟见肘。据了解，至今该中心试运营虽已3月有余，但仅有十余人入住，床位空置率较高（床位共100张），这种情况或许是因为开业不久，以后随着时间的推移会有所改观。此外，陪护日托老人的人员如果是家人或亲朋好友，在此参加活动或就餐也要收费。笔者认为，这家入住社区的居家养老服务机构，应当充分了解和把握当地实际养老需求，适时适当调整收费标准，面对大多数老人提供质优价廉的居家养老服务。

4.西湖区北山街道金祝社区长者健康之家调研（2019年3月29日下午）

这是一家由浙江大爱老年事务中心创办的面向社区、养老机构、社会组织的外包服务点。服务点内有一些文体活动设施，其主旨是宣传引导老人健康养老和文化养老。这个服务点的负责人是一位叫袁飞的年轻人，来自江西省九江市；他既是一名文化打工者，也是一名专业社会工作者。他向课题组介绍，大爱老年事务中心的创办者，是原省老龄委的一名退休干部；该服务点是隶属于大爱老年事务中心的类似长者健康之家的服务点，在杭州有许多家。袁飞告诉课题组，他的苦衷是做此项工作始终找不到盈利点，自己每月工资仅4000元左右，许多人坚持不下去就撤离了，但他一直将此项工作当作事业在坚守。他的困惑是为何政府购买服务的大项目（数十万元乃至上百万元）他们服务点拿不到，而那些搞"高大美"的由大企业支撑的养老机构却能获得。袁飞认为，这些养老机构虽然外面富丽堂皇，但服务质量不高，不了解老人精神心理需求，只见物不见人，从而不少老人不愿入住。袁飞还就如何搞好居家养老服务提出自己的看法，现在农村老人独守空巢很孤独，许多村庄里只剩下老人，他们在生活上比较凄苦，并且有许多房屋资源由于青壮年人口大量外出务工而被浪费。因此，他建议动员和吸引城市老人，尤其是具有一定经济条件和文化水平的老人去乡村养老；这样做既可以利用农村房屋资源，让城里老人享受田园风光，又可以送文化和送情感，让农村老人不再孤独无助。

5. 西湖区北山街道"爱乐聚"居家养老服务中心调研（2019年3月30日上午）

该中心的为老服务覆盖3个社区，它们原来都是老旧小区，其中多数居民是浙江大学的退休教职工。这些老教师和老职工比较恋旧，虽然在新校区他们还有另一套小产权性质的住宅，但他们已经习惯了以往的生活环境，觉得住在那里熟人多，生活也方便，所以，他们多半让其子女前去新宅居住，而自己仍然住在面积较小、设施条件较差的老房屋里。

该中心招牌虽大但其房屋内活动面积较小，约有25平方米。紧靠其门前招牌附近，挂有"学雷锋、做好事"的醒目标识，房屋里面有比较年轻的一男一女操作着2台电脑，在此坐班处理日常事务。进入房间，正值班的2名青年男女了解课题组的来意后，向课题组介绍，该中心由《浙江日报》与某家从事文旅活动的大公司联手建成，类似这样的社区服务点在全市尚有不少；其主要性质属于文化关爱社区老人类型的公益活动，其功能和作用是为服务对象提供文化娱乐及旅游等方面的宣传组织活动。当课题组问他们的工资及租房费用由谁支付时，2名年轻人回答：在此设点的工作目标还附带着征订和发行作为《浙江日报》副刊的老年栏目（原来的《浙江老年报》，现在属于浙江报业集团分管的一家下属单位），驻点人员的个人工资由派驻单位发放，工作用房则是由社区免费提供。另据这2名年轻工作人员介绍，由于这3个社区的老年居民大多是原来浙江大学老校区的离退休职工，他们的综合素质一般来说比较高，喜欢文体娱乐活动者居多，对于参加这类活动的兴趣比较浓郁，故而前来报名参加活动者也比较多。2名年轻工作人员向课题组进一步解释，作为《浙江日报》副刊的老年栏目，自然也深受这些综合素质较高的老年群体的垂青，订阅者不仅较多，而且其中还有有一定创作欲望及写作能力的老人，他们不时向老年栏目投稿，被采用率较高。听罢工作人员不厌其烦的介绍和解释之后，课题组认为该中心堪为"庙小神通大"之典型，虽然其面积小和服务人员少，但由于依托《浙江日报》的品牌，依凭其所服务社区老年居民的良好素质，以及借助四通八达的网络服务平台，在积极养老和文化养老方面可谓独领风骚。

6. 西湖区古荡街道居家养老服务中心实地考察（2019年3月30日下午）

可以说，在这几天实地考察中，这是课题组所见最好的、街道级别的居家养老服务中心。来此之前，课题组曾先到古荡街道下属的古东居家社区养老服务站参观，结果发现：这个服务站所占据的2个小房间面积合起来仅有30余平方米。去时，一进门课题组就看见，里面1个房间内有几位老人在那里打麻将和玩扑克牌，外面1个房间内放有2台健身器械，有2位老太太在上面做保健活动；在此虽有1名全日守候的专职服务人员，却没有设立老人日间照料室，自然也见不到医护人员的身影。1位老人讲，他每天来此处纯属为了娱乐消遣和叙家常，该中心由社区居委会的工作人员保管钥匙，按时为老人开门或锁门。课题组认为，与其说这里是居家养老服务站点，倒不如说是中老年娱乐室。古东居家社区养老服务站的服务功能有待进一步健全，不过这里布满大街的"敬老孝亲"的宣传标语，搞得还真有点名堂。在古东社区这里，有一条"敬老爱老"示范街，在街两侧的墙壁上，都被刷上了各式各样的"敬老爱老"的格言或警句，并且课题组在街上向当地人问路，总能得到令人满意的答复，感受到文明礼貌的浓郁气息。据路人透露：由于文化传承以及宣传教育的效能，老人在这里大多生活得有尊严、有照料、有娱乐、有价值。当然，在"敬老爱老"宣传壁画中，课题组也发现其中存在某些不合时宜的内容，比如，"埋子孝母""卧冰求鱼"之类的宣传说教，当予以革除。

当课题组参观街道级的古荡居家养老服务中心时，其状况与社区级的古东居家养老服务站有所不同。古荡街道居家养老服务中心所居之处是 2 层楼，其总面积有 1200 平方米，每层平均有 600 平方米。在第一层，设有中医室、康护室、文体活动室、失智老人帮扶活动室等；在第二层，设有老年大学课堂、科普活动室等。第一层的失智老人帮扶活动室有 3 名工作人员在此值班。在失智老人帮扶活动室，课题组看见有十几名失智的老人，正在接受工作人员的恢复训练指导；工作人员指导老人集体做操、唱歌并引导他们相互讲故事，为的是帮助老人恢复记忆、锻炼身体增强各部位功能，以及在精神心理康复上为老人做疏导工作。

设在二层的老年大学课堂，办得可谓有声有色。去时，课题组正遇到一些中老年女性在此上"女红"课或智力开发课。授课者是一名 30 多岁的女性，她看上去像一家大公司培训出来的专职人员。此外，在另一个房间里还有一名中年男性音乐教师，他一会儿拉手风琴，一会儿弹钢琴，在用伴奏及手势指导几十名老年学员唱歌，唱的是《山楂树》《莫斯科郊外的晚上》等苏联歌曲，这些老人看上去对此兴致勃勃，都很投入。在第二层楼顶上，还有一片比较开阔的老人自由活动区，服务人员在这里放置了数十张椅子和十几件运动器械，老人既可在此呼吸新鲜空气，也可使用器械运动，或者坐在椅子上临时休息及相互交谈。在这家街道级别的居家养老服务中心，总共设有 8 个为老服务的日间照料房间，在每个房间内均安装了紧急呼救电话，以备老人突发疾病时应急用。尤其是设置在二层楼上的科普活动室让人耳目一新，室内被设计和布置得很好，不仅有许多可对老人实施科普教育的实物陈列，而且可通过电化之类高科技手段进行形象化、仿真性的宣传教育，让人大有身临其境之感。

古荡街道卫生服务中心的中医科，与该居家养老服务中心同处一栋楼。该中医科被设在楼栋第一层，挂的是国医馆的金字招牌，在此坐诊者中有老中青各个年龄段的中医师。据了解，这是市里某家中医院依托街道卫生服务中心，并且与街道居家养老服务中心联手，在此开展医养结合型为老服务。与中医科一墙之隔的则是办理医养结合报销手续的地方，老年患者可在此办理用医保支付看病费用的手续。尤其值得一提的是，在邻近该栋楼的前面，街道在几间平房内专设有可供数百人使用的老人餐厅。在这里，不仅现代化炊具应有尽有、饮食卫生条件充分达标，而且厨师的烹调手艺比较高超，饭菜品类多、味道美和价格廉，可以满足人们对于饮食的不同需求。

总之，课题组经过 6 次考察，发现该中心主要问题包括以下几方面。一是在个别基层居家社区养老服务站，尚缺乏专设的老人日间照料室，以及医养结合养老服务的基本设施和服务人员；街道一级的居家养老服务中心不仅具有这方面的条件及服务功能，而且其医养结合的功能作用往往覆盖其所辖全部社区，如在古荡街道，这种功能作用就覆盖了其所辖的 10 个社区。二是个别中心内设的老人日间照料室，通常是"只有床位在，鲜见有人来"，不少老人去中心主要是参与文体休闲活动，或去那里看过小病就走了，这样就导致中心的为老服务资源未被充分地利用。

三　分析和思考

作为国家中心城市和江南旅游胜地的杭州市，在社会养老服务体系建设和居家社区养老服务方面，具有得天独厚的优势条件。作为国内闻名遐迩及声誉颇高的宜居城市，杭州市在自然地理生态环境条件，以及互联网、物联网等高科技方面的发展优势，无疑为其开展居家社区养老服务提供了良好的硬件和软件条件。此外，在城市社区发展及服务体系建设方面，杭州市通过科学合理地划分社区、大力推进社区管理体制改革、高度注重社区党建、促进市场化与社会化有机融合等方式和途径，走在全国省会城市前列，从而为开展居家养老服务夯实了牢固的社区基础。作为全国首批入选的中央财政支持的居家和社区养老服务改革试点地区，近年来，杭州市多策并举，完善了老人收入保障制度，实施了养老服务补贴制度，推进了养老服务市场化改革，发展和壮大了老龄产业，推进了"浙里养"智慧养老平台建设，打造了幸福颐养标杆区，加大了康养人才培养力度，组织了养老护理员技能培训和竞赛，构建了失能失智高风险老人干预体系，从而取得了比较显著的社会成效。

在开展居家社区养老服务方面，无锡市的显著特点是由政府组织引导、相关机构直接介入社区社会化运营、各方社会力量积极参与，大力推行嵌入式居家社区养老服务模式。而杭州市的显著特点则是养老服务市场化、社会化、智能化三位一体，依托"浙里养"智慧养老服务平台，在全市广泛打造"幸福颐养标杆区"养老服务模式。二者共同之处是注重"政企合作"和"政社互动"；二者差异之处则是着力点有所不同。无锡市侧重于政府主导下的多元主体参与，从而形成为居家老人提供优质而又贴心服务的合力，杭州市则侧重于养老服务市场化改革，以及改善养老服务业发展的投融资环境，用以为居家社区养老服务高质量发展注入生机和活力。就加强居家养老服务社会支持这方面的做法及经验来说，这两个发达城市各有特色且各有千秋，可为其他地方开展这方面工作提供参考和借鉴。

在对杭州市开展居家社区养老服务的实地观察中，课题组并没有刻意选择做得好的或比较好的社区，而是在周边社区随便察看。这样做的主要目的在于，一是观察在开展居家社区养老服务较早的发达地区城市，在这方面究竟存在何种发展难题；二是了解为破解这类难题发达地区城市所采取的各种社会支持举措，会对后发地区城市开展居家社区养老服务有何参考和借鉴价值。现在看来，这一目标虽然由于客观条件的限制尚未达到，但是，课题组从带有私下访问性质的实地观察中，似乎也得到了某些发人深思的启发。譬如，个别嵌入社区的居家养老服务中心，其收费较高且入住率较低，尚未达到公益性与营利性双赢的理想目标。再如，一些嵌入社区设置居家养老服务点以谋求自身发展的养老机构，在瞬息万变的经济社会发展形势下，盈利点往往难以准确捕捉和科学把握，自身"造血"功能较弱，而其仅靠政府购买服务或建设补贴的有限支持，最终难以为继。此外，一些居家社区养老服务站在医养结合方面比较欠缺，并且老人日间照料中心的利用率也不高，即便一些街道级别的居家养老服务中心在医养结合方面做得较好，也仍有待于朝向医养、康养结合的更高层次发展。凡此种种无不表明，发达地区城市出现的此类问题，也有可能在居家养老服务起步较晚的欠发达地区城市陆续出现，值得有关方面未雨绸缪，给予其特别关注并引以为鉴。此外，杭州市某些社区为解决自身医疗资源不足及医务人员缺少的问题，与民办小诊所联手开展医养结合型社区养老服务的做法及经验，的确也值得在国内各地尤其是在欠发达地区广泛宣传和推广。

第六章

社会支持视角下不同城市居家
社区养老服务比较

一 郑州市与杭州市居家社区养老服务比较

郑州与杭州均是省会城市，并且同属国家中心城市。就经济社会发展程度而论，郑州尚属于欠发达地区，杭州则属于经济发达地区。截至 2019 年底，郑州市常住人口为 1035.2 万人，其中城镇人口为 772.1 万人，占全市常住人口的 74.6%；全年全市地区生产总值为 11590 亿元，全年全市人均地区生产总值为 113139 元，全年全市居民人均可支配收入为 35942 元。截至 2019 年底，杭州市常住人口为 1036 万人，其中城镇人口为 813.3 万人，占常住人口的 78.5%，全年全市地区生产总值为 15373 亿元，全年全市人均地区生产总值为 152465 元，全年全市居民人均可支配收入 59261 元。第七次全国人口普查数据显示，郑州市常住人口为 1260.06 万人，其中 60 岁及以上人口占全市常住人口的 12.84%，65 岁及以上人口占全市常住人口的 8.98%。① 同期，杭州市常住人口为 1193.6 万人，其中 60 岁及以上人口占

---

① 《郑州市第七次全国人口普查公报（第一号）》，郑州市统计局网，https：//tjj. zhengzhou. gov. cn/tjgb/5012681. jhtml，2021 年 5 月 15 日。

常住人口的 16.87%，65 岁及以上人口占常住人口的 11.66%。^① 从常住人口规模看，两个省会城市均为千万人口大市，而从老龄化发展程度看，杭州市则明显高于郑州。不过，2021 年，郑州市全年全市地区生产总值为 12691 亿元，全年全市地方财政总收入为 1929 亿元，全年全市居民人均可支配收入为 39511 元。^② 同年，杭州市全年全市地区生产总值为 18109 亿元，全年全市地方财政总收入为 4562 亿元，全年全市居民人均可支配收入为 67709 元。^③ 显然，郑州市与杭州市在经济发展方面存在较大差距，开展居家社区养老服务有可能会对政府财政投入产生一定的影响。

截至 2019 年底，郑州市提供住宿的社会服务机构 145 个，其中养老服务机构 122 个，拥有床位数 24762 张，其中养老服务床位 22628 张；建立社区服务中心 150 个，社区服务站 801 个；卫生机构 4999 个，拥有床位 10 万张；医院、卫生院 358 个，拥有床位 9.8 万张；卫生技术人员 12.1 万人，其中执业医师、执业助理医师 4.5 万人，注册护士 5.9 万人。^④ 截至 2019 年底，杭州市拥有城乡居家社区养老服务照料中心 2898 个，拥有各类福利院、敬老院 320 所，床位 7.36 万张，入住人员 3.05 万人；拥有各类医疗卫生机构 5925 家，其中医院 343 家，各类专业卫生技术人员 12.7 万人，其中执业（助理）医师 4.9 万人，注册护士 5.5 万人，拥有床位 8.6 万张，其中医院床位 8.0 万张。^⑤ 数据表明，在医疗卫生设施、养老服务设施、服务队伍建设等方面，郑州市与杭州市相比并不逊色，只是在居家社区养老服务照料中心建设方面，尚存在一定差距。

① 《杭州市 2020 年第七次人口普查主要数据公报》，杭州市人民政府网，http://www.hangzhou.gov.cn/art/2021/5/17/art_805865_59034996.html，2021 年 5 月 17 日。

② 《2021 年郑州市国民经济和社会发展统计公报》，郑州市统计局网，https://tjj.zhengzhou.gov.cn/tjgb/6317136.jhtml，2022 年 3 月 14 日。

③ 《2021 年杭州市国民经济和社会发展统计公报》，杭州市人民政府网，https://www.hangzhou.gov.cn/art/2022/4/13/art_1229063404_4030379.html，2022 年 4 月 13 日。

④ 《2019 年郑州市国民经济和社会发展统计公报》，郑州市统计局网，https://tjj.zhengzhou.gov.cn/tjgb/3112732.jhtml，2020 年 4 月 3 日。

⑤ 《2019 年杭州市国民经济和社会发展统计公报》，杭州市人民政府网，https://www.hangzhou.gov.cn/art/2020/3/20/art_1229063404_2003803.html，2020 年 3 月 20 日。

截至 2019 年底，郑州市 60 岁及以上老年人口近 130 万人，占全市常住人口的 12.56%；同年，杭州市 65 岁及以上人口 132.6 万人，占全市常住人口的 12.80%。由此可见，杭州市 65 岁及以上老龄人口比郑州市 60 岁及以上老龄人口数量多，并且占常住人口的比例较高。至于失能失智老人数量占老龄人口的比例，郑州与杭州相差无几，均在 7% 左右。此外，杭州市常住老龄人口比重长期低于户籍老龄人口，直到 2018 年，杭州市常住老龄人口规模才首次超过户籍老龄人口规模，呈现老龄人口净流入态势。虽然近年来杭州市中青年净流入人口一直比郑州市数量多，对减缓人口老龄化进程具有一定作用，但是，从总体上看杭州市人口老龄化发展，比郑州市既快速又深度。此外，杭州首批入选中央财政支持的居家和社区养老服务改革试点地区，郑州市则第二批入选中央财政支持的居家和社区养老服务改革试点地区。这表明，开展居家社区养老服务杭州市比郑州市起步早，并且其做法和经验值得郑州市参考和借鉴。

（一）社会支持来源

社会支持来源包括正式社会支持和非正式社会支持，具体包括以下几方面。

1. 政府支持

政府的主要功能是为全体人民提供公共服务和创造福祉，因此，各级政府是正式社会支持体系中老年人社会支持的关键主体，在整个老年人社会支持体系中发挥着主导作用。在财政支持方面，杭州市对以自有产权房开办的养老机构，在主城区范围内的给予每张床位 12000 元的一次性建设补助，在其他地区的给予每张床位 6000 元的一次性建设补助；通过租赁房产开办的养老机构，在主城区范围内的给予每张床位 8000 元的一次性建设补助，在其他地区的给予每张床位 5000 元的一次性建设补助。[1] 并且在全市创设电

---

[1] 《杭州市民政局 杭州市财政局关于印发〈杭州市市级养老服务资金补助实施办法（试行）〉的通知》，浙江政务服务网，https://www.hangzhou.gov.cn/art/2019/4/1/art_1636467_4550.html，2019 年 4 月 1 日。

子养老卡，可将养老服务补贴打入老年人社保卡（市民卡），既可用于居家养老上门服务，也可带入各类养老服务机构用于支付床位费及护理费。[①] 同时期，郑州市养老机构自建房屋的新增床位补贴为9000元/张，改建房屋的新增床位补贴为6000元/张，所有床位运营补贴为每人每年3600元（享受人员约占老人总数的3%）。[②] 而在对开展居家社区养老服务的支持上，郑州市以70岁及以上的老人为重点，以政府购买、补贴、老人自费购买等多种形式，为社区居家老人提供家政、生活照料、心理慰藉等服务。在养老服务补贴额度上，杭州市补贴额度大于郑州市，而在补贴方式上，郑州市体现较强的灵活多样性，杭州市则表现出较强的简便快捷性。在政策支持上，杭州推进"放管服"改革，对养老服务机构实行公办民办、市内市外、境内境外"一视同仁"，并且把养老产业作为九大运用场景之一纳入未来社区建设，鼓励和支持保险资金以投资新建等方式兴办养老社区，鼓励和支持平安保险、寿康保险、中国人寿等在西湖区投资打造高端养老社区，在余杭区开展"老年养生示范基地"创建活动。对新建住宅小区则要求按照每百户建筑面积不少于30平方米、每处不少于300平方米的标准配建养老用房；对已建成的住宅小区要求按照每百户建筑面积不少于20平方米、每处不少于200平方米的标准，配套安排居家养老服务用房。郑州市以政策支持推进居家社区养老服务设施建设，规定每个街道（乡镇）至少建设1所不低于70张床位的综合性城乡社区养老服务中心，以政策支持培育居家社区养老服务领军企业和社会组织，以政策支持示范性公办养老机构建设及社会力量兴办养老机构，以政策支持制定养老机构星级评定制度。郑州市严格落实养老服务设施配建标准，对新建住宅小区要求按照每百户建筑面积不少于30平方米、每处不少于300平方米的标准配建养老用房；对已建成的住宅小区要求按照每百户建筑面积不少于20平方米、每处不少于200平方米的标准，配套安

---

① 《杭州提升社区居家养老服务水平》，《人民日报》2020年11月20日。
② 《郑州：大幅提高民办养老机构补贴标准》，中国政府网，http://www.gov.cn/xinwen/2018-01/30/content_ 5262151.htm，2018年1月30日。

排居家养老服务用房。[①] 总体而论，杭州市的政策支持与郑州市的政策支持均体现出特惠性与普惠性的密切结合，杭州市的政策支持侧重于社会养老服务的市场化运营，郑州市的政策支持则侧重于社会养老服务的社会化效能。

2. 企业支持

运用各种生产要素向市场和社会大众提供商品或服务，这是企业的主要功能作用。在正式社会支持体系中，企业是为老年人提供社会支持的重要主体。在郑州市，企业为老年人提供社会支持，主要是通过在社区兴办养老机构或者嵌入社区承接居家养老服务中心及日间照料中心的管理服务，在这方面企业的典型代表是河南爱馨养老集团。该集团嵌入社区兴建了 40 个居家社区养老服务中心、多个互动养老联盟基地，累计服务失能老人 2 万多名、健康老人近 50 万名。[②] 此外，由社区提供场地、政府出资兴建、民办养老机构负责管理服务，郑州市还建立多家具有托老服务功能的较大规模的"银龄之家"，以及由泰康企业竞标承建的"泰康之家·豫园"持续照护医养结合养老社区。在杭州市，企业为老年人提供社会支持，主要是通过以社区为依托，把养老产业作为九大运用场景之一纳入未来社区建设，将养老服务体系项目纳入社区养老服务兜底工程，以及支持养老与医疗机构联手嵌入城乡社区开展为老康养服务。这方面的典型主要有杭州市旅游企业投资兴建的杭州余杭区老年文旅康养社区、杭州西湖区由平安保险等投资打造的集养老、特色医疗、康复护理、旅游休闲为一体的综合型养老社区。此外，杭州养老服务方面的专业机构，还承接了全市所有乡镇养老服务中心的运营。[③] 相比而言，郑州市在提供为老服务的企业支持方面，其做法比较多样，更多地体现了政府、企业、社区等多方面的合作效能，以及更多地体现了政府的主导作用，而杭州市的做法，则更多地体现了优质企业在开展居家社区养老服务中的引领效能，

---

① 《养老不用愁！郑州新建居民区每百户将配建 30 平方米养老设施》，搜狐网，https://www.sohu.com/a/249178763_ 100084787，2018 年 8 月 21 日。

② 《河南爱馨养老集团：启动首届"爱心天使"评选》，河南日报网，https://www.henandaily.cn/content/yejie/2018/1016/127257.html，2018 年 10 月 16 日。

③ 资料来源：河南省社会科学院与杭州市民政局、老龄委座谈内部材料，2020 年 9 月。

以及体现了市场增速提质的重要作用。在机构嵌入社区养老服务方面，内陆城市郑州尚处于尝试和初始发展阶段，与沿海发达城市杭州相比，尚存在一定的差距，有待进一步健全和完善。此外，与杭州相比，郑州在开展社区养老服务时，在较大程度上存在着资源碎片化的问题，有必要进一步整合和优化各种为老服务资源，以便为居家老人提供更为便捷和更为优质的服务。

3. 社区支持

聚居在一定地域范围内的人们所组成的社会生活利益共同体，被称为社区，社区既是大家庭又是小社会。可以说，社区基本功能作用的发挥，对保证老年人晚年健康而又幸福的生活，其意义和价值甚大。为老服务的社区支持，主要指社区居委会组织、协调、整合社区各种资源，为其辖区内居家老人提供各种服务。在郑州市，社区支持为老服务的主要做法是由社区居委会为各种企业及机构落户社区开展居家养老服务，提供用房、用人、用水、用电等方便；由社区卫生服务中心为辖区内居家老人，提供家庭医生签约及各种医疗服务；由社区居委会为辖区内居家老人，提供健康知识宣传普及、文体娱乐活动组织协调、孝亲敬老传统美德宣传教育、节假日慰问老人的策划安排等项服务。在杭州市，社区支持为老服务的主要做法是依托和利用辖区内各类养老机构的为老服务设施，助力社区老人居家养老，提供涵盖机构照料、社区照护、居家护理的一站式综合型服务，并且组织和协调各类社会服务机构，在生活照料、家政料理、居家助老、心理慰藉、信息管理等方面，为老人提供上门服务或智慧养老服务。郑州市在社区支持为老服务方面的主要特点是，更多地表现在依靠社区居委会的组织动员功能和协调运作能力，更多地借助地方文化传统的潜力作用。杭州市在社区支持为老服务方面的主要特点是，在推进居家养老服务朝向纵深发展中，社区更多地借助和发挥相关龙头企业的示范作用，更有力地将养老服务领域供给侧结构性改革有机地融于社区建设和社区治理之中。

4. 社会组织支持

狭义上的社会组织指人们为了有效地达到特定目标，按照一定的宗旨、制度、系统建立的集体单位，而这种集体单位，具有民间性、非营利性、公益性、自治性、组织性等特征。截至目前，在官方的正式文件中，社会组织一直被作为独立部门对待，有别于党政机关、人民团体、事业单位、公司企业、基层群众自治组织。在郑州市，社会组织对为老服务的支持主要表现为，在政府购买服务支持下，社会工作者介入居家社区养老服务，为居家老人提供便利、专业、优质的微利服务，并且鼓励义工积极参与居家社区养老服务，为居家老人提供公益性、综合性的社会服务。例如，郑州市绿城社工服务站自 2005 年成立以来，把为老服务作为一种生活方式，用爱心为无数老人提供了细致入微的服务。再如，诸多郑州大中专学生及市民心甘情愿地做义工，在家政料理、日常照料、心理慰藉等方面为全市困难老人提供了贴心的上门服务。在杭州市，社会组织对为老服务的支持主要表现为，以社会组织品牌化建设为动力，全面提升社会组织支持社区养老服务的质量和水平。在这方面，杭州巾帼西丽老年服务中心、西湖益心社会组织服务中心等辛勤耕耘，被评为杭州市品牌社会组织，而西湖区的古荡街道老年人综合志愿服务、"心汇西溪"社会公益事业发展中心的"爱心满屋"居家助老服务等项目则被评为社会组织的品牌公益项目；此外，在市民政局举办的社会组织领军人物培训中，将社区养老服务作为重要内容纳入培训课程。相比之下，郑州市社会组织支持养老服务，更多地体现了大众化、普惠性的价值追求，以及表露出社工和义工一体化为老服务的工作特点，而杭州市社会组织支持为老服务，则更多地体现了品牌化、优质性的文化特质，以及表露出品牌提升与项目创新有机交融的运作特点。

5. 家庭支持

在物质生活上有所依靠、精神生活上有所寄托，是实现老人美好晚景的必要条件，而家庭则是保障他们拥有幸福晚年生活的理想场所。鉴于我国家庭养老的生活习惯以及"孝亲敬老"文化的历史传承，现阶段我国整个社会养老服务体系依然以家庭养老为其坚实基础。家庭成员（包括配偶、儿子、女儿、女婿、儿媳、其他亲属）的鼎力支持依然是老人得以安享晚年幸福生活的必要前提。基于深厚的传统文化底蕴，在郑州市，家庭支持为老服务主要表现在以下两个方面。一是弘扬家庭"孝亲敬老"文化，明确赡养老人的法定责任义务，树立家庭成员敬老、爱老、助老先进典型；二是在郑州城乡社区，小老人照顾大老人、兄弟姐妹轮班照顾年迈父母、分担补贴老人生活开支及医疗费用等比较普遍。基于现代文明的熏陶，杭州市家庭支持养老服务主要表现为政策法规的创新，从而为家庭养老提供各种必要条件。例如，杭州市于 2020 年 4 月 17 日发布《杭州市居家养老服务条例》，其中明确提出"居家养老服务是指以家庭为基础"，并且明文规定"老年人子女及其他依法负有赡养、扶养义务的人，应当履行对老年人的经济供养、生活照料、精神慰藉义务，照顾老年人的特殊需要"，并且着重强调"倡导家庭成员与老人共同生活或者就近居住，支持养老机构或居家养老机构设置家庭养老床位，探索建立子女护理假"。杭州市更为注重将"孝亲敬老"的伦理道德文化元素融入现代法律法规条文，从而为家庭支持养老服务，提供了切实可行的政策法规保障及社会环境条件；相比之下，郑州市更为注重家庭成员赡养、扶养老人以及敬老爱老助老的道德自觉性，并且比较重视人们行为习惯的养成。

二　合肥市与杭州市居家社区养老服务比较

合肥市是安徽省省会，现辖 4 个县 1 个县级市以及 4 个区。截至 2019 年末，全市共有乡镇 81 个、街道（大社区）60 个、城市社区（居委会）532 个、村及农村社区（村委会）1291 个。截至 2019 年末，合肥市户籍人口为 770.44 万人，其中市区户籍人口为 290.82 万人；全市常住人口为 818.9 万人，其中 65 岁及以上老龄人口为 105.6 万人，占常住人口的 12.90%。然而，截至 2019 年底，合肥市共有各类养老机构不到 300 家，每千人拥有床位数不足 40 张，其承担的养老服务功能比较有限，绝大多数老人需要通过居家和社区养老服务解决自身的养老问题。合肥市第七次全国人口普查数据显示，全市常住人口为 9369881 人，其中 60 岁及以上人口为 1429860 人，占全市常住人口的 15.26%，65 岁及以上人口为 1123214 人，占全市常住人口的 11.99%。[①]

————————

① 《合肥市第七次全国人口普查公报（第一号）》，合肥市统计局，https://tjj.hefei.gov.cn/tjyw/tjgb/14735557.html，2021 年 5 月 21 日。

面对比较严峻的人口老龄化发展态势，合肥市积极应对、科学谋划，紧紧抓住入选第二批中央财政支持的全国居家和社区养老服务改革试点的契机，将开展居家社区养老服务作为社会养老服务体系建设的中心任务去科学谋划和积极实施。2016 年 10 月，合肥市出台《居家养老服务条例》，从法律法规制度层面对居家养老服务进行科学界定和全面规范。其提出，建立街道、社区为老年人服务公益性岗位补贴制度，建立居家养老服务机构等级评定制度、行业标准及居家养老服务评估制度，开展居家养老服务职业化教育、开展家庭医生签约服务、为高龄老人发放津贴和给予其特殊照顾等。

与杭州市相比，合肥市居家养老服务中心的运营模式主要有三种。一是公办民营模式，即由街道投资兴建，委托社会组织运营，如三里庵居家养老服务中心由街道兴建，然后委托一家社会组织来运营。二是专业社工参与模式，即义工和志愿者作为居家养老服务的主要提供者，如琥珀街道居家养老服务中心的做法。三是老年活动中心模式，即提供棋牌、娱乐、书报、电视和健身器具等，但缺乏生活照料、就近诊疗之类日托服务。杭州市居家养老服务中心的运营模式主要为产业与事业融合发展的社区嵌入模式，即由企业投资兴建并运营、政府给予补贴并负责监管、第三方负责评估。合肥市是安徽省最早进入老龄化社会的城市，较早就颁布和实施《合肥市社会养老服务体系和养老智慧化建设实施办法》《合肥市城乡养老服务三级中心运行方案》《合肥市养老服务机构从业人员培训实施方案》等政策法规。此外，全市以不断加大政府购买服务力度为杠杆，着力推进居家社区养老服务健康、有序发展，进而培育蜀山区"医护养"三元合一为老服务、瑶海区"智慧+康养"融合式为老服务、庐阳区三级（区、街道、社区）为老服务体系、包河区"医养结合"为老服务等品牌。杭州市则是在全国较早进入老龄化社会的省会城市，其在居家社区养老服务方面的品牌优势闻名遐迩。全市围绕打造"幸福颐养标杆区"，精心培育杭州滨江阳光家园、耀阳健康养老院、余杭区老年养生示范基地、古东"敬老爱老"街区等为老贴心服务的典型。相比之下，在开展居家社区养老服务中，合肥市更为注重贯彻"政府主导、家庭尽责、社区支撑"的原则，更着力政府各部门之间的统筹协调，以及形成居家社区养老服务的合力；而杭州市则更为注重贯彻"政府委托、机构负责、家庭和社区配合"的原则，将购买、志愿、互助、低偿等服务方式融为一体，充分发挥市场化运营与公益性运作相结合的社会效能，在为老服务中，力求达到个性化与普适性、兜底特惠与低偿普惠的密切结合。

目前，在开展居家社区养老服务中，合肥市主要存在资金来源渠道单一（主要依靠政府购买服务）、为老服务社会组织实力较弱（比较缺乏为老人提供康复护理、心理慰藉等综合性和专业化服务的能力）、居家社区养老服务资源碎片化、政府购买服务监管体系有待健全、居家养老队伍力量比较薄弱等问题。当然，上述问题，在欠发达地区城市也是普遍存在的，有待于通过拓展和深化社区养老服务去妥善解决。至于杭州市，在建设"居家、社区、机构"相协调、"医养和康养"相结合的养老服务体系中，全市虽然已经取得宝贵经验和初见成效，但是，在发展过程中，也依然存在一些有待解决的现实问题。譬如，在高龄失能失智老人占比增大的趋向凸显、长期护理保障制度有待健全的现状下，尚未找到有效预防和延缓老人失能失智的最佳方式和途径。再如，"医、康、养、护"一体化服务体系建设尚存在薄弱环节，医疗—康复—养老服务融合度较弱、医疗机构—养老服务机构—家庭之间的转接不够顺畅、能力评估—专业服务—照护政策相配套的衔接不够紧密。此外，社区医养结合为老服务的融合度有待增强，上门为老医疗卫生服务的内容、标准、规范以及家庭病床医保支付政策有待完善，社区康养服务的现实能力与未来社区康养场景建设的要求还有差距。

总之，就开展居家社区养老服务而言，合肥市与杭州市处于不同发展阶段，因此，在应对各自发展中存在的问题时，自然也会采取有所不同的策略及措施。例如，合肥市将形成居家社区养老服务体系建设的合力，提升社区综合性、专业化为老服务的质量水平作为居家社区养老服务发展中的重要任务；而杭州市则将坚持市场化运营与社会化运作相协调的发展方向，做大居家社区养老服务市场，以及提升养老机构和城乡社区"医、康、养、护"一体化服务技能，当作拓展和深化居家社区养老服务的重点工作去抓。

三 洛阳市与无锡市居家社区养老服务比较

作为国家老工业基地城市的洛阳市，与作为民族工业和乡镇企业的摇篮以及现代化工业城市的无锡市，历史上有比较密切的交往关系。20 世纪 50 年代，数以万计的无锡市、上海市技术工人，曾响应党和政府的号召，奔赴洛阳市支持当地的国家级工业项目建设。改革开放以来，由于乡镇工业异军突起，无锡经济快速发展，社会公共服务能力水平也大幅提高，而洛阳由于一些老国企受到市场经济发展的强烈冲击，在较长一段时间内，全市经济发展比较滞后以及社会公共服务能力提升受限。按经济社会发展程度来说，洛阳属于欠发达城市，无锡属于发达城市。这类因素当然会对如今两市各自开展居家社区养老服务产生一定的影响。

总体而论，在开展居家社区养老服务方面，洛阳市与无锡市相比，无锡市的做法、经验比较成熟，效能也比较显著。

一是洛阳市开展以智慧养老为纽带的社会养老服务虽然在河南名列前茅，但是与无锡市相比依然存在一定的差距。例如，无锡开展智慧养老服务的时间早于洛阳数年，早在 2008 年，无锡就在全国地级市中率先构建了市、区、街道（镇）、社区（村）四级联网、标准统一、互联互通的养老服务信息管理系统。再如，无锡智慧养老服务机构数量多于洛阳，并且其利用率高于洛阳。截至 2019 年底，无锡市已经建成各类智慧养老服务机构 90 家，并且全市智慧养老服务平台可供 162 家养老机构和 1100 多家居家养老服务机构常年免费使用，而与此同时，洛阳市仅有智慧养老服务机构 29 家。此外，在运用无线定位系统、紧急呼叫响应、周界报警等先进科技设备为老服务方面，无锡市也比洛阳市略胜一筹。

二是在老人托养服务的社区嵌入及深度融入方面，无锡市比洛阳市更为优胜，能够打破居家养老、社区养老、机构养老的边界，将购买、志愿、有偿、低偿等各种服务方式融为一体，并且能够比较充分地借助社工、义工等社会力量，为社区居家老人提供全方位、个性化、专业化的综合性服务。

三是在医养结合朝医养融合的社区养老服务发展方面，无锡市比洛阳市捷足先登。例如，无锡在全市积极打造社区医养综合服务平台，积极推动社区医疗卫生机构与居家养老服务中心实行签约服务的全覆盖，在连锁运营的居家社区养老服务中心设立护理站，在居家社区养老服务站内设全科医生工作室等。

四是在养老服务队伍职业化、专业化、标准化建设方面，无锡市与洛阳市相比显得经验更为成熟，效能更为显著。例如，无锡在全市组建居家社区养老服务团队，举办养老服务管理人员培训班、养老护理员能力提升班、养老护理员职业技能选拔赛，开展居家社区养老智慧管理服务系统培训，开展居家养老援助服务项目等。

当然，在开展居家社区养老服务中，洛阳市也有优于无锡市之处。在智慧健康养老的社区综合性服务的针对性方面，洛阳市与无锡市相比，无疑是做得更好一些。例如，随着"10分钟居家养老服务圈"的逐步形成，洛阳在全市能够组织数十家医院，数十个家庭服务商家，数百家服务企业，上万人的服务团队，有针对性地为居家老人提供医疗、通信、家政、维修、配送、金融等服务。在为老服务的技术创新方面，洛阳市与无锡市相比并不逊色。例如，养老服务呼叫设备、居家社区养老服务管理、远程健康养老管理、社区助购服务、养老服务 ERP 管理等系统，均是洛阳市经过自主研发和联合开发而获得的丰硕成果。此外，在服务创新方面，洛阳市也可与无锡相媲美。例如，由洛阳市有关部门建构的医疗保健板块中的紧急救助、名医问诊、用药提醒等项目，以及老年金融板块中的养老服务联名卡，均能有效地满足老人们的日常生活需要，从而解决他们在求医问诊时的问题。

四 芜湖市与无锡市居家社区养老服务比较

截至 2019 年底，芜湖市常住人口为 377.8 万人，其中 65 岁及以上老年人口为 57.6 万人，比 2018 年增加 6.6 万人，增长 12.9%，老年人口规模增量超过常住人口。全市人口老龄化率（65 岁及以上人口占常住人口的比重）为 15.24%，比 2018 年提高 1.64 个百分点，比全省平均水平高 1.31 个百分点，居全省第五位。① 同期，无锡市常住人口为 659.15 万人，户籍人口为 502.83 万人，其中 60 岁及以上老年户籍人口已达 133.4 万人，占全市户籍人口的 26.53%。② 第七次全国人口普查数据显示，芜湖市常住人口为 364.44 万人，其中 60 岁及以上人口为 73.97 万人，占比 20.30%；65 岁及以上人口为 58.73 万人，占比 16.11%。③ 无锡市常住人口为 746.21 万人，其中 60 岁及以上人口为 147.38 万人，占比 19.75%；65 岁及以上人口为 109.36 万人，占比 14.65%。④ 从人口规模看，无锡市远大于芜湖市，前者是后者的 2 倍多；从老龄化发展程度来看，虽然无锡市户籍人口老龄化程度较高，但由于近年来无锡市流入人口中青年数量持续增加，在常住人口中无论 60 岁及以上人口的占比，还是 65 岁及以上人口的占比，无锡均低于芜湖。尽管如此，无锡市的老龄化发展程度在江苏省城市中还算是比较高的。

芜湖市素有"江东名邑"和"吴楚名区"美称，无锡则被誉为"江南明珠"。自古以来，两个城市历史文化底蕴深厚，改革开放以来，两个城市

---

① 《芜湖市常住人口大数据"出炉"人口总量稳步增长 城镇化率进一步提高》，芜湖市人民政府网，https://www.wuhu.gov.cn/xwzx/zwyw/26463021.html，2020 年 6 月 27 日。

② 《〈无锡市推进养老服务高质量发展三年行动计划（2020—2022 年）〉情况说明及问题解答》，无锡市民政局网，https://mzj.wuxi.gov.cn/doc/2020/10/22/3074815.shtml，2020 年 10 月 22 日。

③ 《芜湖市第七次全国人口普查公报》，芜湖市统计局网，https://tjj.wuhu.gov.cn/tjxx/tjgb/8282562.html，2021 年 5 月 24 日。

④ 《无锡市第七次全国人口普查公报》，无锡市统计局网，http://tj.wuxi.gov.cn/doc/2021/05/20/3297403.shtml，2021 年 5 月 20 日。

的经济社会发展速度和质量均在各自所在的省份名列前茅。2019 年，芜湖地区生产总值为 3618.3 亿元，人均地区生产总值为 96154 元（全省人均地区生产总值为 58496 元）；同期，无锡地区生产总值为 11852.32 亿元，人均地区生产总值为 18 万元。此外，2021 年芜湖市全市一般公共预算收入为 361.20 亿元，城镇居民人均可支配收入为 48668 元。[①] 而同期无锡市全市一般公共预算收入为 1200.50 亿元，城镇居民人均可支配收入为 70483 元。[②] 虽然芜湖市的地区生产总值、人均地区生产总值、一般公共预算收入等与无锡相差甚远，但在安徽省地级市中还算是比较高的。此外，截至 2019 年底，芜湖市拥有各类医疗卫生机构 734 家，其中医院 79 家、基层医疗卫生机构 618 家（含社区卫生服务中心及社区卫生服务站 131 家，乡镇卫生院 52 家，门诊部 71 所，诊所、卫生所和医务室 364 所）、专业公共卫生机构 37 所；全市卫生机构拥有床位 2.17 万张，卫生技术人员 22864 人。[③] 同期，无锡市拥有各类医疗卫生机构 2770 家，其中综合医院 78 家、社区卫生服务中心 111 家、社区卫生服务站（村卫生室）712 个、护理院 46 家、疗养院 6 家；全市拥有医疗床位 5.06 万张，卫生技术人员 5.93 万人。[④] 相比而言，芜湖市在医疗卫生服务方面的能力与无锡市还具有一定的差距。总之，两市在经济社会发展方面的差距，对于开展居家社区养老服务具有一定的影响。

在开展居家社区养老服务中，芜湖市与无锡市的发展差距主要表现在以下几方面。一是硬件建设比较滞后。截至 2020 年底，芜湖全市共有养老服务机构 120 家、床位 1.75 万张，其中公办养老服务机构 55 家、床位 0.77

---

① 《2021 年芜湖市国民经济和社会发展统计公报》，芜湖市统计局网，2022 年 3 月 31 日，https：//tjj. wuhu. gov. cn/tjxx/tjgb/8351756. html。

② 《2021 年无锡市国民经济和社会发展统计公报》，无锡市统计局网，http：//tj. wuxi. gov. cn/doc/2022/02/18/3602091. shtml，2022 年 2 月 18 日。

③ 《2019 年芜湖市国民经济和社会发展统计公报》，芜湖市统计局网，https：//tjj. wuhu. gov. cn/openness/public/6596741/25502681. html，2020 年 3 月 20 日。

④ 《2019 年无锡市国民经济和社会发展统计公报》，无锡市统计局网，http：//tj. wuxi. gov. cn/doc/2020/03/02/2855028. shtml，2020 年 3 月 30 日。

万张，社会办养老服务机构（含公建民营）65 家、床位 0.98 万张，居家社区养老服务"三级中心"（含社区老人日间照料中心 80 家）覆盖率达 100%。① 同期，无锡市共有各类养老机构 165 家，老年人日间照料中心 90 个，区域性助餐中心 65 个，居家社区养老服务机构 1100 多家，养老服务机构实现社区全覆盖；养老服务床位（含居家养老服务床位）总共有 5.8 万张，其中护理型床位占比已经超过 60%，每千名老人拥有的养老服务床位已经超过 40 张。② 数据表明，在养老机构建设尤其是在居家养老服务机构建设方面，芜湖市与无锡市相比的确存在一定差距，而这种差距恰是两市在经济社会发展方面差距的客观反映。

二是在发展策略方面存在一定的差异。芜湖市偏重为老服务供给的便利性、普惠性及多元化，鼓励社会办（含公建民营）养老机构积极介入居家社区养老服务；而无锡市则偏重为老服务供给的品质性、特惠性及个性化，鼓励具有较高品质的养老机构嵌入居家社区养老服务。值得一提的是，芜湖市于 2019 年 19 日颁布《居家养老服务条例》，2020 年 3 月 1 日实施，而无锡市于 2015 年 5 月 1 日开始实施《养老机构条例》，2016 年 6 月 1 日又出台《居家养老援助服务规范》，意在指导和培育养老机构高效参与居家养老服务，但是，至今无锡市尚未颁布《居家养老服务条例》。这一情况表明，在居家养老服务的地方性法规建设中，芜湖市目前稍稍领先于无锡市。其主要原因还是在开展居家养老服务中芜湖市面临的问题较多，亟待通过制定和实施《居家养老服务条例》予以规范，而无锡较早开展居家社区养老服务且其效能比较明显，故此，无锡市把着力点放在规范养老机构功能和职责上，以及放在支持养老机构嵌入社区去引领居家社区养老服务高质量发展上。

三是在社工义工、非营利机构等社会力量参与居家社区养老服务发展方

---

① 《芜湖市"四着力"加快构建高水平养老服务体系》，芜湖市人民政府网，https://www.wuhu.gov.cn/xwzx/bmdt/29531421.html，2021 年 1 月 11 日。

② 《〈无锡市推进养老服务高质量发展三年行动计划（2020—2022 年）〉情况说明及问题解答》，无锡市民政局网，https://mzj.wuxi.gov.cn/doc/2020/10/22/3074815.shtml，2020 年 10 月 22 日。

面，芜湖市比无锡市尚略逊一筹。受社会组织发育比较成熟、社工义工队伍建设、社会企业比较发达等因素的影响和作用，在社工义工、社会企业等社会力量参与数量和力度、为老服务的技能和效能等方面，无锡市均在一定程度上稍优于芜湖市。近年来，无锡市以党建为引领精心孵化和培育了数千个社会组织，这些社会组织在为老公益性服务方面，发挥了重要作用。此外，无锡市不断加大政府购买服务力度，支持社工义工为老服务队伍建设，并且出台优惠政策扶持社会企业参与居家社区养老服务机构建设，取得了明显成效。与无锡市相比，芜湖市开展居家社区养老服务尚处于从初始发展阶段向提升其质量水平的攻坚阶段转变的时期。因此，在芜湖市，其社工义工、社会企业等社会力量参与居家社区养老服务，还在一定程度上受到自身数量和质量、能力和水平等方面条件的限制。

四是在开展社区智慧健康为老服务方面，无锡市与芜湖市相比也处于较高的发展层次。无锡的智慧养老在国内算得上名列前茅，在政府主导及其引导效能的发挥上，甚至优于北京、上海之类特大城市。2014 年，无锡在国内率先出台文件推动智慧养老发展，截至 2019 年底已建成各类智慧养老服务机构 90 家，为老信息服务业已升级至 3.0 最新版本。无锡市为了提高为老服务智能化、精细化、高效化的水平，举全市之力精心编织智慧养老服务"五张网"（精准服务网、高效管理网、安全保障网、健康保健网、社区餐饮网），其中养老机构（包括居家社区养老服务机构）要建设智慧养老系统，由市、区政府两级财政分别承担 30% 的费用。[①] 当然，近年来，芜湖市在开展智慧养老服务方面也付出很大努力，并且成就斐然。譬如，芜湖市在安徽省首先引进智能化居家养老呼叫系统，并且陆续建立起市、区两级呼叫系统和信息平台，逐步营建了市区"15 分钟养老服务圈"，截至 2020 年底，该系统总共注册老人 4.7 万余户。[②] 此外，全市还开展智慧养老试点示范工

---

① 《无锡智慧养老列全国第一方阵，老人说来了养老院就不想走》，网信江苏，https：//baijiahao. baidu. com/s？id=1638653268211168254&wfr=spider&for=pc，2019 年 7 月 10 日。

② 《芜湖市"四着力"加快构建高水平养老服务体系》，芜湖市人民政府网，https：//www. wuhu. gov. cn/xwzx/bmdt/29531421. html，2021 年 1 月 11 日。

程创建工作，着力打造鸠江区居家养老服务中心等 6 项省级智慧养老示范工程，并且深入推进 4 项市级智慧居家社区养老服务项目建设。尽管如此，在智慧养老的社区覆盖面，智慧养老服务机构数量、质量及服务水平，智慧养老与居家社区养老的衔接及融合等方面，芜湖市与无锡市相比，其发展状态依然是尚"欠火候"。当然，在依托智慧养老服务平台营建市区"15 分钟养老服务圈"、智慧养老的社区试点工作等方面，芜湖市也有一些值得无锡市学习和借鉴之处。

五　分析和思考

开展居家社区养老服务，并非一项简单的民生建设项目，它实则涉及经济、政治、社会、文化、生态五大领域方方面面的因素。本章针对居家社区养老服务中的社会支持状况，以实地观察和文献考察相结合的方式，对不同类型城市社区养老服务进行比较性研讨。了解和把握居家社区养老服务的发展规律及区域性特征，进而为进一步健全和完善整个居家社区养老服务体系，提供可资借鉴和参考的政策建议。

总体而论，从社会支持视角来看，欠发达城市开展居家社区养老服务来自非正式社会支持（包括家庭成员、亲朋好友、邻居等）的因素比发达地区城市更强一些，而来自正式社会支持（政府、企事业单位、社区、社会组织等）的因素则比发达城市要弱一些。其中，在社会支持功能的认知支持和行为支持方面，发达城市提供的支持力度及其效能比欠发达城市更强；而在社会支持功能的情感支持和个体主观体验方面，欠发达城市所提供的支持力度及其效能与发达地区相差无几。

具体说来，在对开展居家社区养老服务提供的政府财政支持（包括政府购买社工服务资金、困难老人居家养老补贴资金、高龄老人养老津贴、养老机构运营居家社区养老服务中心或服务站点补贴资金等）中，发达城市在支持数额、力度及覆盖面上，一般来说分别比欠发达城市更大、更强、更广，并且在监管、考核和评估方面，比欠发达城市更为规范和严格。此外，在开展居家社区养老服务的投融资方面，欠发达城市与发达城市相比，无论在政策支持方面，还是在社会力量的参与方面，均略逊一筹。

居家社区养老服务机构及设施建设中，欠发达城市社区与发达城市社区相比，在服务管理的运营理念、架构规模的设置安排、服务管理规范、服务对象及项目的设定等方面均存在一定的差距。例如，欠发达城市由养老机构直接嵌入社区兴建并运营的居家养老服务机构比发达城市少；而欠发达城市由养老机构以公建民营方式运营的居家社区养老服务设施比发达城市多。再如，在欠发达城市社区一级的居家养老服务站，多半在老人日间照料中缺乏医养结合的服务功能，与之相对应的则是其文娱活动氛围浓，多半是健康的年轻老人在居家养老服务站活动，而失能失智及高龄老人则很少入住其中。就服务管理规范来说，发达城市社区的嵌入式居家养老服务机构比欠发达城市社区一般类型的居家养老服务机构更规范且更科学合理。

在医养康养为老服务方面，受一些主、客观条件所限，欠发达城市与发达城市相比依然存在一定差距。在发达城市，如杭州市、无锡市等大中型城市，目前发展嵌入式居家养老医养结合服务模式蔚然成风。虽然在社区这一级居家养老服务站医养结合的深度尚欠"火候"，有的中心只是停留在提供文化娱乐、健康保健知识讲座等层面，但在街道这一级居家养老服务机构已达到老人日间照料中心与卫生服务中心合署办公，楼上楼下相互照应、相互支持的良性互动局面。在建构街道级或区级的医养结合型居家社区养老服务机构方面，目前欠发达地区的中心城市如郑州和合肥，多半正处于从医养结合型向医养融合型转变的过程中。不过，在欠发达城市社区，医养结合为老服务大多处于刚刚起步的发展阶段，其工作开展面临体制障碍、人员缺乏、效能欠佳等多种困难。尤其是在欠发达的诸多小城镇社区，由于就医成本高及缺乏全科大夫等，医养结合仍停留在照顾入住养老机构的失能失智老人的层面，尚未触及居家社区养老的大众层面。即便是在郑州市、洛阳市、信阳市这样的大中型城市，不少社区级居家养老服务站与社区卫生服务中心依然是"各自为政"，难以形成发展合力。在这些地方，尽管以社区卫生服务中心为依托的家庭医生签约率有所提升，但在家庭病床、上门医疗、特殊护理等方面尚未获得实质性进展。总之，发达城市在社区医养结合为老服务方面业已取得成功经验，正处于从浅层医养结合向深层医养融合转变和发展的阶段，而欠发达城市尚处于医养结合为老服务的探索阶段。例如，在开展社区医养结合为老服务方面，与杭州市、无锡市等发达城市的社区相比，郑州市、合肥市、芜湖市等欠发达城市的社区依然存在部门合作机制不顺畅、评估考核标准欠完善、服务覆盖面不完善、服务专业化程度不充足、服务人员比较缺乏、涉老信息采集和利用不够科学合理等问题，并且在增强医养结合为老服务的安全性、便捷性和持续性方面，尚待大力加强。至于服务对象及其项目的设定，欠发达城市侧重于在搞好托底为老服务的基础上，为大多数社区居家老人提供市场化、社会化、智慧化三位一体的服务；而发达城市则侧重于在搞好托底为老服务的基础上，努力为大多数社区居家老人提供更具综合性、专业性、个性化的服务。

在建设智慧养老社区方面，发达城市不仅比欠发达城市科技含量更高、架构规模更大、覆盖面更为宽广，而且在科技因素、人文因素、社会因素的有机衔接和深度融合上，做得更为扎实和更显效能。一是欠发达城市智慧养老与社区医养康养结合的模式单一，发展中的局限性较大。例如，在送餐、助洁、助浴、代购等日常生活照料方面，可依托智慧养老服务平台，让社区居家老人获得比较便捷、优质的服务，但在突发事件应急服务、困难老人特殊护理、心理慰藉服务等高端层次，受主、客观条件的限制，欠发达城市依然处于穷于应付的状态。二是欠发达城市智慧养老与社区康养医养结合的内容不丰富，两种为老服务模式结合中的人文意义和文化价值，于有意或无意间被忽略。三是智慧养老与社区康养医养结合的方式和途径不尽合理，嵌入社区为老服务的外在因素与社区养老服务的内生因素，这两者之间的结合度及兼容度不强。

鉴于以上分析，笔者认为开展居家社区养老服务，欠发达城市应当因地制宜和因时制宜，采取与发达城市有所不同的策略。其一，加大对居家社区养老机构建设的财政投入力度；其二，出台相关政策吸引和鼓励民间资本与社会企业，兴办社区嵌入式居家养老服务机构；其三，依托社区加大对健康养老、积极养老、智慧养老三位一体的宣传力度;其四,进一步打破行业壁垒,促成居家社区养老服务机构与社区卫生服务中心合署办公;其五,全方位培训"4050"为老服务护理人员,提升现有护理队伍照护老人的技能水准;其六,推动政策创新,打破常规,积极利用高端技术服务平台,发展横向与纵向交互衔接的多向合作,为在开展居家养老服务方面实现"弯道超车"做好充分准备。

第七章
社会支持视角下居家社区养老的
典型实例分析

居家社区养老，是指老人以家庭为基础，以社区为依托，在接受家庭照料和社区照顾的同时，接受政府提供的基本公共服务、社会机构提供的专业性服务、社会组织及其志愿者提供的公益性和互助型服务。从社会支持视角看，对居家社区养老的这种支持，实际是指包括正式社会支持和非正式社会支持在内的全方位支持。2018~2019 年，在对居家社区养老服务的调研中，课题组收集了老人居家社区养老方面的典型事例，并就这些事例分类进行以下分析。

一　家庭照料老人类型分析

顾名思义，家庭照料就是老人居住在家中，由老伴、子女、亲属、朋友、邻里、保姆等人为其提供饮食起居、卫生清洁、家务料理、照看陪伴、精神抚慰、心理疏导、慢性病管理、功能康复训练等服务。在老人照料体系中，家庭照料属于非正式照料体系。

（一）配偶照料的典型事例分析

配偶照料即夫妻之间照料，这方面的事例可谓不胜枚举。笔者在此仅举两例，一例是丈夫照料妻子，另一例则是妻子照料丈夫。

案例一：任某原是一名转业军官（调研时其已满 89 岁），于 1978 年转

业至 L 市一家事业单位任副处长，后来于 1990 年在该单位退休。其妻周某
85 岁，原在 L 市一家企业上班，因为身体健康状况不好，于 48 岁那年提前
办理了退休手续。52 岁那年，周某因为患脑血管疾病下肢瘫痪，至此卧床
不起由丈夫照料。起初几年丈夫并未退休，一边上班，一边照料妻子，实在
忙不过来时请钟点工协助。此外，尚未成婚的小女儿在空闲时可协助父亲照
料母亲，儿子和媳妇也利用节假日或公休时间赶来帮助照料母亲。退休后任
某身体尚可，由于女儿已经结婚、儿子和媳妇较忙，他就主动承担起照料妻
子的主要职责。就这样任某一直照料老伴 20 余年，直到他满 83 岁那年感到
体力和精力不支，才请了一位中年女性保姆，由她帮助照料妻子和自己的日
常饮食起居。那时，请一个保姆的费用为每月 5000 元左右。好在儿子家和
女儿家的经济条件尚可，他们能各自每月拿出 1000 元给予父母以资助，余
下的费用则由老两口的退休金支付。显然，这种由年长丈夫照料失能妻子的
前提条件是丈夫身体状况好，并且子女们也具有一定条件来协助父亲照料母
亲。如果任某退休后自顾不暇，且子女们在时间和精力上不能给予父母一定
的支持，那么，这种由丈夫对失能妻子的照料就不可能持久，从而不得不采
取其他变通的方式。

案例二：79 岁的林某原是 M 市一家外贸公司的会计师，其丈夫张某比
她大 6 岁，早年曾是一家私营企业的经理。张某退休后的第二年，林某也退
休。夫妻俩的儿子结婚后搬出另居他处，女儿外出打工后在异地成婚，家中
只有老两口相依为伴。退休后头十余年，张某的身体健康状况尚可，每天自
己骑着自行车能绕城半圈，但是，自他在 76 岁那年出现一次脑梗死之后，
就一蹶不振。尽管妻子林某让他推辞了所有的外界应酬，但其身体状况并未
较好地康复，随着年龄的增长，张某又患有阿尔茨海默病，出现失智现象，
没有妻子陪伴他就出不了门。尤其是在张某 80 岁之后，他每年一到冬季，
就得妻子陪同住院治疗脑血管疾病。可是到这时候，儿子和媳妇全家已经出
国经商十余年，在异国他乡拼搏顾不上回来看望父母。更为糟糕的事情是，
女儿离异后带着一个孩子重返父母家临时居住。尽管林某比张某年轻几岁，
但她每天既要照料丈夫，又要处理家务和其他事情，自身心境不好的小女儿

不仅帮不上一点儿忙，连她及孩子的吃喝拉撒睡还得老母亲操心。最让人揪心的事情是，有一次林某偕同张某从医院返家，从下午 1 点钟敲门，直至 3 点钟方得进入室内，这是因为小女儿在内屋里睡着了，她的手机也关机了，害得老两口在外面整整等待 2 个小时。后来，为了应付这种疲惫的生活，林某被迫以每月 6000 元聘请一位保姆照料丈夫及其女儿，当然，远在国外的儿子和媳妇，也为此每月给父母 2000 元的资助。这一事例表明，即便在家庭照料方面一位女性比较能干，但在既要照料久病的丈夫，又要应对离婚后宅在家中的女儿时，她的体力和精力也将会被掏空或耗尽，更何况她自己也即将步入高龄老人行列。

上述两个事例提示人们，配偶之间的照料目前仍是家庭照料中最为常见且最为见效的类型，因为此种类型具有相互了解、彼此方便、时间充沛、可持续性较强等特点，深受许多老年配偶的欢迎。不过，即便是作为通行而又良好的配偶照料形式，也有其自身的限制，譬如，配偶中负责照料的一方年事渐高、健康状况渐差或受到不良因素的干扰等。每当出现这些情况时，配偶照料就会中途受阻，或者被迫采取其他方式变通或替代。而此时此刻，儿女的辅助及外界力量的支持也就显得比较重要和有效了。

（二）子女照料的典型事例分析

父母与子女之间具有天然的血缘关系，又由于彼此之间的养育和赡养而具有社会文化意义上的亲情联结。传统文化讲究亲子间的反哺，即父母抚养和照料子女，子女在父母衰老后赡养和照料父母。通常民间流行的"养儿防老"一说也表达同样的意思。就子女照料父母一事来说，通常，中青年人差不多在岗为社会工作，他们的父母多为低龄老人且多能自理，即便有些低龄老人体弱多病，他们的儿女也多半是在父母能够相互照料时，给予他们一些经济上的支持和生活照料方面的喘息服务，或者在父母一方失偶且又失能失智时，求助于机构帮助解决其日常生活照料问题。因此，由子女直接照料年迈的父母，在当今多半为小老人照料大老人，即低龄老人照料高龄老人。这是因为随着人均预期寿命的增长，80 岁及以上人口所占比例渐次提升，而受到一些特定因素的影响，一些已退休的低龄老人不得不亲自照料自己高龄的父母。以下为低龄老人照料高龄老人的典型事例。

案例三：董某原是 N 市一家研究单位的研究员，调研时他 67 岁，由于承担多项国家级及省市级的科研项目，多年来始终处于"退而不休"的忙碌状态。董某是家中老大，其下有两个妹妹和一个弟弟，其父早逝，至今尚有 87 岁的母亲洪某。董某的父亲病故那年，其母洪某才 53 岁，之后她一直是独自一人生活，退休后不时辗转于几个子女家中小住。董某的母亲是一位传统思想比较浓厚的贤妻良母，过去在生活上一直比较节俭，她一边工作一边操持家务，含辛茹苦养大了 4 个子女，但丈夫因病早逝对她的晚年生活造成了一定的影响。子女都成家离巢后，她虽然体会到什么叫孤独和寂寞，可依然不愿再婚，婉言谢绝了几位牵线搭桥的过往同事，单凭辗转于子女家中小住排遣寂寞和孤独，但儿女毕竟都有自己的工作和生活，她始终找不到过去那种家的感觉，加上大儿媳妇生活吝啬和小儿媳妇赌博上瘾她看不惯，再则深受传统观念的影响，两个女儿家她也住不习惯。就这样，平时生活自理能力很强的洪某基本上长期独居，只是短期内在儿女家小住。直至洪某 80 岁那年，董某考虑到自己母亲年事已高，才与兄弟姐妹商量要将母亲送进养老机构，或者聘请一位住家保姆陪伴母亲。洪某却认为养老机构不是家，让子女们将自己送入机构养老是一件丢人的事，至于请住家保姆，洪某则认为自己尚能自理，即便是由子女共同支付费用，她也执意拒绝。于是，大家想出了一个折中的办法，即让住所距离洪某最近且工作相对轻松的小儿子每天夜晚陪同母亲住宿，其他子女则一有空闲时间就来探视母亲。这样做的好处是既可以规避婆媳矛盾，又可以在一定程度上消除母亲独处的孤独。头几年，洪某与小儿子和谐相处、相安无事，每天早晨儿子还能喝上母亲亲自熬的小米粥。但近年来小儿子家中烦心的事不断发生，先是小儿子的女儿 30 出头尚未婚配，然后是他的儿子因染上网瘾而荒废了学业，这就直接影响了他陪伴母亲生活的质量，母子之间也开始口角不断。灾祸终于不期而至，有一天洪某摔倒在自家的卫生间里，经过检查属于软骨组织严重损伤，她为此而 3 个多月卧床不起，由子女们分班轮流照料她的日常生活。至此，洪某才意识到个人的自理能力毕竟有限，加上她看见子女们各有各的难处，终于答应了子女们给她请住家保姆的请求。通过这件事例，人们可以看到传统养老观念对于老人的深刻影响，以及家庭照料依然是老人的首要选择。洪某虽说是新中国成立后的首批职业女性，本人历经工作与家庭双肩挑、丈夫因病早逝等生活磨炼，但其养老观念及思想行为习惯依然深受以往文化心理的影响，视机构养老为畏途，宁愿自己独居也不愿入住其中。

案例四：72 岁的鲁某原是 A 县一家酿酒厂的职工，其母王某今年 93 岁，40 多年前退休于 A 县麻纺厂，其父退休前原是 A 县医药公司的采购员，他与王某同龄，多年前因患心脑血管疾病去世，享年 86 岁。鲁某还有一位 69 岁的妹妹，她原是一名小学教师，患有先天性心脏病，退休后携夫常年与其儿子和儿媳一家同居。这是一个典型的四世同堂家庭。鲁某婚后与其妻陈某生育 2 个儿子，这两个 "70 后" 的儿子现均已成家且又分别生下 1 个儿子。鲁某与其妻陈某自退休后，便全身心投入对 2 个孙子的照料之中，现今一个孙子已考上国内某所名校，另一个孙子也就读于省会某所重点高校。这个家庭既非诗礼传家的书香门第，在小县城也算不上社会地位较高的富裕家庭，但因其家庭气氛和谐融洽，家风比较端正，方能对其后代具有如此良好的影响。鲁某退休后，其父母就已步入高龄老人行列，由于他觉得自己是儿子且妹妹常年有病，加上也感恩于父母对自己的养育和对自己子女的隔代照料，于是，他与其妻子一起常年悉心照料两位年事已高的老人。

起初，由于父母之间还能相互扶持，并且两位大老人还能帮助干点家务，鲁某和妻子尚未觉得特别劳累。在鲁某父亲突发脑梗那年，这两位小老人方才体会到照料大老人的辛苦。中风后的严重后遗症致使鲁某的父亲基本上丧失了生活自理能力，他每天的饮食起居均要儿子和媳妇照管，而其老伴王某由于自顾不暇也帮不上忙。好事传千里，鲁某和其妻每天尽心尽力照料卧床不起的父亲，感动了周边邻里，也吸引县电视台登门制作专题采访节目。卧床近 2 年的父亲去世后，鲁某和陈某虽然松了一口气，但其后麻烦事接踵而至。鲁某的母亲王某自丈夫去世后终日郁郁寡欢，以泪洗面，饮食减少后明显消瘦，鲁某每天好言相劝加上细心照料，过了半年王某的情绪才有所好转。可是，没过多久王某半夜在卫生间摔倒，致使肋骨断裂两根。就这样，鲁某的父亲刚刚去世半年，他的母亲又卧床不起，需要全天候的照料，这对于年过七旬的鲁某来说实在是一份超负荷的劳作。在和妻子一起照料母亲饮食起居数月之后，鲁某由于过度劳累大病了一场。在此期间，妻子独自承担不了这副重担，但孩子们又都要上班，无奈之下，就只好请了钟点工来帮忙渡过这一难关。这一事例说明，即使子女都很孝顺，照顾高龄老人对于他们来说也会有力不从心的时候，尤其是对于那些子女较少的家庭来说，在某些特定情况下更是勉为其难，不堪重负。

以上两个典型事例启发人们，小老人照顾大老人乃是在人均预期寿命不断增长的人口发展态势下出现的特定社会现象。其缺点是照顾者本身年龄既在增大，又缺乏应对突发情况的专业技能，并且随着家庭结构小型化发展及家庭生活方式更新，子女照料缺乏可持续性。因此，在小老人照顾大老人依然比较常见的现状下，有关方面应在全社会宣传和引导一些有条件的高龄老人入住机构养老，或者在政府和社会力量支持下，面对一些具有高龄、半失能和半失智老人且家境较差的家庭，开展上门喘息服务。尤其是在家庭照料缺乏专业技能支撑的情况下，一些养老机构应当以比较优惠的条件，同时接受小老人和大老人入住，并且在小老人照料大老人的过程中，为他们提供带有专业指导性质的服务。这样可以打消一些高龄老人对于机构养老的顾虑，从而使之成为家庭养老与机构养老交融互动和合作双赢的一种新模式。该模式具有传统文化与现代科技相互融合的特点，尤其适用于广大欠发达小城镇地区。

（三）亲属照料的典型事例分析

亲属照料的对象基本上是孤寡老人，这类老人往往是既无老伴又无子女，加上自身经济能力有限及个人生活自理能力不强，在某段特定时期不得不依靠与自身具有血缘关系的亲属前来帮助照顾和护理。中华传统文化素来重视血缘关系和血统，除了分外重视亲子之间的血缘关系，还比较重视兄弟姐妹之间的同胞亲情，以及舅甥、姨甥、叔侄、姑侄等血亲关系。此种文化传统及其在生活中所养成的行为习惯，往往决定了当一个人遭遇重大人生变故或特别困难之际，与此人有着血缘关系的人就会及时伸手相援。笔者将从以下两个典型事例进行分析。

案例五：72岁的宋某原是P市一家大型企业里的电工，退而不休，时常被一些单位请去维修电器。宋某的妻子吕某与其同龄，她原是P市磁带厂的职工，由于这家企业倒闭，她下岗后便专心操持家务。夫妻俩育有一女，该女在某家银行工作，现已离职随其丈夫迁居国外。宋某与吕某原本是一对恩爱夫妻，对吕某下岗在家宋某并不嫌弃，反而比以往对她更加体贴和关爱，在左邻右舍看来这两口子经济上虽不够宽裕，但其家庭生活其乐融融。谁料想，在宋某69岁那年，灾难降临，吕某体检时被查出患有肺癌，虽然经过百般的努力救治，但最终妻子还是离他而去。就在妻子去世不到一年，宋某尚未从悲痛中完全解脱之际，他又在骑单车去菜市场购物时与电动车相撞，其腰部肋骨被严重挫伤，以致只能躺在床上而个人生活不能自理。那一时刻，女儿远在国外，请专人护理高昂的费用又令人望而生畏，好在同城居住的宋某胞弟闻讯后及时赶到，承担起照顾兄长饮食起居的职责。足足有半年之久，在宋某弟的悉心照料下，宋某才得以完全康复。这一事例表明，在个人遭遇重大灾难而无力自救时，浓郁的同胞亲情的确起到了非常重要的救助作用。

案例六：73岁的邢某出身贫寒，由于父母早亡其小学刚毕业就辍学，从12岁起，就靠帮人做零活以及领取社会福利独自把5岁的妹妹拉扯大。一直到妹妹从职业专科学校毕业且结婚后，年近40岁的邢某尚未考虑个人婚事。为了不让妹妹为她担忧，在她48岁那年，经人介绍与比她大上一旬的刚刚丧偶的赵某成婚。谁知赵某的身体状况并不好，患有高血压、心脏病、糖尿病多种慢性疾病，与赵某朝夕相处的20年，实际上就是邢某从事了20年的免费保姆工作。丈夫病逝之后，邢某业已步入老年期，70岁的她由于数十年的辛勤操劳，体弱多病且显得十分苍老。与她同城而居的妹妹时常前来看望她，并且不时地给予她一些物质上的补贴。长期的忙碌而又比较艰苦的生活经历，让邢某落下肠胃不好的病根，以致在74岁那年由慢性浅表糜烂性胃炎转为胃癌，需要及时做胃切除手术。好在妹妹此时也已退休多年，她与丈夫一起在医院守候姐姐做完手术，并且在姐姐出院后又陪护姐姐数月，直至姐姐身心完全恢复健康。这个姐妹之间的亲情救助的故事表明，人在晚年生活中遇到特别困难之际，来自亲属的照料往往是既及时又温馨的。

总的来说，在我国社会公共服务还不够发达的现阶段，对于一些孤寡老人及空巢老人来说，政府有关部门及社区组织的社会救助虽然十分重要，但在个人遭遇重大风险之际，亲属们在日常生活照料上所给予的援助同样重要。由亲属们提供的为老贴心服务，体现了现阶段我国依然以家庭养老为基础的一种重要因素，即血缘关系的亲和性对于人际关系之深刻的文化心理影响。因此，社会有关方面应当鼓励和支持此种基于血缘情感的家庭照料类型，虽然不能像对配偶照料和子女照料那样通过法律予以规范，但也可通过政府购买服务或社区救助服务的方式，给予其应有的物力、人力、精神心理等层面的社会支持。

（四）非亲属照料的典型事例分析

所谓非亲属照料，顾名思义，即在彼此没有血缘关系的人们之间所建立起的照料与被照料的关系。这是一种比较特殊的家庭照料类型，其照料者往往由朋友、邻里、义工、保姆等与被照料老人并无血缘关系的人担任。一般说来，由朋友、邻里担任老人照料者，基本上属于带有义务性质的志愿类型，其形式灵活多样且不计报酬，不过，其中也含有一定的互助成分。义工则是由社会组织发起的为老服务志愿者活动的参与者，义工上门助老活动完全属于志愿尽其义务的单向付出性质，并且表现出组织化参与的为老服务特征。保姆多半是经过正规家政服务公司聘请的人员，从事有报酬的规范化、专业化和社会化的工作，由于其具有市场性与社会性混同的属性，正式照料和非正式照料的因素兼而有之。经过熟人或私人中介机构介绍而来的人员由于缺乏专业培训或相关组织的制度规约，则基本上属于非正式照料的性质。以下，笔者将选择两个典型事例进行分析。

案例七：82岁的秦某，退休前是B县城关小学的一名音乐教师。比秦某大8岁的丈夫因患肝癌去世，那时她刚53岁。由于照顾丈夫多年饱尝辛劳，她不愿再次步入婚姻，至此就独自一人生活。秦某与丈夫育有2个女儿，大女儿因患有先天性心脏病早夭，二女儿离婚后旅居国外不归，只是父亲去世那年回来一次，以后她与一位德国商人再婚，就再也没有回国。长期的独居生活让秦某不由自主地感受到无法排遣的寂寞，她开始有意无意地走出家门扩大生活圈，丰富和充实个人生活。起初，秦某参与过去她从不问津的同学或同事的聚会活动，与同学或同事在一起叙旧，觉得比较自在和舒适。不过，多次参与这类活动之后，秦某眼见同学或同事大多有老伴陪同，即便丧偶者也多半子女在身边有人关怀，这时她不免有点怅然若失，对参与这类活动的兴趣开始消退。一件偶然发生的事情，让秦某与一位年过30岁的未婚女性不期而遇。这位与秦某二女儿年龄相仿的未婚女性许某，当时正在邻近县城的一条湖边练唱。从旁边经过的秦某听出许某所唱歌曲中有几句不着调，便走上前去坦率地为她指正。发现秦某是一位懂得乐理的内行，许某便执意拜她为师登门请教。就这么一来二去，秦某与比自己小近30岁的许某开始了长达20多年的忘年交。平时，秦某每逢伤风头痛，许某一旦获悉，必来看望秦某，尤其在节假日，许某更是前来拜访和陪伴，这就免除了秦某的孤寂感。投桃报李，秦某开始为许某的婚事张罗，精心为她介绍了一位自己同事的儿子，并且在许某成婚生子后，前去帮她做一些家务活。75岁那年秦某因急性胆囊炎发作需做胆囊切除手术，78岁那年秦某在街上散步时不慎摔伤，这两次事故发生后，都多亏许某及其丈夫的悉心照料，秦某才得以顺利康复。事例表明，无论是同龄朋友还是忘年交的朋友，都能在老人深感孤独和寂寞之际给予他们心理情感上的支撑和满足，或者在老人遭遇个人无力克服的困难时，给予他们各种形式的实际帮助，而这类支持对于那些空巢、孤寡等独居的老人来说，显得格外重要。

案例八：88岁的金某原是C市交通局的一名科长。金某的丈夫周某原是一名老干部，比金某大8岁，在金某刚过80岁那年因病去世。金某与周某育有两子两女，如今最小的儿子58岁，最小的女儿55岁。现在，不仅大儿子和大女儿早就有了孙子和外孙子，甚至连小儿子和小女儿都升级成了爷爷和姥姥。由于子女各自操持着自己的小家庭，就在金某的丈夫周某还在世的时候，她家里就曾请过保姆，协助照顾因患病而失去部分自理能力的丈夫。不过，那时所请的保姆是按时计价的钟点工，每天仅 3~4 小时且费用较低，并且如不满意可以随时调换。金某的丈夫周某去世后，其子女考虑到母亲年事已高，不约而同地想到要给她请一位住家保姆。小儿媳妇是市内某医院的护士长，平时接触来自农村的民间护工较多，特地为金某物色了一位20 岁的年轻女护工，费用为每月 4000 元。当然，由于父亲走后母亲在经济上受到较大影响，子女一起为母亲支付了过半的费用。这位女护工做家务手脚麻利，她做的饭菜可口，性格比较温顺，语言表达也比较得体，深得金某的欢喜。可惜好景不长，女护工进入金某家门仅半年有余，就因其父母让其返乡相亲而辞职。后来，由子女轮流陪护母亲，直到元宵节后才又为金某找到一位中年保姆。不过，这次子女汲取了以往的教训，专门去市区某个家政服务公司聘请金牌保姆。这一事例表明，在保姆与其所照顾的老人之间，并非一种简单的货币与劳动交换的雇用关系。这是因为保姆的工作场所是具有人际交往私密性质的日常生活基地——家庭，其服务对象是具有较高心理情感需求的老人。因此，保姆不仅要有一定的专业服务技能，更要有较高的情商，一些"金牌保姆""无忧保姆"之所以大受欢迎，德才兼具即主要原因。此外，由于许多年轻女性不愿从事保姆工作，在保姆行业中"4050"人员较多，并且其中无证上岗者为数不少，这也是为老服务中亟待破解的一大难题。

从非亲属照料的这两个事例可以发现，随着社会变迁和家庭变革进程的加快，原有的传统家庭养老模式逐渐式微，而在家庭养老与社会化养老之间存在一个两者并行不悖且相互补充的过渡期。朋友、邻里、保姆等非亲属照料类型均是在此过渡期对家庭养老的补充或转换，当然，从更广泛而又深远的意义上来看，居家社区养老也都是家庭养老功能的延伸及替代。朋友、邻里参与照料老人，是纯粹建立在内在人文情感及社会道义基础上的，而保姆承担的照料老人工作，则受到外在契约伦理和职业操守的规约。相比之下，朋友、邻里参与照料老人是可遇而不可求之事，而聘用保姆照料老人则比较普遍。这就引申出两个问题，即如何对朋友、邻里照料老人的形式在政策上给予鼓励和支持。同时，政府也要从政策法规对目前不少家庭所采纳的更为普遍的保姆照料老人模式给予更加科学和合理的支持。

二　社区照料老人类型分析

社区照料是介于家庭照料与机构照料之间的模式，通常是在街道居家养老服务中心或居家社区养老服务站，通过其内设的老人日间照料中心付诸实施。不过，近年来一些养老机构也开始积极介入社区养老，为居家老人提供具有一定专业水准的照料。因此，一般说来社区照料，可被分为社区老人日间照料中心托老照料和机构嵌入式居家社区照料。在这两种形式中，老人均可入住居家社区养老服务机构接受服务，或由居家社区养老服务机构提供上门服务。不过，在不少居家养老服务中心，由于其不具备较长时期照护老人的医护条件，一般情况下并不提供老人夜间留宿的服务。只有在一些嵌入式居家社区养老服务机构，才具备提供此类服务的医护条件。现阶段，发达地区街道居家养老服务中心或居家社区养老服务站一般设有老人日间照料中心，至于在欠发达地区，在街道这一级居家养老服务中心基本上设有老人日间照料中心，但在社区这一级居家养老服务中心尚有不少未设老人日间照料中心。从全国范围看，按照北京的"9064"或上海的"9073"养老服务规划，应该是有6%的老人或7%的老人通过政府购买社区照顾服务养老。因此，在老人照料体系中，社区照料类型属于由专业化支持的服务居家老人的正式照料体系。

（一）社区老人日间照料中心托老照料的典型事例分析

案例九：75岁的冯某已随儿子迁居南方S市某小区近15年。冯某原是安徽农村地区某村村民，在他60岁那年比他小3岁的妻子身患癌症去世，之后他就随已经在南方S市常住的儿子全家一起生活。冯某还有两个女儿，均在老家当地结婚，离他居住地不过几十公里的路程。母亲过世后，冯某的女儿劝父亲再找个老伴以便互相照顾，但冯某婉言拒绝，他认为孙子尚小需要自己照料，没有什么事情比这更为重要。于是，冯某考虑成熟后，未与女儿商量，就将自家土地转让、房屋变卖，随儿子迁居南方S市某小区。从孙子刚满周岁带起，冯某一直将孙子照料至12岁，其间从孙子入幼儿园到小学毕业，全是他一人接送，另外还要负责全家人的买汰烧，而儿子和儿媳妇由于在民营企业上班，只有在节假日公休时才能帮上忙。孙子上初中之后，可以自己骑单车上学了，按说冯某难得清闲一些，该享受一下生活了，但冯某哪里想到长久的生活忙碌已让他积劳成疾，加上缺乏保健知识平时也不注意保养身体，他在走下自家楼道时突发脑梗死，虽然抢救及时，冯某保住了性命，但他的身体状况发生明显变化，吃饭、穿衣、上下床他尚能自理，但上厕所、室内走动时却摇摇晃晃，需要有人协助，至于洗澡则更需要有人帮助。这样一来，冯某的儿子和媳妇可真是犯了难，他们的工作都很忙，再则未成年的儿子一日三餐也必不可少，没有时间和精力再照料冯某。就在儿子与儿媳协商让她辞职回家专门照料祖孙两人生活之际，忽闻他们所在社区居家社区养老服务站正在设立老人日间照料中心，由政府购买服务支持，白日可全天接纳半失能的老人或高龄老人入住，内有专人护理。冯某的儿子和媳妇十分高兴，因为早上他们可将父亲就近送入此种类似幼儿园的托老所，晚上下班后再将父亲接回家。这样一来，冯某的儿子和媳妇也不需要再考虑一人辞职回家照料老人和孩子了，毕竟买房买车后他们生活的压力很大。于是，经过申请和审批符合条件之后，他们最终如愿以偿，将父亲送入社区刚开始使用的老人日间照料中心。从这一事例可以发现，社区老人日间照料中心虽然体量不大，大的能接纳十几名老人，小的则只能接纳3~5名老人，但其"小庙大方丈"，对于一些困难家庭尤其是流动家庭的随迁老人来说，的确解决了他们既无条件也无能力给予半失能、高龄老人必要照料的现实困难。

案例十：92岁的李某退休前原是Q市某海运公司的一名职员。李某与妻子蒋某共有3个子女，两个女儿远嫁他乡在外地生活，一年半载难得回来一次，只有小儿子留在身边。退休后，李某和妻子有较长一段时间与儿子一家一起生活，因为那时其孙女出生需要人来照料。等到孙女上初中后，李某和妻子蒋某便离开小儿子家独自生活，平时自然是夫妻间相互照料。但是，妻子蒋某于5年前过世后，小儿子担心高龄父亲一人独居会出问题，就又把他接至自己家中居住。前两年尚可，虽然那时小儿子尚未退休，每天还要去上班，但其女儿已考入外地高校离家求学，其妻也已退休在家，照顾李某自然没有问题。不过，计划往往赶不上变化快，就在李某91岁那年，儿媳的母亲身患重病需要几个子女轮值照料。起初，李某的小儿子觉得让妻子回娘家照料丈母娘3个月，大不了这3个月自己多一点辛苦而已。谁知连一个月的时间还不到，已经57岁的小儿子就体会到什么叫劳累。有一天下午，因单位事情较多，小儿子稍稍回家晚一会儿，老爷子在用水果刀削苹果时竟然碰到了手腕，顿时血流如注，幸亏小儿子及时赶到，将父亲送到附近医院妥善处理才转危为安。经过这次风波，小儿子不再那么自信，考虑到妻子还得2个月方能回来，他就主动去其所在社区老人日间照料中心申请办理父亲的日托事宜。自进入日托照料中心后，李某比较适应那里的环境，因为他行走尚可，视听功能也无大碍，生活基本上能够自理，加上有一些他的熟人白天常去那里参与文娱活动，彼此之间打招呼和聊天，也让他不再觉得寂寞。此外，在那里中午还有美味午餐供应，只需缴纳较少的费用，这就免去了儿子中午下班回来做饭的麻烦，儿子可以中午在单位吃自助餐，晚上下班后再将父亲接回家。看到父亲在社区老人日间照料中心生活得比较舒适，情绪也很好，当妻子从娘家回来后，李某仍主张让父亲在中心继续待下去，只不过每天改由妻子接送。这一事例提示人们：即便高龄老人日常生活基本能够自理，也离不开专人陪护，因为对于生理机能退化程度较大的高龄老人来说，谁也不可能预料某种意外事故何时发生，这种事情往往不期而至。再则，高龄老人也有社会交往的需求，让其长期在家与外界隔离，终归会闷出病来。

从上述两个事例，笔者得到如下启示。在我国失能失智及半失能半失智老人已多达近4200万人的现状下[①]，不仅养老机构不堪重负而无力承载，并且单靠夫妻、子女、保姆等支持的家庭照料也勉为其难。因此，加强社区老人日间照料势在必行，这就需要优先发展具有多功能照顾类型的社区长期照护。而在现有条件下，则可先依托社区老人日间照料中心，为家庭照料确

---

① 赵丽：《我国人口快速老龄化：谁在照料失能半失能老人?》，《法治日报》2020年11月12日。

有困难的老人提供日托服务。然后，待包括医养结合、专业化护理等在内的条件成熟，再为自理困难的老人提供夜托、月托等类服务。当然，这就需要政府加大购买服务力度及扩大其政策支持范围，以便尽量降低社区照料成本，用特惠与普惠相结合的方式造福于居家社区养老的各类困难老人。

（二）机构嵌入式社区照料

所谓机构嵌入式社区照料，就是社会组织或企业，以公办民营的方式租赁运营政府投资兴建的社区养老机构，并能在其经营中体现连锁化、专业化、品牌化等为老服务特质，或者是由社会力量（包括社会组织、企业及个人）直接投资兴建社区养老机构，以及在街道布局及社区设点，在政府相关优惠政策支持下，为居家老人提供适老化、多样化和个性化服务。机构嵌入式社区照料往往集机构专业护理、社区日间照料、居家上门服务等功能于一体，对居家社区养老能够起到补缺和破疑解难的双重作用。此外，从事社区嵌入式照料的养老机构具有规模小、功能多、长期照护能力较强等特点，既能特惠服务社区内失能失智老人及高龄老人，又能普惠服务于社区有需求的其他老人，堪称顺应老人"养老不离家""离家不离社区"等生活习惯的为老服务综合体。机构嵌入式社区照料从服务方式上可被分为就近机构内服务及居家上门服务两种类型。笔者以下所列举的调查事例就分别涉及这两种类型。

案例十一：85岁的江某退休前原是R市海关部门的职员，其丈夫康某退休前是R市某职业教育学院的一名教员。夫妻俩生育三个女儿，大女儿和二女儿大学毕业后就迁居国内其他城市并在那里成家立业，只有年近50岁的小女儿与父母同城生活。江某80岁那年，比她大3岁的丈夫康某病逝，为了不给女儿增添麻烦，她就独自一人生活。就这样，江某每天自己买菜、做饭，有空去单位离退休职工活动室看报、与老姐妹聊天、晚餐后散步、看电视，加上同城而居的小女儿不时前来探望，为她洗衣和料理较重的家务，对这一段时间内一个人生活，江某未觉得有什么不妥之处。问题出现在江某刚满84岁那年的夏天，她在家中接二连三地制造一些麻烦事，先是在一周内她多次忘记关闭煤气阀门，洗刷后她多次没有拧紧水管，再就是她多次进门后忘记拔掉钥匙。最要命的是有一次江某出门前，竟然把钥匙丢在自家卫生间，大门关上后她进不了门，无奈之下只好打电话向小女儿求助。小女儿闻讯赶来，又打电话给某家公安备案的开锁公司求助，这才把门打开，然后换上了新锁。经过多次折腾，小女儿发现母亲的记忆力已经大不如从前，容易遗忘身边的事情，经常丢东忘西，甚至和自己谈话时直呼大姐的小名，错把自己当成了老大。此时，小女儿确信母亲已经患上阿尔茨海默病，她不敢粗心大意，赶紧把母亲接至自己家中。考虑到母亲日常生活尚能自理，小女儿平时不让母亲进厨房或不让她干其他家务，还特意向左邻右舍打招呼，让他们平时注意关照自己的母亲。有较长一段时间母女俩相安无事，但是这年春节过后，意外之事还是发生了。有一天，小女儿中午下班回来，发现母亲不在家中。向左邻右舍打听，由于大家当时正忙于做午饭，没有人知晓其母亲的去向。原来，天气回暖后，江某想念以往在一起共事的老姐妹，等小女儿上班走后，她就下楼前往原工作单位的离退休职工活动中心。然而，因为记忆力减退走错了方向，她离这一活动中心越来越远，而想返回时又找不到归家之路。加上临行时她忘记带手机，以致小女儿与她失联。好在她看见了街道旁边的警务室，她向一名巡警报上了小女儿的姓名及工作单位，这位巡警通过小女儿工作单位联系上她。把母亲接回家时，已经下午 3 点多，小女儿为此上班迟到。大女儿和二女儿得知此事后，她们提议让母亲每年在各自家中生活 4 个月。可是，就在轮流照顾母亲期间，女儿也并没有少了担惊受怕，因为江某多次出现私自外出迷路而不能归家的情况，女儿只好为母亲佩戴上老人防走失定位的黄手环，以防万一。不过，此后江某的阿尔茨海默症状有所加重，她开始出现无缘无故地发脾气以及语无伦次的现象，加上女儿不可能全天候地陪伴她，这才想到求助于社区养老机构。江某在大女儿家中居住期间，大女儿发现邻近有一家养老机构承接运营的街道级别的养老驿站，专门接纳失能失智或半失能半失智的老人。经过与两个妹妹商量后，大女儿就将母亲送进这家提供月托服务的养老驿站。在养老驿站，江某得以享受到专业化的贴心服务，每天她和一些半失智老人一起，在专业护理员指导下，以手脑并用的方式进行功能康复训练。两周过后，当大女儿去看望江某时，发现母亲说话已比较顺畅，精神心理状态也比以前好多了。据专业护理员介绍，江某现在尚处于阿尔茨海默病早期，虽无法根治，但早期治疗可以延缓病情的发展。既然如此，大女儿就不准备再让两个妹妹接母亲过去，因为她所居住的是大都市，妹妹居住的中小城市尚无类似这里的养老驿站的条件。妹妹虽说同意姐姐的提议，但她们对此也不会袖手旁观，除了与姐姐分担母亲入住养老驿站的费用之外，她们还尽量抽出时间前来这家驿站看望母亲。

此类事例充分证明，机构嵌入式社区照料所应对的重点及难点问题，即是如何妥善照料失能失智或半失能半失智的老人。一般说来，老人开始失能失智的平均年龄是79岁，而从重度失能失智到其去世的时间则平均为44个月，也就是说在1320多个日日夜夜里，如何尽量让这类老人生活得比较有尊严也比较有质量是搞好为老服务中的大问题。有学者发现在古代人优选的尽孝榜样中，没有一例是多年伺候失能失智父母的，[①] 所以自古以来民间有"百日床前无孝子"一说。这表明，即便从社会历史发展的角度看，将以往传统家庭照料中无法解决的难题交由社区专业养老服务机构来破解也同样面临着多重困难。也许家庭成员积极配合社区专业养老服务机构，让浓浓亲情与科技理性有机融合，或者社区专业养老服务机构不断提升其员工素质水平，致使他们在为老服务过程中，实现自身专业技能的人文化，均是不错的选择。

案例十二：92岁的姚某退休前曾长期在U市一家事业单位从事后勤工作。姚某有一个儿子和三个女儿，自妻子于15年前病逝后，他就与儿子一家共同生活。儿子家住在四楼，由于是老旧小区，没有安装电梯，姚某上下楼比较吃力，平时较少出门。不过，姚某患有高血压、心肌缺血、腰肌劳损、颈动脉双侧斑块等多种慢性病，不时地需要去医院就医或去社区卫生服务中心拿药。尤其是随着步入高龄期，他的腿脚逐渐变得不那么灵巧，乘车去医院也不太方便，即使到离其居所仅800多米的社区卫生服务中心，上下

---

① 缪青：《社区养老照顾：理论、思路、理想与现实》，《北京社科之窗》2019年5月25日。

楼也比较困难。一般情况下，姚某患感冒和伤风头痛之类小病时，均不再上医院和社区卫生服务中心就医，而是由儿子代取药。然而，每年的身体检查，以及碰上一些比较棘手的事如较重的摔伤、烫伤之类特殊情况，还是要儿子陪同去医院检查或就诊。近年来，姚某的腰肌劳损状况加重，并且因为高血压中风卧床数月后体质下降，基本上下不了楼，曾有好几次他感觉心脏不舒服需要去医院就诊，均是被担架抬下楼去，很是麻烦。真是无巧不成书，半年前一家在国内比较有名气的养老机构，在姚某儿子所居住的行政区内投资兴建了医养结合型的老年护理院，并且在周边社区设点为居家老人提供日托、月托、上门医疗和护理等服务。姚某的儿子前去一打听，由于可以享受到政府购买服务的支持及其他补贴，这家机构的社区养老服务网点收费还算合理，并且其养老护理员均受过专业训练，甚至有一些养老护理员持老年照护师证上岗。没有丝毫的犹豫，姚某的儿子与其妻子商量后，马上与这家居家社区养老服务站签订了为期半年的上门医疗和护理的服务合同。半年过后，儿子与其妻对其服务质量和效能比较称心如意，就又续签了为期一年的合同。这一事例说明：在居家社区养老中，居民家庭最迫切和最关键的需求，莫过于对失能半失能、高龄等自理困难老人的贴心而又优质的上门服务。在广大社区，这种服务可以"解千家忧愁，增万人福祉"。因此，有关方面应优先发展居家社区养老服务设施，大力支持各类养老机构嵌入社区为居家老人提供多样化、专业化及智能化服务，并且在此过程中，不断增强其社区日间照料和居家养老上门服务功能。

上述两种机构嵌入式社区照料的事例，无不证明大力提倡和重点支持具有多种社区照料功能的社区养老机构，已成为目前各地积极应对人口快速老龄化、深度老龄化的最佳选择。在积极应对人口老龄化已上升为国家战略的大背景下，认真搞好社区照料和适时发展社区长期照护，堪称利国惠民的"家庭—社会"的健康工程。现阶段，国内各地尤其是在广大城乡基层社区，老人长期照护体系正有待形成或有待完善，而捷足先登的机构嵌入式社区照料恰是在这一形成和完善进程中起到承先启后的桥梁和纽带作用。不过，与发达国家相比，机构嵌入式社区照料服务仍是国内居家社区养老服务发展中的短板和弱项。除了经济发展水平和群众文化习惯方面的原因之外，一些地方政府在思想观念上的因循守旧，以及在发展规划和政策支持上的乏力，也许是其更为直接的影响因素。因此，深化对机构嵌入式社区照料的理性认知，以资源整合和优化去提升机构嵌入式社区照料的质量和效能，用政策协调和制度保障去拓展机构嵌入式社区照料的发展空间势在必行。

三 分析和思考

现阶段，大力开展居家社区养老服务在我国已于全社会达成共识，并且被纳入政府关于社会养老服务体系建设的决策主流。随着积极应对老龄化上升为国家战略，持续提升居家社区养老服务质量水平已被提上各级地方政府民生建设的重要议事日程。中国新闻网报道，在参加由国新办举行的民政事业改革发展情况发布会上，国家民政部李纪恒部长透露：截至2020年底全国养老机构已达3.8万家，各类机构和社区养老床位总共823.8万张。与此同时，在回答上游新闻记者提问时，国家民政部高晓兵副部长明确表示，"家庭养老床位"的创新是在"居家社区机构养老相协调"的指导思想下产生的创新举措，这是未来发展的一个重要方向。① 这类重要信息表明：政府相关部门已将进一步拓展居家社区养老服务的发展空间，以及探索"家庭养老床位"建设，作为贯彻落实"积极应对老龄化"国家战略的重要举措。

从以上列举的家庭照料、机构嵌入式社区照料的典型事例来看，目前家庭养老的确面临着照料老人的精力不足（小老人照料大老人）、时间不够（子女一边上班一边照料）、专业技能欠缺（子女缺乏系统的技能培训）等发展困境。所谓"一位失能老人拖垮一个家庭"的传言绝非空穴来风。毫无疑义，在全国已有4200多万名失能失智、半失能半失智老人的现实背景下，对这些困难老人的照料和护理实则是一种大众刚需，有待于社会以社会

---

① 《"家庭养老床位"成为中国养老服务未来发展方向之一》，中国新闻网，http://www.chinanews.com/gn/2021/02-23/9417500.shtml，2021年2月23日。

化、市场化、人文化相结合的方式来满足这种需求。总体而论，现阶段最需要去做的事情，就是不断增强居家、社区、机构这三者之间养老服务的兼容互补性和协调聚力性，努力实现"医养、康养、心养"的有效结合及其有机融合，并且以大力发展"养老+"新业态为创新点，进一步提升居民"身边、床边、周边"为老照料服务的质量和效能。具体来说，在实际操作层面，则是逐步更新、改造和完善居家社区养老服务设施，鼓励和支持居家社区养老服务机构，朝向多功能社区照料方向创新发展，鼓励和支持养老机构嵌入社区，为居家老人提供多样性、大众化和个性化的居家养老服务。尤其是应以适时、有力的政策支持，推进社区日间照料和居家养老支持这两类功能的充分发挥，并且以开展"家庭养老床位"建设为破解家庭养老现实困境之抓手，努力探索"适老化改造、专业护理、远程监测"三位一体的上门为老服务新模式。

当然，从列举的事例中可以发现，家庭照料服务及社区照料服务的确存在某些短板和弱项。例如，一些公建民营的街道级或社区级的居家养老服务机构在其前期投入建设时并未让以后负责运营的主体介入。在谋划中缺乏专业经验和技能指导，往往会导致承建者对其所服务社区居民的养老服务需求缺乏全面深入的了解，以致机构建成后总体上适老化程度较低，以及专业对口服务设施配置的科学合理性较弱。再如，一些养老机构嵌入社区设点，为失能半失能老人提供的上门服务，虽说是急这些老人家庭之所急，对居家养老发挥了较大作用，但还谈不上真正意义上的"家庭养老床位"。因为该服务站点内能够持证上岗的养老护理员依然较少，并且在服务站点中，也缺乏远程监测这一智能化为老服务手段。此外，在不少城乡边远地带，小老人照料大老人的现象与城乡中心地带相比更为普遍。此外，与中心地带相比，在街道或乡镇建立具有全托、上门等多种功能的养老服务综合体的偏少，从而在应对失能半失能、失智半失智、高龄等困难老人的急迫需求时，不少社区往往显得力不从心。

显而易见，在国内广大城乡社区，目前家庭照料的功能作用依然是必不可少的，不可能由机构照料或社区照料完全替代。特别是在欠发达地区的不少社区老人日间照料中心，其仅仅具有简单的日托功能，并不具备夜托、月托、上门等一些自理困难老人家庭急需的中长期照护功能。实事求是地说，在短期来看居家社区养老服务发展的总体质量水平，要迎头赶上发达地区，对欠发达地区来说尚需时日。俗话说得好，远水不解近渴。一些条件好、技能高的养老机构嵌入社区设点为居家老人提供多功能服务，往往选择消费能力及水平均高的发达地区大中城市的街道及社区，而在不少欠发达的中小城镇，目前受到诸多环境条件的制约或限制，养老机构嵌入社区设点为居家老人提供多功能服务尚未被提上议事日程。即便是有一些养老机构嵌入社区为居家老人提供服务，也是处于初创阶段的养老机构以公建民营的方式进行尝试性探索，在经验和技能方面均有所缺失，还不足以满足当地居民家庭的现实需求。

因此，在拓展居家社区养老服务发展空间及其质量效能上，如何将因地制宜的细心与"弯道超车"的雄心有机融合，对于国内广大中小城镇来说尚是一道有待破解的难题。笔者大胆设想，在"居家、社区、机构养老相协调"思想指导下并在现有条件下，或许鼓励和引导当地社区卫生服务中心及小诊所与居家社区养老服务站密切合作，在上门服务中集家庭医生与养老护理员的双重职能于一身，乃是化解燃眉之急的策略选择。当然，从长期来看，一旦各种条件成熟，还是要向"家庭养老床位"的发展方向努力前行，因为这是贯彻落实积极应对老龄化国家战略的重要举措。

第三部分

理论探讨

第八章

积极老龄化社会建设背景下老龄价值和社会支持研究

我国第七次全国人口普查数据显示，截至 2020 年 11 月底，全国 60 岁及以上人口达 26402 万人，占总人口的 18.7%；65 岁及以上人口达 19064 万人，占总人口的 13.5%。[①] 这类数据表明，自 2010 年第六次全国人口普查以来，我国人口老龄化程度进一步加深，并且在"十四五"时期，我国已进入中度老龄化社会。十三届全国人大四次会议通过的《国民经济和社会发展第十四个五年规划和 2035 年远景目标纲要》回应社会关切，将积极应对人口老龄化上升为国家战略，提出大力发展普惠性养老服务，构建居家社区机构相协调、医养康养相结合的养老服务体系，完善社区居家养老服务网络，推进公共设施适老化改造，多措并举扩大养老机构床位供给。[②] 显然，随着积极应对人口老龄化上升为国家战略，积极老龄化社会建设正式起航。这就在客观上要求在对老龄价值科学认知和正确评估的基础上，不断扩大为老服务的社会支持力度，进而为开展以居家社区养老服务为重点的社会养老服务体系建设，奠定坚实理论基础和提供不竭动力。

---

① 统计局：《第七次全国人口普查漏登率 0.05% 数据真实可信》，中国新闻网，http://www.chinanews.com/gn/2021/05-11/9474646.shtml，2021 年 5 月 11 日。

② 《国民经济和社会发展第十四个五年规划和 2035 年远景目标纲要》，中国政府网，https://www.gov.cn/xinwen/2021-03/13/content_ 5592681.htm，2021 年 3 月 13 日。

一　文献回顾与问题提出

20 世纪八九十年代以来，随着社会快速变迁、急剧转型及老龄化社会来临，学界对于老龄价值的探讨逐渐加深且经久不衰。

在对老龄价值的早期探讨中，学者多半从人口经济学、哲学伦理学、老年社会学等视角对这一事关社会文明进步和人本身自由解放、全面发展的重要问题进行分析。重点讨论了对老龄价值内涵的界定、价值形态的分类以及价值实现之性别差异等。从马克思主义哲学视角，熊必俊认为老龄价值由不可分割的两个方面组成。一是老年人对社会的责任和贡献；二是社会对老年人的尊重和满足。[①] 这种观点视老年人为社会的财富，并且认为随着科技发展和老龄化时代来临，此类财富的价值体现将越来越大。从人口经济学的视角，穆光宗认为，老年价值的实现既是老年人自身的需要，也是社会的需要，是劳动力市场上互相选择的结果，要充分肯定老年价值的实现对于建构一个健康的、生产性的和成功的老龄化社会的重大意义。[②] 从社会参与的视角，侯博双揭示了老年人参与社会发展的价值，扬弃了以市场价格来衡量人类活动的价值标准，并且指出这是因为绝大多数此类活动的价值远远超出自身经济价值。[③] 从社会性别视角，徐勤分析了老年妇女自身价值的实现有赖于社会环境的改善，并且认定这种改善是一项综合性长期性的系统工程。[④] 从老年社会学的视角，郝麦收提出，应否定以保守、内向、片面、索取为特征的传统老年价值观，推崇以创新、外向、全面、奉献为特征的现代老年价值观。[⑤]

之后，在对老龄价值的延伸性探讨中，学者多半倾向于从多学科交叉的

---

① 徐勤：《对老年人价值的认识》，《人口研究》1998 年第 5 期。
② 徐勤：《对老年人价值的认识》，《人口研究》1998 年第 5 期。
③ 徐勤：《对老年人价值的认识》，《人口研究》1998 年第 5 期。
④ 徐勤：《对老年人价值的认识》，《人口研究》1998 年第 5 期。
⑤ 郝麦收：《老年人价值观的革命》，《社会》1999 年第 9 期。

综合视角来考量老龄价值取向的现实合理性，以及老龄价值实现的理念思路及方式方法。胡建成等人认为，老年的价值存在是一个客观的现实性问题，是一个具有必然性和合理性的规律性问题，在哲学意义上是作为人的价值的实现的，在经济学层次上是作为人才资源的价值的发挥，在伦理学角度上是作为应当回报的价值的现实化。① 姜向群认为，老年人的价值以历史价值和精神文化价值为主，既要看到老年人社会价值积极的一面，也应该承认其欠缺的一面。老年人也有一个继续社会化，克服缺点，改造主观世界，完善自我，继续提高和发展自己的社会价值的任务。② 姚远认为，中国传统社会的家国合一，重视伦理和直觉思维的文化特征，构建了对老年人的需求，并形成了老年社会价值的层次性、伦理性、制度性和主导性的特征，老年社会价值的实现，应注意文化作用、强调政府功能和突出老年精神价值。③ 尹万杰主张贯彻"老有所为"原则和积极养老方针，推动老年人"共享"社会发展。④ 曾小五、朱尧耿主张通过老年人正确认识自身社会价值、社会为老年人提供社会实践机会、老年人主动参与社会活动，去促进老年价值的实现。⑤ 褚湜婧、杨胜慧主张应结合代际关系、伦理、老年自尊等问题，并且采用心理学、社会学、老年医学、生物学等学科交叉的方法，去探讨如何提高老年自我价值感。⑥ 以上研究成果可谓凝聚不同学科的思想智慧，以及体现了多向性思维之综合创新的学理价值。

在从健康老龄化向积极老龄化、成功老龄化的持续推进中，近年来学者对老龄价值的研究开始从对其科学的理性认知转向对其价值实现途径的探讨，更强调老年人的个体生命价值、健全个性、心理健康及其全方位的权益实现，从而表露出深邃理论与鲜活实践融为一体的社会文化特征。田新朝认

---

① 胡建成、钟平：《对老年人价值的思考》，《浙江社会科学》2001 年第 3 期。
② 姜向群：《对老年人社会价值的研究》，《人口研究》2001 年第 2 期。
③ 姚远：《老年人社会价值与中国传统社会关系的文化思考》，《人口研究》1999 年第 5 期。
④ 尹万杰：《弘扬传统文化　关注老龄事业——浅谈老年人的价值与"共享"问题》，《陕西师范大学学报》（哲学社会科学版）2005 年第 S1 期。
⑤ 曾小五、朱尧耿：《老年人的价值及其价值实现》，《人口研究》2008 年第 2 期。
⑥ 褚湜婧、杨胜慧：《浅析老年人自我价值感》，《社区医学》2012 年第 24 期。

为，老年社会价值的特殊性在于其历史价值与终身价值的结合，而其中的关键是促进老年人增能赋权，增进老年人的生理和心理与社会适应的效果。[①]高成新、武慧娟认为，老年人重新选择角色的意义在于，它是老年人自由支配生活的新起点、实现自身价值的新机遇、建立一套适应新角色的生活方式，以及老年主体能动性的体现。[②] 宋宝安、蒲新微认为，人不仅是有生命的存在物，还是价值性的生命存在，应透视人生老年阶段的生命困惑，从人的主体性、社会性、历史性等视角挖掘老年人的生命价值。[③] 江立华提出，要最大限度地提高老年人社会参与行为的影响，通过挖掘老人的生产性角色和价值，在合理的社会结构中，为他们有机地建构出基于角色平等的福利资源。[④] 王梦怡等提出，要建设以需要为本的组合式普惠型老年人福利制度，有针对性地增加老年人制度性福利获得和社区性福利获得，促进老年人社会参与，提升他们生活意义。[⑤] 于兰华建议以产出性老龄化观念认同为前提，以相关法律法规出台为保障，以社会尊老、敬老氛围营造为基础，以老年群体自我认同感培育为动力，给予老年家庭照顾者以价值认同。[⑥] 任彦媛建议应通过丰富闲暇活动内容、合理利用社区资源、正确应用信息技术、加强老年大学建设等方式途径，帮助城市退休老年人形成正确的闲暇价值观。[⑦] 贺莎莎、孙建娥建议实现"互联网+"与积极老龄化的深度融合，以增强老年人的独立性和自主性。[⑧] 应当说，这类研究成果体现了老龄价值研究的新视

---

① 田新朝：《生命回顾的策略适应及其价值——基于老年人小组式叙说的质性研究》，《理论月刊》2018 年第 10 期。

② 高成新、武慧娟：《城市低龄老人生活模式的社会学分析》，《中国人口报》2018 年 3 月 30 日。

③ 宋宝安、蒲新微：《论当代中国老年人的心理特点与生存价值》，《社会科学战线》2015 年第 5 期。

④ 江立华：《人口老龄化问题与"问题化"研究反思》，《清华社会学评论》2017 年第 1 期。

⑤ 王梦怡、彭华民、朱慧劼：《双重福利获得与老年人社会参与的关系研究——基于中国适度普惠社会福利数据库的实证分析》，《社会科学》2018 年第 9 期。

⑥ 于兰华：《我国老年家庭照顾者的价值认同》，《华南农业大学学报》（社会科学版）2014 年第 1 期。

⑦ 任彦媛：《城市退休老年人闲暇教育的价值及对策探究》，《中国成人教育》2017 年第 23 期。

⑧ 贺莎莎、孙建娥：《积极老龄化政策研究综述》，《社会福利》（理论版）2017 年第 11 期。

角、新方法和新途径，对丰富老龄价值研究内涵和拓宽老龄价值研究范围具有重要意义。

综上所述，随着我国老龄化程度的不断加深，学界对老龄价值的研究范围不断扩展、研究层次不断提升，并且其注重老龄价值实现的社会实践特色日益鲜明，从而为我国积极应对老龄化提供了充实的理论依据，总结了宝贵的实践经验。在新时代，老年人对美好生活的需要日益增长，尤其是他们对个人自我价值实现的意愿日益增强。然而，受到各种主客观环境条件的限制，他们的需要在现阶段尚无法得到充分的满足。联系小老人照料大老人、随迁老人照料孙子女、空巢老人和留守老人孤寂难耐等现实，老年人自身价值的实现在目前依然面临着重重困难。值得反思的是，过去的有关老龄价值的探讨过于强调他们应为社会和家庭发挥余热，却在一定程度上忽略了对他们个体生命价值及基本权益的尊重、关注和呵护，以致在生活实践中或多或少地损害了他们的切身利益，反而还以为这是在褒扬和支持他们。尤其是在某些研究中，有人有意或无意地忽略了老龄价值实现中的阶层、城乡、性别等方面的差异，以致研究结论既疏于科学严谨性，也欠缺公平合理性。老龄价值的研究既是推进积极老龄化社会建设的精神动力支撑，也是开展以居家社区养老服务为重点的社会养老服务体系建设的思想理论基础。基于此，笔者认为，理应密切联系现阶段我国老年人的生存和发展境遇，在积极老龄化社会建设背景下，就老龄价值进行科学认知和正确估量，并且就老人社会支持的文化特质及实践品格进行理性思考，进而从理论与现实结合的角度，就如何加大老龄价值实现的社会支持力度、扩大为老服务社会支持范围，提出适时适用的理念思路及有效途径。

二　老年人社会支持的主体、类型及方式

（一）老年人社会支持的主体

一般来说，正式社会支持体系是指来自正式组织的各支持供给者的集

合，如各级政府、社区组织、国有企事业单位及民办企业机构等，非正式社会支持体系是指老年人在生活中获得的非正式组织的社会支持供给者集合，这一体系包括家庭成员（配偶、儿子、女儿、女婿、儿媳）、其他亲属、朋友、保姆及邻里邻居等。①

1. 正式社会支持体系中老年人社会支持的主体

在老年人正式社会支持体系中，各级政府是提供老年人社会支持的关键主体，并且在这一体系中发挥着主导作用。我国政府主要功能作用之一就是为全体人民提供社会公共服务和创造社会福祉。老年群体曾为国家和社会付出了聪明才智和辛勤汗水，创造出巨大的社会物质财富和精神财富，并且至今还有不少老年人退而不休，仍在现代化建设的各条战线，继续默默无闻地为国家和社会做出贡献。因此，当他们步入人生的最后阶段，掌控着国家和社会主要资源的政府，有责任和义务为他们的"五有"② 幸福生活，提供各种必要的社会保障。

社区是指社会生活的利益共同体，是由聚居在一定地域范围内的人们所组成的。社区组织在这里主要是指社区居民委员会，是居民自我管理、自我教育、自我服务的基层群众性自治组织，由社区辖区内居民通过民主选举而产生。城镇社区与农村社区虽然在一些地方存在差异，但是，在基于共同利益、具有一定的公共生活空间、形成相同的精神文化等基本点上，并无本质上的不同。此外，为满足一定需要和解决社区发展问题，社区还应有计划、有目标地建立各种社会组织，它们之间相互作用、相互联系，协助社区居委会共同治理社区。社区具有民主自治、资源整合、秩序维护、守望相助、生活服务、公共事务参与、精神文明养成等功能，生活在其间的老年群体，势必会受到这些社区环境条件因素的作用和影响。由于社区既是大家庭又是小社会，可以说，社区基本功能作用的发挥，对保证老人晚年健康、幸福的生活，意义和价值甚大。

---

① 陈立行、柳中权：《向社会福祉跨越》，社会科学文献出版社，2007，第112页。
② "五有"即老有所养、老有所医、老有所学、老有所为、老有所乐。

生活在社区的广大居家老人，无论在物质生活还是在精神生活方面，均需要受到重点关注、悉心呵护、热情帮助和鼎力支持，而能够提供这类服务的，非各种拥有丰富服务资源的社区组织莫属。即便是入住机构的老人，在生活中遭遇一定困难时，往往也需要社区有关方面为他们提供一些必要的帮助和特定的支持。

国有企事业单位，一般是指基于国有资产所建立的国有大中小型企业，以及从事教育、科技、文化、卫生等活动的各类社会事业单位。就为老服务来说，国有企事业单位拥有的物质和文化上的优质资源比较丰富，而退休于国有企事业单位的众多职工，则既依靠原单位的生活福利和便利条件，又依托社区资源居家养老。在通常情况下，发挥国有企事业单位工会组织，以及其内设的离退休职工活动场所的为老服务功能，也是配合社会做好老龄工作的重要事项。民办企业机构在大大小小的城乡社区中星罗棋布，民办企业在搞好本身经营管理业务的同时，同样承担着包括为老服务在内的社会服务的职责和义务。尤其是对于那些民营养老机构（包括公建民营或民办公助）来说，在家庭、社区、机构在养老服务方面相协调的新时期，增强运用智慧养老平台及高科技手段为老人提供居家生活服务或应急服务的效能，无疑是其创新发展中有待更好完成的重要任务。

2. 非正式社会支持体系中老年人社会支持的主体

家庭成员（包括配偶、儿子、女儿、女婿、儿媳、其他亲属）是非正式社会支持体系中老年人社会支持的核心主体。这是因为家庭是社会生活的一种组织形式，它以婚姻血缘和收养关系为基础，构成社会的基本单位即社会的细胞。家庭具有多重功能，其中包括生儿育女、赡老抚幼、生活消费、文化教育、闲暇娱乐、心理慰藉等。对于每个人来说，家庭既是个人社会化的苗圃，也是能够满足个体各种物质和精神需求的基地。自古以来，家国同构就成为我国社会结构的显著特征，家国情怀构成个人感情生活的核心成分，家庭生活对个人从出生到终老的影响，刻骨铭心而无可替代。尤其是对于老人来说，家庭更是他们在物质生活上有所依靠，以及在精神生活上有所寄托的理想场所。此外，考虑到我国家庭养老的生活习惯，以及孝亲敬老文化的历史传承，现阶段我国整个社会养老服务体系的建构也是以家庭养老为坚实基础。尽管由于社会变迁和家庭生活变革，不少老人与其子女及其他家人已不在同一个屋檐下生活，但亲情纽带并不会因此而被割断，家人之间相互挂念、关怀和支持的心理情结，也未因此而消散。实际上，在现实生活中，不仅与家人同住的高龄老人有幸得到悉心照料，与家人分居的老人们也大多受惠于互联网和高科技手段，在物质和精神上得到子女或其他亲属的帮助和支持。

朋友，一般来说是指在社会交往中与自己建立起亲密关系的人，而究其实质，朋友则是人们社会存在的客观需求，以及人们社会交往的必然结果。在古代中国社会，"朋友有信"被儒家亚圣孟子与"父子有亲、君臣有义、夫妇有别、长幼有序"并列为"五伦"，作为每个人为人处世的根本伦理道德准则。孔子曾说过："有朋自远方来，不亦乐乎！"俗话也说得好："在家靠父母，出外靠朋友。"由此可见，朋友之间的真诚帮助和尽力支持对于每个人的成长和发展，具有不可低估的重要意义和价值。俗话说得好："患难见真情"，在生活艰难时期，朋友之间相互的问候、关怀和帮助显得分外可贵。无论是同龄朋友还是忘年交的朋友，都能在老年人遭遇个人无力克服的困难时，给予他们心理情感上的支撑和满足，或者给予他们各种形式的实际帮助，而这对于那些空巢、留守、失独等老人来说尤其重要。

保姆是受雇为人照管儿童和老人，或是为人从事家务劳动的服务者，多为女性。在现代社会，保姆已成为与人们家庭生活密切关联的一种职业。目前，与其他行业相比，保姆家政市场比较红火，而那些受过严格专业训练后持证上岗的保姆，则格外受到一些有特定需求家庭的垂青。对于那些个人自理能力较差的独居老人，特别是对于男性独居老人来说，他们自然是非常期望能够找到手脚麻利、精明能干、耐心细心，并且与自己脾气相投的保姆。在保姆与其所照顾的老人之间并非一种简单的货币与劳动交换的雇佣关系。因为，保姆的工作场所是具有人际交往私密性质的日常生活基地——家庭，并且其服务对象是具有较高心理情感需求的老人。因此，保姆不仅要有一定的专业服务技能，更要有较高的情商，这就是一些德才兼备的"金牌保姆""无忧保姆"之所以大受欢迎的主要原因。那些能与老人成为忘年交的保姆，可以说是老人身心健康的守护神。

邻里是指自家所在的乡间村庄或城镇社区，而邻居则是指与自己住所接近的人或人家。俗话说"远亲不如近邻"，居住空间距离的接近，致使人们在以往十分重视邻里邻居的和睦相处。邻里邻居守望相助是中华文化的优良传统，在我国人口老龄化速度加快、程度加深，以及居家社区养老成为主导趋势的背景下，亟待传承弘扬与创新发展这种优良传统。然而，在社会变迁和社会转型中，也出现了与社会良性运行和健康发展不合拍的杂乱音符，其中就包括人际关系疏离化导致的邻里邻居之间关系冷漠化，这亟待社会有关部门，通过宣传、教育和引导加以妥善解决。对于有老人居家生活的家庭来说，无论是谁都有可能在日常生活中遇到难以预计的难题，这时邻里邻居相互的关爱关照和提携帮助，就显得格外重要。

（二）老年人社会支持的类型及方式

1. 老年人社会支持的类型

老年人从社会及他人之处获得的支持可谓各式各样，但从其类型上大致可分为经济援助支持、生活照料支持、技能帮扶支持、精神慰藉支持。

（1）经济援助支持

经济援助支持是指老年人从外部（家人、亲朋、政府、原在职单位、社会各界）所得到的金钱和物质上的援助。过去，老年人主要是从家人、亲朋等过从甚密的人中获得金钱或物质的援助，不过在当今，政府、原在职单位提供的物质福利以及社会各界的捐赠，越来越成为老年人生计中不可或缺的部分。

（2）生活照料支持

生活照料支持是指在日常生活中，老年人从家庭和社会所获得的照料和帮助。其中包括个人生活的方方面面，如代购、助餐、助浴、理发、剪指甲、洗衣、缝被、打扫卫生、搀扶散步等。对于大多数有生活自理能力的老人来说，通常他们只是在生病、受伤等特定情况下，才特别需要生活照料支持。然而，对于那些半自理及完全不能自理的老年人来说，从家人、亲朋或社会养老机构等处获得日常生活的照料支持，已经成为他们离不开的生活支撑。

（3）技能帮扶支持

技能帮扶支持，是指在科技关联型社会中，老年人从其亲友或他人那里获得的生存与发展的技能帮助。在信息化社会和人工智能时代，不会使用智能手机或其他靠数字化操纵的家用电器的老人，他们往往会在日常生活中遇到种种麻烦，从而深感不便和苦恼。此时，亲友或他人在这方面对他们耐心细心的指导和帮助，就显得非常重要。譬如，不少老人在家人指导下学会使用智能手机，通过视频与外界进行交流和沟通。当然，在不少养老机构中，也会专门安装便利的视频设备，以便让老人与亲朋好友面对面地通话，感受亲情和友情的温暖。此外，这类机构还让一些患有慢性病的老人通过视频远程医疗会诊，从而得到及时、有效的治疗。尤其是那些条件较好的养老机构，借助诸如机器人之类的高科技人工智能设施，为那些失能失智老人提供优质、便捷的生活照料服务。

（4）精神慰藉支持

精神慰藉支持，是指老人从其亲友或他人那里所获得的情感寄托或心理安慰。其中包括尽享儿孙绕膝的天伦之乐，体味与亲密的亲戚朋友、久别重逢的同窗同事之间的畅叙之乐，感受外界他人对自己的尊敬和关怀等。一般来说，老年人比较爱回顾往事，比较畏惧寂寞和孤独。回顾往事容易使人感慨伤怀，而寂寞和孤独则往往比死亡更可怕，严重影响人的心理健康。家庭与社会应当顾及老人们此类精神心理特点，通过各种形式的情感交流和沟通，为他们提供更多的关爱，让他们充分感受亲情友情乃至社会大家庭的温暖。

2.老年人社会支持的方式

（1）直接性支持和间接性支持

直接性支持是指不经过中间环节给予的支持，相反地，间接性支持则是指经过中间环节给予的支持。例如，与子女或亲邻一起居住或邻近居住的老人，在物质扶持、生活照料以及心理慰藉方面直接得到了他们的支持。再如，老人所在社区工作人员，直接为老人提供了各方面力所能及的帮助，而入住养老机构的老人，则直接得到了护理人员的生活照料和精神关怀。此外，政府机构、社会团体、慈善组织以及其他社会力量通过某些中间环节，也能够为老人们提供各种物质经济上和文化心理上的间接性支持。

（2）工具性支持和表达性支持

工具性支持是指提供财力帮助、物质资源或所需服务等，工具性支持因此又称为帮助、物质支持和实在的支持。表达性支持本身既是手段也是目的，是一种涉及分享感受、发泄情绪、寻求对问题或议题的了解、肯定自己和他人的价值与尊严等方面的支持形式，故又称作情感性支持、尊重性支持。[①] 由此可见，一般说来，工具性支持是有形的、直观的、物性的，而表达性支持则是无形的、抽象的、心性的。当然，无论是工具性支持还是表达性支持，均是老人们所需要的外界帮助，而这些帮助对于促进老人身心健康实在是非常重要。

三　积极老龄化社会建设背景下老龄价值的认知、估量及实现

以理性平和、积极向上、努力进取的心理状态顺应老龄化时代的降临，用科学与人文、技术与文化相互交融的精神状态开展积极老龄化社会建设均离不开科学认知、正确估量老龄价值并悉心寻觅其实现的有效路径。科学认知、正确估量老龄价值，恰是实施积极应对老龄化国家战略的客观要求。

---

① 　张仙桥、李德滨：《中国老年社会学》，社会科学文献出版社，2011，第 321～322 页。

（一）科学认知和正确估量老龄价值是积极老龄化社会建设的思想理论基础

在一定的经济社会环境及文化背景下形成与发展的老年人社会价值与其人生价值的总和，即老龄价值。老年人在家庭生活与社会活动中的角色功能及地位作用，是老龄价值的集中体现。充分肯定老龄价值客观存在和努力促进老龄价值的圆满实现，这是致力于人的自由全面发展的一个十分重要的方面。尤其是在社会结构转型步伐加快、社会矛盾凸显、问题叠加的背景下，工具理性逞强肆行且人文精神式微衰落，致使老龄价值实现的问题较易为社会公众忽略。尽管孝亲敬老及爱老助老一贯为国家和社会倡导，并且在家庭和社区的实际生活中已经产生较大影响和作用，但是，在理性认知层面，深受社会舆论场影响、拘泥于传统思维定式，一些公众对于老龄价值实现问题的理解，至今依然失之偏颇。譬如，将老年人单纯视为社会救助或生活帮扶对象，却忽略其内在生命潜质及创造活力；重老年人的基本物质需求供给，轻其精神世界追求；重老年历史留存价值，轻其现实拓展价值，以及忽略老龄价值的整体性和层次性等。对老龄价值理性认知上的思想偏差，难免会对积极应对老龄化的具体实践造成一些消极影响及不良后果。

应当看到，受到特定社会历史环境条件的限制，以往对老龄价值的探讨虽然注重老年人社会价值的实现，却在一定程度上对老年人个体价值忽略。究其实质，老年人个体价值的集中体现，就是如何实现其自由而全面的发展。然而，在实际生活中，受主客观因素的制约，迄今为止尚有诸多老年人在通达自由而全面发展的大道上严重受阻。例如，迫于个人生计压力以及为家庭生活所困扰，许多年事较高且处于亚健康状态的农村老人依然不得不以各种方式辛勤劳作。由于社会公共服务发展滞后，刚步入老年的许多城乡小老人，不得不亲自照料自己年迈的父母，或者不得不照料孙子女或外孙子女，以致他们的自由闲暇时间少而又少，完全顾不上满足个性发展的需要，去做自己一直想做却因为各种干扰而始终没有做的事情。凡此种种莫不说明，努力创造条件提高老年人福祉，在健康老龄化的基础上践履积极老龄化，当是积极老龄化社会建设的主要目标任务。

积极老龄化社会建设，顾名思义，就是要以一种顺时应变、积极向上、求索创新的姿态建构一种适宜老年人良性生存与健康发展的社会环境条件。传统的老龄化社会概念，主要是从人口结构老化即老龄人口占比超出常规的角度去界定老年人的社会存在。而老龄化社会的现代性概念，则是依循"独立、参与、照顾、自我充实、尊严"的《联合国老年人原则》①，最大限度地发挥老年人在政治、经济、社会、文化、生态建设领域中的功能作用，全面实现老年人的价值，努力达致老年人"健康自立、积极介入、创新发展"的预期生活目标。在传统老龄化社会概念中，老年人仅仅是需要被赡养、照料、心理慰藉、权益维护的相对弱势群体，这些固然是必要的，但只有这些内容和规则是远远不够的。因为老年人只是作为被给予的一方，他们的历史主动性和社会创造性并没有作为自身生命的主要价值被充分展示。而在个人生活意义和生命价值被忽略的晚年，一些老年人在缺乏个人生活意义和生命价值被忽略的晚年生活中，难免会出现消极被动的养老心态，不幸成为精神心理上的弱势者。在积极老龄化社会的概念中，不再将"老来享清福"当作一个人晚年生活的最高追求，而是将"传播文明、终身学习、健身健心、惠及社会"当成老年人晚年生活的理想目标。在这里，老年人依然是在其力所能及条件下经济社会生活的积极参与者，以及人类文化的不懈创造者，从而充分体现人作为万物之灵的生机和活力。

与经济科技发展和社会文明进步同步而行的人口老龄化是客观存在的社会事实，而不是某些人主观臆想的所谓社会问题。社会事实是超越个人及其行为的社会总体现象，其在实质上反映着人类社会运行和发展过程的普遍规律，需要人们积极适应和自觉遵循。社会问题则属于妨碍大多数人正常生活的病态或失调现象，出现于社会运行和发展受阻时，其在实质上折射出了社

---

① 《联合国老年人原则》，联合国网，https：//www.ohchr.org/zh/instruments- mechanisms/instruments/united-nations-principles-older-persons，1991 年 12 月 16 日。

会结构本身的缺陷，或社会结构由社会变迁所引发的内部功能障碍。在人口老龄化过程中，老人难免会在晚年生活中遭遇一些单凭个人之力无法解决的难题，在一定程度上，这类难题势必妨碍他们的良性生存和健康发展。不过，这类难题并非人口老龄化自身所致，相反，恰恰是人为地违逆老龄化社会文明发展大趋势，以致歧视老龄价值和侵犯老人权益。这就是说，应当正确把握人口老龄化的内在规律，并将其与少数老年人在个人生活中所面临的"歧老、虐老、啃老、弃老"等难题，严格区别开来。因此，人们不能用研究社会问题的特定视角来审视人口老龄化这一社会总体现象，更不能单独使用人口学、医学、生理学、心理学等观点来解释人口老龄化，而应采取跨学科、多学科、多层次的综合研究视野，融会自然科学与社会科学的智慧，以便在科学认知和正确估量老龄价值的基础上，全面、深刻、精准地把握人口老龄化的自然属性和社会属性。

人口老龄化是人类社会不可逆转的发展趋势，积极老龄化正是国际社会高度肯定、尊重和弘扬老龄价值，适时跟进时代发展潮流所提出的人类文明发展新理念。这一新理念符合我国实际国情以及现代化建设的客观需要，从而成为我国积极老龄化社会建设的主要理论借鉴，以及实施积极应对人口老龄化国家战略的重要思想参考。概言之，在这一新理念感召和启发下进行积极老龄化社会建设，客观上要求我国全体社会成员科学认知和正确估量老龄价值，进而为所有老年人的良性生存和健康发展提供强有力的、可持续的社会支持。

（二）社会学视角下老龄价值的认知、估量及实现

无论是在科学认知和正确估量老龄价值方面，还是在大力开展为老社会服务实践方面，均离不开社会支持理论的思想支撑。从社会学视角考察老年人价值，是对老龄价值进行研究的一个重要方面。与哲学、伦理学、理论经济学等传统学科相比，社会学的理念化概括稍弱，但其思想性与现实感的融合度较强，并且其文化贯通性及表现力和感染力也独具特色。

个人与社会的关系是社会学研究的基本问题，从社会学视角研讨老龄价

值及其实现自然绕不开这一问题。从个人行动与社会结构对立统一的矛盾关系的视角看，正是在个人行动与社会结构交互影响的这一主、客体互动互构过程中，老龄价值才得以彰显。从此种意义上来讲，考察老龄价值所在及其实现，即考察一个人在整个个体社会化过程中对不断变动着的外界环境条件适应性学习的社会成长及成熟过程。尤其是为适应社会角色转换、文化知识观念更新、家庭与社会的结构功能变化等新情况，老年人在重新社会化的过程中继续发掘自身的价值潜能，展示了个人为适应社会客观环境条件变化的主观能动性。一方面，从社会环境条件变化决定人的思想行为的观点看，社会结构转型步伐加快、社会改革深入发展、社会文化观念深层更新、信息化覆盖下全社会技术关联性不断增强、各种社会问题交叉叠加等因素，无不从客观上锤炼老年人抗干扰、排阻力的韧性，倒逼老年人面对自身的问题，自觉实现从传统角色向现代角色的转变。另一方面，从个体价值的社会学习认知的观点看，在自我调适平衡、自我挖潜增能、自我维权消歧等积极主动地适应社会改革发展的努力中，自然是老年人在主观上通过积极而又富有成效的社会参与，给社会运行规则及其结构、功能的变化和发展打上自身印记，在一定程度上反过来影响、改变了客观的社会环境条件。所谓健康老龄化和积极老龄化，正是在以上这种双向互动互构的矛盾不断产生和解决的过程中得以实现，从而减弱城乡、阶层、家庭、性别等结构性因素对老龄价值实现的制约。

基于以上认识，笔者主张，社会学意义上的对老龄价值的认知和估量，应围绕社会学的基本问题即个人与社会的关系展开，回答个人在不同的生命周期怎样通过社会交往互动活动建构社会支持网络，以便从家庭成员、亲属邻居、同事朋友、政府部门、社区组织、社团等处获得比较充分的社会支持，用以有效应对来自老年期不同环境条件下的挑战。按照社会支持理论模式，社会支持网络一般分为正式和非正式两种。国家政策、法律制度、企事业单位、社会组织、社区街道，属于社会正式支持系统，家庭、亲戚、朋友、邻居，则属于社会非正式支持系统。在适应晚年生活新环境的老年继续社会化或再社会化过程中，老人往往面临诸多单凭个人能力无法有效应对并妥善解决的难题，而要在破解此类难题中体现老年人自身价值所在，既需要来自社会正式支持系统的支持，也需要来自社会非正式支持系统的支持。

如何实现社会资源和机会在全体社会成员中的公平合理分配，这是社会学研究的核心问题，同时也是能否充分实现老龄价值的、关乎积极老龄化社会建设成效的关键问题。老年人群体是全体社会成员的重要组成部分，他们的人生意义及其生命价值的实现，同样需要与其他社会成员一样平等占有社会资源、公平获得社会机会及共同享有发展成果。能否为老年人实现自身价值适时提供必要的社会资源和多样的社会机会，这是衡量一个社会公平正义程度及文明进步水平的重要标准。按照联合国"建立不分年龄人人共享的社会"的 21 世纪人类发展要求，老年人不仅应获取与他们以往社会贡献相匹配的社会报酬，而且对他们来说更为重要的是在步入老年期之后，能够真正获得与其他社会成员一样的在个人发展方面的资源和机会。从目前情况看，我国在后一方面依然有待提高。譬如，对"老有所养、老有所医"的需求，政府基本上停留在雪中送炭式的兜底保障服务层面，尚未达至锦上添花式的优质福利服务层面；对老人"老有所爱、老有所伴、老有所亲"的需求，有些家人及左邻右舍依然不能理解和不够体贴；对老人"老有所乐、老有所美、老有所学"的需求，一些社区居民及其周边舆论也有所曲解，甚至有所非议；对老人"老有所为、老有所用、老有所成"的需求，尽管政府提倡及宣传力度较大，但在政策支持的实际操作层面依然是力度不足且针对性不强，并且社会舆论的实际认可度也不高。上述社会现象及问题，与新时代老年人在物质文化生活提高、社会交往心理满足、精神价值自我实现等方面日益增长的需求，显然是不相符的。究其深层原因，自然是我国老年人日益增长的美好生活需要与不平衡不充分的发展之间的矛盾。

从社会资本、社会参与、社会融入等视角看，退休后绝大部分老年人在其角色转换及适应中，不同程度地面临原有社会资本流失较快、以往社会参与减少较多、重新融入社会障碍较大等问题。显性或隐性老年就业歧视依然存在、老年个人权益受侵害现象时有发生、老人精神文化生活单调匮乏等问题时而出现，有待国家通过社会外在、客观的因素（制度保障、政策支持、文化创新及舆论引导），以及个人通过个体内在、主观的观念更新及不懈努力，去积极应对和解决。依据联合国老年人"独立、参与、照顾、自我充实、尊严"的活动原则，以及基于"健康、参与、保障"的个人权利，老人只有在全面而又充分地参与家庭建设和社会发展之中，才能达致与所有人一样"共享发展"的理想目标。尤其是在城镇化步伐不断加快、人口流动迁徙日益频繁、社会技术关联性高度增强等复杂的社会转型发展背景下，空巢老人、随迁老人、失独老人、贫困老人等特殊老年人群体在重新融入社会时，将面临更大的挑战和困难。此外，也正是在积极主动且卓有成效地应对这类挑战和困难时，这类老年人群体才能在继续社会化或再社会化过程中，通过重塑社会资本、扩大社会参与，重新融入社会生活和顺应时代发展，从而充分体现自身价值。当然，尊重、引导和鼓励老年人全面、深入发掘和大力彰显自身价值，国家、政府以及包括家庭、社区、社会组织等全社会力量的持续支持必不可少。这是因为特殊老年人群体的自身发展与其合法权益的维护密切关联，而在社会快速转型发展时期要实现这种良性互动，则迫切需要强有力的外在客观力量的有效保障。诚如著名学者邬沧萍所言："老年人价值的实现取决于包括软环境和硬环境在内的整个社会环境条件，而在积极老龄化的理念中恰恰介入了'健康、参与、保障'之类的社会环境因素。"[1]

从文化社会学视角看，老龄价值具有丰富多样性、广泛代表性、历史沿袭性、现实观照性、创新发展性、终极关怀性等思想属性。老龄价值的丰富多样性，反映了人自身发展以及人与社会之间关系的丰富多样性。历经人生全过程而渐次形成的老龄价值，凝聚了人们从青少年、中年到老年时期的各种经验、技能、德行、心智、情感等，弥足珍贵。老龄价值的广泛代表性，触及家庭与社会生活的方方面面，折射出所有人的"德智体美劳"发展状态及潜能发挥。老龄价值的历史沿袭性，承载了人类文化传递的基因。这表

---

[1]　邬沧萍：《在第十四届中国老年学学科建设研讨会上的致辞》，2018年5月19日。

明人们不能隔断历史来看待老龄价值体现，不能因传统老龄价值观具有历史局限性而予以全盘否定。相反，要高度尊重和科学评估以往时代所形成的老龄价值观。老龄价值的现实观照性，彰显了人到老年期的理智与情感的深度成熟、道德与审美的有机融合，以及体能与智慧、激情与韧性的平衡协调，而这类底蕴深厚且豁达明智的因素则是对中、青年人进行挫折教育及励志教育的最好教科书。老龄价值的创新发展性，无疑是既顺乎时代潮流，又充满蓬勃朝气及前瞻性科学预判的社会宝贵财富。那些矢志追求老有所为的老年人，不仅向世界展示了人之潜能的宽广无限，而且诠释了不拘传统且超越现实、"为霞尚满天"的超强人格魅力。老龄价值的终极关怀性，更是引导人们坦然面对生、老、病、死的自然规律，将人生的归宿演绎得更有尊严和从容，更为平静和安宁，而这种境界堪称对人之生命旅途的最高褒奖。

老龄价值的圆满实现，有待于全社会力量的积极支持和鼎力帮助。首先，加大政府支持力度。各级政府及其职能部门应在不断提高养老社会保障水平的基础上，积极引领有关老龄价值理念认知方面的宣传教育工作，着力建构肯定老龄价值的话语体系，精心培育尊老、敬老、爱老、助老的社会文化氛围，并且将其适时融入相关政策法规的制定和实施之中。尤其是政府应引导媒体客观公正、合理合情地报道涉老家庭生活及社会生活事件，以启迪、感召公众自觉尊重老年人的人格尊严和价值追求，并且鞭策和规约人们依法循理地善待老年人的个人价值诉求。以政府力量为主导，督促有关方面制定和实施有助于工作与家庭平衡的社会就业政策，以及广泛开展灵便救急型喘息服务，以便减轻退休老人替子辈照料孙辈或亲自照料高龄老人的繁重负担，增加其参与社会交往及闲暇活动的自由支配时间。其次，发挥家庭支持效能。在巩固家庭养老及扩大居家社区养老的政策支持的基础上，有关方面可引导家人及左邻右舍，尊重老年人在家风家教方面的"传帮带"作用，并且引导家人及邻居尊重老年人在参与社会发展、个人生活选择方面的自由。再次，形成社区支持合力，由社区协调组织各方资源采取多种方式及途径，借助各类活动载体，促使积极老龄化、健康老龄化之类价值理念家喻户晓、深入人心，并且引导、激励老年人积极参与社区建设的具体实践，助推老龄价值的圆满实现。最后，营造融自然教育与社会教育于一体之语境下的社会舆情支持氛围。在全社会倡导和推行尊重自然造化、敬畏自然规律以及珍惜人生历程、创造人生价值的生命教育活动，充分标识和积极展示年龄不同、价值相等的"夕阳红"人文精神高尚价值。

四 积极老龄化社会建设背景下老龄社会支持的文化特质和实践品格

作为社会学中观理论层面的社会支持视角，无疑是科学认知和正确估量老龄价值以推进积极老龄化社会建设的认识工具，而这一工具的有效性与其本身所内蕴的文化特质密切关联。文化特质是一种文化的基本特征和最小分析单位，它既可以是物质的，也可以是非物质的或抽象的。一定的文化可以看作诸多文化特质的综合。①

就积极老龄化社会建设的社会支持来说，其文化特质主要表现为普遍性、多样性、兼容性、沿袭性、公共性、聚合性、人文性、主体间性等。普遍性，是指社会支持的适用范围不分民族、国家、肤色、语言、地理环境，并且不分性别、年龄、职业、文化水平、宗教信仰等。多样性，是指社会支持具有物质技术、制度规章、精神心理、行为习惯等文化层面的多重指向。兼容性，是指社会支持在自身形成和发展过程中，其采撷、筛选、整合、集聚、融会各种各类社会资源的功能作用。沿袭性，是指社会支持的价值取向与实践路径，在其调整和适应社会运行与发展中的一以贯之和不断翻新。公共性，是指社会支持具有公共产品属性，能够满足社会各阶层、各行业、各家庭物质生活和精神文化生活需求。聚合性，是指社会支持在其实践活动中能够推动人们学习、合作、分享，并在其中体现人们致力团结互助的感情特质和聪明才智。人文性，是指社会支持本身所秉持的以人为本理念，蕴含"尊重人、关爱人、体谅人、帮助人"的思想品格和文化精神。主体间性，

---

① 邓伟志主编《社会学辞典》，上海辞书出版社，2009，第317页。

是指在社会支持的活动主体与活动对象主体之间存在平等交往、推己及人、相交相好的伦理道德关系。

此外，社会支持是主观见之于客观的能动的社会行动，社会支持在积极老龄化社会建设中具有鲜活而又显著的实践品格。就其具体表现来说，大致可以归结为以下 3 个方面。

其一，在主动参与积极老龄化社会建设的动态发展过程中，社会支持的体系从无到有，社会支持的规模从小至大，社会支持的力量从弱变强，社会支持的覆盖面由窄变宽，社会支持的影响力由近及远。

其二，在鼎力助推积极老龄化社会建设的各种各类实践活动中，充分发挥社会支持自身的功能作用。包括在尊重、发掘、弘扬老年人价值中，发挥其社会政策支持和社会舆论营造方面的功能作用；在构建和谐人际关系及和睦代际关系中，发挥其交流、沟通、共识、分享的功能作用；在开展居家社区养老服务活动中，发挥其物质技术供给、规章制度谋划、精神心理支撑、行为习惯养成等方面的功能作用。

其三，在不断参与创新积极老龄化社会建设的鲜活实践中，大力提高社会支持的质量水平。在现阶段积极老龄化社会建设的社会支持活动中，尚存在"强政府、弱社会""重形式、轻内容""多谋划、轻落实""厚物质技术而薄人文关怀"之类不足之处。凡此种种问题，均需社会各界用发展的眼光认真审视，并且在各自自觉履行社会责任的过程中，创造性地予以破解。

五　对当前我国老龄价值实现进程中社会
支持不足的分析和思考

老龄社会是一柄"双刃剑"。一方面，它是人类经济社会发展和科技进步的重要标志；另一方面，它有可能带来一系列与人口老化有关的社会问题。在健康老龄化的基础上实现积极老龄化的预期目标，最大限度地发掘老年人自身潜力以满足他们晚年价值实现的需求，是有效应对老龄社会发展问题的最佳策略。然而，在新时代，由于人民日益增长的美好生活需要与不平衡不充分的发展之间的矛盾，老龄价值的实现依然面临诸多障碍性因素。

首先，传统思维方式及价值取向，是老年人价值难以实现的根本性障碍。从客观方面看，全社会对老年生活幸福的理解就是衣食无虑、病有所治、老有所乐等，即基本物质文化生活需求的满足，而对老龄价值自我实现这一最高的精神心理需求则不置可否，误认为这只是极少数老年精英的事，与广大普通老年人无关。从主观方面看，许多老年人自己也认为实现人生价值的追求那是中青年时期的事，退休了就是"船到码头、车进站"，应该休养生息，以延年益寿为最终目标，继续追求实现个人社会价值的最大化反而显得不自量力。无论是社会上对老龄价值的实现普遍缺乏深刻认同和高度赞赏，还是老年人自身对于晚年价值实现心有疑虑或力有不逮，其根源均是重物态轻心态、重守成轻创新的传统老龄价值取向。诚如有的学者所言，与其说老年人社会参与是一种行动，不如说是一种文化，从根本上讲老年人社会参与还是一种文化行为，文化和心理是影响老年人社会参与的核心成分。[1]新时代，广大老年人实现自身价值已经具备比以往任何时候都更好的环境条件。老年期的加长及社会生活的丰富多样性，提示老年人应倍加珍视人生晚年好光景，并且激励他们自觉地进行思想观念更新，努力克服各种主、客观障碍，去圆满实现自我价值。

其次，社会快速转型发展中出现的诸多重大变动，给老年人群重新融入社会以实现晚年自我价值带来诸多困难。截至2021年末，我国60岁及以上老年人口已达2.67亿多，占全国总人口的18.9%，其中随迁老人、留守老人、空巢老人等特殊老人群体数量比较庞大。[2] 社会转型发展背景下城镇化进程加快及人口流动性增强，给这类老年群体的晚年生活带来严峻挑战，同时，也给他们实现晚年人生价值增添诸多困难。个人生活环境的变化，造成

---

① 张恺悌主编《中国城乡老年人社会活动和精神心理状况研究》，中国社会出版社，2009，第28页。

② 《中华人民共和国2021年国民经济和社会发展统计公报》，国家统计局网，http://www.stats.gov.cn/sj/zxfb/202302/t20230203_1901393.html，2022年2月28日。

随迁老人难以融入随迁地社会生活的窘境；子女常年外出务工经商，给农村留守老人增添家里家外的诸多负担；子女"离巢远飞"自寻生计，致使城乡空巢老人陷入生活失助和情感孤独的双重困境。凡此种种，对这类特殊老人群体晚年价值的实现，无疑是增阻添难的消极因素，这需要在全社会关怀下予以及时化解和消除。不过，诚如著名学者原新所说，助老的切入点是开发老年人的人力资源，而本质是提高老年人的社会参与和家庭参与。[①] 显然，政府有关方面还是应秉持健康老龄化和积极老龄化理念，去审视上述特殊老人群体所面临的特定生活困境，并且在加大对他们的社会保障程度的同时更为注重对他们晚年价值的尊重，引导和鼓励他们积极融入和参与各种社会活动，适时给予他们以必要的人文关怀和精神支持。

再次，老年女性尤其是农村老年女性实现自身晚年价值，面临多重消极因素的干扰和阻挠，这就必然会对整个老年群体晚年价值实现的效能及质量产生较大影响。老龄价值的实现，不可或缺的就是老年女性价值的充分实现。对于不少老年女性来说，由于受社会性别歧视、传统文化偏见、个体心理素质、家庭生活拖累等复杂因素的影响，她们晚年自身价值的实现不免大打折扣。特别是对于那些农村老年妇女来说，受科学文化知识素养较低、思想观念守旧、职业技能单一且水平不高、社会交往面较窄且见识不多、家务劳动负担较重、闲暇活动不足等自身主观条件因素的限制，加上城镇化进程加快、社会流动性较强、社会信息化程度加深、社会技术关联性加强等外在客观环境因素的冲击，在面对社会转型带来的各种挑战时，她们往往因难以适应而陷入巨大困惑。因此，帮助她们重新融入社会生活和参与社会发展，亟待全社会力量的鼎力相助。值得注意的是，如果广大农村老年妇女晚年价值没有实现，那么我国所有老年人晚年价值实现的总体程度势必会受到严重影响。

最后，政策法规层面支持不力，也是老年人价值实现的一大障碍性因素。为促进老龄价值的实现，国家决策层应进一步加强在政策法规顶层设计

---

① 原新：《促进老年人社会参与》，《中国社会工作》2018 年第 3 期。

方面的科学谋划，加大助推这类政策法规落地生根。目前，我国《宪法》《民法通则》《婚姻法》及其相关的司法解释中，虽均有涉及老年人权益保障方面的条文及内容，但是，全国性的针对老年人的法律仅有《老年人权益保障法》一部。即便是与老年人利益密切相关的各地《居家养老服务条例》，也不具有全国统一的标准，而是由各省、区、市自行拟定，并且目前此类地方性政策法规，尚未覆盖全国各地。此外，从体制机制建构来看，全国虽早已设立了国家级老龄工作委员会，并且从省、区、市自上而下延伸至县乡（镇），但由于其行政指令性色彩较浓，一些地方的老龄委尚未与城乡基层社区的老龄工作形成有效衔接及深度融合，以致城乡基层社区老年社团活动缺乏内在创造性且流于形式，老年主动参与活动者不多。

六　积极应对人口老龄化，扩大老龄价值实现的社会支持空间

新时代广大老年人自身价值的实现，在我国既面临诸多障碍性因素的挑战，同时又具有很大的发展空间及美好的前景。一方面，党和政府已经将积极应对人口老龄化及时上升为国家战略，并且通过政策法规制定、舆论氛围营造等措施，为老年人维护自身权益及实现自身晚年的社会价值和个人价值，持续提供有力的社会支持，努力创造良好的环境条件。另一方面，广大老年人自身也在不断更新思想观念，紧跟时代发展潮流，勇于克服惰性，积极挖掘潜能，努力体现价值。在此，笔者拟从社会学视角就如何扩大老龄价值实现的社会支持空间，提出以下观点。

第一，老龄价值与青少年及中年价值并无本质差异，说到底它们都是人类自身存在意义的社会体现。如何评价和对待老龄价值，实际上也就是人类如何不断提升自身文明程度，以及如何致力于实现人的自由而全面发展的认识论问题。基于此，新时代老龄价值实现的首要路径选择，便是提高全社会对老龄价值的认知度、赞赏度及支持度。应当通过各种大众传媒（广播电视、报纸杂志、图书影像、网络信息平台等），以及通过各类文化艺术表现

形式（电影、电视剧、戏曲、相声、小品、小说、音乐、舞蹈、诗歌、学术著作等），来广泛、深入地向全社会传播老龄价值之重要社会意义，建构有利于老龄价值实现的思想理论话语支持体系，营造有利于老龄价值实现的社会心理认同氛围。

第二，有必要在国家层面，制定和实施针对亿万老年人的《促进老年人发展保障法》，在就业创业、参与社会活动、自由自主休闲、从事科学文化艺术活动等方面给予老年人法律支持，同时由各级政府给予政策鼓励。此外，在城乡基层社区，也有必要设立一个老龄工作专职联络员岗位，其待遇可参照城乡社区副职执行，以便有利于老龄工作在基层社区的落地生根。

第三，老龄价值的实现往往与老年人坚持不懈的个人主观努力密切相关。榜样的力量是无穷的，有关方面应当以典型引领的方式，利用各种宣传形式褒扬各类"老当益壮、老有所为"的老年模范事迹，引导和激励广大老年人见贤思齐，在家庭和社会生活中发挥余热，努力实现自身的晚年价值。此外，在近年来各地所开展的各种孝亲敬老活动中，存在重物质轻精神、重形式轻内涵的倾向，而此种倾向与我国一贯重视发挥老年人在家庭和社会精神文化生活方面的功能作用，是明显不相符的。新时代，老年人的精神文化价值及其威望效能不仅依然存在，而且在历经信息化社会熏陶、新社会环境条件锤炼之后魅力倍增。因此，有关方面应当通过大力表彰与新时代改革创新合拍的、德高望重且技能高超的老年人杰，弘扬他们甘于奉献社会发展和社区建设的伦理精神，重塑老年"夕阳红"精神文化价值及其在家庭和社会生活中的道德权威。尤其是在城乡基层社区"五老"① 队伍建设中，应及时吸纳各行各业退休"五老"人员，鼓励他们将优良传统与时代要求有机融合，在社区两大文明建设中创造新的辉煌。

第四，面对老年妇女尤其是农村老年妇女晚年价值实现被忽略的现实，有关方面应该有针对性地"强弱项"和"补短板"。在老有所养及老有所医已经不是主要问题的前提下，老有所学是老年妇女的弱项，而老有

---

① "五老"即老党员、老干部、老军人、老教师、老模范。

所为和老有所乐则是她们的短板。这就意味着在城乡社区建设中，应创造条件为老年妇女提供继续学习和提高素质的机会，提升她们积极参与社会生活的能力水平，同时在基层公共文化艺术活动中，为她们提供大展身手的平台。

第五，老龄价值的实现也不能忽略随迁老人、空巢老人、留守老人等特殊老年人群体的生活感受及社会诉求。应帮助他们化解和消除在社会快速转型变动中面临的生活窘境及不良情绪，在给予这类特殊老年人群以物质支持及生活照料的基础上，更加侧重对他们的精神生活提供必要的人文关怀。尤其是社会有关部门，应鼓励和支持这类老年群体积极参与社会公共生活和扩大社会交往面，为他们重新融入社会生活并在其中发挥作用，努力创造良好的环境条件。

第六，在广泛、深入地开展居家社区养老服务中，依循"健康、参与、保障"的活动原则，做到充分尊重和体现老年人的价值。这就要求政府及有关方面以积极老龄化理念为引领，全力支持老年人在居家社区养老中继续社会化或再社会化，并把"增权赋能"与"终身发展"的理念贯穿居家社区养老服务的相关工作。此外，"权益保障"是老龄价值得以实现的基本条件，对广大依托社区资源养老的居家老人的各项正当权益，政府及有关方面应予以维护。尤其是在对失能、失智、高龄、孤寡等困难老人的日常照护中，政府及有关方面理应教育和引导护理人员，以充满"爱心、细心、耐心、贴心"的服务，让这类老人活得有尊严、有意义，从而体现他们自身应有的生命价值。

第九章

社会支持视角下居家社区养老服务发展难题探讨

从老年社会学视角看，人到老年，随着职业生活的终结、家庭角色的变化、生理心理的变化等，面临重新适应家庭与社会生活的个人生存与发展问题。尤其是在适应晚年生活新环境的老年继续社会化或再社会化过程中，面临诸多单凭个人能力无法有效应对及妥善解决的难题，既需要来自社会正式支持系统的支持，也需要来自社会非正式支持系统的支持。

一 社会支持：破解居家社区养老服务发展难题的金钥匙

在家庭养老日渐式微而逐渐向社区转移、延伸以寻求创造性转换的社会化养老发展进程中，接受居家社区养老服务实是我国广大老年人的必然选择。在各地开展居家社区养老服务进程中，诸多发展中的难题渐次出现，亟待强有力的社会支持来破解。

居家社区养老也可称作社区居家养老，两者实质上均属于传统—现代复合型养老模式，体现了家庭养老与社区养老有机衔接和兼容互补的特征。只不过为了有效应对现代化挑战，前者侧重于推动家庭养老向社区养老延伸及扩展，而后者则侧重于以优质社区资源积极介入家庭养老，促进其现代性转换及创造性提升。诚如著名人口学者穆光宗所言，"养老社会化"反映了养老在家庭和社会之间分工的变化，就是在养老市场的分工体系中，家庭并未放弃养老的责任，但向社会转移了养老的职能，所以是"社会化养老"而非"社会养老"①。具有"社会化养老"属性的居家社区养老，在大众需求和国家政策的双重推动下，近年来在国内各地广泛开展且取得一定成效，但也面临诸多亟待解决的发展中的难题。

从发展社会学的视角看，从家庭养老向依托社区资源居家养老的延伸和提升，实乃家庭发展与社会建设的一种质的飞跃，其衡量标准包括经济、政治、社会、文化等多重因素，亟待更广泛、更深入的社会支持融入其中。诸多学者从社会支持理论视角对国内居家社区养老问题进行学术探讨，研究成果颇丰。

根据对山西省长治市城区 3 个社区发放的 393 个有效调查表的相关分析、多层次回归分析的结果，董晓英认为，家庭网络支持、社会交往网络是影响积极老龄化的两个重要因素；社会支持对老年人居家养老与积极老龄化有显著正向影响。② 从对长春龙泉社区的个案考察中，徐静和徐冉发现，基于责任伦理，老年人固守着日益弱化的家庭养老，被动参与居家社区养老，限制了其服务范围的扩大和发展，而家庭亲缘关系在社区层面的复制，以信任为核心的社区社会资本的构建是居家社区养老发展的关键。③ 这类研究令人信服地揭示：依恋家庭及倚重"熟人社会"的思想特质，实乃开展居家社区养老的丰沃文化土壤。

从类型分析的角度，赵立新将当代中国农村居家养老分为"孤寡老人自理型""配偶互助型""子女照料型""社区服务型"，并且他将社区服务型养老的社会支持分为物质性支持、情绪性支持、尊重性支持、信息性支

---

① 穆光宗：《养老社会化趋势》，《北京日报》2018 年 2 月 5 日。
② 董晓英：《"积极老龄化"政策下的居家社区养老与社会支持网络——基于山西省长治市老年人居家养老的社会支持调查》，《吉首大学学报》（社会科学版）2017 年第 S2 期。
③ 徐静、徐冉：《城镇居家社区养老模式下老年人社会支持网络建构——长春市龙泉居家社区养老个案研究》，《法制与社会》2008 年第 36 期。

持、同伴性支持。① 这类划分对深化居家社区养老服务研究，无疑是具有理论意义和应用价值的有益探讨。以问题为导向，陈为智提出，当前社会养老政策的转型，应当从政府主导的非专业化的消极福利转向以人为本的积极福利，从事后补偿、救助转变为事前预防，如对社区老人的自我增能、康复保健、慢性病预防等知识的普及、邻里互助网络的构建等。② 显然，此类主张契合积极老龄化和健康老龄化理念，其付诸实施必将惠及广大社区老人的身心健康。

基于对我国社区居家养老医养结合模式的实践考察，何艺轩、王郁芳指出，这种模式在实际运用过程中存在政府角色不明、社区主动性不高、社会企业参与度不高、非营利性组织不成熟等支持不足的问题。应运用社会支持理论和福利多元理论，构建政府、社区、企业和非营利组织四位一体的社会支持体系，将危机转换成机遇。③ 细细思量此种见解，它无疑为促进居家养老型医养结合、社区养老型医养结合、机构养老型医养结合的交叉融通提供了充实的理论依据。基于对南京市雨花区的实践考察，陈娜、王长青认为，理想化的居家社区养老模式，指老年人生活在熟悉、安全、便利的社区环境，享受社区机构为其提供的社区养老服务的个性化特色及共性化普惠，为此，应从主体、客体、内容等方面建构多元互动的居家社区养老社会支持体系。④ 笔者得出这种结论虽说是来自对发达地区城市社区的实践考察，但是，对国内其他地区同样具有较大的参考意义和借鉴价值。

通过对农村老人居家养老社会支持网络所面临问题的全面审视，冯晓丽、刘丽提出了社会工作介入农村居家养老服务社会支持系统的策略选择，即"采用个案工作方法，发掘老人个人潜能；采用小组工作方法，建立相

---

① 赵立新：《社区服务型居家养老的社会支持系统研究》，《人口学刊》2009 年第 6 期。

② 陈为智：《当前居家社区养老服务中的关键问题反思及前瞻》，《西北人口》2016 年第 3 期。

③ 何艺轩、王郁芳：《社区居家"医养结合"养老模式支持体系研究》，《成都师范学院学报》2018 年第 2 期。

④ 陈娜、王长青：《居家社区养老的社会支持系统研究——以南京市雨花区为例》，《南京医科大学学报》（社会科学版）2015 年第 6 期。

互援助网络；运用社区工作方法，发展社区支持网络；采用社会政策工作方法，倡导政府加强居家养老服务建设"[1]。基于对潮州市推进居家养老服务掣肘因素的深度剖析，陆泽雁提出构建以服务对象为本体的欠发达地区居家养老服务社会支持网络的策略，即"既从包括建章立制、资金来源、服务水平、统计调查等内容的宏观系统介入，也从包含个案工作、小组工作、社区工作等内容的微观系统嵌入"[2]。显然，这是一种体现社会学者智慧的应对策略，它对促进居家社区养老服务健康有序、较快较好地发展具有重要的理论意义及实践价值。

通过回顾以上学者从社会支持理论视角对居家社区养老服务的探讨，笔者认为，破解居家社区养老服务发展难题，离不开社会支持这把金钥匙。

二　现阶段我国开展居家社区养老服务面临的多重难题及归因分析

（一）开展居家社区养老服务面临的多重难题

与发达国家相比，国内居家社区养老起步较晚，在发展过程中，主要面临以下几个难题。

第一，居家社区养老服务开展中阻力重重。一是家庭养老与社区养老衔接不力，在一些地方两者之间甚至发生断裂。居家养老本是家庭养老与社区养老的有机结合，需要家庭成员、亲戚朋友等非正式支持资源，与社区卫生服务中心、老人日间照料中心等正式支持资源密切配合。受宣传引导不力、服务技能质量不高等因素的影响，目前仍有不少居民对依托社区资源养老的意愿较低，他们宁可去找住家保姆或钟点工，也不愿将老人送往老人日间照

---

[1] 冯晓丽、刘丽：《农村居家养老服务网络的构建》，《重庆社会科学》2016 年第 6 期。

[2] 陆泽雁：《介入与嵌入：欠发达地区居家养老服务的策略》，《汕头大学学报》（人文社会科学版）2016 年第 2 期。

料中心。此外，居民家庭医生签约率较低，即便在某些大中城市尚不及50%。二是社区养老服务资源碎片化、医养资源相互阻隔等现象依然存在，并且医养结合程度较低。例如，社区老人日间照料中心、卫生服务中心、嵌入型养老机构、社工义工等"各自为政"，并且在实施医养结合中，各相关部门之间依然存在隐性行业壁垒、职责业务交叉交织等现象，以致相互扯皮。甚至在一些地方，医养结合徒具形式，缺乏实质性内容。三是在一些城市社区缺乏居家养老服务配套设施，并且其中老旧小区适老化改造严重滞后。居家养老服务配套设施不足以及适老化改造滞后给老人日常生活及其参与社区活动造成诸多不便，有损他们的身心健康。四是目前一些地方开展居家社区养老服务，在一定程度上依然存在方式呆板、内容单一、技能欠缺、标准不一等问题。这既不利于逐步满足老人的多样化、个性化需求，也不利于提高居家社区养老服务的质量效能。五是城乡居家社区养老服务资源差距较大，农村居家社区养老服务资源匮乏问题亟待解决。六是社会力量介入居家社区养老服务尚存在随意性、应景式、急功近利等现象。

第二，养老服务供给体系建设行政化倾向依然存在。在某种程度上，一些地方的居家社区养老变成了政府相关部门大包大揽的"独角戏"，以致孤掌难鸣，很难满足社区居民对养老服务发展的迫切要求。此外，在养老服务上社区居民对政府过于依赖，这就让政府背上了沉重的包袱，致使政府主导的角色扮演在实际活动中变形走样，难以形成政府主导下的多元福利供给主体格局。目前，一些城乡社区普遍存在养老服务组织自身"造血"功能不足、社区老人日间照料服务多半缺乏盈利点、服务成本高但收益低等问题。居家社区养老服务机构就近就便的优势并不足以抵消其规模偏小、功能重叠、服务单一等运营环节的诸多劣势，以致单纯依赖政府购买服务及政策性补贴，并不能从根本上扭转此种局面。此外，在社区养老服务基础设施硬件建设、居家社区养老信息服务平台软件建设、社区养老服务队伍建设等方面，一些社区也存在"等靠要"的依赖思想，缺乏积极作为的开拓创新精神。

第三，居家社区养老的地方性制度安排及政策制定雷同化、随意性倾向比较严重，以致其成效不够显著，也比较缺乏可持续性。综观某些省份已经出台的居家养老服务条例或规范和标准，在理念思路、价值取向、目标定位及语言表述方面，均不同程度地存在照抄照转、生搬硬套的现象。显而易见，这类政策法规的形成并未建立在周密而又充分的社会调查基础上，缺乏因地制宜的求实性及打破常规的创造性。这就会导致出台的政策法规在具体实施中流于形式，用老百姓的话说就是"雷声大，雨点小"，难以达到其应有成效。尤其是在一些县、乡镇政府发布的政策中，还存在贪大求洋、好大喜功的追求政绩倾向，以致盲目制定任务指标，并且运用行政手段，强制相关部门及其人员去完成这类任务指标。这样一来，就容易诱发为了任务达标和应付上级检查而蓄意弄虚作假的现象。譬如，在乡镇敬老院，设立医务人员一年半载去不了几次的流动性质的医疗室，就算实现了医养结合；在某个城市福利院或养老机构中腾出几个房间，门口挂上社区老人日间照料中心的牌子，再设立一个简陋的小诊所，也就算实现了医养护一体化。此外，在一些社区卫生服务中心，为按期达到上级要求的家庭医生签约率，不得已而采取某些利诱手段，致使居民的主动签约变成了"被签约"。凡此种种，莫不是为了追求形式化的轰轰烈烈，而牺牲了内容上的实实在在。

第四，在一些地方开展居家社区养老服务活动中，不同程度地存在社区养老服务基础设施建设滞后、居家社区养老信息服务平台覆盖率较低、社区养老护理人员年龄较大且技能欠缺、信息服务及上门服务拓展较难、政府购买服务考核监管及奖励兑现机制不够健全等问题。譬如，一些地方的居家社区养老服务照料中心的房屋使用年代久远，生活设施比较陈旧简陋，既缺乏必要的室外活动场地，也少见比较齐全的无障碍设施。由于距离社区卫生服务中心较远，再加上没有电梯，一些高龄老人在此中心楼栋内上上下下，看病很不方便。再如，一些地方的社区养老服务组织、机构虽然较多，却"各自为政"甚至以邻为壑；一些地方兴建的居家社区养老信息服务平台仅仅覆盖大中城市中心城区及其周边，而许多小城镇及乡镇却因鞭长莫及而不能受惠于其中；一些地方社区的养老护理员多为"4050"年龄段的女性，她们从事一般性的简单生活照料服务尚可，倘若遇到一些需要专业技能方能有效应对的复杂情况时，往往显得手足无措，力不从心；一些地方社区推行的为老信息服务及上门服务深受政府购买服务费用投入不足、地域经济社会发展迟缓、生活习惯惰性等因素的限制，与居民家庭普遍要求低廉且优质的服务供给并不相符，以致其服务人群的拓展难乎其难；对社区养老设施建设、适老化改造、居家养老服务券发放等政府补贴、购买服务项目的资金使用及其效应，一些地方政府往往缺乏规范化考核、严密的监管及合理的奖惩兑现运作机制；等等。

第五，在一些地方开展居家社区养老服务中，政府支持、家庭支持、社区支持之间的融合度较弱，机构介入居家社区养老的积极性、主动性和创造性不足。政府支持与家庭支持之间的合力不强，其主要表现在以下几个方面。政府购买服务的杯水车薪无法对具有比较沉重养老负担的家庭发挥较大作用，以致家庭照护服务难以持久；政府对家庭养老的政策支持，存在重救急轻长远、重事后处置轻事前预防、重物质救助轻精神调适的倾向，以致其可持续效果欠佳；个别地方政府对医养结合乃至医养融合的大力倡导及相关举措，在实施中变形走样为"高富美"或"高大帅"类型，而这对低收入居民家庭来说，只是画饼充饥或远水不解近渴。家庭支持与社区支持之间的契合度不高，其主要体现为以下几方面。社区养老服务方式单一，养老服务种类较少且层次较低，自主购买服务与预期相差较大，专业化、规范化、精细化的服务供给比较缺乏，居民家庭对于养老服务的多样化、个性化、人性化需求，难以得到充分满足。机构养老与居家社区养老的兼容互补效能不足，其主要表现在社会养老市场管理不善导致经济效益和社会效益统一性较弱，公寓养老服务的刻板单一和简单低效造成居民家庭认可度较低，公建养老机构资源因床位空置而严重浪费。尤其是在一些地方，支持机构介入居家社区养老服务的政策出台易而落实难，民办养老机构由于担忧运营困难而对介入社区养老服务顾虑重重，其中持观望态度者较多，即便是那些已经进入的"拓荒者"在面临挑战及陷入发展困境时往往也会失去信心或韧性，急于寻求脱身。

第六，城乡社区服务类社会组织发展滞后且成色不足，不能给予居家社区养老强有力的可持续支撑。与发达国家相比，现阶段国内城乡社区服务类社会组织数量较少且服务效能较低，对居家社区养老服务发展的影响力及贡献值尚不尽如人意。尤其是在慈善公益性的助老活动中，一些地方的社区服务类社会组织的参与多半是在节假日"走一走过场"，服务形式表象化且服务内容侧重于基本生活需求，而对居家老人在医疗卫生、法律援助、精神慰藉等方面的强烈需求，却不能适时满足。此外，在一些地方，社区建设去行政化步履缓慢、社区社会组织孵化和培育成效不足、社区社会工作者多半不具备与为老服务相关的专业素养和技能，致使在以社区为基础平台、以社会组织为服务载体、以社会工作者为业务骨干、以满足居民需求为导向的"三社联动"社区服务活动中，为老服务往往成为其中的一块短板。其主要表现为针对居家老人的社会化服务比重较低、全科式医疗服务缺失、信息化服务程度严重不足。

（二）对开展居家社区养老服务所面临难题的归因分析

现阶段，开展居家社区养老服务所面临的多重难题，从总体上看与国内经济发展、政治引导、文化教育、社会生活等综合因素密切关联。具体分析，其主要原因大致有以下几方面。

第一，在开展居家社区养老服务的理念思路上出现偏差。所谓居家社区养老，就是家庭养老在各种现代化因素日甚一日的冲击下，朝向社会化养老延伸、扩展、提升的一种创造性转换形式，其根基虽然仍在家庭，但其服务资源供给将越来越多地依靠作为小社会的社区支持。这就是说对于国内各地来说，立足现实，家庭支持在现阶段依然是养老服务不可或缺的基础性因素，但是，面向未来，社区支持的主导作用将会变得越来越重要，将会逐渐与家庭因素融会贯通，最终成为社会化养老发展的主导因素。有鉴于此，在开展居家社区养老活动中，底线思维、辩证思维、战略思维人们应兼而有之，缺一不可。然而，在某些地方，由于思维方式的片面性，在谋划和宣传居家社区养老时不是脱离现实好高骛远，就是因循守旧亦步亦趋，总归是缺乏观察的客观性和行动的创造性。居家社区养老格局本应是政府、社区、家庭、机构多元服务供给主体参与下的联合建构。其中的功能作用表现为以家庭为基础、政府为主导、社区为依托、机构为补充，既提供无偿的公共服务产品，也提供准公共产品，即包含一定"花钱买服务"性质的产品。然而，由于谋划和宣传上的不到位及错位，在一些地方，居民往往把居家社区养老完全看作政府提供的公益性惠民服务或社会福利性救助。这就容易造成人们对家庭养老服务责任和义务意识的逐渐淡化，此外还会引起人们对机构介入居家社区养老的严重误解，认为其实质上只是为钱服务而不是为人服务。比如，在一些地方，家庭医生签约率较低，尚不足 1/3，其原因除了这些地方此类活动开展较晚，谋划和宣传上的不到位及错位也是重要因素。

第二，开展居家社区养老服务的体制机制建设不力。现阶段，各地开展居家社区养老服务，其具体工作主要是在民政部门及其老龄工作处室的指导下进行，由于部门特定工作领域的限制和条块分割管理体制机制的束缚，在为老服务社会化建设上，有关部门缺乏"大养老"视野及创造性活力。在这方面，一是体系架构尚不明确，没有形成统一规范、具体细化的体系结构、运行机制、监管措施；二是工作机制尚未理顺，老龄、民政、卫生计生等多个部门各自为政，协同配合、资源共享的居家养老服务工作合力还未形成；三是政策制度尚不完善，省级层面没有出台居家养老服务专项政策，同时，相关配套措施和标准规范不够健全；四是投入渠道较为单一，尚未形成多层次、多元化的资金投入机制。① 譬如，在一些地方的不少小城镇社区，社区综合服务中心的功能并不健全，在组织协调和贯通联结居家社区养老服务信息系统、各类服务供应方及其服务人员、监督管理部门等方面，其平台和枢纽的作用难以发挥。在一些农村社区，村一级综合服务中心尚未建立，养老服务信息系统建设比较滞后，单靠村委会及村老年协会的力量难以应对日趋扩大的农民养老服务需求。再如，目前仍有一些省会或省内中心城市尚未出台有关居家社区养老服务的专项政策法规，这就使建构起消除各自为政现象及统筹、协调、集结、运用各方资源的工作机制、资金投入机制等，缺

---

① 全国老龄工作委员会办公室编《老龄政策调研（2016）》，华龄出版社，2017，第302页。

乏合法依据及合理标准。即便在一些直辖市、省会或省内中心城市，如北京、上海、南京、杭州、长沙、合肥、苏州、芜湖、温州等，虽然已经出台这方面的专项政策法规，但从实施效果来看并不理想，有待进一步修订及完善。

第三，推动居家社区养老服务发展的方式和路径选择不当。近年来，一些地方由于在开展居家社区养老中急于求成，往往采取包办代替、强求一律、贪大弃小、重当下绩效而轻前瞻谋划、重技术构成而轻人文孵化等不当的方式及路径选择。包办代替，主要表现在一些地方政府及相关部门不甘于仅仅扮演引领者、推进者和监管者的角色，事无巨细都要插手，尤其是习惯于以行政化或准行政化手段，干涉居家社区养老服务的具体运作。这就不仅使政府的兜底功能与市场的增效功能难以达到兼容互补，而且造成政社互动不通畅、不平衡境遇下的社会组织不给力、不作为。强求一律，主要表现在开展居家社区养老中，置城乡、区域发展差异以及各地生活习惯及文化传统于不顾，按照同一的固定模式及刻板标准去衡量和评判其工作成效。这就导致一些地方在工作中缺乏求实创新精神，为追求形式而牺牲内容，其结果是形似而神不似，难以解决实际问题。贪大弃小，主要表现在谋划居家社区养老服务运作时，过于注重规模效应及技术含量。政府有关部门对设施较好且床位较多的大中型养老机构及护理机构，在其介入社区服务时"恩爱有加"，倾力提供各种方便，而对设施较差且床位较少的小型养老机构介入社区服务则表现得不屑一顾，口头支持大于实际行动。这样做势必导致大众化服务需求在很大程度上被忽略。至于重当下绩效而轻前瞻谋划、重技术构成而轻人文孵化的路径选择，则很容易造成一些地方在开展居家社区养老中的急功近利，以致疏于对社区养老服务内生性的培育；其主要表现为无视各类服务载体"供血"不足及"造血"受限的现实，不愿做踏踏实实的强基础、增活力的辛勤工作，期待单靠外部嵌入及技术"显灵"就能实现"弯道超车"，与这方面工作的先进地方并驾齐驱。某些居家社区养老服务机构陷入"资源浪费"和"难以为继"的发展困境，就是这样做的不良后果。

第四，没有找准促进居家社区养老服务发展的政策支持着力点及创新点。在某些地方，一直将确保政府的养老兜底服务看作居家社区养老政策支持的着力点。这样做当然无可非议，但从居家社区养老服务与政府养老兜底服务之属性的差异来看，似乎是这些地方在其他方面对政策支持尚存在某种误解。作为具有社会福利及社会救助性质的基本公共服务，政府养老兜底服务的特点是特惠于亟待帮助的困难老龄群体，其重点是优先满足特困、失能、失智、孤寡等老年人对养老及护理的服务需求。居家社区养老则是家庭养老与社区养老的有机结合，其基本属性是家庭养老向社会化养老延伸和扩展的现代性转换，其中公益性与营利性、特惠性与普惠性兼而有之。在国内近年来流行的"9073"养老格局中，90%的老年人通过自我照料和社会化服务实现居家养老，7%的老年人通过社区组织提供的各种专业化服务实现社区照料养老，3%的老年人通过入住养老机构实现集中养老。显然，除了少数享受政府特惠型社会救助服务的"五保"、"三无"、失能失智等困难老人，其他类型的老人在享受以政府购买形式提供的基本公共服务，以及由社会组织提供的公益性为老服务的同时，还要以个人付费的形式，去获得来自社区组织、社区各种服务机构提供的有偿或低偿服务。市场化运作对于增效提质固然十分必要，但也要通过有效监管限制其中的营利性盲目冲动。这就是说开展居家社区养老服务的着力点选择应以不断巩固和加强其公益性及普惠性的主导地位为前提。基于健康老人最多、亚健康老人次之、失能失智老人较少的现状，应当把政策支持的重点照顾对象与政策支持的主要服务对象区分开来，从而将开展居家社区养老服务的着力点定位于不断更新、完善社区为老公共服务基本设施，以及定位于营造为老服务的良好氛围、提升其服务质量水平。只有这样做，才能提高大多数社区老人的健康老龄化和积极老龄化程度。然而，在一些地方的不少社区却选错着力点，热衷于以招商引资优惠举措吸引一些服务商在社区兴建"高富美"类型的养老院及护理院，而其引领和示范效应并不明显且入住老人甚少，从而背离居家社区养老服务于大多数老人的初衷。就目前来说，如此做法恰恰形成居家社区养老服务发展的短板，即相关机构不能适时而有效地介入居家社区养老服务，机构养老在社会化养老服务中的补充功能发挥欠佳。由此而引入另一问题，即如何在保证居家社区养老公益性服务主体地位不断巩固和增强的前提下，以创新思路及改革举措去推动机构养老与居家社区养老的有效对接和高度融合。譬如，在"医养康养文养"融合发展方面，城市社区卫生服务中心与包括托老所在内的社区内各类养老机构怎样合作，在城市福利院及乡镇养老院，其社会化改革方向及运作策略怎样确定。类似这样的问题，在一些地方的不少社区依然悬而未决或有待深入探讨加以解决。须知，盲目发展不是创新，实现健康、有序、较快发展方能真正体现创新之真谛。

第五，居家社区养老及其服务发展受到多重因素的影响和作用，主要包括5个方面。一是文化因素的影响和作用。首先，就其思想文化表现来说，市场经济具有两重性。一方面，它孕育人们的效率意识、平等意识、公正意识、法制意识、开拓创新意识等现代文化因素；另一方面，它本身也具有内在的伦理缺陷，容易滋生极端利己主义及个人享乐主义，而这就有可能导致城乡社区成员缺乏共同认可的价值取向，在居家社区养老服务上较难达成共识及合作。其次，从昔日乡土村落向城市社区"陌生人社会"或"半陌生人社会"的转变，必定会引发人们社会心态及个体心理特质的重大变化，以致农村社区邻里互助传统良好风尚逐渐消退，不免对居家社区养老发展产生负面效应。最后，随着技术关联型社会的逐渐形成，一方面，不少年轻人价值观念发生重大变化，他们敬老助老意识有所淡化；另一方面，许多老年人的独立自主意识也在增强，他们并不愿意依附年轻人来养老。在一定程度上，这些因素制约着居家社区养老在传承家庭养老优良传统中顺畅进行。

二是制度因素的影响和作用。首先，体制改革不力及不适当的行政干预，往往导致行政运作的主观随意性并加大政府成本，以致社区及其服务对象对政府资源过度依赖，疏忽自我发展。其次，政策法规建设相对滞后。老龄化问题本是经济、社会、文化等问题的交织和叠加，要使居家社区养老服务从乡到城、从点到面、从弱到强取得突破性的进展，政策法规建设必走在前面。然而，相对于老龄化发展的速度、程度及为老服务现状，居家社区养老相关的政策法规却在一定程度上暴露出观念保守、针对性弱、力度不大等问题。

三是组织因素的影响和作用。一方面，因为社区治理滞后，由持续向下延伸的行政权力、不断介入的市场力量、逐步生长的社会力量相互交织所导致的利益取向差异及矛盾冲突，致使居家社区养老服务资源缺乏统一的组织来进行协调和整合。另一方面，由于缺乏有效的组织指导，党团员、各种社会组织成员、退休人员等参与居家社区养老服务活动，存在松散化、碎片化现象，缺乏协同性及可持续性。

四是经济因素的影响和作用。首先，由于财力、物力所限及思想认识不充分，政府购买服务力度不够，难以在居家社区养老服务中起到经济保障的主导作用。其次，因为经济投入与社会政策不协调，政府的公共财政投入、社会资本的介入等由于缺乏有效的政策引导而未能充分发挥其应有效能。最后，慈善及其社会捐赠介入居家社区养老服务活动不足，难以起到拾遗补缺的辅助作用。

五是人才因素的影响和作用。一方面，在世俗观念影响下，从事居家社区养老服务的人员并不能真正地被公共舆论重视，而在此潜移默化的影响下，一些地方或部门的决策者人才意识模糊，对培养居家社区养老服务人才不以为然，往往敷衍塞责，应付了事。另一方面，人才机制陈旧及有关政策设计和安排不及时、不配套、不适用，导致专业化社会工作者队伍和志愿者服务队伍的建设相对迟缓，从而对搞好居家社区养老服务造成严重妨碍。

三　破解居家社区养老服务发展难题的工作思路和举措

（一）破解居家社区养老服务发展难题的工作思路

在以上分析和思考的基础上，笔者就如何破解居家社区养老服务难题，提出以下工作思路。

第一，为了破解开展居家社区养老服务中的难题，要建立健全居家社区养老社会支持体系。在开展居家社区养老服务中，政府支持是主导力量，家庭支持是深厚根基，社区支持是基本依托，机构支持是重要补充。通过体系建设不断加大居家社区养老社会支持力度，以及提高社会支持质量，居家社区养老发展中的难题可以得到适时而又合理的解决。当然，在居家社区养老社会支持体系建设中，应充分考虑到不同类型地区之间的发展差异以及老龄化程度的不同表现。目前，居家养老的多重需求与社会化养老服务的现实能力和水平之间尚存在较大的反差。因此，在发展居家社区养老服务方面，各地需要因地制宜和因势利导，并且兼顾其现实性、针对性、差异性、实效性、前瞻性和可持续性。

第二，在开展居家社区养老服务时，需要矫正理念思路上的偏差，强化底线思维、辩证思维和战略思维。从底线思维看，应当恪守法定的养老责任和道德义务，这是每一名家庭成员不得逾越的底线。从辩证思维看，在开展居家社区养老服务活动中，应当实现亲情照料与社会照护、科技增效与人文关怀、经济效益与社会效益的兼容互补和共生双赢。从战略思维看，应当将开展居家社区养老服务，提升至贯穿积极应对老龄化、改善民生、创新社会治理的战略举措来认识，并且适时制定居家社区养老服务中长期发展规划，切实保证其实施的实效性及可持续性。

第三，影响和干扰居家社区养老服务发展的深层次原因，来自体制机制建设的障碍，而有效清除此类障碍则有待在全面深化社会体制改革中充分发挥创新驱动的引领效应，逐步建立健全"大养老"的社会化服务格局。从哲理高度看，人口老龄化的实质就是安身立命与终极关怀的高度统一与有机融合，换句话说，也就是在经济社会发展水平及其文明程度不断提升的大背景下，进一步促进人的幸福生存和全面发展。因此，应当跳出就养老讲养老的思维定式，从提高社会建设效能和促进经济社会全面、协调、可持续发展的高度，来审视居家社区养老服务体制机制建设中的障碍，并且借助全面深化社会体制改革彻底排除。

第四，无论做什么事情，方式和路径选择得当可以少走弯路、事半功倍，倘若相反，则折返往复，事倍功半。在开展居家社区养老服务中，方式和路径选择是否得当，往往取决于如何正确协调和处理政府、市场、社会、家庭之间的关系，使之兼容互补以形成合力，而不是相互扯皮，相互抵消。

进一步加大政府职能转变力度，是在居家社区养老服务中更好发挥政府主导作用的前提。政府购买服务下的市场化运作，加上作为第三方的社会监管，或许是政府、市场、社会、家庭之间相互合作且相互制衡的最佳方式。社会工作介入的成效不高以及社会力量的"发育迟缓"，是目前各地开展居家社区养老服务中的短板。有鉴于以上因素，应当通过正确的方式和路径选择，增强居家社区养老服务的内生性，逐步改变目前一些地方"大政府、强市场、弱社会"的养老服务发展格局。例如，在开展居家社区养老服务中求同存异，促进家庭、政府、社会、机构等养老服务主体达成共识，形成子女的亲情慰藉、政府的政策引领、社会的力量支撑、机构的功能补充等作用的强大合力。

第五，找准促进居家社区养老服务发展的政策支持着力点及创新点，需要立足现实、着眼未来，服务多数、因地制宜。这就客观上要求在开展居家社区养老服务时，各地应不断更新、完善和扩大社区为老公共服务基本设施、营造为老服务良好氛围，以及持续提升其服务的质量和水平。应当说，这样做符合增强居家社区养老服务公益性主导地位，以及发挥其广泛代表性功能和作用的客观要求。实践证明，机构养老与居家社区养老的服务边界是相对的而不是绝对的，怎样以创新思路及改革举措推动机构养老与居家社区养老的有效对接和高度融合，对于许多地方来说至今仍是尚未解决的一大发展中难题。因此，基于不少地方乡镇敬老院空置率较高的现状，应在农村加大乡镇敬老院社会化改革力度，以较低收费吸纳家庭照顾有较大困难的老人阶段性入住，并且在特定的情况下准许家人陪同看护。这样做有利于积极利用乡镇敬老院的社会服务资源，充分发挥其功能和作用，同时也有助于农村家庭养老与社会养老的有机结合及融合发展。而在诸多中小城镇则应将星罗棋布的小诊所资源通过政策引领加以优化整合，促使此类资源以适宜的工作形式服务于日益增长的社区居家老人医养康养的客观需求。

（二）破解居家社区养老服务发展难题的具体举措

第一，加大宣传引导力度，提高公众对居家社区养老服务的知晓度、认知度及践行度。可于每年重阳节，在各地普遍开展居家社区养老服务宣传日或宣传周活动，凸显居家社区养老服务在社区服务中的基础地位。在开展居家社区养老服务时，注重发挥优良传统文化资源的功效，以实现家庭美德、社区情理与社会文明发展要求的有机衔接，从而增强家庭融洽度和社区凝聚力。实际生活早已证明，每当遇到经济、生活或心理困扰时，那些能及时得到亲戚、朋友或社区、单位等正式或非正式社会资源支持的家庭，通常拥有较大的概率缓解压力，从而维持正常的家庭功能。此外，当前值得注意的现象是，虽然人们的经济收入、生活质量不断提高，但是，一些年轻人对家庭责任和义务的承担意识却弱于老一辈人。这就需要在全社会加大家庭责任和义务的宣传力度，促使民族敬老孝亲的优良传统能永续相传。再者，还应通过各种有效举措增强社区居民"人人为我，我为人人"的生活理念，进而为居家社区养老服务营造良好环境氛围。

第二，以合理、有效的创新措施破解社区养老服务资源碎片化、农村居家社区养老服务资源匮乏等难题。树立大社区理念，引导老人日间照料中心、嵌入型居家社区养老机构、卫生服务中心、社工义工等为老服务资源协调配合，形成优势互补。尤其是应由相关部门及时组织拟订医养康养结合的政策标准和规范，加快医养康养结合已有规划政策在居家社区养老中的落实。此外，应在政府购买服务中纳入个性化低偿服务项目，并且善用慈善组织提供的善款为老项目，降低居民电话预约的定制上门服务费用。城镇应鼓励和支持社会力量与社区卫生服务中心联手，在社区兴办医养康养结合型居家养老服务中心或"养与护"并举的日间照料中心；把社区在养老服务中心同设卫生服务站列为养老服务体系建设的重要考核指标。为方便失能半失能老人及高龄老人看病，应当进一步打通医养康养结合通道，以相关政策规定一些可以在此类中心诊治的疾病，不去住院也可报销。乡村应大力推进乡镇敬老院社会化运营改革及医养结合服务，将其打造成区域性综合养老服务中心，充分发挥其在推动乡村居家社区养老服务发展中的标杆作用，鼓励和支持其功能作用和资源优势向村幸福院延伸。将村幸福院纳入养老机构运营补贴补助范围，鼓励和支持养老机构嵌入农村社区开展老人托养服务。在确保为"五保"、残疾等老人提供优质托底服务的前提下，村幸福院也可接纳一些确有困难的社会老人，并且依托具有一定资质的养老机构，联手打造小型化、多样化的新型农村居家社区养老模式。

第三，加大涉及居家社区养老服务的政策法规建设力度。制定有利于居家社区养老的社会政策，促进人们养老观念从传统向现代转变。在这类政策制定中，应从单一性的国家立法和政府行政干预演变为多元化的社会力量参与，以求达到对其补救性、预防性、发展性、道德人文性、科学合理性等属性的整合与兼容。当然，这类政策的制定及实施在一定程度上仍然要考虑传统文化价值观和生活方式在其中的影响，并且要充分利用其所能提供的社会支持效能。此外，在国内各地应尽快出台省（区、市）一级的《居家养老服务条例》，就政府、家庭、社区、社会力量等服务主体职能职责的界定，以及服务质量、评估监管等标准的制定等，给予明确规范。此外，还应尽快兑现各地以往政策规划的承诺，督促相关部门将乡镇（街道）居家养老服务中心、村（社区）居家养老服务站（农村幸福院、社区老人日间照料中心）等机构中符合条件的工作人员优先纳入社会公益性岗位。

第四，建立健全居家社区养老服务机构，更新改造社区养老服务设施，鼓励支持机构嵌入社区开展居家养老服务。各地应学习和借鉴一些地方的成功经验和有效做法，依托区老龄办建立区级居家养老服务指导中心，依托街道成立居家养老服务所，依托社区养老服务设施或社会事务站成立居家社区养老服务站，并且依托社区网络，在社区普遍建立为老服务热线、居家呼叫系统、数字网络系统。在欠发达地区，尤其应认真落实各地对新建小区养老服务设施配建的要求，优先对老旧小区内及纳入特困供养范围的老人家庭进行适老化改造，并且逐步进行公共空间的适老化改造。在有一定条件的街道，依托社区服务设施建设具备全托日托、上门服务、对下指导等多功能的居家养老服务中心，并且在基层社区建立嵌入式居家养老服务站或老人日间照料中心。大力推广社区嵌入式居家养老服务，在老人聚集的社区内或附近，建设具备日间照料、短期托养、康复医疗、社工介入、上门服务等功能的居家养老服务站，鼓励和支持专业养老机构承包并采取连锁经营的方式，为居家老人提供全方位的具有专业化、社会化、人文化和普惠性的服务。此外，在政府购买服务、养老设施兴建用地、废旧场所利用达标、简化行政审批手续等方面，进一步加大政策支持力度以及提高其兑现程度，以便鼓励和吸引民办养老机构直接进入社区，承接居家养老服务设施的社会化运营。推动社区嵌入式养老与智慧养老有机衔接和深度融合。以优势政策引导一些条件较好的大中型养老机构与有关社会服务机构携手进入社区，并且依托智慧养老信息服务平台覆盖较多社区，为居家老人提供具有广度、深度、精度的优质服务。

第五，丰富居家社区养老服务内容，拓宽居家积极养老发展空间。与所有人一样，老人有良性生存、健康发展、价值体现等内在追求，他们需要社会为自己提供具有针对性、灵便性、全面性的优质服务。因此，各地应不断满足老人在康复保健、文化娱乐、社会交往、精神慰藉、个性表达等方面的多样化需求，并且充分发挥老年人力资本和社会资本的功能，促使他们实现由被动养老向积极养老转变。尤其应当融公益助老、信息便老、邻里互助惠老、日托养老、临终关怀敬老等服务为一体，拓宽社区养老服务的发展空间，提升社区养老服务的人性化程度。鼓励和支持居家老人积极养老。充分发挥各种老龄社团在培育良好家风、社风，构建和谐代际关系、人际关系等方面的重要作用。鼓励和支持离退休"五老"人员积极参与和谐社区、平安社区、老年宜居社区等建设；组织老龄志愿服务者队伍，发挥老年人在交通执勤、物价监督、小区安全等城市社区管理方面的辅助作用。

第六，加强居家社区养老服务专业人员队伍建设。重视专业化的社区服务人才的培养，是全面、深入地开展居家社区养老服务的必备条件。因此，在居家社区养老服务专职人员队伍建设中，各地应立足当前，着眼未来，多吸纳一专多能的复合型人才，以便顺应养老服务社会化和积极老龄化的客观趋势，不断拓宽为老服务领域，更好地满足老人的多样化及个性化需求。具体说来，在城乡居家社区养老服务机构中，应配备一定数量的全科医生及老年护理师，以满足社区居家老人对医养康养的现实需求。对此类人才资源可从多个途径进行开发，例如，大专院校可开设为老医养康养服务专业课程，为基层社区培养全科医生及老年护理师。再如，通过培训和考核方式提升现有服务人员水平，促使其中优秀者达到全科医生及老年护理师的能力和水平。以购买服务方式支持民间医护人员（私人诊所开业医生、刚退休的医护人员）参与社区养老服务，并且鼓励他们以优惠、弹性服务的方式，为居家老人提供医养康养之类服务。此外，也可依照个人意愿，以优惠条件引导和动员原来从事公共服务行业或社会工作的低龄健康老年人，在其身体许可的情况下，从事对有特殊家庭困难的失能失智或高龄老年人的间歇式社会化照护服务，而这方面的费用可由政府财政及社会善款给予支持。

第十章

居家社区养老的社会政策研究

一　完善支持家庭养老及家庭照顾的社会政策

（一）引言

我国有高度重视家庭养老及家庭照顾的悠久历史和文明传统。自古以来，儒家重视以姻缘和血缘为基础的人伦交往关系、重视婚姻家庭生活、重视家庭中的世代间照顾。在此类思想文化观念熏陶下，家庭一直是国人老有所养及老有所依的理想归宿。改革开放以来，尽管社会结构转型步伐加快，家庭在结构、功能、关系、生活方式等方面发生巨大变化，与之相应的传统的家庭养老观念招致严重冲击。但是，在思想上和行动上，国人对个体衰老后居家养老且能享受家庭式照顾依然深切期待。恰如学者所说，家庭养老不会消亡，而只是一种适应性变化。① 最新教育科学研究也表明："世代间的关怀和照顾是通过对个人培养的过程来探索家庭的意义，在亲近与疏远、责任与放任、传统与革新之间徘徊。"②

基于上述社会事实，我国政府主张并倡导居民养老以居家为基础，并且

---

① 贾鑫、赵福生：《"互联网+"背景下家庭养老功能的回归》，《世纪桥》2018年第3期。
② 〔德〕亚历山德拉·茹科夫斯基：《家庭中世代间的照顾：关于过去和将来的老人》，董璐译，黑龙江教育出版社，2015，第335页。

出台相关政策支持家庭养老及鼓励家庭照顾。即便是作为养老依托的社区和机构，也无不把实现家庭式关怀和亲情式照料作为工作中的理想目标大力提倡。究其实质，社区养老和机构养老恰是新的时代背景下对家庭养老的替代和补充，即在社会变革驱动下家庭养老的延伸、拓展和提升。譬如，我国老年学者张仙桥和李德滨就力主以家庭为主体划分中国老年照顾类型，并扩展到非家庭照顾领域。在他们看来，"老伴照顾护理型、子女照顾护理型、老伴子女混合照顾护理型属于传统的家庭照顾，亲属照顾护理型属于传统家庭照顾的替代，而非亲属照顾护理型、机构照顾护理型则属于传统家庭照顾的延伸和提升"。[①]

现阶段，一方面，传统家庭养老面临多重现代化因素的挑战，陷入日渐式微的发展困境，这让国人增加不少困惑、纠结和烦恼；另一方面，在家庭结构、功能、关系、生活方式、文化表征等变化的倒逼及社会信息化的助推下，家庭养老正在努力适应时代进步，迎来新的发展机遇，从而革故鼎新，重新焕发生机和活力。应当看到，现代化因素对传统家庭养老模式的冲击具有必然性和进步性，它倒逼家庭养老模式为适应现代社会运行而转型发展，也就是要向社区养老或机构养老延伸及拓展，进而丰富社会化养老内涵。由此可见，巩固家庭养老的基础地位、丰富家庭养老的内涵、拓宽家庭养老的外延、转换家庭养老的形式，不仅应有新的发展理念作为指导，还应有合理的制度安排及有效的政策设计作为支撑。故此，笔者拟围绕国内家庭养老服务发展现状，探讨家庭养老及作为其重要内容的家庭照顾问题，并就制定支持家庭养老及家庭照顾的社会政策进行初步探讨。

（二）老人家庭照顾现状及难题

1. 老人家庭照顾现状

家庭养老及家庭照顾是社会养老及社会照顾的基础，对于"未富先老"和"未备先老"的老龄化特征比较明显的我国来说尤其如此。因为，在总

---

① 张仙桥、李德滨：《中国老年社会学》，社会科学文献出版社，2011，第325~328页。

体上经济社会发展仍处于后发展状态的我国，与一些西方发达国家相比，社区养老服务机构设施建设还比较滞后，服务能力水平也有待提高，居家社区养老服务起步较晚，并且在一定程度上缺乏高质量拓展。在我国，尽管家庭养老及家庭照顾面临各种现代化因素的严峻挑战，但是，至今它依然是国内居民养老的重要选择，是居家社区养老服务广泛、深入开展的坚实基础。例如，高菊兰等对四川城镇居民养老模式的研究揭示，44%的老人与子女一起住，29%的老人与子女分居，26%的老人处于独居状态。① 虽然与子女分居或独居的老人与过去相比大量增加，但多数老人依然与子女同居，这本身就表明家庭养老及家庭照料依然是老人晚年生活的首选。再如，朱蓓等对徐州市老人养老方式选择的数据分析结果表明，选择家庭养老、机构养老、社区养老的老年人分别占74.5%、11.4%、14.1%。② 此外，2018 年 4 月笔者在安徽省合肥市包河区方兴社区进行调查，发现该社区 60 岁及以上老年人口为 9283 人，占社区常住人口的 13%，其中希望在家接受养老照顾的占73.8%，选择在社区老人日间照料中心或托老所接受照顾的占 16.9%，选择在机构接受照顾的占 9.3%。既然家庭养老及家庭照顾仍然是现阶段我国居民晚年养老生活的首选，国家和政府应在农村加大对家庭养老及家庭照顾的支持力度，促进家庭养老、家庭照顾与社会养老、社会照顾兼容互补，而在城镇则应继续支持家庭养老及倡导家庭照顾，推动家庭养老及家庭照顾向社区或机构延伸、拓展、融合，健康有序发展。

在现实生活中，家庭养老及家庭照料作为各地诸多家庭的优先选择，其成因是多重的。首先，受经济收入较低、社会交往面较窄、家庭情结较浓、养老观念转变较慢等因素的影响，一些老人内心依然期盼能在自己家里颐养天年，尤其希望能享受到自己配偶及子女的照顾，而居家依托社区资源养老，只不过是在前者因条件所限无从实现时退而求其次的选择。其次，一些地方的非政府组织发展迟缓且活动能力有限、社工和义工参与居

---

① 高菊兰、向月波、李林萍：《四川城镇居民养老模式探析》，《经济师》2017 年第 4 期。

② 朱蓓、钱香玲、胡斌：《徐州市老年人养老方式选择及影响因素研究》，《中国卫生事业管理》2017 年第 1 期。

家社区养老服务活动较少且服务质量不高，以致那些条件较好的家庭，或将失能半失能的老人直接送至专门的养老机构，或选择保姆上门服务与子女陪护照料相结合的替代方式。最后，随着社会物质文化生活水平的不断提高，现代老年人的精神心理需求日益增加，并且其中有许多需求需要在与家人亲密无间的交往中才能得到充分满足。凡此种种，无不表明在现阶段各地居民养老服务发展中，家庭养老及家庭照顾依然具有其存在的现实合理性，尤其是在老人精神慰藉方面，依然具有社区照顾和机构照顾无法完全替代的独特作用。

近年来，在巩固家庭养老基础地位及支持家庭照顾方面，国内各地主要采取了以下措施。

一是大张旗鼓地倡导和发扬"尊老、敬老、爱老、助老"的传统美德，把弘扬和创新孝亲敬老文化，纳入社会主义核心价值观宣传教育。国内各地大多利用传统的重阳节、清明节、中秋节、春节以及国际家庭日等时机，采取多种形式来建设具有地方特色、时代特征的孝亲敬老文化，并且通过不断加强家庭建设，教育引导居民自觉承担家庭责任、树立良好家风，为支持家庭养老和家庭照顾营造良好社会氛围。

二是陆续出台提高家庭发展能力的政策措施，为巩固家庭养老基础地位及提高家庭照顾质量创造了必要条件。例如，河南省郑州市以"新家庭计划——家庭发展能力建设"项目为抓手，促进家庭发展及家庭养老服务。[①]上海市在全市全面推广实施"新家庭计划——家庭发展能力建设"项目，促使老人家庭在老人健康管理、健康促进、日常保健、长期照护等方面的能力明显提高。[②]湖南省出台《财政专项扶贫资金管理办法》，其中第十一条明确提出增强家庭贫困人口自我发展能力和抵御风险能力。[③]湖北省自2017

---

① 《河南省暨郑州市5·15国际家庭日主题宣传活动举办》，河南卫生健康新闻网，https：//hnwj. dahe. cn/2018/05-11/306916. html，2018年5月11日。

② 巫西主编《新家庭计划——上海家庭发展读本》，复旦大学出版社，2016，第2页。

③ 《湖南省财政专项扶贫资金管理办法》，北京时间，https：//item. btime. com/01fj1aqnjiueispf19uu1s35bo6，2017年6月20日。

年开始在全省启动家庭医生签约服务工作，提出可以上门服务、错时服务、预约服务等多种形式，为空巢老人、失独家庭等重点人群，提供便捷式家庭养老服务。① 江西省在《卫生计生服务能力提升工程实施方案（2015 年—2017 年）》中，将提高家庭发展能力及巩固家庭养老基础地位作为主要工作目标。② 安徽省卫生计生委拟定《2018 年全省卫生计生家庭发展工作要点》，提出积极构建与生育政策相衔接的家庭发展支持体系，完善包括赡养老人在内的家庭发展政策。③ 通过在全省实施以建设"文明、健康优生、致富、奉献"家庭为主要内容的"三晋康家"工程，江西省建立起计生家庭养老保障服务体系，提高了居民家庭发展能力，为家庭养老及家庭照料打下坚实基础。

三是积极开展法律法规教育及家庭矛盾纠纷调解活动，通过强化家庭养老的合法性及培育家庭关系的和谐性，为家庭养老及家庭照料顺利运行和健康发展提供充实保障。近年来，国内各地通过"法律进社区"图片展览、"法律进社区"知识讲座、"法律进社区"志愿服务等活动，向居民宣传老人权益保障方面的法律知识，为老人提供法律援助服务，并且通过社区民调会、家庭矛盾纠纷调适电视节目等载体，化解基层家庭养老矛盾纠纷，促进家庭和谐发展。

四是通过孝亲敬老楷模、孝亲敬老之星等类评选活动，大力表彰和积极宣传孝亲敬老的家庭成员，树立先进典型和楷模，引导人们见贤思齐，推动家庭养老及家庭照料广泛、深入地开展。在这类评选活动中，各地紧密结合地域文化特色，弘扬中原文化、荆楚文化、潇湘文化、巴蜀文化、三秦文化等蕴含的孝亲敬老的精神特质，使尊老、敬老、爱老、助老等传统美德的传承更有吸引力，更加深入人心。

---

① 《湖北启动家庭医生签约服务》，湖北省人民政府网，https：//www.hubei.gov.cn/hbfb/bmdt/201701/t20170105_1512600.shtml，2017 年 1 月 5 日。

② 《江西省卫生计生服务能力提升工程实施方案（2015 年–2017 年）》，360doc 个人图书馆，http：//www.360doc.cn/article/140174_472400519.html，2015 年 5 月 22 日。

③ 《2018 年全省卫生计生家庭发展工作要点》，蚌埠市人民政府网，https：//www.bengbu.gov.cn/public/26181/40281361.html，2018 年 8 月 5 日。

五是顺应时代发展潮流，创新居家养老服务模式，促进家庭养老、家庭照料与社会养老、社会照料有机衔接，推动家庭养老及家庭照料向社区和机构延伸、拓展和提升的养老社会化进程。北京市在广安门街道开展了创新居家养老服务模式试点，强化居家养老服务供给，优化需求供给精准匹配，积极打造覆盖"床、护、助、餐、医、康"的全链条、全周期、全要素的居家普惠养老服务供给体系，为全国居家养老服务的难点破解和工作创新提供了"北京方案"。① 此外，为满足老年人对于养老服务尤其是生活照料的更高要求，各地已开始全面推行社区家庭医生签约，对低保家庭、失独家庭、重点优抚对象家庭中的老人发放居家养老服务券，对高龄津贴对象适时发放高龄津贴，整合社区资源实现"15 分钟养老服务圈"，以"互联网+家庭养老"模式为老年人提供各种便捷、优质的服务等。尤其是在浙江、江苏等发达省份还着眼于高质量发展，推动居家养老与城乡社区公共配套、医疗保健、智慧养老等密切结合，促进了家庭养老、社区养老、机构养老的良性互动和有机融合。

以上所有这些做法，无不为家庭养老及家庭照顾质量的提升，及其向社区和机构的延伸、拓展和创造性转换提供充实保障。

2. 老人家庭照顾的难题所在

现阶段，由于各种复杂因素的影响和作用，城乡居民在家庭养老及家庭照顾中依然面临以下难题。

第一，家庭成员从事家庭照顾的时间严重短缺。在优质保姆难求的状况下对社区老人日间照料中心、托老所的需求十分旺盛，但是，由于其容纳人数有限且必须具备一定条件才能准入，以致不能充分满足所有家庭的合理需求，尤其是不能适时满足小老人照顾大老人这类家庭在特定情况下的迫切需求。

第二，在对失能、半失能老人或高龄老人进行生活照料中，家庭成员由

---

① 《创新养老服务模式　为居家养老提供"北京方案"》，中国青年网，https://m.youth.cn/qwtx/xxl/202305/t20230525_ 14541899.htm，2023 年 5 月 25 日。

于缺乏专业服务技能，尚不能充分满足这些老人的常态化、多样化的生活需求，尤其是在他们遭遇突发事件时，往往难以做到有效应对。

第三，家庭养老中家庭与国家的责任边界尚有不甚明了之处，以致有碍于家庭养老责任的全面落实。譬如，有些地方性法规鲜有对家庭养老及家庭照顾给予普惠性支持的专门条文，而这种状况与人们对"家庭养老及家庭照顾是家庭成员天然职责"的习惯性认识密切关联。

第四，在履行家庭照料的权利和义务中，尚存在严重性别不对等的现象。大量女性以女儿或妻子的身份从事家庭照料工作，这难免对她们的个人发展及身心健康产生较大影响，但是，在社会上乃至家庭中无意识性别偏见的不公正对待下，其辛勤付出没有得到应有的回报。

第五，与发达国家相比，受"未富先老"、"未备先老"、人口外流较多、社会公共服务设施建设滞后、养老观念更新迟缓等因素的综合影响，我国独生子女家庭养老及家庭照顾问题更为凸显，亟待国家和社会进一步给予更加有效的社会政策支持。

第六，家庭养老及家庭照顾的社会政策支持有待加强。譬如，在提高家庭养老、家庭照料能力建设的政策谋划及设计上，一些地方政府及其职能部门往往缺乏积极主动性及创造性，而这种消极无为的状况与此类地区居民对家庭养老、家庭照顾的政策支持需求较多的现实情况并不适应。

（三）完善居民家庭养老及家庭照顾的政策建议

随着传统家庭养老模式的弱化，城乡居民家庭养老及家庭照顾面临的问题将不断增多，这意味着其良性运行和健康发展的难度也将不断加大。不过，从人类文化世代传承和创新发展的立场和观点看，家庭养老及家庭照料在未来不仅不会消亡，而且其内核及精华必定会以崭新的形式在更高层次上表现出来。这就需要人们以顺时应变、兼容互补的文化视野，以及用推陈出新的创造性思维，就如何积极应对家庭养老及家庭照顾的发展难题，提出适时适用的政策建议。在此，就加强和完善对居民家庭养老及家庭照顾的社会政策支持，笔者提出以下建议。

第一，建立家庭养老经济支持政策，为子女履行家庭养老及家庭照料的义务，酌情减轻其经济负担。包括对独生子女照料其父母的家庭，在个人所得税上给予一定比例的减免；对个人收入尚达不到纳税水平的独生子女，在其照顾父母时参照前者个人所得税减免程度，给予其相应的补贴；对低龄小老人照顾高龄大老人的家庭，在发放老人照料补贴时适当提高标准；对长期照护失能、半失能老人的家庭成员，由民政部门以社会救助形式，按当地保姆平均工资的一半标准给予他们制度性、常态化的经济补贴；鉴于不同地区消费水平有所不同，对低收入随迁老人应给予一定额度的物价补贴。以上建议的法律依据为《中华人民共和国老年人权益保障法》，其明确规定，老年人有从国家和社会获得物质帮助的权利，有享受社会服务和社会优待的权利，有参与社会发展和共享发展成果的权利。国家建立健全家庭养老支持政策，鼓励家庭成员与老人共同生活或者就近居住，为老人随配偶或者赡养人迁徙提供条件，为家庭成员照料老人提供帮助。①

第二，以地方政府的名义出台相关政策，助力居家老人依托社区资源养老。应明文规定，凡在当地享受土地使用、床位补贴、税收减免等优惠政策兴办的各种养老机构（包括医养结合型或养护结合型），均有义务设置占一定空间和面积的救急型老人日间照料场所，以便接纳一些具有家庭照顾困难的社区老人，从而为机构嵌入居家社区养老服务牵线搭桥。

第三，结合"常回家看看"的现行国家法律规定，在制定支持养老服务发展的地方性政策法规时，将工作—家庭平衡原则及性别平等原则贯穿于此类政策法规之中。其中应明确规定对有家庭照料负担的员工不予落实护理带薪休假制度的企事业单位，可采取具体惩处措施。同时，还应与地方性妇女权益保障政策法规相衔接，明确规定对以任何理由损害从事家庭照顾的女性合法权益的集体或个人实施责任追究的具体措施。此外，对由朋友、邻里、保姆等为老年人提供生活照料、康复护理的特殊家庭也应给予精神激励和物质奖励，或给予矛盾调适和化解方面的政策支持。

---

① 《中华人民共和国老年人权益保障法》。

第四，鉴于小城镇社区公共服务配套设施普遍破损、陈旧及功能不健全，地方政府应加大财政投入力度进行适老化改造，以便为当地居民家庭养老及家庭照料创造必要的外部环境条件。尤其是应针对小城镇社区老年活动中心简陋窄狭且残缺不全的状况，着力进行完善和补足方面的建设，以便吸引居家老人"走出小家，融入大家"，从而助力家庭养老与社区养老的衔接及融合。

第五，在以"政府购买服务、社会组织运作实施"的方式推进居家养老服务的基础上，运用高科技手段，扩大家庭养老及家庭照料公益服务的受惠面。在广大城乡社区，积极构建和逐步健全"互联网+居家养老"信息服务平台，而作为其必要的配套措施，可由社区负责协调组织相关社会援助活动。例如，为家庭养老及家庭照顾的主要承担者，免费提供信息识别和筛选、护理技能培训。至于其活动方式，则可采取社工、义工上门指导，邀请专家在社区学校课堂面授、在微信上交流互动等。

第六，基于各地农村敬老院空置率较高的现状，加大乡镇敬老院社会化改革及运营的力度。养老床位闲置较多的乡镇敬老院，应以较低收费吸纳有特定家庭照顾困难的老人阶段性入住，并且在特定的情况下准许其家人陪同看护。这样做既有利于充分发挥农村敬老院社会服务资源的作用，同时也有助于农村家庭养老与社会养老的有机结合及融合发展。

二　拓宽医养结合为老服务的社会政策支持路径

当前，我国正广泛开展的医养结合为老服务既符合国民养老现实，又有助于完善国家社会养老服务体系建设，堪称社会基本民生建设方面的重要举措。在党的十九大报告中，习近平同志着重指出，要推进医养结合，加快老龄事业和产业发展。[①] 在《中共中央关于制定国民经济和社会发展第十四个

---

① 习近平：《决胜全面建成小康社会　夺取新时代中国特色社会主义伟大胜利——在中国共产党第十九次全国代表大会上的报告》，《人民日报》2017 年 10 月 28 日。

五年规划和二○三五年远景目标的建议》中，党中央又明确提出，要构建居家社区机构相协调、医养康养相结合的养老服务体系。[①]

党和政府高度重视医养结合，并且着力推动顶层设计与基层实践的有机衔接。在这一背景下，笔者拟考察在这方面的地方性实践探索，分析其在开展医养结合为老服务进程中出现的问题，并且探讨如何进一步拓宽医养结合为老服务的社会政策支持路径。

（一）开展医养结合为老服务的实践探索

自第五次全国人口普查以来，各地老龄化程度不断提高，并且老年人口呈现高龄化、慢病化、失能化等特征。努力探索医养结合新模式既是对当下城乡居民养老和医疗现实需求的积极回应，也是探索医养结合为老服务实现路径的有益尝试。近年来，在以居家养老为基础、社区养老为依托、机构养老为补充的多层次养老服务体系中引入医疗卫生服务，各地的举措多种多样。

一是科学规划，政策推动。各地陆续出台关于推进医养结合实施的指导意见。已出台的相关文件指出，要确立医养结合的核心理念——公平、合理地配置社会资源，提高为老服务质量水平，明确发展医养结合的基本思路"政府主导、部门协作、市场运营、社会参与"，强调医养结合的重点任务：在城乡社区大力发展医养型护理院或医护型养老服务中心，提倡"统筹规划、分类服务、扎根基层、灵活多样"的发展方式，明确特惠与普惠兼顾及社会效益与经济效益互补的操作原则，出台鼓励和支持社会力量兴办医养结合机构的优惠政策等。

二是积极探索，典型引路。在鲜活的实践中，各地涌现一批医养结合先进典型。其中有长沙市康乃馨护理院、广州东湖西孝慈轩、武汉市常青街社区卫生服务中心康复养老院、太原市源缘圆老年公寓与太原市二院联手建立

---

① 《中共中央关于制定国民经济和社会发展第十四个五年规划和二○三五年远景目标的建议》，《人民日报》2020 年 11 月 3 日。

的医养结合示范基地、合肥市庐阳区乐年长者之家养老院与合肥市一院联建的医养联合体、郑州市九院与河南爱馨养老集团联手创办的专业医护医院，民资兴办的江西省中护老年病医院等。

三是渐成气候，模式成形。初步形成具有地方特色的医养结合为老服务模式。例如，浙江通过释放资金补助、打通配套政策、完善服务资源等举措，建立起"互联网+护理"、医疗卫生机构转型开展医养服务、老旧小区改造增设医养服务空间等多种医养结合新模式，促使服务不断扩容。湖南倡导"以医助养""以养带医"，初步探索出以居家、社区、机构3个层次医养结合的居家服务型、社区嵌入型、机构融合型模式。河南在探索"政府主导、社会参与"共建为老服务模式的基础上，形成了郑州市"爱馨"三位一体的医养交叠模式和"晚晴"的中医养老模式，洛阳市"逸康"集医、护、教、研、防为一体的医养深度融合模式。湖北坚持"主动作为、统筹发展、因地制宜、个性探索、医联结合、外包服务"方针，形成了咸宁市蒲纺集团的因地制宜模式、随州市的民办公助模式。江西将医疗设施与养老服务平台有机结合，形成了南昌"永康"的专业化医护与亲情式照料的有机融合模式、赣州"添力"的"寓医于养、健康疗养"模式。安徽重视机构养老与社区养老互动层面的医养结合，形成了池州东至的"以养为主、以医为辅、以医促养、寓养于医"的托管模式、芜湖的医养型护理与社区智能化有机结合的智慧养老模式。山西推行"移动医疗+医养"结合项目及发掘医养结合资源，形成了太原市九院的"互联网+家庭病床"模式、大同市的国企资源整合型模式。

四是创新发展，范例频出。在推进医养结合为老服务中，各地创造出富有当地特色的成功范例。其中，有一家医疗机构与多家养老机构合作的"一医多养"范例，有多家医疗机构联办医护型养老院提高为老服务质量的"多医一养"范例，有社会力量以外包服务与内部照护相结合形式兴办医护型养老院的"义利统一"范例，有政府授权以建设医养联合体的形式推动为老服务向机构、社区和家庭延伸的共建共享范例，有社区医疗与居家养老无缝对接、依靠社区服务网络在居家养老中引入家庭医生的医养联动范例，有社区医疗与社区托养比邻而居的相辅相成范例。这些成功的出彩范例，为各地进一步推进医养结合为老服务建设，提供了可资借鉴的宝贵经验及有效做法。

（二）推动医养结合为老服务发展中的问题分析

目前，各地开展医养结合为老服务尚处于初始阶段，面临诸多困难及制约因素，这就难免会在实际运作中出现一些问题。

第一，医养结合为老服务的序列尚未形成。眼下，对医养结合为老服务的实践探索，各地尚普遍处于"摸着石头过河"的状态，甚至一些地方在一定程度上还缺乏正确理念指导下的科学谋划，这就容易导致拘泥于现有经验或盲目采纳外地经验。其主要"症结"是对医养结合养老群体的服务需求缺乏分类，尚未细分医养结合为老服务的市场需求，同时，对医养结合为老服务的可用社会资源缺乏全面深入的了解。由于情况不明，在医养结合为老服务政策的顶层设计与基层实践之间，必然会衔接不力，从而导致整体上的服务供给内容单一化和服务项目千篇一律，"医"与"养"双向互通和转介的互补型为老服务供给序列无法形成。值得注意的是，医养结合为老服务的社会需求是客观存在和发展变化的，它受到经济能力、社会分层、家庭变迁、文化和生活方式等因素的多重影响，需要人们在全面把握相关因素基础上分类对待。倘若缺乏此种分类对待，就必然造成：一方面在兴办规模化、连锁化、标准化、个性化医养结合机构上缩手缩脚，致使医养结合为老服务处于违背市场规则的低效状态；另一方面，则盲目效仿"高富美"或"高大上"的做法，使之处于违逆民生建设规律的"不普惠""不相宜""不兜底"状态，从而导致医养结合为老服务，或是由于质量较差而满足不了特定老年群体的发展性需要，或是因单纯追求高规格的"眼球效应"而失去中低收入老年大众的拥戴。

第二，医养结合为老服务的部门壁垒尚未完全打破。尽管这方面的部门壁垒被社会舆论广为诟病，而且有关地方政策法规也对此做了积极回应，但是，在当前社会养老服务中，民政、卫生、人保三部门政策碎片化、管理部门化与资源分散化等现象依然存在。这就直接导致在养老服务供给中跨部门协作受阻，难以实现资源的有效整合。其主要成因是部门狭隘利益与社会整体效益、不合时宜的政策规范与合乎情理的个体需求之间的矛盾，导致医养结合的支付保障体系缺乏系统性规划。医养结合的支付保障体系的缺失，将造成医养结合的费用支付模式缺乏详细的设计方案，以致医保支付方式与各梯度医养结合为老服务难以实现有序对接。在各地这方面规章制度尚不健全的现有条件下，它不仅直接影响医养结合为老服务的可持续运营，而且将致使医养结合的改革进程受阻。究其实质，医养结合为老服务的部门壁垒就是由特定利益驱动所形成的制度藩篱、机制障碍及排异心理习惯。这些由不合理的成文政策规范及不健康的非成文潜规则形成的难题，只能由相关部门进行一番脱胎换骨的自我改革方能破解。

第三，医养结合为老服务所需的人力资源匮乏。与发达国家相比，现阶段我国为老服务专业护理人员，尤其是具有一专多能的复合型医护人员比较缺乏。这与老龄人口高龄化、慢病化、失能化程度加大带来的旺盛服务需求形成巨大反差。此外，社区养老服务中的这种问题，在广大小城镇及农村社区比大中城市表现得更为突出。许多护理人员不仅缺乏必要的专业技能，而且他们的年龄多数偏大，难以胜任基层医养结合为老服务的繁重工作及质量要求。究其原因，一是医护型大中专院校奇缺以及其他大中专院校护理专业设置甚少，导致专业护理人员供不应求；二是护理工作物质待遇较低、社会荣誉感较弱，影响了大中专毕业生的从业积极性；三是人力市场规则致使中高级专业医护人员纷纷流向东部发达的大中城市。合理的制度安排及政策支持、医疗和养老资源的优化整合、人才队伍的充分供给乃是确保医养结合为老服务良性运行和健康发展的基本条件。因此，就医养结合为老服务现状来说，亟待解决的人力资源匮乏问题是制约各地提高医养结合为老服务质量水平的因素。

第四，支持医养结合为老服务模式创新的相关政策不到位，尚未形成纵横交错、有机结合的社会政策支持体系。我国人口老龄化具有"未富先老""未备先老""边富边老"的特点，应当根据这种特点，就支持医养结合为老服务模式创新，提出适应各地不同发展水平的政策选择思路及实施策略。然而，一些地方在政策选择和制定的过程中，依然存在好大喜功、盲目跟进或封闭保守、消极应付的思想倾向，从而脱离实际和脱离大众，有违政府、市场、社会有机结合的原则，违背顶层设计与基层实践有效对接的初衷，有损医养结合为老服务的健康、长足发展。无论是政策制定不到位，还是政策实施不力或效果不佳，究其根源，均与对发展理念认知有失偏颇有关。从社会学视角看，医养结合为老服务本身是促进社会良性运行和健康发展的重要手段，它充分体现了经济发展与社会建设、科技支撑与人文关怀、生活照料与心理慰藉的交融互动，并且从这一侧面充分反映了新时代人民群众对获得高质量养老服务的期盼。然而，在构建医养结合为老服务模式创新的社会政策支持体系过程中，应基于当地经济发展水平合理规划。

（三）医养结合为老服务政策支持的策略选择

推动医养结合为老服务健康发展的目标指向应该是三位一体，即有效解决养老机构入住老人的医疗需求、妥善解决医院出院老人在回归社区过渡期的临床护理需求、基本满足居家社区养老对养老医疗服务的迫切要求。为了圆满完成这种三位一体的医养结合基本任务，各地亟须通过政策创新出台具有较强针对性、可行性、实效性、前瞻性的政策措施，推动医养有机结合，促进各种医养结合为老服务新型模式脱颖而出。

基于上述考虑，笔者认为推进医养结合为老服务健康发展，理应结合各地实际情况，积极、合理地运用相关政策，做好以下基础性、中心性、前瞻性工作。

第一，以服务评估为基础，明确医养结合的分类服务对象。做任何事情都是只有情况明、方向对，才能决心大和效益佳，推动医养结合为老服务创新发展自然也不例外。医养结合服务的老龄群体并不是整齐划一的，他们在健康状况、经济能力、文化素养、心理个性等方面，具有差异性。因此，老人们对医养结合服务的要求也各不相同。以服务评估为基础，明确医养结合的分类服务对象，正是为了增强服务的针对性、丰富服务的内涵、拓宽服务的空间以及扩大服务的覆盖面，进而从整体上提高服务的质量和水平。目前，不少地方对医养结合的分类主要从人口的自然生理属性划分，以此将老人分为残障老人、孤寡老人、失能半失能老人、高龄老人、年轻老人等，却较少考虑社会变迁、家庭变革之类因素对老人群体的影响和作用，如贫富差别、独生子女与非独生子女的差别、空巢与非空巢及留守与随迁的差别等。实际上，这些因素对医养结合为老服务在客观上已经产生了较大影响，需要在分类时加以适当考虑。

第二，以整合资源为目标，创造医养结合的实现方式及途径。由于在经济社会发展方面的相对滞后，一些地方无论在医疗资源还是在养老资源上，仍然处于供不应求的状态。此外，一些特定因素也会对医养结合产生负面影响。例如，由于制度安排及政策制定时重经济轻社会、重中心轻边陲、重上层轻中下层，医养结合公平合理性差；由于医疗机构"重医轻养"或养老机构"重养轻医"，医养资源兼容性弱且呈分散性、碎片化分布；由于有关方面重规划轻落实，医养结合整合效益低等。凡此种种，致使现有"医"和"养"资源不能充分发挥效用。故此，将这类有限资源以有效方式及途径，加以有机整合或优化组合，应当作为推进各地医养结合为老服务的着力点。首先，在确定医养结合为老服务的方式及途径时，应当防止两种倾向，即盲目上马和踟蹰不前。对家庭医生签约服务、医保费用合理支付护理费用等，理应大胆去做，将大胆创新与因地制宜相结合，确保兜底普惠服务与重点特惠服务两不误。其次，夯实基层医养结合为老服务基础，注重社区卫生服务中心与养老服务中心邻近建设及融合发展，推进医养结合为老服务社区及家庭全覆盖。再次，鼓励大中型养老机构与中高级医疗机构近距离规划，签订合作协议，实现医养结合为老服务向周边社区和家庭的深层渗透。最后，运用科技、人文等多种手段及载体，创新多重医养结合为老服务方式、丰富为老服务内容，使服务方式和内容既能适应规模化、连锁化的市场运作需要，又能满足家庭化、小型化的公众个人需求。

第三，以统筹协作为抓手，把握医养结合的工作重心。统筹协作是医养结合得以有效运作的必要前提，舍此而不能扩大医养结合的受众范围、拓宽医养结合的发展空间、丰富医养结合的社会内涵、营造医养结合实施的和谐氛围，进而不能准确把握医养结合的工作重心。一是在有关政策积极引导下，统筹基本养老服务、基本公共卫生服务、基本医疗保险以及商业保险等多方资源，理清合作的重点，破解制度藩篱，形成有利于医养结合为老服务顺畅、便捷、高效发展的协同机制。二是在政府主导下，协调企事业单位、公立机构、民办机构、社区机构等社会各方面力量，通过共建共享形成医养结合为老服务的合力，解决封闭分割、劣质低效等棘手问题。三是按照社会建设的原则和方式，运用社会政策调控这一手段，公平合理地平衡医养结合为老服务资源在各地的配置。搞好医养结合为老服务，本身即是更好地保障和改善民生的客观要求，集中体现了和谐社会建设的文明进步属性。保证社会资源和机会在全体社会成员中的公平合理配置，既是社会建设的基本原则，也是努力走出"拉美陷阱"、彰显新型现代性的集中体现。因此，医养结合为老服务资源在各地的配置中，有关方面理应考虑缩小和消除区域之间、城乡之间的差异乃至阶层之间、族群之间的差距，使之大体上实现公平合理。

第四，以因地制宜为手段，看准医养结合的推进方向。推进医养结合为老服务重在因地制宜，借此方能事半功倍，并且确保它始终朝着正确方向，朝着全面、协调、可持续发展。首先，扬长补短、挖潜增能。一些地方推动医养结合起步较晚，目前仍处于医养结合发展的初始阶段，尚谈不上医养的深度融合。因此，这些地方应以居家养护型的医养结合为基础、以社区嵌入型的医养结合为主导、以机构转型重组的医养结合为支撑，在努力实现三者的良性互动和兼容互补中，推动医养结合为老服务有序、健康、较快地发展。其次，立足当前、排解疑难。针对医养结合资源比较欠缺的地方现状，集中和盘活有限的优良资源，重点呵护高龄、残障、失能、半失能及经济特困等老年群体，优先解决他们的医疗、护理、康复、照料等生活难题，让他们真正成为改革发展的受益者。再次，着眼未来、预防为先，关注医养结合为老服务的潜在目标对象。客观地看，尽管健康养老已渐成趋势和潮流，但是，仍有为数众多的老人，出于种种原因而不能实现。譬如，60 岁刚出头的一大批的年轻老年人，他们退休后本想休养身心、颐养天年，做一些自己想干的事情，但是，实际上他们很难如愿以偿。因为，按照传统习俗他们该替子女照顾孙辈，继续奉献自身的余热，并且有不少年轻的老年人还要照料自己的高龄父母，他们一天的活动甚至比上班时还要劳累。三年五载折腾下来，他们身心疲惫，这样或那样的毛病渐次露头，以致成为医养结合照护的后备队伍。此外，在人口大流动中，还有一大批较为年轻的留守老人或随迁老人，他们也在照管第三代的终日忙碌中耗尽了自身的能量，以致心力交瘁，为日后的个人生活留下隐患。尤其是随迁老人的社会融入十分困难，其归属感、认同感淡化及漂泊感、无奈感增强，长此以往，这类消极心态必定会严重影响他们的身心健康。凡此种种，无不提示一些地方应未雨绸缪，采取前瞻性应对方略，为这些将来有可能叶落归根的医养结合为老服务的潜在目标对象，积极创造重返家园养老的便利条件。最后，推进医养结合为老服务贵在草根情怀和大众视野。鉴于目前中低收入者依然甚多，各地应在出台这方面的发展规划及政策措施时，认真考虑和充分顾及大多数人的利益和需求，并且促使政策重心始终向城乡社区基层倾斜。

第十一章
居家社区养老发展的社会舆论支持研究

一 传承和创新孝亲敬老文化，为居家社区养老
服务提供思想道德支撑

（一）传承和创新孝亲敬老文化的意义和价值

孝亲敬老是我国对人类文化的一大贡献，它的文化魅力和精神感召力早已超出民族和国界，成为人类共同的精神财富。当前人类社会面临经济衰落和道德衰退双重困扰，作为世界上最富有孝亲敬老文明传统的国家，我国人民应当承继和发扬这份精神遗产，为人类文明永续发展做出更大贡献。

在我国老龄化步伐不断加快和家庭养老出于种种原因而日渐式微的现阶段，传承和创新中华孝亲敬老文化，不仅能够为巩固家庭养老的基础地位提供精神动力，而且能够为提高居家社区养老服务质量水平、发挥机构养老补充和辅助作用，提供伦理道德智慧。立足当前、着眼长远，在建构我国社会化养老服务体系的进程中，充分发挥孝亲敬老文化的功能和作用，必将有利于积极应对老龄化，有利于营造"尊老、爱老、助老"的家庭风气、社区氛围乃至社会环境，有利于社会的良性运行、健康发展和文明进步。

慎终追远，孝亲敬老文化是一种具有终极关怀性质的本源型文化，其主要特点是感恩图报、人文互动及永续传承。本源，即事物产生的最初根源或其本体之所在。人之所以为人乃至人类社会文明的形成和发展，均源于孝亲敬老之人伦意识及其文化表现的萌发和拓展。孝亲的原意是指子女对父母的敬重、奉养及顺从，其中以敬重即尊亲为核心，如孔子提出的"今之孝者，是谓能养，至于犬马，皆能有养，不敬，何以别乎？"再如孟子认为的"孝子之至，莫大乎尊亲"。此外，社会上"敬老"是由家庭中"孝亲"推己及人而来，如孟子强调的"老吾老以及人之老"，将尊亲推广至应敬重社会上一切老人。由此可见，孝亲本是子女对父母养育恩情的感恩图报，而敬老则是社会个体在意识到别人的父母理应与自己的父母一样得到尊敬或帮助时，自觉采取的良善行为。这种良善行为不仅体现个人美德，而且带有人文互动的感召性，有利于营造人人相亲相爱、家家和睦相处的良好社会氛围。孝亲敬老是一种源于两性姻缘、自然血缘及地缘关系，而又具有并不局限于这种关系的深厚人文性、广泛社会性及无限神圣性。此种人类文化和生活方式的本真表现类型，将会随着社会文明进步而永续传承且不断提升，当然，其中有悖事理、情理、法理且不能被创造性转化的落后因素，也必然会在此激浊扬清的过程中被淘汰。

综上所述，孝亲敬老文化堪称中华传统文化的精粹，其文化特质表现为，在两性姻缘、自然血缘及地缘关系中，天然固有地蕴含着对他人、对社会的责任。孝亲敬老文化凝聚完善人性、完美人生的传统美德，以及蕴含充实人生价值和生活意义的伦理智慧，在今天它依然是一种具有无限生机和活力、能够让国人生活变得更加美好的珍贵的精神动力资源。尤其是在现阶段我国积极应对老龄化的进程中，孝亲敬老文化已经成为家庭养老的思想道德基石，社区养老的精神动力支撑，机构养老的人文关怀酵素。其中蕴含的伦理理念、道德价值、心灵智慧及其他精神养分实乃国之瑰宝，国人理当顺应推动社会文明进步的时代要求，密切结合当前养老服务发展状况及趋向，在竭诚为老服务的鲜活实践中，使之在优质传承和综合创新的交替推进下不断完善，发扬光大。

（二）传承和创新孝亲敬老文化的方法和途径

第一，人们应以辩证思维、兼容思维及创造性思维全面审视孝亲敬老文化的发展轨迹及功能作用，既要在优质传承中不断创新和提升孝亲敬老文化，又要在综合创新中更好传承和弘扬孝亲敬老文化。在孝亲敬老文化孕育和形成的原始初民时期，这种文化的思想主体尚是一种由人性的自然根源生长出来的纯粹生活伦理，通常它自发地调节着人类代际关系。然而，当以私有经济为基础的社会体制及其意识形态确立之后，此种纯粹生活伦理在统治阶级倡导下逐渐与政治伦理融为一体，其中夹杂诸多不够科学和合理的成分，从而不得不为适应政治需要而牺牲了自身纯粹的民间人文性。而在以往的现代化历程中，虽然凭借思想观念变革及更新之力致使传统孝道中的政治伦理说教得以清除，但是，并没有将其中天然固有的人文精神养分适时注入现代化土壤之中，以致其影响力日渐衰弱，从而导致在我国现阶段轻视、慢待乃至侵犯老人权益的现象屡见不鲜。有鉴于此，在以人为中心的新型现代化进程中，我们理应正确认识和科学估量孝亲敬老文化的功能和作用，密切联系当前经济社会发展的新情况、新变化、新特点，自觉响应国家积极应对老龄化的理论与实践召唤，在个人与他人、家庭与社会的良性互动中，努力实现孝亲敬老文化的创造性现代转变。

第二，人们应从社会转型、社区建设、家庭发展的多重视角，综合考察孝亲敬老文化在其发展中如何顺应时代需要的深刻变化，以促使这种思想文化资源在社会化为老服务体系的精神软件建设中，充分发挥其首要功能及核心作用。文化通常具有物态文化、行为文化、制度文化和心态文化四个层面。孝亲敬老文化原本是一种标识道德信念和价值取向的心态文化，之后在社会变迁、家庭发展等人类社会实践活动中，它演变为具有制度约束与习俗支撑性质的文化和生活方式，对人们的思想及行为习惯起到潜移默化的支配作用。究其实质，作为以崇尚美德和褒扬善行为核心理念的文化及生活方式类型，孝亲敬老文化旨在引导人们明确生活意义和价值，并为实现此类意义和价值，自觉培养个体自身的内在品格和美德。在社会体制深刻变革、社会结构深刻变动、利益格局深刻调整、思想观念深刻变化的社会转型期，为平抑家庭和社会生活矛盾、形塑理性平和的个体心态以及营造团结友善、互帮互助、和谐宜居的社区氛围，均需将传承和创新孝亲敬老文化作为其必备条件。可以说，新境遇下的孝亲敬老文化现今已迈入新的理论生长空间，显示出其在社区建设和家庭发展中更好发挥自身功能和作用的可能性。其中一大重要标志就是它正在为社会化为老服务体系建设，提供深厚思想定力、创造新颖道德智慧、注入浓郁人文关怀。可以预期，孝亲敬老文化蕴含的伦理理念、道德价值、心理情感智慧等，在竭诚为老服务的鲜活实践中，必然会成为我国建设具有民族特色、时代特征的新型孝亲敬老文化的核心要素。然而，在这一精神软件建设中，它也面临严峻的理论与实践的挑战，其中最为突出和根本的莫过于在社会快速变迁及急剧转型时期，来自个人主义文化及生活方式的影响和作用。这就要求我们在传承和创新孝亲敬老文化时对此积极应对，即在坚持"以人为本"价值取向的基本前提下，合理确定个人自由与社会规范之间的边界，努力实现个人自主发展与社会有序发展的兼容互补。

第三，人们应紧密结合培育和弘扬社会主义核心价值观，并且紧紧围绕公民道德宣传教育，推动孝亲敬老文化由物态层面、心态层面和制度层面向行为层面即个体文明生活行为转化。现阶段，社会主义核心价值观是国人思想行为的基本准则。它包括国家、社会、个人三种层次，其中国家层次的"文明"、社会层次的"法治"、个人层次的"友善"，无不蕴含孝亲敬老的现代生活伦理因素。孝亲敬老既是衡量国家文明程度的通行标准，也是考察社会法治效能的重要指标，当然，它更是考量个人友善与否的基本依据。至于"四德"建设，其中的社会公德、家庭美德、个人品德均与孝亲敬老密切关联，即便是职业道德，也与孝亲敬老在思想行为上有着某种程度的共生性联结。譬如，公德与私德的一致性，恰是一些有识之单位或企业用人的重要标准。当然，加强社区建设和创新社区管理服务，正是提高以上宣传教育活动实效的基本途径及主要依托。因为，无论物态层面的孝亲敬老，还是心态层面抑或制度层面的孝亲敬老，最终都要落实到行为层面的孝亲敬老，即常态化、规范化、精细化的敬老、助老、惠老等具体的为老服务活动。就此而论，营造适宜为老服务的社区物质技术环境条件是基础，培育自觉为老服务的社区思想文化意识是核心，达成精诚为老服务的社区共识及规约是媒介，而形成人人乐于参与为老服务的行为习惯则是关键。因此，我们应传承和创新孝亲敬老文化，通过积极营建社区参与平台及着力拓展社区参与空间，创造性地融入"和谐社区""平安社区""首善社区""宜居社区""智慧社区""学习型社区""老人宜居社区"等，参与一系列社区建设及社区治理活动。

二　传承和创新孝亲敬老文化，促进居家社区养老服务发展

传承和创新孝亲敬老文化对搞好家庭建设和社区建设，培育良好家风、民风、社风，形成尊老、敬老、爱老、助老的文明生活行为习惯，以及促进社会的良性运行、健康发展和文明进步，均具有重要理论意义及实践价值。而从积极应对人口老龄化的战略视野看，为了促进居家社区养老更快更好发展，亟待通过传承和创新孝亲敬老文化，营造团结友善、互帮互助、和谐宜居的居家社区养老环境氛围，进而为"大力发展普惠型养老服务，构建居家社区机构相协调、'医养康养'相结合的养老服务体系"发挥其应有作用。

（一）居家社区养老的概念界定、功能作用及当前面临的发展难题

1.居家社区养老的概念界定及功能作用

顾名思义，居家社区养老就是老人一般情况下住在自己家中或特定时期入住社区设施，并在家人及相关人员辅助下，主要依靠其所在社区各种服务资源，来为自己提供多重支持的一种养老模式。与传统家庭养老相比，居家社区养老虽然包含子女及亲朋好友为老人提供的物质帮助和精神慰藉，但是，这些人出于各种原因既很少与老人一起居住，也很少面对面直接照料老

人，他们大多忙中偷闲探望老人，或借助现代技术工具表达和传达自己的亲情关怀。而与机构养老相比，居家社区养老是老人虽然没有入住养老院，但他依然能够享受到与养老院差不多的各类服务，因此这种住在自己家中或社区设施接受社区养老服务的方式，被人们喻为"没有围墙的养老院"。此外，家庭是小社会，社区是大家庭。国人的家庭观念及泛家族意识根深蒂固且影响深远，这些在其人伦日用以及精神文化生活的各方面，均会有所反映和体现。那些基本上能够生活自理的老人，他们生活在自己熟悉的家庭及周边环境，不仅能满足宜居需求、适应心理行为习性，有利于身心健康，而且能增强社会认同感、提高社会融入度，有利于积极养老心理意愿的形成。显而易见，居家社区养老集传统家庭养老和社区养老的优势于一体，堪称大多数老人最现实而又最合理的养老选择。

在我国，由于老龄化步伐不断加快、家庭养老功能逐步弱化、社会养老服务比较滞后，加上社区日益发展为国人日常生活的基地，诸多有识之士纷纷将寻求解决老龄化问题的目光聚焦在依托社区资源实行居家养老服务上，并且以社区为依托开展居家养老服务，也逐渐被提上各级政府议事日程。作为我国老龄化程度较高地区，上海市对居家养老服务的重视由来已久；在老龄化重压之下，政府及其职能部门不仅在较早建构"9073"格局时，提出老人居家依托社区养老，而且率先就居家养老服务的有关标准进行科学规范。此外，自北京率先出台《居家养老服务条例》之后，河北等地纷纷效仿。其他地方如河南、山西、山东等，虽然暂时尚未出台专门性的居家养老服务条例，但其已出台的有关建设社会化养老服务体系的地方性政策法规也无不将居家养老服务列入最重要章节特别强调。

在我国，发展居家社区养老就是诉诸家庭养老与社区养老的有机结合，指导其理论建构的思想道德基础，充分体现了对中华孝亲敬老文化的传承和创新。家庭是社会的细胞，而"家"之原初含义如《说文解字》所释："家，居也。"① 由此可见，以婚姻、血缘或收养关系为纽带联结在一起生活

---

① 朱贻庭主编《伦理学大辞典》，上海辞书出版社，2002，第307页。

的人们的日常居所，乃是家的最早含义，以后它又被延伸、泛指为家乡、家园或居住地。由于国人生老病死的生命周期与家庭息息相关，在条件具备的情况下居家养老不仅顺理成章，而且往往会成为老人的首要选择。社区是社会生活的支撑点、社会成员的聚集点、社会文化的交汇点。因此，国人养老不仅要以家庭为基础，还要以社区为依托，借助社区的各种力量和资源。老人们居家依托所在社区养老，具有多重含义。一是为他们提供经济支持的责任主体，包括个人、家庭、社会、政府；二是为他们提供日常照料的生活服务担当者，来自家庭成员、社区组织及社会机构等多方面；三是为他们提供的服务内容，包括日常生活照顾、基本医疗护理、精神心理关怀、个体素质教育、宜人文体娱乐等多种类；四是为他们提供的服务性质，体现了社会公益性与市场营利性的兼容互补。从各地出台的有关居家养老服务的政策法规中，人们均可以体悟出以上内容。

2. 居家社区养老当前面临的发展难题

虽然在政府大力提倡、加大支持力度以及全社会积极响应、广泛参与的推动下，居家社区养老服务业已初见成效，但是人们也应当看到，当前我国在发展居家社区养老中，尚存在诸多障碍性因素。一是在物质技术层面力不从心。基本生活服务设施、网络通信设备、医疗卫生机构及医疗水平等开展居家社区养老服务的必要物质技术条件，和老人的宜居及舒适要求还存在一定距离。二是在组织协调层面无能为力。一些社区在其治理理念思路、体制机制、方式途径以及管理格局、方法手段等方面有所欠缺，这就对组织协调社会力量、优化整合社会资源搞好居家社区养老服务，造成了严重干扰。三是在政策运用层面无所作为。一些地方和部门的决策领导者不是紧密结合当地实际情况，创造性地贯彻实施国家出台的有关发展居家社区养老的政策法规，而是生搬硬套之或以经验不足搪塞应付之。四是在宣传引导层面不得要领。一些地方的宣传非常重视对社区养老服务周边环境、基本设施等硬件建设的推介，却在一定程度上忽略了对心理交流、人文关怀等软件建设的观照。五是在理论研究层面有所不足。有些研究者对家庭养老、居家养老、社区养老和居家社区养老等概念之间的异同不明确，表述得含混不清；有些研究者对发达国家养老理论和方法机械套用、片面依傍和简单比附，缺乏以本土思想文化视角对这方面中国经验的独立思考和分析总结；有些研究者花大力气致力于实证研究且满足于个别结论及局部经验，却在一定程度上忽略了文化自觉视角下的理论建树。倘若全面深入地考量，传承和创新孝亲敬老文化将能够为破解这些难题提供思想指导和精神动力。

（二）传承和创新孝亲敬老文化与发展居家社区养老服务的关联性

孝亲敬老文化之所以能绵延数千载而经久不衰，其主要原因就在于它的人伦精义和道德良知早已植根于我国民间社会且融入百姓日常生活，成为孕育社风民俗的丰沃养料。时至今日，广泛开展居家社区养老服务，依然离不开孝亲敬老文化的思想道德润泽及精神心理支撑。这既是居家社区养老赖以健康发展的根本保证，也是提升其服务质量的必然选择。当然，与此同时，广泛开展居家社区养老服务，也为传承和创新孝亲敬老文化，提供了现实平台及生长空间。

1.传承和创新孝亲敬老文化是居家社区养老服务健康发展的根本保证

众所周知，我国的现代化之旅并非西方现代化之途的简单复制，其整个进程必然带有自身的鲜明特点及独特个性。尤其是我国孝亲敬老文化的更新和发展受益于中华民族文化传统中包容、变通、协和之思想秉性和伦理智慧的润泽，能自觉地、主动地、创造性地适应社会变迁、社区建设以及家庭发展的客观需要。在历经冲突和碰撞中，这种文化不断地自我改造、自我更新、自我发展，直至将自身精华积淀、凝聚、升华，最终被创造性地转化为居家社区养老健康发展的动力因素。由此可见，与国运和家运血脉相连的孝亲敬老文化，蕴含居家社区养老的道德情商和精神能量。

现阶段，作为家庭养老与社区养老结合体的居家社区养老，其发展的主导趋向虽然是养老的社区化服务，但其立足之根基依然是家庭。因为无论从法律法规还是从伦理道德上讲，子女都是父母养老的第一责任主体。尤其是从以文化人和以德育人的综合角度看，由于孝亲敬老理念本身体现了家庭伦理与社会伦理、个人美德与社会公德的高度融合，深刻认知和牢固树立此种理念，实乃个体社会化或再社会化的必修课。这不仅决定了个人家庭是否幸福和事业是否发达，而且直接关系社会能否良性运行和健康发展。因此，习近平总书记特别强调，敬老爱老是中华民族的传统美德。要把弘扬孝亲敬老纳入社会主义核心价值观宣传教育，建设具有民族特色、时代特征的孝亲敬老文化。要加强家庭建设，教育引导人们自觉承担家庭责任、树立良好家风，巩固家庭养老基础地位。①

以往，家庭养老包括日常生活照料、精神心理慰藉的各个方面。当今，随着经济社会发展，家庭养老在内容和形式上有较大变化，但是，它在社区养老服务中的基础性地位及策源性作用，在较长的一个时期内，并不会被轻易改变。这种相对稳定的状况，是由国人特别眷念家庭及分外看重亲情的文化秉性所决定的。当然，随着社会变迁和时代进步，这种文化秉性必然会有所变化和适时更新，但其主导倾向必定始终朝向亲情、爱情、友情的交叠共识，而不会导致三者分道扬镳。鉴于此，国人理应顺乎新型现代性背景下的社区建设要求，遵循家庭养老演变的内在规律及时代特征，把弘扬孝亲敬老的伦理道德理念，创造性地纳入大力发展居家社区养老服务之中，进而为全面实现社会化为老服务提供精神动力及情商支持。

2.传承和创新孝亲敬老文化是提升居家社区养老服务质量的必然选择

开展居家社区养老服务，在我国还是一个新事物，在其发展进程中势必会遇到种种挑战、困难和障碍。正是在应对挑战和解难排障中，居家养老服务质量方得以完善和提升。从某种意义上讲，传承和创新孝亲敬老文化不仅是居家社区养老服务中的软件建设，还是破解现实难题、摆脱发展困境、提升服务质量的必然选择。

不言而喻，居家养老服务的属性是责任心、义务感、公益性、营利性兼而有之，其价值目标指向是以寻求社会效益为主，同时兼顾经济效益。《北京市居家养老服务条例》在第二条中明确指出，本条例所称居家养老服务

---

① 《党委领导政府主导社会参与全民行动　推动老龄事业全面协调可持续发展》，《光明日报》2016 年 5 月 29 日。

是指以家庭为基础，在政府主导下，以城乡社区为依托，以社会保障制度为支撑，由政府提供基本公共服务，企业、社会组织提供专业化服务，基层群众性自治组织和志愿者提供公益互助服务，满足居住在家老年人社会化服务需求的养老服务模式。① 在这里，以家庭为基础，是指子女尽其孝亲奉老义务，以及老年夫妻尽其相互照顾义务，完全属于不可推卸的法定责任及道德义务性质。在政府主导下，是指政府对实现公民社会养老服务，也承担着应有的责任义务。由政府提供基本公共服务，主要属于事业化公益性质，但是，在其提供的实现方式及途径选择上，则是在政府主导下，市场和社会力量均可参与。由企业、社会组织提供专业化服务，主要属于合理收费的市场化营利性质；而由基层群众性自治组织和志愿者提供公益互助服务，则完全属于社会化公益性质。在家庭、政府、市场、社会力量这居家社区养老服务的四大主体中，就目前情况来看，家庭、政府分别位于第一序列和第二序列，分别起到基础性作用和主导性作用，而位于后两个序列的市场和社会力量，则分别发挥专业效能和协同效应。显而易见，提升居家社区养老服务质量，就是这四大主体各自更好地发挥自身功能和作用，以便形成强大合力的过程。而在这一过程中，传承和创新孝亲敬老文化则是其必然选择。对于家庭、政府来说，传承和创新孝亲敬老文化有利于增强履职责任、提高服务自觉和促进政策创新；而对于市场和社会力量来说，传承和创新孝亲敬老文化则有益于优化资源组合、激发服务活力和推动公众参与。

3. 居家社区养老服务为传承和创新孝亲敬老文化提供现实平台和生长空间

居家社区养老服务是一项内涵丰富且外延宽阔的，需要动员全社会力量广泛参与其中的社会化养老模式。正是对令人瞩目的这种养老服务模式的实践探索，为传承和创新孝亲敬老文化提供现实平台和生长空间，并且使之在广泛、深入地推进此类为老服务的过程中大显身手。

一是增强人们在居家社区养老服务中的责任心、义务感，需要通过传承和创新孝亲敬老文化来营造氛围、凝心聚力和形成合力。一些地方的社区在

① 《北京市居家养老服务条例》，《北京日报》2015 年 2 月 25 日。

建设中，比较重视对孝亲敬老文化传统的大力宣传，并且比较重视对人们孝亲敬老意识及行为习惯的悉心培育。例如，在社区玻璃橱窗中，陈列宣传传统孝道的家规家训、民谣格言及图画图像；在社区文明公约中，明文规定尊老爱幼是人们日常生活的行为准则；在寿星榜上，将 90 岁及以上的老人照片放入其中以示敬重和优待。再如，设置孝亲敬老道德"红黑榜"，用以表彰孝敬老人的人和事，或者抨击不孝敬老人的人和事；将孝亲敬老的典型人物及动人事迹，列入文明光荣榜和善行义举榜，大张旗鼓地进行宣传；评选五星级文明户时，将孝亲敬老作为评选标准的重要一项。

二是激发人们在居家社区养老服务中的主动性、创造性，也需要通过传承和创新孝亲敬老文化，增强思想情感认同，培养敬业爱岗精神，以及提高服务能力和水平。例如，有这样一个居家社区养老服务中心，秉承"敬老爱老、伺老奉老"的服务宗旨，对工作人员提出的文明服务规范是"爱心贴心、细心耐心、想得周到、做得细到；眼勤、嘴勤、手勤、腿勤；嘴巴甜一点、动作轻一点、行动快一点、做事多一点、效率高一点、脾气小一点、理由少一点、脑筋活一点、微笑露一点、技术精一点"。从此类通俗易懂的话语，人们能体会到对服务对象认真负责的工作态度，以及心理关怀的人文情愫。再如，一些地方精心打造"12349"养老服务信息平台，并且使其实现与居家养老服务实体的有效结合。这种"互联网+养老服务"模式，具有紧急救助、生活帮助、精神关怀、素质教育等多重服务功能，可为老年人提供满意、周到、便利的服务。透过其"招之即来、来之能干，急老人之所急、需老人之所需"的服务理念，人们也能领略到融孝亲敬老的思想情感于网络技术运用中的非凡魅力。

（三）传承和创新孝亲敬老文化，促进居家社区养老服务深入开展

目前，在不少地方，居家养老的多重需求与社会化养老服务的现实能力和水平之间尚存在较大的反差。因此，在推动居家社区养老服务进程中，需要通过传承和创新孝亲敬老文化，营造社区氛围，破解发展难题，激发创造活力。

　　第一，在将传承和创新孝亲敬老文化融入居家社区养老服务时，要具有现实性和针对性。文化的核心要素是价值理念，孝亲敬老，正是一种具有形而上意义且历久弥新的价值理念。作为有史以来国人一以贯之的思想行为准则，其历经沧桑而底色不变，在个体社会化实现、家庭文明形塑、社会秩序维系中，一直发挥着不可替代的正向功能和作用。当下，传统孝道遭遇社会转型期各种复杂因素的强劲挑战，有些人荣辱不分、羞耻不知、善恶不辨，缺乏感恩之心和仁义之德，以致在家庭和社会生活中，欺老、骗老、辱老、虐老等侵犯老人权益的现象时有发生。传承和创新孝亲敬老文化，必须直面现实生活中的这类不良现象，充分发挥孝亲敬老文化正本清源、抑恶扬善的强大功能作用。此外，在新型现代化进程中，针对人们自由和平等意识普遍增强、道德自觉和自律性逐步提高、精神心理需求日渐扩大、同喻文化和后喻文化兼容并蓄、本土文化与外来文化交融互动等发展趋向，传承和创新孝亲敬老文化理应寻求超越传统孝道，使自身在促进居家社区养老服务发展时，更能体现时代精神，以及更能展示自身文化特质。

　　第二，在将传承和创新孝亲敬老文化融入居家社区养老服务时，需要讲求实效性和兼容性。以往经验已经证明，在推进居家社区养老服务时，传承和创新孝亲敬老文化重在实践，重在实效。这就意味着一些哗众取宠的形式主义花样，以及一些不着边际的空泛化宣传套路，当在严格戒除之列。孝亲敬老文化的生机和活力就在于它深深植根于、浸润于民间生活方式的丰土沃壤，并且能以大众化方式体现和落实在百姓人伦日用的具体生活实践中。现阶段，空巢老人、留守老人、失独老人、高龄老人、半自理或不能自理老人等的养老问题层出不穷，从而成为居家社区养老服务中亟待重点解决的难题。唯有贴近居家社区养老的鲜活实践，才能克服形式主义弊端，跳出老套路和旧框框，使对孝亲敬老文化的传承和创新具有广度、力度和深度，从而赢得公众的普遍认同，并且触动他们的心灵，感召他们去自觉践履。此外，在孝亲敬老文化中，官与民、雅与俗、新与旧、法与德、理与情等因素相互交融。因此，传承和创新孝亲敬老文化，要努力在求同存异、综合创新的整合过程中，去实现自身的现代转化，向居家社区养老服务活动注入新元素、新品位、新风格。

第三，在将传承和创新孝亲敬老文化融入居家社区养老服务时，应体现前瞻性和长效性。凡事预则立不预则废，传承和创新孝亲敬老文化应从长计议，着眼于未来。譬如，随着城镇化步伐的加快，近年来流动随迁老人不断增多。虽然他们目前还比较年轻，尚能为其子女或随迁地做出一定贡献，但是，不久的将来他们的养老问题势必凸显。这就需要通过传承和创新孝亲敬老文化，支持他们或积极融入随迁地并参加居家社区养老，或从容返回原住地参加居家社区养老。显然，在传承和创新孝亲敬老文化时，于此有关方面应当有所考虑，要做到胸中有数，未雨绸缪。此外，传承和创新孝亲敬老文化不仅需要因地制宜和因势利导，而且需要建章立制，确保在居家社区养老服务持续发展中，孝亲敬老文化能够长期发挥自身功能和作用。一是将传承和创新孝亲敬老文化列入各地居家养老服务条例中，并且在有关社区立法中，将传承和创新孝亲敬老文化作为一项重要内容；二是在各地社区建设谋划中，将传承和创新孝亲敬老文化列入发展规划及议事日程；三是将传承和创新孝亲敬老文化，以丰富多样且符合时代要求的内容形式，深度融入各种家庭文明建设及社区文化建设活动，并且有机融入城乡社区信息服务平台建设。

第四，在将传承和创新孝亲敬老文化融入居家社区养老服务时，应把握规律性和差异性。遵循"知行并进""传创相长"的内在规律，才能由表及里、由近及远、由内向外、由浅入深地将传承和创新孝亲敬老文化融入居家社区养老服务。在这里，"知行并进"是指既通过对孝亲敬老历史文献和现实典型事例的宣传教育，使人们牢固树立孝亲敬老价值理念，又运用有效方式及途径，促使人们将此种价值理念付诸具体行动，进而转化为孝亲敬老的行为习惯。在将传承和创新孝亲敬老文化融入居家社区养老服务时，这两方面同等重要，不可偏废。"传创相长"是指在孝亲敬老文化的传承和创新之间，相辅相成、相得益彰，从而在将孝亲敬老文化融入居家社区养老服务时，两者也能够相互促进、共同提高。此外，在将传承和创新孝亲敬老文化融入居家社区养老服务时，还应注意社会变迁发展、社会分层分工等因素所致的区域、城乡、族群、性别之间的差异。譬如，在中原文化、巴蜀文化、三秦文化、潇湘文化、岭南文化、江南文化等地域文化中，虽然孝亲敬老的思想道德内涵是同源同质的，但其表现形式因受地方风俗习惯的影响而有所不同。这就需要在开展居家社区养老服务中有所考虑。再如，由于受社会分层和社会分工的影响，处于不同阶层及从事不同职业的人在居家社区养老中对服务需求的侧重点也会有所不同。因此，在将传承和创新孝亲敬老文化融入居家社区养老服务时，有关方面对此也应有所考量。

三　注重家庭伦理宣传教育，提供为老服务精神支撑

随着我国人口老龄化程度持续提高，国家先后在"十三五"规划、"十四五"规划中提出，建立以居家为基础、社区为依托、机构为补充的多层次养老服务体系①，构建居家社区机构相协调、医养康养相结合的养老服务体系②。这就从强化社会保障及创新社会政策层面，为广大老龄群体居家社区养老提供了充实的社会保障。然而，受我国现阶段经济社会发展不协调、物质文明建设与精神文明建设不平衡、家庭运行与社会变迁不适应等因素的影响，目前国人的居家养老问题依然在一定程度上存在。尤其是对于那些低收入且体弱多病的诸多农村留守老人，以及城镇空巢老人来说，当传统家庭养老模式于社会转型中遭到强劲冲击之际，全面、妥善地解决他们依托社会资源居家养老的问题，更是显得十分迫切。

客观地从社会运行的角度看，"四二一"家庭结构的形成、失独家庭的出现、空巢家庭及留守家庭的增多、人们工作和生活压力的加大、社会支持家庭发展政策的滞后等因素，致使以往的家庭养老模式的健康运行及可持续发展面临重重困难。从个体行为表现的主观方面看，在近年来的一

① 《中华人民共和国国民经济和社会发展第十三个五年规划纲要》，《人民日报》2016 年 3 月 17 日。
② 《中华人民共和国国民经济和社会发展第十四个五年规划纲要》，《人民日报》2021 年 3 月 12 日。

些民事调解案件中，不赡养老人及虐老弃老的现象有所增多，这类现象表明单纯物质主义和极端个人主义思潮已经产生了消极影响和不良作用。由此可见，在当下我国社会养老服务还不甚发达、人们孝亲敬老意识有所淡化的现实条件下，需要从物质和精神两方面妥善解决居家养老问题，特别需要以新视野和新境界搞好家庭伦理建设，从思想上为人们居家养老打下牢固基础。

在传统社会，家既是国人的生处，也是他们的死所，而在现代社会，许多人不仅是在医院呱呱坠地，而且是在医院撒手人寰。尽管时至今日，国人生老病死的物理空间及依附场所已发生大变化，但无论是在过去或现在，家庭作为国人心灵的栖园，这一真实状况并没有发生根本性变化。此外，家庭作为社会存在的一种微观单元，既呈现有形的物质技术，也蕴含无形的精神文化；前者是其正常运行的必要条件，而后者则是决定其能否健康发展的核心要素。自古以来，家庭伦理道德就是决定家庭健康发展的核心要素，中华民族尊老爱幼、赡老抚幼的美德成就了数千载家庭文明发展的不朽楷模。然而，在我国社会快速变迁和社会急剧转型中，这类美德难免会在特定因素影响和作用下被异化为重幼轻老或厚金薄情。尤其是在现阶段，我国家庭养老的式微与家庭伦理道德的弱化恰成正比。崇尚实用和个人享乐的家庭价值观及生活观，导致一些人的思想及行为变异，他们将敬老爱老的美德及孝亲奉老的古训抛诸脑后，在其应当履行家庭养老职责时，不是强词夺理、蓄意推诿，就是敷衍塞责、应付了事。鉴于此，在建设具有民族特色、时代特征的孝亲敬老文化时，人们务必顺应新型现代性的历史发展潮流，遵循家庭伦理道德演变的内在规律及时代特征，把弘扬孝亲敬老的伦理道德理念创造性地纳入社会主义核心价值观宣传教育活动之中，争取在不远的将来，为全面、深入地开展居家社区养老服务，提供思想支撑及精神动力。

在现阶段居家社区养老中，老人对精神心理慰藉的需求，往往比对日常生活照料的需求更为迫切和更加旺盛。在产业集约型社会及技术关联型社会中，人际隔膜、道德缺失、情感淡化、心态失衡等消极现象往往会对社区养老服务造成不良影响。物质生活与精神生活的不兼容、不协调、不融洽，势必会导致一些人经常忽略或无暇顾及老人精神慰藉的需求，从而致使居家社区养老服务质量不高，不能充分发挥其在整个社会养老服务体系中的应有功能和作用。从社会学视角看，实现符合新型现代性要求的优质高效的社会经济发展效益、制定公平合理的社会规章制度、形成文明和谐的社会生活秩序，就是要避免偏执型物质依赖及盲目型技术崇拜之类因素对社会良性运行和家庭健康发展产生异化作用。这就需要创造性地将以家庭伦理为基石的我国孝亲敬老传统，有效融入应对各种现实挑战的新型社会文化建设之中，从而为实现人自身、人与人、人与自然关系的和谐发展奠定大众思想基础。在为老服务中创新家庭伦理智慧和培育家庭伦理情感，正是确保这一宏大社会工程建设顺利实施的必要条件之一。就此而论，充分发挥家庭伦理智慧及情感对为老服务精神支撑的功能和作用，有利于促进家庭养老与社区养老及机构养老的有机衔接，全面提升整个社会养老服务的质量和水平，进而有利于深入推进积极老龄化社会建设。

应当反思的是，近年来，虽然我国社会养老服务业迅速发展，但是，受某些特异因素的影响，有关方面及相关人员对家庭养老向社区养老的延伸和转化，以及其在整个社会养老服务体系及发展格局中的基础地位，却有所忽略或有些轻视，从而对加强家庭伦理建设、促进为老服务健康发展重要意义和价值的估量不足。这就不利于在新的经济社会发展环境条件下，结合各地实际，去进一步搞好以居家、社区、机构相协调为显著特征的社会养老服务。实际上，在物质生活日益丰富、技术含量日益增多的当今社会，我国大多数老人能够自食其力且能够自我照料，对其子女的生活依赖性与以往相比已弱化。换句话说，所谓居家养老在今日许多家庭的生活实践中更多的是表现在对情感需求的心理慰藉方面。正是在此种意义上，笔者认为，目前我国的居家社区养老服务与时代要求相比，其精神动力依然显得有所不足，需要通过适时重塑家庭伦理精神及重点培育个体道德情商，对其予以补充和完善。

四 甄别微信涉老信息，呵护老人心理健康

高科技时代，微信并非年轻人的专用，近年来越来越多的小老人和大老人开始使用微信。于是，像铺天盖地而来的追明星、趋时尚等信息一样，祈福、求平安健康之类的涉老信息也在微信朋友圈满天飞。据第四次中国城乡老年人生活状况抽样调查结果，我国5%的老人经常上网。老人与互联网的亲密接触，这意味着为数不少的小老人及少数大老人正在积极使用微信朋友圈。由此看来，微信朋友圈涉老信息的增多，乃是老人们尤其是小老人主动性及活跃度持续提升的标志。笔者对部分微信朋友圈涉老信息进行了调研。

从题目来看，微信朋友圈涉老信息多半具有现实性、针对性和可读性。譬如，"退休后到底跟谁住？""老了指望谁？""60岁以后怎样选择？""什么养老最靠谱？""老了最难是什么？""老了谁与你做伴？""老年九不过、九不懂、九不可""退休后怎样过才算没白活？""退休看孩子感言""做个讨人喜欢的老年人""善待晚年的自己""老了，要给自己留七张底牌""人老了，也要富养"等。可见，有一些老人对老年生活依然是心有所虑，心有所忧，心有所惧，心有所防。显而易见，这种心态反响，与时下我国老人退休金较低、社会为老公共服务设施不足、社区养老服务质量和水平较差、良好的为老服务社会氛围尚未形成等状况有密切关联。

就内容而论，微信朋友圈涉老信息多半涉及退休后如何选择适合自己的养老方式，如何与配偶、子女、亲戚朋友相处，如何缓解上孝敬父母、下关照孩子的困难和压力，如何淡泊名利、休闲养生、保健祛病、享受现代文明生活，如何积极合理地发挥余热、满足个人兴趣爱好、实现个人生命价值，如何坦然面对衰老、病死的自然现象等。此外，在微信朋友圈中，还有推介国内外各地多样化、个性化养老模式及其典型例证的涉老信息，如开房车旅游养老、酒店和邮轮旅居养老、结伴同居养老、抱团旅居养老、邻里相助养老、时间银行养老、储蓄理财养老、房产抵押养老、文化休闲养老、养老院与幼儿园互动养老，可谓五花八门，应有尽有。总体上，内容呈现理性平

和、积极乐观、向上向善的格调，有益于开阔老年人眼界、开发老年人潜力、丰富老年人生活、增添老年人乐趣、平衡老年人心态、缓解老年人焦虑，有益于促进老年人身心健康，有益于老年人圆满实现老有所养、老有所学、老有所为、老有所获、老有所乐。不过，微信朋友圈涉老信息中也不乏消极因素，既无助于呵护老年人身心健康，也无益于老年人颐养天年。

再从价值取向分析来看，一方面，在微信朋友圈涉老信息中，主张个人独立自主、张扬个性自由、倡导自我充实、引导克己向善的内容构成主旋律，为微信朋友圈中的老年人群输送正能量；另一方面，在微信朋友圈涉老信息中，诱导偏私利己、宣扬及时行乐、渲染明哲保身等消极内容也客观存在，这类信息经转发后，难免会对经常上网的老人产生不良影响。在精心编制的大量提神段子中，大多充满正能量。譬如，"既然已经退休，不能放弃追求，趁着心气还在，找点快乐自由。老人尽心尽孝，子女尽力搭手；有点个人爱好，跟上时代潮流。养花养草养生，戒烟少酒避赌；公园里面唱唱，饭后出门遛遛。常回老家看看，常去外面走走；上网拓宽视野，微信广交朋友；合理协调安排，时间总是会有"。再如，"心胸度量须放宽，人生不必太计较；助人为乐寻常事，吃亏是福解烦恼。名利地位算什么，身体健康最重要；休闲养生找快乐，抱怨忧愁全丢掉。酸甜苦辣都尝过，人生才算没白活；感恩知足不可贪，自强自立美生活。劳逸结合发余热，神清气爽志不老；养老须得先养心，正心诚意智慧高"。类似以上这样的段子，在微信朋友圈中比比皆是，不仅宣传了有益于老人身心健康的科学、合理的生活方式，而且弘扬了蕴含时代精神和社会正能量的人生价值取向。

当然，在某些粗制滥造的无聊段子中，也充斥一部分负能量。尽管其中有不少在一定程度上反映了现实生活中的真实情况，如社会转型期中的人情世故、代际的隔膜矛盾、独生子女家庭养老的现实困难、极少数年轻人不尊重老年人等，但是，这类段子从总体上看，仍是以偏概全或诱导人们形成消极情绪，对引导新时代老年人生活的正确方向来说，无疑是格格不入的增堵添乱因素。

综上所述，从老年社会学的视角来看，近年来微信朋友圈中涉老信息总体向好，其中蕴含的富有社会正能量的思想观念、人文精神、道德情操，可以成为建构新时代老年社会文化的有益资源。与此相反，那些充斥自闭自恋、牢骚抱怨、狭隘偏私、悲观失望、消极无为内容的涉老信息往往含有较大负能量。这就不仅有损于老年人的身心健康，而且有可能对建构新时代老年社会文化造成严重干扰和破坏。故此，加强对微信朋友圈中涉老信息的梳理、甄别和引导工作，以社会核心价值观激浊扬清，并且顺应老人精神心理循循善诱，很有必要。

五　营造健康养老和积极养老的良好个体心态

朝看水东流，暮看日西坠，百年明日能几何？从个体出生后的牙牙学语到离开工作岗位领取养老金，只不过是数十年的光景，可见人生易老绝非一句虚言。当然，随着物质和文化生活水平的提高、医疗卫生条件的日益改善，人均预期寿命的不断加长也是一个不争的事实。我国人均预期寿命，已从 1949 年的 35 岁提高至 2020 年的 77.3 岁。这种国人健康水平及生命效能的大大提升，既是国泰民安的吉祥象征，也意味着我国庞大老龄人群的渐次形成，以及老龄化社会程度的持续加深。往日不可复，来者犹可追。既然老龄化社会是人类社会文明发展的必然趋势，那么作为生活在幸福新时代的每个中国人，从个人角度如何以健康养老和积极养老的良好心态，积极应对已经、即将或迟早要来的老年生活，实在是关乎民族振兴、社会安康和家庭幸福的一件要事。养老贵在养心。无论是居家依托社区和入住依靠机构的医养康养的养老选择，还是互助养老、旅居养老、文化养老之类的社会倡导，无非都是为了让老人心满意足地欢度晚年，能够生活在一个宽松、和谐、充实、宜人的家庭与社会环境中。而要抵达这一理想境地，尚需在全社会营造健康养老和积极养老的良好个体心态。因为，一个人要想积极适应不可逆转的人类老龄化时代，以及欲在老龄社会中幸福生活和健全发展，养成此种心态堪称关键。

从"知、情、意、行"这一个体心理行为习惯养成的规律来看，营造健康养老和积极养老的良好心态，首先需要对健康养老和积极养老之理念的科学认知。健康是人生第一财富；身体健康是每个人过上美好晚年生活的本钱。遵守良好的作息规律、保持合理的膳食结构、养成适度的运动习惯，拥有这三大要素无疑是个体祛病强身的基本保障。据悉，目前对我国居民生命威胁最大的前三位疾病是心脑血管疾病、肿瘤、呼吸系统疾病，如果扣除这类慢性病因素的干扰和破坏，我国人均预期寿命可增加 13.2 岁。[①] 这使老人对身体健康的本真含义有了更为深切的体悟，即个人想要为家庭和社会多贡献，就得要先用健康去武装身体，而人们常说的"不为儿女添麻烦，不给社会增负担"，其中多少也有点这方面的意思。不过，健康的身体寓于健全的心态之中，也就是说前者往往需要后者的刻意呵护和维系。因为，说到底个体的健康不仅仅涉及身体生理状况的问题，若从深层次的社会文化视角去看，它在更大程度上涉及一种人的精神心理状况的问题。昔日，曹孟德曾有诗曰："盈缩之期，不但在天；养怡之福，可得永年。"拥有积极向上和理性平和的健康心理状态是个体延年益寿的灵丹妙药。千保健，万保健，心态平衡是关键。从这句充满哲理的民间格言可见，健全的心态既是人们智慧的源泉，也是个体晚年生活幸福的根本保证。

积极养老是个体践履积极老龄化理念的具体实践过程。在体现积极老龄化理念的"健康、参与、保障"这三大要素中，"参与"无疑是居于核心位置，而健康是前提，保障则是支撑。虽然退休于不同的工作岗位，但老人毕竟仍生活在家庭与社会生活中，只要身体健康状况良好，本人又有参与社会以丰富晚年生活的意愿，当然他们依然能为社会及他人做出力所能及的贡献，从而进一步实现自身人生价值。尽管老人不可能都像钟南山院士那样为国为民立下大功劳，但凭借个人在生产和生活领域数十年积累的各种经验及技能，他们还是能够继续为家庭和社会做出一定的贡献。因此，"老有所用"和"老有所为"当是每位老人晚年生活的最高追求，即继续做一个对社会和他人有用的人。就此而论，这不仅表现在老人创造生产性价值或体现

---

① 　王君平：《慢性病让中国人平均减寿 13.2 岁》，《大众卫生报》2008 年 11 月 4 日。

文化传承价值，即便是他们照料孙辈，那也是为子女解决后顾之忧，间接地在为社会做贡献。另外，"老有所用"和"老有所为"之基在于"老有所学"。在科技高速发展的信息化时代，要想紧跟时代前进的步伐，老人往往需要付诸比年轻人更大努力。在这方面，只要有心就会有力。那些银发飘逸的长者与年轻人一样地摆弄手机，尽享高科技时代的恩惠，更有一些老人甘为志愿者，他们借助科技手段，为维护交通秩序、调节人际关系等事务而不辞辛苦。当然，对家庭与社会生活的参与，老人还是要量力而行，以有益于身心健康为限。不过，这样说并非可以作为拒绝学习、拒绝进步的借口，至于极少数的为老不尊和倚老卖老的行为习惯，那自然是更不值一提。因为，坦然直面和积极应对已经、即将或迟早要来的晚年生活，付诸个人努力尽可能地保持自己在体质、智能、心态等方面的优良状态，实乃每个公民朝向人生归途时所做出的最优选择。

依然值得一提的是，从客观方面讲，当今社会已为每个人在老龄化时代践履积极老龄化理念，创设了各种良好的社会环境条件，提供了各类必要的社会保障措施。再从主观方面看，要圆满实现所有人在老龄化社会中的健康发展和文明进步，关键在于每个人要以健康养老和积极养老的良好个体心态，积极应对各种干扰和挑战，演奏好"夕阳红"这首人间的最美曲。

第十二章
居家社区养老社会支持的实现路径探析

一　立足地方实际，积极应对人口老龄化

近年来，我国人口老龄化发展速度较快。仅从河南、江西、安徽、山西、湖南、湖北这中部六省来看，截至 2019 年底，60 岁及以上老龄人口在常住人口中平均占比为 17.54%，65 岁及以上老龄人口在常住人口中平均占比为 12.09%，接近全国平均水平（2019 年全国 60 岁及以上老龄人口在总人口中占比为 18.10%，65 岁及以上老龄人口在总人口中占比为 12.60%）。然而，与此同时，这 6 个省份人均地区生产总值平均为 58105 元，居民人均可支配收入平均为 25723 元，与全国平均水平相比尚有一定差距（2019 年全国人均国民生产总值为 70892 元，居民人均可支配收入为 30733 元）。①尤其是在社区养老服务的基础设施方面，中部 6 省与东部沿海省份乃至全国平均水平，尚存在一定差距。就每千名老人所拥有的养老床位来说，截至 2019 年底，中部 6 省每千名老人所拥有的养老床位平均为 28.6 张，而在浙江为 53.7 张，江苏为 40.9 张，全国平均水平为 30.5 张。②再以中部 6 省中老龄人口总量最大的河南省为例，2019 年 60 岁及以上老龄人口为 1623 万

---

① 根据《中华人民共和国 2019 年国民经济和社会发展统计公报》的数据整理。
② 《2019 年全国各省市每千老年人口养老床位数排行榜：浙江第一　内蒙古第二》，网易新闻，https://www.163.com/dy/article/FTQLGVFP051481OF.html，2020 年 12 月 14 日。

人，65 岁及以上老龄人口为 1076 万人。[①] 截至 2019 年底，河南省共有养老服务设施 1.4 万个，其中敬老院 1924 家，养老机构 1390 家，城市老人日间照料中心 2494 个，农村互助养老设施 8000 多个。[②] 面对如此庞大的老龄人口总量（全国排名第三）以及上百万失能半失能老年人[③]，这些养老服务设施当然是远远不够的。第七次全国人口普查数据显示，中部 6 省 60 岁及以上人口在常住人口中的平均占比为 18.83%，已经超过同期全国平均水准 0.13 个百分点。

在此，特别需要指出的是，我国人口老龄化进程具有"未富先老""未备先老""边富边老"的特征，不仅城乡居民人均年收入水平较低、养老社会保障水平不高、为老服务社会公共设施建设较为滞后、社区养老服务质量较差，而且随着工业化、城镇化、市场化发展速度加快，家庭规模和家庭结构趋向小型化，家庭养老功能逐渐弱化。传统养老模式难以为继，社会化养老服务体系建设势在必行，但是，面临诸多困难和挑战。尤其是在居家老人的多重需求与社会化养老服务供给能力之间存在较大的反差。例如，随着家庭赡养功能的逐渐弱化，社会流动的加快，城乡空巢老人、随迁老人、留守老人规模的不断扩大，老龄群体在经济支持、生活照料、精神慰藉、个性表达等方面，对依托居家社区养老的要求日益强烈。然而，如何有效整合及合理配置各种社会资源以满足这类旺盛需求，在国内各地尚处于起步和摸索阶段。

近年来，在积极应对老龄化的不懈探索中，国内不少地方已经形成一些好的做法，取得较大成效。例如，中部 6 省分别出台政策鼓励个人举办家庭化、小型化的养老服务机构，简政放权鼓励闲置社会资源参与养老服务，积极推进居家社区养老服务机构和基层医疗资源相结合，将从事基层养老服务的工作人员优先纳入社会公益性岗位，努力开展"敬老文明号"创建活动等。由此而形成了一些较有地方特色的养老模式，如医养型护理与社区智能

---

① 《2019 年河南省国民经济和社会发展统计公报》。
② 何心悦：《河南 2021 年养老工作计划这样做》，《大河报》2020 年 11 月 4 日。
③ 魏浩：《河南养老机构发展现状》，《大河报》2016 年 9 月 7 日。

化有机结合的智慧养老模式，"互联网+家庭病床"模式及国企资源整合型模式，"寓医于养、健康疗养"中医养老模式，"以养为主、以医为辅、以医促养、寓养于医"的托管模式等。再如，在国内发达地区也已形成了"统筹整合为老服务资源、建立区域养老服务联合体、均衡布局为老服务设施、就近精准为老服务"的北京模式，"政府购买专业化运营服务、嵌入社区给予特困老人以全天候照护服务、通过日托、助餐等方式辐射到其他社区老人"的上海模式，"从满足老人需求、社区标准化建设、发挥政策合力三点着手，去培育社区医院、养老企业、社工机构三类服务主体各自发挥自身特长和优势"的广州模式。

当然，凡事皆有其两重性，各地在建设社会化养老服务体系中，也在一定程度上存在理念思路相对滞后、体制机制障碍较大、功能定位及职责分工不够明确、政策法规支持效果欠佳、专业服务人才缺乏、社会力量参与不足、社会资源碎片化运作等棘手问题。其深层原因是"重经济建设，轻社会建设"的发展主义思维定式及行为习惯，以及忽略市场和社会力量作用的行政化依赖意识及工作方式，而其主要表现是重物质技术投入、轻精神文化融入，以及重指标、轻评估，重规划、轻落实，重规模、轻实效等。有鉴于此，面对人口老龄化态势持续加强的严峻挑战，凡此种种，莫不启示各地方政府及有关部门，去深刻领会、认真把握积极应对人口老龄化的国家战略部署及顶层设计，立足地方实际，借鉴成功经验及有效做法，搞好统筹协调、集聚民智民力，进一步努力探求为老服务难题的应对之策及破解之道。

第一，打破常规，拓宽思路。在制定和实施支持社会养老服务发展的地方性政策法规时，有必要跳出就养老讲养老的惯常思维定式，以及视老人为被动接受者的传统为老服务理念，从经济、政治、社会、文化、生态统筹协调发展的视角全面审视养老问题，以便在政策制定及实施中能充分体现系统性与整体性、协同性与包容性、原则性与灵活性、普惠性与特惠性、现实性与前瞻性的内在统一，以及能显露较强的聚合力、感召力、创造力、执行力和持久力。

第二，公私协同，软硬兼具。所谓公私协同，就是在发展社会养老服务业时，采取公办民营或民办公助的运作方式。至于软硬兼具，则是在社会养老服务体系建设中，不仅要注重基础设施、技术设备等硬件建设，而且要注重价值认同、人文关怀等软件建设。对前者来说，发展社会养老服务业究竟采取"公办民营"方式抑或以"民办公助"的方式，还是应依据各地具体实际情况而定。就后者而论，各地应融传承和创新孝亲敬老文化于家庭、社区、机构相协调的养老服务活动之中，并且着力使之现代化、制度化、规模化和精细化。

第三，抓住要领，突出重点。一些地方社会养老服务建设起步较晚，经验缺乏，还处于其体系尚未成型的摸索阶段。这就需要抓住要领、逐步拓展，突出重点、精准发力，以求"落地生根"，适时"开花结果"。因此，应当抓住要领，以巩固家庭养老基础地位去引领和提升社会养老服务质量水平，并且在整个社会养老服务体系建设中，突出居家社区养老服务的主导作用，突出城乡社会养老服务一体化的示范效应。这是因为从自然亲情关系永远不可复制的意义上来说，携带孝亲敬老文化基因的家庭养老的基础地位浑然天成而不可替代，在现阶段它既撇不开也绕不过，而其他养老模式则是顺应时代发展在此基础上的延伸和提升。此外，在新型城镇化进程中创新居家社区养老服务模式，也有可能促使一些地方扬长避短、"弯道超车"，达致后来居上的预期目标。

第四，宽严相济，管放得当。无须讳言，在致力于社会养老服务的诸多力量的关系中，既有合作共识，也有博弈择优。为有效整合、合理配置社会资源，推进社会养老服务业健康、较快、有序发展，需要管中有放，以放促管。例如，有些地方规定，在"12349"居家社区养老信息服务平台建设中，民资的固定资产投入全部不得收回以挪为他用。此种规定的原意是防范政府购买服务风险，以及保证社会养老服务发展的稳定性。其实，这种宽进窄出的策略，并不利于调动民间资本积极参与社会养老服务。因此，考虑到有一定数额政府资金投入其中的因素，在民资确实需要退出时，将固定资产投入用适当折扣的方式给予民资投入以必要补偿，也不失为两全其美的可行之策。

二 加强小城镇居家社区养老服务建设

（一）小城镇居家社区养老服务面临的发展困境

长期以来，一些地方小城镇受建设比较滞后、社区公共服务设施比较简陋、公共服务意识比较淡薄、公共服务能力和水平一般等因素的影响，其居家社区养老服务起步尚晚且发展不力。近年来，在新型城镇化浪潮的推动下，这种落后状况虽有所改观，但受主、客观条件影响，面对旺盛而又多样的养老服务需求，小城镇依然在较大程度上陷入勉为其难的发展困境。

1.在物质技术层面的力不从心

基本生活服务设施、网络通信设备、医疗卫生机构及队伍等，是开展居家社区养老服务的必要物质技术条件。然而，现阶段在一些小城镇内，道路交通设施、水电气供给设备、取暖纳凉器材、强体健身器械等硬件设施大多比较落后，外观陈旧且质量低下，以致较难形成老人健康而又惬意的宜居生活环境。尤其是在网络通信服务设备建设方面，其技能低端和效能低下分外令人瞩目，致使便捷、优质、高效的居家社区养老服务无从谈起。

2.在组织协调层面的无所作为

在居家社区养老服务建设中，社区治理理念思路、体制机制、方式途径以及管理格局、工作手段、质量水平等在很大程度上决定了其组织协调成效。令人遗憾的是，在一些小城镇内，至今社区治理理念思路的转变依然是不够彻底，体制机制的改革不够深入，方式途径的选择不够科学，并且其管理格局有待健全，工作手段有待完善，质量水平有待提高。这就十分不利于组织协调社区各种力量和优化整合各类资源，有谋划、有重点、有秩序地搞好居家社区养老服务建设。

3.在政策运用层面的漫不经心

科学、合理、灵活地运用政策和策略，是做好包括为老服务在内的社会民生工作的重要抓手。近年来，针对居家社区养老服务，各级政府适时出台不少政策法规，为做好这项利民惠民工作，提供了方向性指导和操作性规范。不过，在某些小城镇，个别领导者不仅没有密切结合当地实际情况，在把握其基本精神的前提下，创造性地贯彻实施这些政策法规，而且生搬硬套，或者以经验不足搪塞应付了事。由于某些领导者既不看具体对象和特殊情况，也不管时代背景和发展态势，简单地"照着葫芦画瓢"，或者迟迟地"抱着葫芦不开瓢"，以致其结果不是虎头蛇尾，就是半生不熟。

4. 在宣传引导层面的不得要领

正确的宣传引导是搞好居家社区养老服务的必要前提。在我国，居家社区养老服务体现着家庭养老与社区养老的有机结合，指导其思想建构的伦理道德基础，乃是对中华孝亲敬老文化的传承和创新。家庭是社会的细胞，由于国人生老病死的生命周期与家庭息息相关，在条件具备的情况下，居家养老不仅顺理成章，而且往往会成为老人们的首要选择。社区是社会生活的支撑点、社会成员的聚集点、社会文化的交汇点。因此，国人养老不仅要以家庭为基础，而且要以社区为依托，需要借助社区的各种力量和资源。显而易见，在推进居家社区养老服务的宣传引导中，应体现传承性、把握时代性和富有创造性。换句话说，应以居家上门服务为着力点，以社区集约支持为抓手，致力于思想观念、规章制度、方式方法等方面的综合创新，努力达致其科学化、规范化、常态化、精细化的服务效应。然而，在一些地方的宣传中，却忽略居家这一基础点，大肆渲染社区周边环境条件及其内部基本服务设施。这种不得要领的宣传，容易将人们引入两种误区：一是产生"社区组织是养老服务首要责任主体"的误解；二是造成"不入住社区相关服务机构就不能获得高质量医养结合服务"的曲解。实际上，在养老服务活动中，有关家庭成员才是法律和道德上的首要责任主体，此外，老人虽然蛰居家中，但这并不妨碍他们依然能够享受高质量的医养结合服务，只不过这需要社区有关服务机构及人员，为老人们提供更为主动、更为认真、更为贴心的上门服务。

（二）小城镇居家社区养老服务发展困境的破解之策

究竟怎样做，才能摆脱小城镇居家社区养老服务面临的发展困境呢？依笔者之管见，应从以下方面付诸努力。

第一，在开展小城镇居家社区养老服务中，加大政府在物质技术层面的支持力度。大中城市，受益于"棚户区"、"城中村"、老旧小区改造等惠民宜居工程的实施，在基本公共服务的硬件建设方面已迈上新台阶，从而为开展居家社区养老服务创造了有利条件。可是，一些小城镇出于多种原因这方面的工作却在一定程度上受到干扰，不仅其成效欠佳，而且留有不少空白，影响其居家社区养老服务质量水平的提升。作为社会公共服务主要供给者的地方政府及其职能部门，理应关注这项大民生的重要现象，尽力加大对居家社区养老的投入力度，以适时满足众多小城镇居民对提高这类服务质量的合理需求。

第二，在新型城镇化和人口老龄化双重背景下，小城镇应注重以创新社区治理推动为老服务发展。这样做才能组织协调社区各种力量和优化整合各类资源，去有谋划、有重点、有秩序地搞好居家社区养老服务建设。所谓小城镇，在此泛指建市之外的包括县城在内的建制镇和其他集镇，它们多半是基层政府的驻地，并且其空间地理位置介于城乡之间，实乃创新社会治理的基础性园地。处于新型城镇化和人口老龄化双重背景下，在基层党组织正确领导下，创新社区治理除了不断增强社区自组织性、充分发挥社会组织功能作用、有效整合社会资源之外，还有必要特别注重和发挥退休老年人的经验和智慧。譬如，对在小城镇中原来从事党团、民政、社保、妇联等领导工作，以及从事医疗卫生、文化教育等专业技术工作的退休人员，各地有关方面应鼓励他们积极参与社区管理服务，以积极养老的姿态在社区养老服务活动中成为表率，并且成为社区组织联系老龄群体的桥梁和纽带，从而在推动居家社区养老服务向好发展中发挥凝心聚力的典范作用。

第三，加强政策理论修养，提高政策运用水平。任何一项国家政策的出台，均有其深厚的思想理论基础。中央政府出台的一系列包括居家社区养老服务在内的社会养老体系建设的政策性指导文件，本是这方面的顶层设计。其中的理念思路，不乏人口学、老年学、社会保障学等学科的知识及智慧结晶。这就需要各地从事基层为老服务工作的相关部门及人员，对此勤于学习、善于学习，方能做到深刻领会其精神实质和正确把握其操作规范，从而在基层实践中，对此做到既不变形、不走样，也不守旧、不僵化。

第四，围绕核心重点议题，增强宣传引导效应。搞好居家社区养老服务建设，需要宣传引导工作先行。传承和创新中华孝亲养老文化，实乃开展居家社区养老服务的伦理道德基石。因此，在这方面宣传引导活动中，有关部门务必将其作为指导人们思想行为的核心理念大加弘扬。此外，在宣传引导活动中，尤其要明确居家养老的法律和道德首要责任主体，褒扬在履行家庭养老职责时尽心尽力之典范，以引领人们见贤思齐且推己及人，积极主动地参与居家社区养老服务。当然，还应围绕推动家庭养老与社区养老的有效结合，创新社会政策，营造尊敬老人、奉养老人、普惠老人的良好社区氛围。

三 拓展居家社区养老服务女性参与空间

（一）居家社区养老服务女性参与的现状及其意义和价值

建立以"居家为基础、社区为依托、机构为补充、家庭社区机构相协调、医养康养相结合"的多层次社会养老服务体系，广泛、深入地开展居家社区养老服务，确保其居于主导地位。而在拓展居家社区养老服务中，女性的参与不可或缺，女性人才的培养至关重要。这是因为老龄问题的关键即老年妇女的养老问题，实施积极应对人口老龄化国家战略，必须大力鼓励和支持广大女性参与其中，充分发挥她们的生力军作用。一方面，我国必须直面孤寡老年妇女的养老问题。据有关部门预测，2010~2050 年，我国孤寡老年妇女将从 790 多万人增加到近 4000 万人，其中，80 岁及以上的将占到50%，达到 2100 多万人。[①] 另一方面，目前在我国，年老体弱父母的主要照

---

① 本刊编辑部：《未来 4000 万孤寡老年妇女的养老问题怎么办?》，《人口研究》2001 年第5 期。

顾者是其成年女儿。① 由此可见，方兴未艾的居家社区养老服务与女性的良性生存和健康发展密切相关。女性以家庭成员、家政从业人员、社区志愿者、基层医务工作者、养老机构服务人员等不同身份参与这一为老服务活动，既奉献社会，也惠及自身。

近年来，学界论及居家社区养老服务中的女性参与，主要涉及家庭养老服务、社区家政为老服务这两大领域，而其所运用的理论方法是从社会性别及社会分层视角，介入此类与女性生活与职业发展密切相关的问题。在女性学与社会学相互交叉和影响的学科背景下，学者研究的侧重点有所不同。有的注重居家社区养老服务参与的性别差异及社会平等性；有的注重以女性为主体的这种服务参与对社会产生的和谐效能，以及对女性自身产生的发展效应；有的注重女性积极参与这种服务对家庭、社会及个人所能够带来的技术效能及经济效益；有的则注重女性积极参与这种服务活动时，性别因素、社会分层因素、地域文化因素所给予她们的不同影响。② 尽管研究者的侧重点有所不同，但相互之间的见解并无非此即彼的对立排斥，而是具有较强的兼容性及吻合性。尤其是在动员和引导女性积极参与这种既奉献社会，也惠及自身的为老服务活动时，研究者具有共同的价值取向。

大力发展居家社区养老服务是搞好社区建设的重要方面，也是引导和动员妇女积极参与社会服务活动的重要途径。社区建设与女性发展同步，在某种意义上，女性积极参与居家社区养老服务，就是争取和维护社区利益的具体表现。这种参与既体现了她们的社会担当意识，也在服务社会和他人的同时，提高了自身素质及个人融入社会生活的能力。此外，女性既是居家社区养老服务的主要提供者，又是居家社区养老服务的直接受益者。正是从事为老服务工作的女性的辛勤付出，让致力于其他行业的女性得以减轻家庭压力，全身心地投入工作，从而为促进性别平等和提高妇女社会地位做出贡献。

---

① 黄何明雄、周厚萍、龚淑媚：《老年父母家庭照顾中的性别研究概观——以香港的个案研究为例》，《社会学研究》2003 年第 1 期。

② 周全德：《略论居家社区养老服务中的女性参与》，《山东女子学院学报》2018 年第 1 期。

当前，随着人口老龄化进程的加快，居家社区养老服务备受各级政府及社会各界的关注，已经成为社会公共服务建设中亟待加快、重点发展的领域。在居家社区养老服务中，女性既是主体参与者，又是广泛受益者。正是在推动居家社区养老服务进展中，女性开阔了生活视野，锤炼了基本素质，增强了社会责任感，提升了人文情怀。在某种意义上似乎可以说，居家社区养老服务是女性积极参与社会发展和社会建设的重要载体。通过对居家社区养老服务的参与，女性体现了自身发展与社会发展的一致性，增强了性别平等与社会公正的吻合性，实现了融自身优势及特长于社会发展和文明进步之中的美好预期。因此，在居家社区养老服务建设中，女性的地位不容低估，女性的功能和作用不可替代，女性的潜力和优势有待挖掘。在此，笔者拟从对社会和谐发展、文明进步具有思想意义及实践价值的视角，就女性参与居家社区养老服务进行探讨。

（二）居家社区养老服务女性参与的理念思路及方式途径

1. 理念思路

女性积极参与居家社区养老服务，本是一种值得赞颂的既有利于解决社会生活难题，又有益于自身发展的社会行为。其指导理念应是"助人自助、服务社会、完善自身"。当然，在这里既有社会性别因素所导致的不均衡（女性参与占比远高于男性），也有社会分层因素所造成的不平等（低阶层女性从业人员占比远高于中、高阶层女性从业人员）。然而，总体而论，女性参与居家社区养老服务还是既符合社会整体利益，又满足个人发展需求的文明进步之举。这种文明进步主要表现在，广大女性以自身特有的情感智慧及生活技能，撑起社区养老服务的蓝天，并且在为千千万万个家庭排忧解难的过程中，彰显自身的价值。显而易见，女性参与居家社区养老服务，是社会变迁和转型发展中的个人再社会化行为。这种行为的调适及其完善，需要包括物质鼓励、精神激励等多方面的社会支持，而"助人自助、服务社会、完善自身"的参与理念有助于获得此种社会支持。

2. 方式途径

现阶段，女性参与居家社区养老服务，采取直接参与和间接参与两种方式。然而，她们的参与途径多种多样，有以民间社会组织成员身份的志愿无偿参与，有以专业社会工作者身份的职业技能参与，有以医疗或养老机构医疗人员、护理人员身份的低偿服务参与，有住家保姆式的日常照料参与，有家庭成员的亲情照护参与等。

从参与方式来说，以儿媳、女儿或妻子的身份照顾家中老人或配偶，是一种直接参与；而以社区志愿者、医疗人员、护理人员的身份服务于老人，也是一种直接参与。至于间接参与，凡是与居家社区养老服务的宣传引导、组织协调、技能培训等工作相关的女性参与，均属于这种参与。

就参与途径而论，不同女性群体的做法各不相同。一是女性是社会公益的主要参与力量，中国志愿者总量中女性比例相当可观，而以各种形式热心参与居家社区养老服务，则是其中一个重要方面。二是以社会工作者身份的职业技能参与，大多是具有一定文化知识和专业素养的女性。她们的参与有利于增强居家社区养老服务社会化、人文性及信任度。三是以医疗或养老机构医务人员和护理人员身份的低偿服务参与，大多是有一定专业知识和护理技能的女性。她们的智慧和经验有利于提高居家社区养老服务的专业化及技能化程度。四是住家保姆式的日常照料参与，其服务对象往往是一定地区中、高收入家庭中的老人。这就对她们的综合素质提出了较高要求，从而促使她们严格要求自己，意在竭诚服务他人的时候也刻意锤炼自身。五是家庭成员的亲情照护参与，这类参与者大多是有较多时间和精力及有较强责任感的女性。她们以细心、耐心、爱心、恒心，对亲人体贴入微地照护，对于呵护家中老人的身心健康，具有非常重要的价值。

（三）女性参与居家社区养老服务的不足及其成因

1. 女性参与居家社区养老服务的不足

女性参与居家社区养老服务的不足主要表现在以下方面。

一是总体参与的数量不足。在这里，总体参与的数量不足不是与男性相比的不足，而是相对于能够参与这一服务的中青年女性来说，出于种种原因她们参与这一服务的人数还不够多，还不能充分满足我国现阶段居家社区养老发展的旺盛需求。尤其是一些地方"4050"中年妇女闲居者较多，她们尚未投入这一助人自助的有益社会服务活动中。

二是参与深度不足。以志愿者身份或专业社会工作者身份参与这一服务的女性尚少，以致诸多女性的参与仍停留在对老人的吃穿住行、清洁卫生、安全呵护、康复护理等日常生活照料层面，而对于老人心理健康呵护及临终人文关怀等深层次的参与却有所欠缺。

三是参与范围较窄。女性参与者的服务对象多半是失能半失能老人、高龄老人等需要生活照料的老年群体，而对那些生活上虽然能够自理但身心处于亚健康状态的年轻老人，她们的为老服务却相对匮乏。

四是对女性参与居家社区养老服务的重要意义估量不足，宣传不力。一些地方和部门认为女性参与居家社区养老服务无非社会分工使然，即在社会变迁和转型发展背景下，一些下岗待业女性、内退女性、流动中年女性个人择业的自然结果，或者认为这是某些具有爱心的女性一种寻求自我实现的即时性行为。由于这种认识未将女性参与提升至事关国计民生和国泰民安的高度来认识，因此，也就不能指望让这些地方和部门实施具有较高思想文化价值的专门性宣传。

五是对女性参与居家社区养老服务，缺乏积极的、发展型的社会政策支持。比如，现行相关社会政策，缺乏对提高女性参与居家社区养老服务薪酬待遇的有关规定，缺乏对女性参与居家社区养老服务进行知识教育、技能培训的有效举措，缺乏对女性参与居家社区养老服务中个人权益的必要保障等。

2. 女性参与居家社区养老服务不足的成因

居家社区养老服务女性参与总体数量不足的主要原因在于我国居家社区养老服务目前尚处于起步阶段，在一些地区甚至还处于纸上谈兵的谋划时期，并没有获得实质性或突破性的进展，或者可以说在不少地方依然是自发生长，缺乏有组织的推动，以致女性参与仍然缺乏较好的物质和精神文化条件。加上宣传和引导不到位，许多女性对积极参与这项助人惠己的社会服务活动仍有所顾虑，未做好充分的思想心理准备。

居家社区养老服务女性参与深度不足与我国目前女性整体素质依然较低密切关联。由于长期以来受政治的、经济的、文化的、社会的、历史的、现实的等各种复杂因素的影响，现阶段我国妇女的发展依然不够通畅，不够充分。这就不难理解与男性相比，为何在政策决策、组织协调、专业技能指导等高级层面，女性参与居家社区养老服务的人数占比较低，而绝大多数女性参与分布在与老人生活照料密切相关的烦琐单调、劳神费力等劳动上。

居家社区养老服务女性参与范围较窄的主要原因在于，受社区居民生活习惯的影响，女性自身的良善天性尚未获得充分展示的机会及平台。目前，在一些欠发达地区的城乡社区家庭医生签约率较低，尚不到 1/3，其中主要原因是不少身体长期处于亚健康状态的老人对此不以为然，严重缺乏疾病预防意识，直至患病才肯去医院就诊。这种情况客观上致使女性身上固有的关怀、友爱、同情、体贴、助人等秉性，没有更多机会在走家串户的上门服务中得以发挥。

对女性参与居家社区养老服务重要意义估量不足及宣传不力的主要原因在于，传统性别观念、价值取向及行为习惯，对社区建设和发展依然具有潜在影响。在传统性别分工意识的潜在影响和作用下，对社区志愿服务、上门服务、护理服务的主要承担者女性的劳动价值及社会意义，均看作一种分内的女性工作。因此，女性参与对于积极应对人口老龄化的特有价值在一定程度上被人们轻视和忽略。这种有意或无意的轻视和忽略不利于发展居家社区养老服务这一社会建设基础工程。

对女性参与居家社区养老服务缺乏积极的、发展型社会政策支持的主要原因在于，与现行社会政策缺乏社会性别视角密切相关。"妇女家庭照顾者的角色依然在居家社区养老的服务中延续着"[1]，但她们辛勤劳作的应有价

---

[1] 佟新：《性别视角下的城市养老制度变革》，《中国妇女报》2012 年 10 月 23 日。

值，并未在现行社会政策中得到充分体现。一是从事基层医疗卫生服务的女医生和女护士工资收入偏低，工作量却严重超负荷；二是虽较为年轻但身体长期处于亚健康的一些退休女性，长期勉为其难地照顾其高龄父母，可是对此类小老人照顾大老人的现象，现行社会政策中却缺乏积极应对；三是对以志愿者身份积极参与居家社区养老服务活动的中青年女性，现行社会政策中尚缺乏强有力的鼓励性措施，以致有可能造成这种参与缺乏后劲及可持续性。

（四）拓展居家社区养老服务女性参与空间的理性思考

现阶段，与我国居家社区养老服务的旺盛需求相比，女性参与的力度依然不够，参与的层次依然较低，参与的自觉性、积极性、主动性、创造性等依然有待提高。面对进一步拓展居家养老服务的女性参与空间的社会发展要求，人们有待提高思想认识，政府需强化责任，发挥市场作用，创新社会政策，营造社会氛围。

1. 思想认识先行

这是做好任何工作的基本前提，动员和引导女性积极参与居家社区养老服务，也毫不例外。如今的居家社区养老服务，并非传统因袭观念所认定的伺候人的低等工作，其"苦脏累"的工作属性虽然还未得到根本改变，但其社会价值及意义在当代中国已经得到全社会的一致认可。发展居家社区养老服务已经成为当前我国社会养老服务体系建设的重要任务，被写进党和国家的有关重要文件及政策法规。鉴于居家社区养老服务对家庭健康发展和社会良性运行的重要作用，女性的积极参与理应受到全社会的尊敬、拥戴和赞赏。从学理上看，这一领域的女性劳动，不仅仅是含有谋生性质的私人劳动，更多的是含有造福公众性质的社会劳动，其意义和价值非同小可，已经与家庭的幸福安康、社会的文明进步紧密相连。可是，受传统认知的影响，至今进城务工青年女性，大多宁可选择工作环境差、不签订劳动合同、薪水低、加班加点、人身权益得不到基本保障的劳动密集型的工厂或工场。她们宁愿在枯燥、单调、繁忙的流水线上劳作，也不愿投身于在她们看来"低人一等"的"保姆"行业。由于保姆行业与居家社区养老服务密切关联，其参与主体被局限于 "4050" 中年女性群体，而体力、精力、知识、技能等较强的青年女性群体却在很大程度上 "参与缺席"。这就提示有关方面，要破解居家社区养老服务发展中人力资源的瓶颈，首先还是要排除诸多青年女性的思想认知障碍，以及消除大众价值取向被扭曲的现实弊端，从精神动力及社会心理层面大幅提高居家社区养老服务的职业荣誉感及事业成就感。

2. 大力强化政府责任意识

大力强化政府责任意识是拓展居家社区养老服务女性参与空间的关键。动员和引导女性积极参与居家社区养老服务，并且鼓励和支持她们在服务中充分发挥自身作用，是政府义不容辞的职责所在。尤其是在提高为老服务女性参与者的社会地位，合理确定她们的劳动价值及薪酬待遇，充分保障她们应有权益不受世俗陈腐之见、市场异质因素的侵扰等方面，政府均担负着不可推卸的社会责任。从理论上讲，在宏观上，政府应将创新、协调、开放、绿色、共享五大发展理念融入居家社区养老服务体系建设。而在中观和微观上，则应将社会性别意识纳入居家社区养老服务发展的决策主流。事实上，在发展居家社区养老服务中，部分欠发达地区仍有某些地方政府只是看重这种女性服务付出对当地发展的综合效益，而忽略对她们生存、发展境遇的详细了解，以致她们参与服务的积极性、主动性和创造性不高，其思想行为依然停留在为谋生而工作的层面。这就在客观上要求一些地方政府彻底排除GDP 主义的无形干扰，强化责任担当，关心从事居家社区养老服务女性的生活，维护她们的权益，为她们的健康生存和顺利发展排忧解难。

3. 正确发挥市场作用

这是拓展居家社区养老服务女性参与空间的重要途径。市场化的运作不仅能够提升居家社区养老服务的质量水平，满足不同老年群体的多样性及个性化需求，而且能够提升女性服务人员素质，增进女性服务人员工作成效，提高女性服务人员薪酬待遇，激发女性服务人员从业热情及敬业精神，使她们积极扮演 "好护理" "好陪伴" "好照料" 的角色。市场规律促使性别均等化，冲击传统的职业等级观念，推动人际关系从等级差别向契约平等转变。这就在较大程度上提高了女性的职业地位，以及扩大了其社会影响，从而有利于女性摆脱传统分工的等级羁绊，实现自由而顺畅的发展。当然，市场运作中那些异质化因素对孝亲敬老传统美德的传承和创新也会产生负面影响。这就需要用政府这只"看得见的手"，去合理规约市场这只"看不见的手"。同时，需要积极顺应社会结构转型这另一只"看不见的手"，大力拓展居家社区养老服务的女性参与空间。

4. 适时创新社会政策

适时创新社会政策既是调动居家社区养老服务女性参与的积极性和主动性，也是深度挖掘居家社区养老服务女性参与的创造性的必要条件。当前，随着居家社区养老服务需求不断扩大，以及女性参与居家社区养老服务人数的不断增多，各地政府亟须通过社会政策创新，提升女性参与的质量水平，完善女性参与的功能和作用，激发女性参与的生机和活力。例如，近年来，广东、安徽、重庆、湖南、吉林等省、区、市在其政府工作报告中均提出要积极发展社区、养老等生活性服务，以便为女性创业和就业提供广阔的平台。地方政府的高度重视，标志着社会政策在居家社区养老服务中正从过去的拾遗补缺型向创新发展型及公平合理型转变。这种重视尤其显示在政府主导下社会政策推陈出新的过程中，性别平等、同步、和谐发展的理念已被融入其中，从而使女性在居家社区养老服务中的显要功能、突出作用及应得回报能以政策法规形式得到社会首肯及公众拥戴。此外，再就居家社区养老服务发展现况而言，推广家庭医生签约、稳定及培养女性日常照护人才队伍、鼓励女性志愿者持续参与社区养老服务、激发女性社会工作者参与社区养老服务创造性等，均要通过创新社会政策给予支持。显然，这类创新有利于广大女性摆脱传统从业观念的潜在影响和束缚，并且有助于她们以社会主人翁的时代担当，置身居家社区养老服务的鲜活实践中，最终使自己成为体现爱心、耐心、细心、恒心等人文关怀情愫的"为老守护者"。

5. 为女性参与创造条件

努力营造良好的社区文化氛围，为女性积极参与居家社区养老服务创造适宜的环境条件。生老病死是生物的自然规律，也是人生的必经历程。年老体衰之人不仅在衣食住行方面需要照料和护理，而且在心理健康方面需要关怀和体贴。在传统社会，老人的日常生活照料及精神慰藉均是在家庭进行，并且照料和关爱老人的日常礼仪及行为规范，在以家庭伦理道德要求为根本准则的孝亲敬老文化之中，得到充分体现。自古以来，孝亲敬老文化并非空泛的概念，它需要个体在繁杂而又辛劳的照护老人的工作中切实践履。自然，在传统孝亲敬老文化的伦理规范下，这种照顾老人的重担绝大部分落在作为儿媳、女儿、妻子等的女性身上。现在女性与男性一样承担着职业责任，拼搏在职场，按理说家庭照护老人的责任应在男女之间平等分担，但是，受传统文化及行为习惯的影响，女性往往还是比男性承担更多的家庭照护职责。即便在如今，在一些世俗观念较为浓重的人们看来，居家社区养老服务作为女性的天然职责及分内之事，只不过是她们家庭照料职责的社会延伸，并不值得人们为此而大力点赞。此种陈腐之见，当然需要营造良好的社区文化氛围予以剔除。当前，女性参与居家社区养老服务，具有从业者、志愿者、互助者、家庭义务承担者等多重身份，而这类敬老、爱老、为老的积极介入，与"民主平等、团结互助、宽容和谐"的社区文化价值取向相吻合。由此看来，营造良好的社区文化氛围，合理传承和适时创新孝亲敬老文化，是其题中应有之义。合理传承，就是摒弃那些贬低女性照料劳动价值的歪理，以及清除单向苛求女性在家庭照料中尽职尽责的谬论；适时创新，就是创造无性别差异意识、符合社会发展要求、体现时代特征的新型孝亲敬老文化，并且将其适时融入社区建设和发展之中。究其学理，家庭文化与女性文化相互之间交叉重叠，而创造新型孝亲敬老文化又与以上两者密切关联。基于此，营造有利于女性积极参与居家社区养老服务的良好社区文化氛围，就需要在家庭文化与女性文化良性互动和兼容互补的基础上，创造符合社会文明建设要求的新型孝亲敬老文化，并且将其有机融入居家社区养老服务活动之中。

四　社会工作介入居家社区养老服务的策略选择

现阶段，社会工作介入居家社区养老服务，既是各地城乡社会工作的重要方面，也是其老年社会工作的目标任务。目前，运用社会工作的专业理念方法及技能技巧，为老年人居家社区养老提供社会服务，在类型上主要包括专业性的个性化有偿服务，以及简易性的一般化无偿服务。其资金来源有 3 个，一是政府购买公共服务，二是由公益慈善组织提供的善款支持，三是被服务者的个人或家庭收入。其主要服务方式包括利用社区场所或其他资源面对居家老人的集中服务，以电话预约的定制上门服务，社区志愿者的上门助老服务，以及由社区组织的年节为老慰问性服务等。

就目前状况来看，简易性的一般化无偿服务自然会受到广大居家老年人的欢迎，但其也具有形式单一、方式呆板、应景式（多半在节假日才组织进行）、针对性不强（服务内容过于雷同）等缺憾，以致久而久之难以达致深度引领社区养老服务的效能。至于专业化的有偿服务，只有支付能力较强的老年人才能享受，更多的老年人却无力承担，也有较大提升空间。

当前，社会工作介入居家社区养老服务的瓶颈依然是政府购买社工服务与家庭购买社工服务的互动互促不力，以及普通社工简易性的无偿服务与专业社工的个性化有偿服务的不兼容。譬如，政府购买社工服务主要是以兜底服务的方式解决少数具有特殊困难的老人的居家养老问题，而家庭购买社工服务则是具有一定经济能力且期望值较高的居家老人为满足其个性化的特定需求所选择的补缺型消费方式。就属性而论，政府购买社工服务的本质是公益行为，家庭购买社工服务则是花钱买服务的单纯市场行为。但这两种性质并非水火不相容，因为其共同点均是为老服务，以及提高为老服务的质量。尤其是家庭购买社工为老服务，不仅对于服务对象体现出有偿服务的专业性，而且对于服务对象展现了职业规范情境下低偿服务的适度公益性。关键问题是现阶段有不少居家老人及其家人对这种低偿服务的适度公益性依然存在认识误区，并且对政府购买社工服务存在较大依赖性，静待政府不断扩大购买社工为老服务的范围及覆盖面，而对家庭购买社工为老服务的宣传引导则不置可否。然而，眼下我国的国情国力仍然决定了政府购买社工为老服务只能是针对少数困难老人的雪中送炭，或面对大多数老人的抛砖引玉。这无疑表明要获得便捷化、高效化、精细化、个性化的为老服务，就须由家庭购买社工提供的低偿优质服务。

譬如，相比于小老人照料大老人，护理型社工不仅在日常生活照料中具有技能技巧优势，而且在与老人进行精神交流和沟通方面，也拥有相当的技能技巧优势，能对老人进行精神健康呵护及心理情绪调适。尤其是某些高龄老人比较固执且自尊心极强，其性格往往随着年龄增长变得比较乖僻，难以为常人所理解。这就需要在这方面受过专门训练、具有专业知识和技能的社工，为老人提供及时而又有效的帮助。再如，在心理健康服务方面，就信仰、责任、义务、幸福感等个人私密话题与老人进行对话，作为子女可能存在诸多不便，而老人出于自尊也不愿就此与子女交谈，而专业社工可以忘年交的身份与老人进行推心置腹的深度交流。

此外，倘若从货币支付端转向价值定位端去考量家庭购买社工为老服务问题，笔者认为，技能技巧与道德人文的深度融合将促使理解、顺应、宽容、体贴老人成为社工上门为老服务的常态，而家庭购买社工为老服务在不久的将来势必成为居家社区养老服务中的"重头戏"。在高度信息化、生活节奏快、消费频率高，以及个人价值及生命意义反复被考问的现时代，老人价值被忽略、老人权益被侵扰、老人面对现实生活挑战表现脆弱等现象屡见不鲜。这就亟待享有耐心倾听者、心理调节师、生活好顾问之美称的社工积极介入。而从现实情况看，家庭选择社工为老服务的不多，大多了解少误解多，并不都是以经济考虑为主，其中对政策的片面解读、对原有生活模式的路径依赖等文化因素也不容忽视。因此，提高全社会对社工特有工作思维及其为老服务的专业认同度，破解家庭购买社工为老服务量少人稀的现实难题，重在策略的选择。

综上所述，笔者认为，应从社会政策视角，审视社工为老服务的系统性和针对性不强、可持续性不足等问题，并且以物质奖励与精神鼓励并举的政策策略，推动社工逐步实现从单纯职业型向综合济世型转变。此外，还应通过在政府购买居家养老服务中纳入个性化低偿服务项目，以及借助慈善组织提供的善款善用项目降低电话预约的定制上门服务费用之类的策略，逐步建立社工与其所服务老人及家人之间的信任关系，进而为拓宽家庭购买社工为老服务的空间，创设必要条件。

五 为随迁老人健康服务适时提供社会支持

（一）为随迁老人健康服务适时提供社会支持的必要性

国家卫健委此前发布的《2016 中国流动人口发展报告》中的数据显示，中国现有随迁老人近 1800 万人，占全国 2.47 亿流动人口的 7.3%，其中专程来照顾晚辈的比例高达 43%，此外还有部分流动老人是为了与子女团聚而自行异地养老和务工经商。[①] 在这一人数多达上千万的白发流动大军中，来自各地农村的老人，以及各地中小城镇的退休老人为数居多。其随迁主要原因不外乎是照顾子女的孩子以支持子女发展，或者投靠子女颐养天年。在随迁过程中，这些老人固然是满怀期待及有所获得，但其间他们也遇到很多生活上的困难与不便。譬如，日常生活的过度操劳、家庭矛盾的纷扰及纠结、缺乏文化娱乐的单调乏味、城乡差异及区域阻隔所致的社会融入困难、公共服务不均等不充分造成的不便，等等，以上所有不良因素无不降低了他们的生活质量，损害了他们的身心健康。近年来，针对随迁老年群体出现的身心方面的亚健康问题，全国各地纷纷高度重视，从顶层设计到基层实践，在老年社会照顾和社会支持的制度安排及具体落实上，有关方面采取积极行动，已经取得较大成效。但是，也无可讳言，在一些地方，随迁老人的社会融入及公共服务问题仍未得到积极关注，尤其是随迁老人的健康服务问题尚未得到足够的重视，以致对随迁老人晚年的美好愿景、流动人口家庭的健康发展、流入地的社区建设均产生了一定程度的消极影响。

在党的十九大报告中，习近平同志强调指出，"人民健康是民族昌盛和国家富强的重要标志。要完善国民健康政策，为人民群众提供全方位全周期健康服务"[②]。随迁老人是人民群众中的重要成员，他们在中、青年时代在

---

① 常进峰、李新：《重视"老漂族"的生存与发展》，《社会科学报》2020 年 12 月 2 日。
② 习近平：《决胜全面建成小康社会 夺取新时代中国特色社会主义伟大胜利——在中国共产党第十九次全国代表大会上的报告》，人民出版社，2017。

不同程度上为国家建设、社会发展及家庭生计做出贡献，并且至今仍在为子女默默奉献，在其晚年生活中，理应得到社会及家人的悉心关照和呵护。有鉴于此，在随迁老人身心健康服务方面，应当从全方位扩大其社会支持范围，并且从多层次提升其社会支持质量。我国著名社会学者李强先生认为，"社会支持是一个人通过社会联系所获得的能减轻心理应激、缓解紧张状态、提高社会适应能力的影响，其中社会联系指来自家庭成员、亲友、同事、团体、组织和社区的精神和物质上的支持和帮助"。[①]在这里，笔者对组织一词作广义上的理解，认为政府是非常重要的组织，充分发挥其对随迁老人的公共服务功能作用必不可少。因为在健康服务方面，政府组织的介入属于正式的社会支持性质，而来自家人、亲友等提供的服务则属于非正式的社会支持性质，前者的服务供给往往比后者更规范及具有专业性。尤其是随着家庭结构、功能、关系及生活方式的不断变化，我国传统家庭照顾方式越来越难以为继，这就使得在健康服务方面来自政府、社区等的正式社会支持的积极介入显得愈发重要。

（二）为随迁老人健康服务适时提供社会支持的类型分析

就随迁老人健康服务的社会支持来说，一般包括4个层面，即物质技术层面、制度规章层面、精神心理层面、行为习惯层面。

1. 物质技术层面的社会支持

物质技术层面的社会支持主要表现在对健康服务的实施场所、基本医疗设施设备、医疗技术服务，以及对健康知识宣传教育、信息传播方面的物质技术条件提供必要的支持。这一层面的社会支持，是随迁老人的健康服务必备的基础性条件。它主要来自政府直接的公共卫生服务或间接的购买服务、社会企业的低偿服务、社区组织及社会志愿者的公益服务等类型的资源配置。目前，来自政府直接的公共卫生服务或间接的购买服务，是随迁老人健康服务的主导方面。例如，现在有不少地方已将包括随迁老人在内的流动人口公

---

① 李强：《社会支持与个体心理健康》，《天津社会科学》1998年第1期。

共卫生计生均等化服务纳入当地基本公共卫生服务体系中统筹推进，并且在基本公共卫生服务经费拨付中，使随迁老人享受与当地居民同等待遇。这一方面表明政府兜底买单的作用必不可少；另一方面意味着在继续加大政府投入的同时，还应不断扩大以其他形式服务投入其中的社会支持范围及其强度。

2. 制度规章层面的社会支持

顾名思义，制度规章层面的社会支持就是在以政府及其职能部门名义发布的为老服务政策条例及行政法规中，涵盖为随迁老人健康服务的办事规则及行动准则。譬如，2017 年 6 月 6 日《国务院办公厅关于制定和实施老年人照顾服务项目的意见》就蕴含此类办事规则及行动准则。其中，重点任务的第十一条提出"鼓励通过基本公共卫生服务项目，为老年人免费建立电子健康档案，每年为 65 岁及以上老年人免费提供包括体检在内的健康管理服务"，第十五条提出"加快推进基本医疗保险异地就医结算工作，2017 年底前基本实现符合转诊规定的老年人异地就医住院费用直接结算"，以及第三条提出"除极少数超大城市需按政策落户外，80 岁及以上老年人可自愿随子女迁移户口，依法依规享受迁入地基本公共服务"。① 凡此种种，无疑都是促进随迁老人身心健康的福音。由此可见，制度规章层面的社会支持是一种具有正规性、权威性，并且在很大程度上具有普惠性的社会支持类型，这种类型的支持，对于维护随迁老人健康服务权益，自然是一种有效的客观保障。

3. 精神心理层面的社会支持

精神心理层面的社会支持是一种主客观相协调、有形与无形兼具的、具有社会互动性质的支持。其包括对科技文化力量的认知和感悟，思想道德情感的交流和沟通，个体心态情绪的疏解和调适等。此种类型的社会支持非常重要，它往往诉诸客观外在力量与主观内在因素的交融互动，以便形成合力，达到为随迁老人健康服务的良效。应当说，为促进随迁老人身心健康，许多地方已经努力做了大量颇有成效的基础性及日常性工作。譬如，建立健

---

① 《国务院办公厅关于制定和实施老年人照顾服务项目的意见》，中国政府网，http://www.gov.cn/zhengce/content/2017-06/16/content_5203088.htm，2017 年 6 月 16 日。

全包括随迁老人在内的流动人口基本公共卫生服务信息系统，为随迁老人健康服务提供信息支持；以各种形式和手段强化对身心健康知识、技能以及基本公共卫生计生服务权利和内容的宣传倡导；为随迁老人充分享受健康服务，营造浓厚的均等化服务的社会氛围；登门入户，详细了解随迁老人身心健康状况，引导他们适时参与家庭医生签约活动；等等。

4. 行为习惯层面的社会支持

说到底，行为习惯层面的社会支持即来自不同个体的、一种主观见之于客观的实际行动支持。这种体现社会性与个体性交叉影响和作用的实际行动支持，就是从社会公众方面，培育尊重随迁老人享受健康服务权益、主动参与社区健康服务活动的良好行为习惯。此外，也是意在引导随迁老人形成维护自身享受健康服务权利、践履健康生活方式的良好行为习惯。

我国人口老龄化程度不断提高，但是社会基本公共服务总体供给不足，随迁老人健康服务欠缺问题愈益凸显，从而在一定程度上影响健康中国战略的实施效应。这就客观上要求各地从经济社会发展的实际情况出发，立足随迁老人健康服务的法定权益保障和服务需求，整合服务资源，拓展服务内容，创新服务方式，提升服务质量。就目前随迁老人健康服务的社会支持效能来讲，在提高思想认识的基础上，各地通过不懈的探索，已经找到了比较成功的方式方法，积累了比较丰富的实践经验，并且形成了可资借鉴的模式样板。然而，面对随迁老人健康服务的更高要求，这些只能算得上是初见成效，尚需继续努力，在深化随迁老人健康服务内涵、提升随迁老人健康服务质量上下功夫。

毋庸置疑，随着流动人口工作生活及居住环境条件的变化，当前在随迁老人健康服务方面尚存在一定的盲区和死角。例如，流动人口工作生活条件的向好发展及生活方式的更新变化，致使随迁老人群体中的心脑血管疾病患者、糖尿病患者不断增多。而有关方面还拘泥于以往的习惯性认识，在宣传引导其如何有效预防上，显得办法不多或不得要领。再如，目前有一些流动人口家庭的居住环境已经发生变化，他们不再是居住在原来的城中村或城乡接合地带，而是以承租或购买"二手房"的方式，住进了行政机关或事业单位的家属院。但是，这种相对封闭的居住环境往往使他们中的随迁老人享受的健康服务欠佳，比如，在例行免费健康检查、健康保健器材利用、卫生健康知识与技能传播及接纳等方面，他们有可能会被社区、单位这两个福利供给方双向忽视。因此，如何确保随迁老人健康服务全覆盖和高提升，尚需通过不断扩大这一方面社会支持的范围及力度，来给予其充分的保证。

六　为老年人休闲养生提供充分的社会支持

在党的十九大报告中，习近平同志明确提出"实施健康中国战略"[①]。倡导和践履积极向上又科学合理的休闲养生活动是加快推进健康中国建设的重要一环。我国传统文化历来重视休闲养生的价值品位及心理情趣，在这方面不仅催生出诸多名垂千古的诗词、歌赋、散文，而且形成了一种具有非凡伦理智慧及道德情商的思想理论体系，从而为实施健康中国战略，提供了可资借鉴和利用的珍贵资源。对于老人来说，休闲养生更具有特殊意义，因为，老人既是蕴含休闲养生哲理的优良传统文化承前启后的社会载体，又是实施健康中国战略中需要积极关注的重点人群之一。截至 2022 年底，全国 60 岁及以上老年人口有 2.80 亿人，占总人口的 19.8%，其中 65 岁及以上老年人口近 2.10 亿人，占总人口的 14.9%。[②] 自古以来，"寿比南山、福如东海"是国人对老人的美好祝愿，而鹤发童颜、老当益壮则是人们对善于休闲养生、身心状况俱佳的老人的由衷赞颂。如今，随着国人对美好生活的向往日益增强，面对这一人数已达 2 亿之多的自发社会群体，怎样为他们休闲养生的合理需求提供必要的社会支持，让他们老有所乐和老有所为，已成为当前我国积极应对老龄化、实施健康中国战略中的重要议题之一。

休闲时间比较充沛是老人晚年生活的主要特征之一，休闲养生在增强老人晚年生活获得感、满足感、幸福感中占有重要位置。然而，从现阶段来看，我国老人在休闲生活中依然存在一些不尽如人意之处，需要通过积极的

---

① 习近平：《决胜全面建成小康社会　夺取新时代中国特色社会主义伟大胜利——在中国共产党第十九次全国代表大会上的报告》，《人民日报》2017 年 10 月 28 日。

② 国家统计局：《中华人民共和国 2021 年国民经济和社会发展统计公报》。

社会支持予以有效解决。例如，老人群体的差异性决定了他们对积极向上、科学合理的休闲养生活动的参与，在程度及效能上有所不同。小老人大多退休离岗不久，身体状况尚可，生活自理能力较强，多半退而不休，继续在家庭和社会生活中发挥余热。他们或尽心尽力为子女照料孩子，或热情参与各种力所能及的社会劳动及社会活动，实际上留给自己支配的闲暇时间并不多。尽管他们中也有人想趁腿脚灵便时四处旅游观光，但真正能付诸实施者只是其中的一小部分。中老人退休已有较长一段时间，他们多半已从家庭事务或社会活动中解脱，有充沛的闲暇时间，去从事读书看报、唱歌跳舞、书法绘画、亲朋聚会、种花养草、旅游观光等活动。虽然此时他们中不少人身体并无大碍，但也有一部分人由于身体状况欠佳，而不能倾心投入自己喜欢的休闲活动。大老人退休已有很长时间，他们的身体状况及生活自理能力随着年龄增长日渐减弱，可以自由支配的闲暇时间固然十分充沛，但是，真正能随心所欲地用来进行自己喜欢的活动的老者已为数不多。显然，60～80岁本是老人休闲养生的黄金时间，但受各方面条件的限制，他们并不能在这方面做到倾心尽兴。从性别差异来看，女性老人多半深爱广场舞、保健操、打麻将、公园歌会、集体购物、中短途旅游之类的活动，而男性老人则钟情于下棋打牌、登山游泳、书法集邮、朋友聚会、较远距离的旅行之类的活动。老人休闲养生的性别差异是两性之间由社会分工所形成的不同职业角色以及家庭角色在个体生活方式上的反映。就城乡差异而论，城市老人中读书看报、饲养宠物、打门球、摄影垂钓者较多，而农村老人中则看电视、逛集市、赶庙会、打麻将、扭秧歌、听大戏、聊天者较多。老人休闲养生的城乡差异与城乡之间在经济社会发展程度、文化习惯及地理环境等方面的差异关系甚大。针对以上差异，在老人休闲养生的社会支持上，有关方面有必要采取不同的方式及措施。

首先，应遵循老人生理心理活动规律，对处于不同年龄段的老人在休闲养生上，分别给予他们积极的家庭支持。家庭支持是社会支持的基础，来自亲人的关爱是助推老人休闲养生的不竭动力。对于小老人，尤其是来自乡下的随迁小老人，子女应体谅父母的艰辛，尽量减轻他们的家务负担及生活压力，为他们轻松参与休闲养生创造必要条件。对于中老人，尤其是对那些身体处于亚健康状态且某些部位的毛病已初露端倪的中老人，子女应尽量抽出时间陪同父母参与休闲养生活动，譬如，一起去旅行度假，一起欣赏文艺节目，一起参与适度的体育锻炼，一起上网进行有意义的消遣活动。对于年事已高的大老人，子女则应尽量创造条件满足他们对休闲养生的需求。例如，陪伴他们参加亲友聚会，陪同他们逛公园和看电视，陪同他们参加健康知识讲座，与他们聊天，为他们读书报和讲新闻等。

其次，应依照两性不同生活习惯及闲暇爱好，为不同性别的老人共同参与休闲养生活动，提供有力的社区支持。譬如，合理布局设点，为老人提供物美价廉的营养早餐，为老人夫妻共同参加晨练创造必要条件。再如，社区多组织大合唱、交际舞会、中短途旅游、健康知识教育讲座等休闲活动，让男女老人皆宜参与。此外，还可通过社区老年学校，引导不同性别的老人一起学文化、学电脑以及一起接受艺术熏陶，进一步拓展他们之间交流和沟通的空间。

最后，在经济收入、文化程度以及享受社会保障方面，应充分考虑城乡老人群体之间的现实差别。当举全社会之力，为城乡老人群体共同享受社会文明进步福祉、积极参与休闲养生活动，提供必要的认知支持及行为支持。其中包括尽力尽快破除新旧城乡二元结构的藩篱，在医疗和养老保障、社会为老公共服务等方面尽快实现城乡一体化及均等化，为城乡老人休闲养生积极营造交流和沟通的社会文化氛围，努力搭建互动互促的社区活动平台。

总之，老人休闲养生是事关我国数亿老龄人口晚年幸福安康、数亿家庭健康发展、社会和谐稳定的大民生。推动老人积极参与休闲养生活动，不断提高老人参与质量效能，有待全社会的共同努力。可以预期，在积极应对人口老龄化国家战略和健康中国战略并举的促进下，我国老年人休闲养生的明天，将会非常奇妙和美好。

七 推动乡镇敬老院改革，促进农村养老服务发展

近年来，一些地方不断加大乡镇敬老院建设力度，增强了对农村特困人

员的兜底保障功能。然而，大多数乡镇敬老院受条件限制，一般只接受生活能够自理的老人，而那些失能、半失能老人的入院需求则得不到充分满足。与此形成鲜明对比的是，目前个别地方乡镇敬老院床位空置率高达约44%。[①] 要破解这种床位难求与床位空置的结构性矛盾，必须从农村养老服务的现实需求出发，在更好地保障和改善民生方面取得新进展。

1. 明确职能定位

随着大量青壮年劳动力人口流入城市，农村人口老龄化程度日益加剧，高龄化、空巢化特征日渐突出，相应地农村老人对养老服务的需求日益旺盛，农村养老服务市场供需矛盾突出。增加农村养老服务的有效供给，提升农村养老服务水平，已经成为地方政府的一项重要任务。一方面，乡镇敬老院不仅拥有大量的空置床位，其基础设施建设也具备一定的规模；另一方面，乡镇敬老院目前承担政府"托底线"的职能，其主要负责集中供养农村特困人员，同时也兼具满足社会老人养老服务需求的职责。将特惠与普惠职能相结合，既符合乡镇敬老院发展方向，又顺应农村养老服务发展的现实需要。因此，各地应重新定位乡镇敬老院职能，优先保障农村特困人员供养需求，兼顾社会老人养老需求，建设社会化运营兼具医养结合功能的综合性区域养老服务中心。

2. 推进社会化运营

从目前不少乡镇敬老院实际经营情况来看，除了少数敬老院运营良好外，多数存在"政事不分、管办合一"的弊端，以及监管不力诱发腐败的现象。在推进乡镇敬老院社会化运营中，要注意以下问题。首先，实行社会化运营的敬老院，其运作规则必须是在优先保障农村失能半失能、"五保"老人入住需求得到满足的基础上，将服务对象范围扩大到社会老人。其次，推进乡镇敬老院改革发展，并不是要政府放弃或减弱其应尽的责任和义务，相反，政府更应该加大财政投入及政策支持力度，引导社会力量积极参与社

---

① 《加强乡镇养老院建设力度，将乡镇敬老院打造成区域性综合养老服务中心》，搜狐网，https：//www.sohu.com/a/219756381_ 545092，2018 年 1 月 30 日。

会养老服务供给。最后，必须明确乡镇敬老院社会化改革的是国有资产的运营模式，不应涉及产权的变更。

3. 推动医养结合发展

在推动乡镇敬老院医养结合发展中，各地应做好以下几个方面的工作。首先，解决升级、改造乡镇敬老院资金投入不足的问题。各级政府应加大对农村养老服务的投入，对于实行公建民营后的敬老院，则按照相关规定给予其以资金支持、税费减免、水电气暖费优惠等政策扶持，并加快对护理型床位的改造及升级。其次，整合现有医疗资源和养老资源。加快推动乡镇敬老院与乡镇卫生院联手，共建医养结合型的护理型养老机构。最后，加强医养结合型护理人员培训，提高护理人员的专业化水平。各级民政部门应定期或不定期组织护理人员进行培训，并且鼓励优质养老服务机构和社会专业人士积极参与。

4. 打造区域性综合养老服务中心

将乡镇敬老院打造成区域性综合养老服务中心，是现阶段推动各地农村养老服务水平整体提升的关键所在。在农村养老服务体系建设中，为充分发挥这种服务中心的骨干作用，应促使其尽快实现优化。一是服务范围扩展为本区域内的所有老人；二是在完善养老服务托底、确保有入住需求的特困人员集中供养的基础上，重点向有服务需求的农村"低保"老人，建档立卡贫困人口中的失能半失能老人、空巢老人、失独老人、高龄老人，提供养老和护理服务；三是向入住老人提供生活照料、医疗护理、精神慰藉、体育健身等全方位服务；四是负责对辖区内居家养老、日间照料中心、幸福院等养老服务工作，适时进行指导；五是承接政府购买养老服务项目，并协助民政、老龄部门调查掌握农村老年人基本情况。将乡镇敬老院打造成区域性综合养老服务中心，尤其要着力于以下方面。一是吸引民间资本积极参与乡镇敬老院的改造与建设；二是充分发挥政策支持的激励作用，引导社会力量参与养老服务事业；三是加大对贫困乡镇的投入力度，充分发挥财政资金的兜底保障作用，谨防财政资金被套用或滥用。

第十三章
居家社区养老服务表现形式与运作模式的类型分析

居家社区养老既涉及老龄化发展中的共性问题，又有其区域特殊性。因此，积极应对此类问题要着眼全国和长远，从各地居家社区养老现状出发，因地制宜，博采众长，探索适时对路的居家养老服务形式、运作模式及发展策略。

一 问题的提出

近年来，随着我国老龄化步伐不断加快以及单位制向社区制的持续转变，以社区为依托开展居家养老服务被提上政府议事日程，其发展势头强劲。至于学界，在我国家庭养老功能逐步弱化以及社会养老服务严重滞后的状况下，许多学者也纷纷将寻求解决老龄化问题的目光聚焦依托社区资源实行居家养老服务上。大多数学者认为在当前我国综合实力还较弱的背景下，整合各种资源，建立一个有偿、低偿、营利与非营利等多种形式相结合的依托社区居家养老的服务体系是现实选择，应通过不断加大对居家社区养老的社会支持力度，形成"以家庭为核心，以政府扶持、社会参与、市场运作为保障"的居家社区养老服务体系，并且通过推行"三社联动"及分类治理，实现"居家养老社会化，社会养老居家化""居家社区养老智慧化和人文化"的多元养老服务模式。①

上述研究，其现实背景是家庭养老在我国许多地区依然居于主体地位且多元化养老模式并存，其思考重点是探讨如何由家庭养老向以社区养老为主导、以科技为抓手的社会化养老延伸和提升。目前，随着家庭养老的逐渐式微以及居家社区养老服务广泛、深入地开展，各地已相继实行发放居家养老服务券、结对帮助、互动互助等服务形式，并且逐渐形成了特惠与普惠结合、上门与包户结合、自助与互助融合、家庭赡养扶助等服务模式。在此，笔者拟依据类型分析法，对居家养老服务的表现形式，以及对其运作模式的不同类型、示范效应及局限性进行剖析和概括，以便深化对居家社区养老服务问题的理性认知。

二 居家社区养老服务表现形式的类型分析

现阶段，我国居家社区养老服务形式大致有以下几种类型。

第一，发放居家养老服务券。政府使用购买服务的手段把相关服务托付给社区，通过发放居家养老服务券的方式供给相关服务。其具体做法是针对不同的老人实施评估，根据不同的评估结果发放不同等级的"服务券"。②

---

① 《邬沧萍会长在全国家庭养老与社会化养老服务研讨会闭幕式上的讲话》，《中国老年学》1998 年第 4 期；王辅贤：《社区养老助老服务的取向、问题与对策研究》，《社会科学研究》2004 年第 6 期；姜向群：《建立以个人为主体的政府帮助的社会化养老方式》，《人口研究》2007 年第 4 期；阎安：《广州市居家社区养老模式探讨》，《社会工作》2008 年第 10 期；郭竞城：《中国居家养老模式的选择》，《宁波大学学报》（人文科学版）2010 年第 1 期；陈友华：《居家养老及其相关的几个问题》，《人口学刊》2012 年第 4 期；宋言奇、杨翌：《居家养老"五大体系"的发展探索——以苏州为例》，《南阳师范学院学报》2012 年第 10 期；张姝、张永琛：《"三社联动"模式下居家社区养老模式的实证研究》，《社会工作》2018 年第 5 期；谢虔：《江苏省"互联网+社区+居家"智慧养老服务模式创新研究》，《南京工程学院学报》（社会科学版）2019 年第 3 期；王晓慧、向运华：《智慧养老发展实践反思》，《广西社会科学》2019 年第 7 期；张月：《苏州市养老服务模式的运行现状及优化途径》，《中国集体经济》2021 年第 13 期；李文祥、韦兵：《社会组织参与居家社区养老服务的嵌入模式及其优化——基于 G 市的比较研究》，《社会科学战线》2022 年第 6 期。

② 王晶晶、葛高琪、郭翼天、张秀敏：《国内外居家社区养老现况》，《中国老年学杂志》2017 年第 5 期。

此种服务类型在上海、合肥等地较早实施。

第二，结对提供服务。以社区居委会为单位组建志愿者服务队，并且通过建立社区老人的详细信息档案，为开展此项服务提供真实依据。服务内容包括生活照料、生病护理、心理慰藉等各方面。武汉、南京等地在这一方面做得较早较好。

第三，互动互助服务。组建并依托社区居家互动服务中心，组织低龄健康老人帮助高龄老人、空巢老人、残疾老人、孤寡老人的同时并与其结对，发挥社区、社工及社会组织"三社"资源的作用。[1] 此种服务类型诉诸"供需联动"，将社区互动提供的"为我服务"与个体间所给予的"相互服务"融合，体现了服务的社会化秉性和个性化特质。深圳、无锡等地在这方面较早进行探索，并且做得较好。

第四，小微复合型服务。在城镇，通过机构嵌入社区设置站（点）的方式，为所在社区提供综合性、专业性较强的服务。其特点是小规模、多功能，适用于老旧小区养老服务能力的升级[2]，并且有利于实现家庭、社区、机构在养老服务上的融合。[3] 此种类型的服务多半在发达地区小城镇较早实行且成效比较显著。在农村，利用留守妇女的资源，在自家住房院落开办微小型养老院，只要缴纳少许费用，留守老人、空巢老人、独居老人、失能老人、散养"五保"老人等均可入住。[4] 此种类型的服务目前在一些地方的农村方兴未艾，其发展前景被人们看好。

第五，弹性喘息型服务。由于长期高强度照顾失能老人，家庭照顾者极容易感到身体疲惫，不良情绪增多，社交也会受到限制。[5] 针对此种状况，

---

① 刘焕明、蒋艳：《居家社区养老为老服务模式探析》，《贵州社会科学》2015 年第 11 期。

② 谢红：《中国社区嵌入式复合养老服务模式构建》，《中国社会工作》2018 年第 5 期。

③ 赵万里、李谊群：《中国多元养老服务模式研究——基于中外养老服务模式的比较研究》，《天津师范大学学报》（社会科学版）2019 年第 2 期。

④ 《全面小康社会｜如何转变农村养老观念与制度创新?》，搜狐网，https://www.sohu.com/a/456912491_120057599，2021 年 3 月 23 日。

⑤ 《期待"喘息服务"为"老有善养"提供更多借鉴》，新浪财经网，https://finance.sina.com.cn/jjxw/2023-08-23/doc-imziemkh0838480.shtml? cref=cj，2023 年 8 月 23 日。

首先，政府有关部门以购买居家养老服务的方式，依托社区招聘社会工作者上门为有关家庭提供喘息服务，其内容包括照料护理、精神慰藉等方面。其次，社区委托有关养老机构运行的居家养老服务站，也可用适度收费、微利服务的普惠形式，为家庭照料存在一定困难的家庭提供喘息服务。最后，社区引导、鼓励和支持社会组织中的志愿者，登门为家庭照顾存在特别困难的家庭实施特惠性质的喘息服务。目前，在北京、上海等特大都市这种类型的服务做得较早较好。

第六，"互联网+养老服务新业态"的多元参与、各方协同的智慧养老服务。有专家建议"应立足老年人多层次、个性化、定制化的健康养老需求，发挥信息技术的资源融合和服务功能，提升智慧健康养老服务的精细化和标准化"。[①] 此外，多地的实践也已经证明，从探索新型养老方式、培育新型养老业态、构建一体化养老服务体系的行动路径出发，以此撬动整个养老服务体系优化和效能提升。新型养老业态涉及老人衣食住行、休闲娱乐、社会交往等物质和文化生活服务的方方面面，凸显医养康养的"休养心神"效能，体现健康养老和积极养老的真谛，并且其依凭互联网的高科技优势，在运行中具有便捷、优质、高效、广覆盖和多选择的服务特征。尤其是近年来一些地方推出的"互联网+养老家庭病床"的服务模式，超越时空限制提供专业性、人性化的贴心服务，满足了诸多困难老人对于"周边、身边、床边"的服务需求。

第七，创新拓展型服务。此种类型服务意在社区养老服务中扩展心理抚慰、个性满足、增权赋能等社会参与支持内容。譬如，有学者认为"代际共享"是解决老年人孤独问题、整合社会资源的重要养老服务模式，因此，适老化的社区养老服务驿站公共空间设计，应打破单一年龄界限，综合考虑老幼青需求问题，为"代际共享"创设必要条件。[②] 也有学者认为，高校资

---

① 雷晓康、汪静：《健康中国背景下的智慧健康养老：战略目标、体系构建与实现路径》，《西北大学学报》（哲学社会科学版）2020年第1期。

② 李茜、谢博宇：《代际共享下的社区养老服务物流驿站公共空间设计研究》，《中国储运》2022年第6期。

源在社会养老服务中的应用具有高效、人性化、低成本的特点，应以高校的医疗、基础设施、文化教育等资源为基础，缓解目前困境中的社会养老问题，构建职业院校参与地方养老服务体系建设的合理、长效机制。[①] 尤其是应组建高校涉老职业教育机构，推动校园社团与社区养老服务机构结对子。再如，有学者提出，应构建社区文化养老服务评价指标体系，结合我国社区发展自身情况，对社区文化养老现状进行评估，以进一步提高社区文化养老服务的质量。[②] 此外，广州市推行"3+X"居家社区养老服务形式，即助餐配餐、医养结合、家政服务3个基础项目加上若干个特色试点项目，通过不断完善养老"大配餐"服务体系，进一步提升养老服务水平。无论是通过"代际共享"解决老年人孤独问题和借用高校资源助力为老服务，还是提升文化养老服务质量以满足老年人个性需求，以及完善养老"大配餐"服务体系以增权赋能，均有利于在居家养老中实现"他助、互助、自助"的衔接和融合。

三 居家社区养老服务运作模式的类型分析

（一）特惠与普惠结合模式

特惠与普惠结合模式主要表现为以下几方面。

第一，根据老年人的经济条件和生活状况，通过政府购买服务的形式，建立居家养老服务社工队伍，发放"养老代币卡"，对生活在社区的孤寡老人、失独老人、高龄老人、失智失能老人实行无偿特惠服务。在安徽省合肥市包河区、芜湖市镜湖区，河南省郑州市金水区的不少城市社区，这方面服务做得较好，不仅具有规范化、专业化、人文化的品质，而且带有针对性、便捷性、可持续性等特点，把"雪中送炭"式兜底服务送到了服务对象的

---

① 王红涛、李婷婷、陈广、杨盼盼：《构建职业院校参与地方养老服务体系建设的长效机制》，《基层建设》2018 年第 8 期。

② 谢梦妮、吴琼，吴柯：《社区文化养老服务指数构建研究》，《经济研究导刊》2022 年第 14 期。

家门口，因而深受社区困难老人群体的欢迎。

第二，以低偿优惠的形式，为空巢老人、留守老人及其他需要帮助的老人提供普惠型服务。与经济大发展相伴而生的人口大流动，致使各地空巢老人、留守老人的数量持续增加。由于这类老人群体的总量比较庞大，加上各种条件的限制，暂时各级政府尚无力对其全部实施兜底服务，而只能以政策性补贴的方式，组织、引导和鼓励社会企业及其他社会力量积极参与社区养老服务，以低偿普惠的形式为这些老人提供优质服务。山西、湖南、湖北、四川、重庆等地的城乡社区这方面做得较好。这些地方为老服务机构出台的相关措施，往往能够依据空巢老人、留守老人，以及其他需要帮助的老人的实际生活状况。这就使他们特定需求的满足与其实际支付能力之间能够相适应。

第三，组织和协调社会组织、社工义工等资源，为社区所有老人提供生活助老、心理悦老、文娱益老等类服务。这种模式的优点是具有分类服务的针对性、实效性和"政社"结合的叠加效应，但其如果运作不当，也有可能导致行政和财政负担过大，以及家庭赡养责任的弱化。在此，分类服务的针对性是指对失能失智、高龄等类老人侧重提供生活助老服务，对失独、空巢等类老人重点提供心理悦老服务，对其他老人主要提供文娱益老服务。实效性是指不搞形式和不摆"花架子"，注重为老服务的实际效能。"政社"结合的叠加效应，则是指在活动中行政力量的组织协调性与社会力量的积极主动性，能够形成有机衔接和强大合力。行政和财政负担过大，主要是指对社区所有老人开展这类活动时，往往是街道办事处和社区组织出钱出物和提供活动场所、社会组织出人出力，但由于谋划不周或协调不力，则有可能造成基层行政费用超支。至于家庭赡养责任的弱化则是由于此类活动有可能超出其功能及作用范围。社会组织、社工义工等资源积极参与居家社区养老服务活动，其原本还是属于帮扶和辅助家庭养老的性质，旨在巩固家庭养老基础地位，以及为家庭成员为老服务拾遗补缺或提供喘息服务，而绝不能让家庭成员对此产生依赖，并且因此而忘却自身的法律和道德责任。

（二）上门与包户结合模式

上门与包户结合模式主要表现为以下几方面。

第一，通过上门与包户相结合的方式，组织农村低保对象中 18～55 岁有服务能力的人员，自愿上门为本村孤寡独居老人或"五保"老人服务，并且按照就近安排和方便生活的原则，安排他们与孤寡独居或"五保"老人进行结对服务。这种方式是依据农村、农民的实际生活状况，在创新为困难老人服务方面进行的有益探索，在豫北农村、皖北农村等地比较流行。其优点是一举两得，既能为农村有劳动能力的生活困难村民提供创收的平台，又能解决孤寡独居老人或散养"五保"老人的日常生活照料问题。采取此种为困难老人服务方式的地方，多半是具有一定集体经济基础的村庄。这类村庄能够出资并利用农村低保对象中具有一定服务能力的人力资源，去为孤寡独居老人或散养"五保"老人提供他们所需要的服务。在日常生活照料方面，打扫卫生、缝补浆洗、买菜做饭、理发修脚；在心理慰藉方面，与孤寡独居老人或散养"五保"老人一起聊天、看电视、听戏曲。应当说，这种一对一的结对服务方式，既适合农村比较分散的居住方式，也适应农村孤寡独居老人或散养"五保"老人的生活习惯及其心理特点。

第二，在"4050"人员中招聘居家养老服务员，让他们以结对方式上门，为城镇高龄空巢老人提供间歇式保姆型服务。早在改革开放初期，一些"5060"后就离"巢"前去国外或国内发达地区谋求个人发展。如今，这些远在异国他乡的人已经步入老年，并且他们的父母大多是高龄空巢老人。虽然这些高龄空巢老人通常在经济上能够得到其子女的接济和补贴，但毕竟他们年事已高，在日常生活上自我照料多有不便，甚至存在一定的安全风险。那些没有远走高飞的"5060"的小老人则面临着上有老、下有小的生活照顾难题。即便这些小老人能够抽出一定时间照顾大老人及孙子女，但较长时期的照护往往使他们心力交瘁，需要外界的间歇式服务来让自己获得喘息。鉴于上述因素，各地在一些中心城市或城镇，开始尝试和探索通过在"4050"人员中招聘居家养老服务员，让他们以结对方式上门，为城镇高龄空巢老人提供间歇式保姆型服务。这种模式既能为"4050"人员提供工作机会，又能解决城镇高龄空巢老人的日常生活照护难题，可谓一举两得。

当然，此种服务模式也有其不足之处，尽管其针对性强且能产生补缺效应及"双赢效应"，但由于受经济支付能力、服务技能技巧等方面条件的制约，其也具有覆盖面较窄的局限性。

（三）自助与互助融合模式

自助与互助融合模式主要表现为以下几方面。

第一，以社区组织或老年社会组织为依托，引导老年人自我管理和自我服务，在社区楼院或村庄院落，以邻居间"一助一"或"多助一"形式，帮助孤寡或困难老人。自助是互助的基础，体现了健康老龄化的精神实质；互助则是自助的升华，反映出积极应对老龄化的文化真谛。无论是自助还是互助，均不属于单打独斗的个体性行为，而是在组织化活动的引导和激励下的社会性行为。此类行为体现了我国社会关系和谐、健全的本质特征，以及守望相助的文化特质。在社区建设中开展居家养老服务活动，这种模式堪称一种积极探索，是"老吾老以及人之老"精神在现代社区生活中的体现。在国内，此种模式在广大城乡社区较普遍地流行，其中做得比较好的地方是河南、安徽等中部省份。例如，河南省新乡市、安徽省合肥市等地于城市社区积极开展"多元合作互助"居家养老服务模式。截至 2019 年底，河南省农村建有互助养老设施 8000 多个。[①] 在安徽省农村地区，不少村庄大力发展"政府扶得起、村里办得起、农民用得上、服务可持续"的互助养老设施，并且努力建设农村互助养老服务体系。[②] 应当说，作为成本低、效能高而具有较大发展价值的为老服务模式，此种模式也可为其他农村地区所参考和借鉴。

第二，以有条件的居民家庭为活动场所，或者通过建立"没有围墙的

---

① 蔡君彦：《今年河南再建 1000 个养老服务设施应对人口老龄化，还谋划为养老服务立法》，《大河报》2021 年 1 月 20 日。

② 《安徽凤阳：有人问你粥可温，互助式养老让老人老有所依、老有所乐》，凤凰网安徽，http://ah.ifeng.com/c/88IBDnJAPMG，2021 年 7 月 30 日。

敬老院"，即居家社区养老服务站，为孤寡老人或空巢老人就近互相认识和互相照顾"牵线搭桥"。有条件的居民家庭，就是个别空巢老人或孤寡老人家中的居住面积较大，适老化改造程度较高，适合这类老人聚集在一起谈天说地，或者共同进行一些有益身心健康的文化娱乐活动。而"没有围墙的敬老院"，即居家社区养老服务站，则一般位于"半刻钟养老服务圈"内，使空巢老人或孤寡老人能够就近方便相聚在一起，在棋牌室、健身室、文体活动室等处，进行自由交往活动。虽然是以康养医养为基础，但心养则是其核心。尤其是对于空巢老人或孤寡老人来说，消解或排遣他们心中的孤独是比为他们提供日常生活照料更为重要的事情。

当然，这种模式虽适时适用，并且能够产生有利于这类老人身心健康的破窗效应，但是，其也具有亲情替代性较弱以及心理交往距离较大的现实局限。

（四）家庭赡养扶助模式

家庭赡养扶助模式主要表现为以下几方面。

第一，以当地政府为主导，为农村老人进行家庭赡养登记和签订家庭赡养协议书，或者以购买服务形式吸引社会工作者，去积极参与家庭赡养扶助。近年来，在一些地方，由于赡老抚幼的思想道德教育及法律教育松弛，有关家庭赡养纠纷的民事案件有所增加。鉴于单纯的思想道德教育及法律教育并非万能，这些地方政府的职能部门，组织和引导有关人员为农村老人进行家庭赡养登记，并且在有力思想教育和有效法律调解的基础上帮助老人们，与其子女签订具有一定行为约束力的家庭赡养责任书。在赡老抚幼的思想道德教育及法律教育松弛之际，以行政和法律手段助力家庭养老，在目前农村的现实生活中是完全必要的。因为，这有助于落实家庭赡养责任承担者应尽的法定义务，有助于巩固家庭养老的基础地位。此外，以购买服务形式吸引社会工作者积极参与家庭赡养扶助，也是依据当地农村居民实际养老情况所推出的创造性举措。一般来说，目前国内各地开展社会工作虽说成效比较显著，但是尚处于相对迟缓状态。不但数量有限的社工大多服务于大中城市的街道、社区的居家养老服务站，而且很少有社工介入农村养老服务活动。以购买服务形式吸引社会工作者尤其是专业法律社工，资助他们积极参与家庭赡养扶助，不仅给这项益老活动带来专业权威性，而且向其注入人文关怀性，能够为以家庭养老为基础的农村社区养老服务活动增辉生色。

第二，动员和组织党员、团员、志愿者等社会资源，帮助筹建村社区托老院及帮扶服务站，并且对家庭赡养确有困难的农村老人，实行全托、半托服务或提供无偿、低偿服务。所谓村社区托老院及帮扶服务站，在各地农村也就是村庄幸福大院。基于各地农村经济社会发展现状，单凭村级组织的力量去建设村庄幸福大院尚存在一定的困难。因此，有必要动员和组织党员、团员、志愿者等社会资源，帮助筹建村社区托老院及帮扶服务站。近年来，在各地农村的不少地方，结合开展"脱贫攻坚战"组织和动员社会力量投入幸福大院建设，基本上实现幸福大院在所有村庄覆盖。实际上，党员、团员、志愿者等社会资源帮助筹建村社区托老院及帮扶服务站，在一定意义上也就是城市支援乡村的下乡助老活动。这样做对于促进居家养老服务发展城乡一体化的功能和作用甚大。家庭赡养确有困难的农村老人，主要是指除"五保"、残障老人等兜底服务对象之外的留守老人或高龄老人。那些不在留守老人身边的子女，或者虽在高龄老人身边但缺乏照料技能或时间的子女，则可以为这类低偿服务支付一定的费用。这种模式有利于弘扬敬老、养老、助老风尚，但是，其也有可能在资源利用上造成社区方面对外界社会力量的过度依赖，以致在一定程度上弱化社区自组织性。

（五）医护与健康养老结合模式

医护与健康养老结合模式主要表现为以下几方面。

第一，在居家养老服务体系建设中，整合各类可用服务资源，打造集日常照料、文化娱乐、医疗保健、交往互动、心理慰藉等功能于一体的居家社区养老服务中心，并且推动社区医疗机构及医护人员参与，实现医护人员住家护理服务常态化。应当说，此种模式在各地城乡尚未普遍流行，只是大城市或中小城市的社区捷足先登，各个社区借鉴其他的成功经验及有效做法，就此努力进行探索和尝试。此种具有全托、日托、上门服务等多种功能的居家社区养老服务中心，实质上是一种枢纽型社区养老机构。一般来说，该中心是由街道举办并由具有一定资质的养老机构嵌入社区运营，服务于街道辖区内的所有社区。显然，尽管此种模式在目前覆盖率依然较低，暂时未能惠及各地所有城镇居民，但是，其标杆示范作用依然不可低估。因为，该模式毕竟代表国内居家社区养老服务发展的主导方向。尤其是该模式主张实现医护人员住家护理服务常态化，契合当前国内发展"家庭养老床位"的大趋势，值得各地因地制宜为之付出努力。

第二，在农村居家社区养老服务发展中，应善于利用和充分发挥乡镇卫生院与敬老院、村卫生室与幸福大院的合作效能，以便为农村居家老人提供上门医疗以及其他生活类服务。不少农村老人往往依恋居家养老的传统生活习惯，一般情况下他们不愿入住机构或院舍去养老。然而，家人并不能为他们提供具有一定专业性或个性化的医养康养服务。鉴于此种情况，在农村地区，有必要整合、利用和发挥当地医疗和养老服务资源，通过家庭医生签约或专业护工上门，为居家老人提供医疗及日常生活照料服务。然而，从目前情况来看，由于家庭医生签约率不高，加上受家庭支付能力较低之类因素的影响，此种服务模式在各地农村并不普遍流行，只是其中一些条件较好的地方才尝试推行此种服务模式。不过，从长计议，在各地农村居家社区养老服务发展中，此种服务模式将会被逐渐推广，从而成为农村居民家庭在养老服务模式选择中的首选模式。显而易见，目前这种模式对拓宽农村居家社区养老空间以及丰富其内涵，具有示范和引领效应，但是，其普遍推广和质量提升则难免会受到当地发展水平的限制。

（六）信息化与社会化结合模式

信息化与社会化结合模式主要表现为以下几方面。

第一，利用信息服务网络平台，整合社区养老服务资源，建立统一的老年人信息管理系统和养老服务管理系统，打造"15分钟快速反应养老服务圈"。在信息化时代，"互联网+养老"是提升社会养老服务效能的必然选择。

其便捷、高效、优质的特性在居家社区养老服务中得到充分体现，"互联网+养老"深受广大城乡居民家庭的青睐。对于经济社会发展不同状况的地区来说，合理运用"互联网+养老"积极开展居家社区养老服务，也是努力实现养老服务"弯道超车"的最佳机遇。目前，各地政府及其职能部门均已清醒地认识到"互联网+养老"的意义及价值。各地开始借鉴成功经验和有效做法并依据本地实际情况，利用信息服务网络平台，整合社区养老服务资源，建立统一的老年人信息管理系统和养老服务管理系统，从而打造"15分钟快速反应养老服务圈"。不过，在这方面做得较好的还是上海、南京、杭州、郑州、合肥、苏州、洛阳、芜湖等大中城市，而"互联网+养老"在不少小城镇及村庄尚处于初始发展阶段，并且在思想认识和实际操作层面仍有待加强和提高。

第二，以居家养老服务机构为主体、以社区为依托、以"12349"居家养老服务平台为纽带，逐步建立起满足老人不同服务需求的居家养老服务网点，为居家老人提供送上门的服务。究其实质，此种服务模式也就是养老机构借助先进信息技术嵌入社区设局布点，为广大居家老人提供集多样性、综合性、专业性、大众化、便捷化、个性化等为一体的服务。近年来，一些地方入选中央财政支持的全国居家和社区养老服务改革试点。这些改革试点率先进行了对此种服务模式的探索和尝试，并且就此已经积累起比较成功的经验，形成了比较有效的做法。当然，其中也不乏对建设"家庭养老床位"的探索和尝试，例如，推行远程医疗服务与上门医疗服务相结合，增强了社区老人长期居家医养康养的可及性。应当说，此种服务模式实际上是一种普惠型养老服务，它让所有老人享有"身边、床边、周边"的贴心关照，免去了他们诸多的不便和烦恼。这种模式的优势是将科技能量与社会资源紧密结合，使居家社区养老服务更加规范、合理、便捷、高效且更为人性化，但其广泛推行也受到各地经济社会发展水平的限制。

四　相关启示

从对以上居家养老服务形式及模式的解读和分析中，笔者得到以下启示。

第一，立足当地实际，贵在创新发展。开展居家社区养老服务，我国起步较晚并且受条件所限，在基础设施建设、服务管理方式、人员队伍建设、科技手段运用等方面均有所不足，因此，各地需要因地制宜和因时制宜，并且积极借鉴和适时吸纳发达国家在医养康养结合、机构嵌入居家社区养老服务等方面的经验，创新和发展适合各地经济社会发展的养老服务模式。例如，不少地方推出特惠与普惠结合、上门与包户结合、自助与互助融合、家庭赡养扶助等模式，与兜底服务对象较多、农村老人总量庞大及困难老人数量较多、传统养老观念及心理习惯积淀深厚等因素密切相关。

第二，摆脱依赖心理，增强自身能力。由于条件所限，国内在开展居家社区养老服务中依然存在财政投入不足的现象。近年来国家在这方面不断加大投入力度，但是，各地绝不能对这种支持产生依赖。因为国家的支持原本是"救急不救穷"，如欲彻底解决这方面问题，各地务必增强自身"造血"功能，并且充分发挥国家财政支持的"四两拨千斤"的功效。例如，一方面，要大力推行上门与包户结合、自助与互助融合、家庭赡养扶助等模式，这样可以从客观上减少政府养老服务成本投入；另一方面，尽量不要"撒胡椒面"，而是要把钱花在"刀刃"上，集中财力办大事。所谓"办大事"，就是要在做好兜底服务的基础上，节约资金用于"12349"居家养老服务信息平台之类科技养老设施建设。只有如此，医护与健康养老结合、信息化与社会化结合等服务模式方能真正普惠广大城乡居民。

第三，注重策略选择，合理利用资源。在开展居家社区养老服务中，各地不应盲目攀比，也就是说，不应不顾居民家庭实际情况一味追求"大而全"和"高大帅"，而应有章有法，进退有度，有所侧重。在策略选择上，各地还是应以发展社区小微居家养老服务机构（托老所或日间照料中心）为主导，辅之以老人餐桌、康复陪护等服务，以便与上门与包户结合、自助与互助融合、家庭赡养扶助等模式相互衔接、相互促进，从而形成居家养老服务的发展合力。例如，在一些地方，如河南、安徽、山西等地已经出台相关政策，鼓励和支持私人利用自家多余房舍，兴办服务对象少至十几人、多至数十人的小微养老机构，并且鼓励和支持这种小微养老机构挂牌居家社区养老服务站，就近为居家老人提供价廉质优的贴心服务。说到底，植根于社区的小微养老机构，在其功能作用上最易与上门与包户结合、自助与互助融合、家庭赡养扶助等模式相互兼容和相互促进。因为，小微养老机构具有较强的运营弹性及创发性，易于向其他服务模式渗透并在为老服务上形成合力。

第四，认真总结经验，促进增效提质。在开展居家社区养老服务中，各地应认真总结经验，对那些已被实践证明行之有效的为老服务模式，应充分发挥其安抚效能、激励效能、增权效能和聚合效能。安抚效能是指用心用力对生活特困老人群体搞好兜底服务，并且对失独老人、空巢老人、留守老人等群体提供心理慰藉服务。在特惠与普惠结合、上门与包户结合、自助与互助融合等模式中，此种效能已有重要体现。激励效能是指以政府购买服务的经济手段或社会嘉奖的精神手段，吸引、鼓励和支持专业机构、社会力量积极参与居家社区养老服务，而此种效能也在以上模式中均有所体现。增权效能是指在为居家社区养老服务过程中，以健康养老和积极养老的理念为指导，引领和激励社区居家老人发掘自身各种潜能，并在帮助他们努力应对各种生活挑战时，体现自身尊严及人生价值。例如，为老服务人员指导和帮助老人学习使用智能手机，鼓励和帮助失独老人、空巢老人走出孤寂融入集体，鼓励和帮助老人在康复过程中树立战胜疾病的信心等。在上门与包户结合、自助与互助融合、家庭赡养扶助等模式中，增权效能也有所体现。聚合效能则是指在各种行之有效的服务模式之间，通过社区组织和协调以及优化和组合，形成多元主体协力推动居家社区养老服务全面深入发展的合力。总之，大力促进以上四种效能的发挥，理应成为各地居家社区养老服务发展的题中应有之义。

第十四章

居家社区养老社会支持体系研究

随着我国快速进入人口老龄化社会，构建居家养老服务的社会支持系统将成为解决人口老龄化问题的重要途径之一。[①]《中共中央　国务院关于加强新时代老龄工作的意见》提出，构建居家社区机构相协调、医养康养相结合的养老服务体系和健康支撑体系，大力发展普惠型养老服务，促进资源均衡配置。[②] 在这种养老服务体系和健康支撑体系的建设中，离不开全社会力量的鼎力支持，各地要适时建立和大力完善居家社区养老的社会支持体系。

一　问题的提出

社会支持理论始于 19 世纪法国社会学家迪尔凯姆的研究，后被社会学、心理学等广泛应用。在社会学语境下，社会支持是用于解释和探讨社会现象和社会问题的中层理论和方法，可被广泛运用于社会工作及社会保障、社会服务、社会政策、社会调适等领域的研究。

作为社会学的中层理论，社会支持包括家庭成员、邻里亲朋、同学同事

[①] 韩艳平：《社会组织参与城市居家养老服务模式研究》，《开封师范学院学报》2019 年第 7 期。

[②] 《中共中央　国务院关于加强新时代老龄工作的意见》，《人民日报》2021 年 11 月 25 日。

等非正式支持系统，以及政府、社区、社会组织等正式支持系统，并且其支持内容涉及个人的生活基本需求以及理性认知、心理情感、行为习惯等方方面面，实乃实施积极应对老龄化国家战略的重要理论支撑之一。国家政策、法律制度、企事业单位、社会组织、社区街道属于社会正式支持系统。家庭、亲戚、朋友、邻居属于社会非正式支持系统。人到老年，随着职业生活的终结、家庭角色的转移、生理心理的变化等，面临重新适应家庭与社会生活的个人生存与发展问题。尤其是在适应晚年生活新环境的老年继续社会化或再社会化过程中，面临诸多单凭个人能力无法有效应对及妥善解决的难题，既需要来自社会正式支持系统的支持，也需要来自社会非正式支持系统的支持。

目前，学界关于居家社区养老的社会支持的探讨主要集中在以下方面。一是围绕"以居家养老为基础、社区服务为依托、机构照料为补充、'医养'结合为保障"的模式，研讨如何积极应对老龄化，建构多元参与和多方协同的社会支持体系。[①]

二是从社会资本、社会政策、社会资源整合等视角，探讨社会力量如何介入社区为居家养老提供支持。[②]

---

① 高利平：《为居家养老建立社会支持》，《红旗文稿》2007年第11期；王金元：《城市老人居家养老的现状与对策——以无锡居家社区养老服务为例》，《江南大学学报》（人文社会科学版）2008年第3期；邬沧萍、王萍：《积极应对人口老龄化》，《求是》2009年第7期；陈娜、王长青：《基于社会交换理论的医养结合服务共同体探索与实践》，《中国老年学》2015年第22期；钟春洋：《完善社会养老服务体系的五个重要问题》，《经济纵横》2015年第1期；王笑梦、马涛、胡惠琴：《老年人社区支援体系构建的基础研究》，《建筑学报》2015年第S1期；谈华丽：《新时期广州城市居家养老社会支持网络探讨》，《广州经济》2018年第2期；乐明凯：《重视构建居家社区养老体系》，《农民日报》2022年3月11日。

② 钱宁：《中国居家社区养老的政策分析》，《学海》2015年第1期；常慧萍：《社会资本视域下城市居家社区养老社会支持体系的构建》，《信阳农林学院学报》2018年第1期；刘素素、张浩：《随迁老人社会融入的社会工作介入路径》，《社会工作与管理》2018年第6期；肖萍：《政策分析框架下我国老年社会工作的开展》，《社会政策评论》2019年第1期；姜耀辉：《乡村振兴背景下农村养老服务的发展短板与补齐策略》，《社会与公益》2020年第9期；陈宁：《城市居家社区养老服务资源整合的路径研究——以广州"3+X"模式为例》，《长白学刊》2021年第4期；李文祥、韦兵：《社会组织参与居家社区养老服务的嵌入模式及其优化——基于G市的比较研究》，《社会科学战线》2022年第6期；严志兰：《居家社区养老服务模式的政策与实践创新——以福建经验为例》，《韩山师范学院学报》2022年第4期。

　　三是从社会互动、社会参与、社会治理等视角，论及如何为依托社区资源养老的居家老人在健康养老和积极养老方面提供支持。①

　　四是从文化传承与创新视角，论及如何为老人居家社区养老提供精神动力支持，营造良好社会氛围。②

　　五是从"互联网+养老服务"视角，论及如何为老人居家社区养老提供优质的智慧养老服务，建构起功能齐全、便捷高效的社会支持网络。③

　　以上从多视角、多向度、多层次对居家社区养老社会支持的探讨，大多诉诸辩证思维、创新思维、兼容思维，立足国情、地情实际，着眼未来发展

---

① 秦俭：《农村独居老人养老困境及其化解之道——以社会支持网络理论为分析视角》，《湖南社会科学》2013年第3期；金华宝：《"用老服务"：破解我国养老困境的一种新思路》，《中州学刊》2015年第11期；童星：《发展居家社区养老服务以应对老龄化》，《探索与争鸣》2015年第8期；刘妮娜：《中国农村老年人互助养老服务参与状况及影响因素研究》，《老龄科学研究》2018年第12期；杜鹏、纪竞垚：《中国长期照护政策体系建设的进展、挑战与发展方向》，《中国卫生政策研究》，2019年第1期；李茜、谢博宇：《代际共享下的社区养老服务物流驿站公共空间设计研究》，《中国储运》2022年第6期；杜鹏：《构建与老龄化进程相适应的中国特色养老服务体系》，中国养老网，http://www.cnsf99.com/Detail/index.html? id=469&aid=107062，2022年7月21日；向运华、许诺：《异质性下城市社区养老服务的分类治理》，《北京社会科学》2022年第7期。

② 张云英、黄金华、王禹：《论孝文化缺失对农村家庭养老的影响》，《安徽农业大学学报》（社会科学版）2010年第1期；周峰、叶志宏：《新型孝文化特征及构建》，《人民论坛》2012年第2期；高琛：《儒家孝文化研究综述》，《学理论》2014年第6期；张分田：《价值重建时代传统"孝"文化之再检视》，《天津社会科学》2015年第1期；彭希哲、郭德君：《孝伦理重构与老龄化应对》，《国家行政学院学报》2016年第5期；李亭亭：《孝文化视角下家庭养老的重构》，《中国集体经济》2017年第23期；杜玉霞：《新时代文化养老创新发展模式研究》，《北方音乐》2018年第21期；王君：《厚植传统文化，创新养老模式》，《齐鲁晚报》2018年3月30日。

③ 潘峰、宋峰：《互联网+社区养老：智能养老新思维》，《学习与实践》2015年第9期；白玉翠、田亮、张晓东：《"互联网+"养老模式探析》，《法制与社会》2017年第7期；胡善平：《多元主体养老服务组合优化的路径研究——基于互联网+的视角》，《江汉学术》2018年第5期；王志华：《创新推进"互联网+"居家养老新模式——以山东日照居家养老模式为例》，《文化产业》2019年第20期；周红云、董叶：《"互联网+"推动养老服务精准化的机理及实现路径》，《中州学刊》2019年第3期；黄赟、肖长虹等：《"互联网+"与社区养老模式的优化和提升》，《市场研究》2020年第4期；王慧君、杨本芳、肖锋：《"互联网+"养老服务模式的发展探究》，《劳动保障研究会论文集（十一）》，2021年；徐兰、李亮：《互联网+智慧养老：基于O2O理念下的居家社区养老服务模式》，《中国老年学》2021年第12期；刘奕、李晓娜：《数字时代我国社区智慧养老模式比较与优化路径研究》，《电子政务》2022年第5期。

前景，体现出客观提出问题、认真思考和分析问题的实事求是的科学态度，并且提供了可资借鉴和参考的有效解决问题的方案及办法。可以说，以上学者的探讨为后来者研究这方面问题奠定了坚实基础，搭起继续往上攀登的学术云梯。

社会学意义上的社会支持，围绕社会学的基本问题即个人与社会的关系，探讨个体在不同的生命周期怎样通过社会化建构社会支持网络，以便从家庭成员、亲属邻居、同事朋友、政府部门、企业事业单位、社区组织、社团等处获得比较充分的社会支持，用以有效应对来自不同环境条件下的挑战。单就开展居家社区养老现状而论，由于国内起步较晚、进展较慢、问题较多、成效有待提高，亟待通过建立和完善社会支持体系，进一步扩大居家社区养老服务覆盖面、推动服务模式及方式创新、提升居家社区养老服务质量水平。笔者拟就这方面问题进行探讨，以抛砖引玉。

二 着力建构居家社区养老的社会支持体系

"十四五"时期，我国社会已进入人口中度老龄化阶段，建立和完善居家社区养老的社会支持体系势在必行。"确保老年人生活质量是完善居家养老服务的基本理念。"① 为此，各地有关方面应当依据政府责任原则、公正原则、共同参与原则，通过整合各方面资源，形成"政府主导、社会协同、家庭关照、机构参与"的机制，充分调动各方的人力、物力和财力，建立与各地经济社会发展水平相适应的居家社区养老社会支持体系。

（一）政府支持：建章立制、购买服务、牵线搭桥、组织协调

政府支持是正式社会支持体系中的核心部分，在持续转变政府职能、打造服务型政府的经济社会发展大背景下，政府支持已经成为加强社会建设、

---

① 丁建定：《居家养老服务：认识误区、理性原则及完善对策》，《中国人民大学学报》2013年第 2 期。

更好保障和改善民生的基本保证。居家社区养老服务，实乃现阶段我国社会建设中的重要民生工程；随着积极应对人口老龄化上升为国家战略，"着力开展普惠型养老服务，建设居家社区机构相协调、医养康养相结合的养老服务体系，完善居家社区养老服务网络"① 已成为我国"十四五"时期社会养老服务发展的中心任务。为顺利实现这一预期目标任务，有必要通过建章立制、购买服务、牵线搭桥、组织协调等方式和手段进一步加大政府支持力度。

1.建章立制：发挥政府主导作用

在新时代社会建设中，居家社区养老服务是一项普惠于广大居家老人的重要民生工程。在开展居家社区养老服务中，价值取向需要引导，资金筹措需要扶助，社会力量介入需要鼓励，资源利用需要优化和整合，人员队伍需要培养和充实，质量提高需要管理创新和技能培训等。凡此种种，无不需要政府通过建章立制予以充分保障。在居家社区养老服务中，建章立制是政府发挥自身职能作用的主要方面，也是政府支持效能在其中的重要体现。建章立制包括以下几方面。

第一，财政资金支持，主要是专项资金列支。例如，政府购买居家社区养老服务资金；政府扶助居家社区养老设施建设、前期运营及床位补贴资金。再如，自 2016 年以来，民政部和财政部先后在全国确定了 5 批中央财政支持的开展居家和社区养老服务改革试点地区。此外，在其他专项资金中关照居家社区养老服务事宜，不仅需要较高层级制度改革，还需要强化支持居家社区养老服务开展的理念。

第二，法律法规支持。一是在各省、区、市地方性居家养老服务政策法规陆续出台的基础上，尽快出台和实施国家层面的《居家养老服务条例》，以统一原则和标准，指导国内全局。二是系统修改和完善所有法律法规中涉及老年人家庭和社会权益的条款，为老人居家养老营造法律呵护的良好社会

---

① 《全面提升养老服务保障水平！河南这样做》，快资讯，https：//www.360kuai.com/pc/9dcc1d934bab1bf5c？cota＝3&kuai＿so＝1&tj＿url＝so＿vip&sign＝360＿57c3b bd1&refer＿scene＝so＿1，2022 年 1 月 26 日。

氛围。

第三，社会政策支持。这意味着包括劳动、民政、教育、文旅、市场、卫健、建设、交通、信息等各个行政部门的政策，都要用支持老年人健康养老和积极养老的理念，去全面审视并加以修改和完善，使社会政策与老人居家社区养老的日常生活实践有机衔接。尤其是要特别注重制定和实施有利于老人居家养老的家庭政策，例如，促进工作和家庭生活平衡的政策，家庭照料补贴及高龄老人补贴政策等。

第四，载体资源支持。其主要包括学校、社区、图书馆等场地支持、类似"12349"的供需对接平台支持，以及政府组织的为老服务公共活动中对居家老年人的关照等。

第五，组织化支持。各级地方政府及街道和社区，支持和鼓励老年人社会组织积极参与居家社区养老服务，并且通过协调和沟通老年人社会组织与社会各界的联系，充分发挥老年人社会组织在开展居家养老服务中的重要作用。

第六，项目支持。一方面，在各种公共项目中，政府部门注意安排社区养老服务项目；另一方面，政府有关部门专门为社区养老服务设计项目，比如，家庭养老援助项目，时间银行为老服务项目等。

第七，赋能培训支持。在各种老年教育中贯彻赋能理念，明确"后喻文化"的时代特点，倡导年轻人帮助老年人掌握信息技术，运用社交媒体。尤其是多运用老幼融合的形式，进行老年教育与儿童辅导，以求相得益彰。

第八，舆论宣传支持。政府舆论宣传部门应利用各种传播媒介，大力宣传将积极应对人口老龄化上升为国家战略的重要意义和价值，把老年财富论、健康老龄化、积极老龄化、新时代新孝道之类的理念通过舆论宣传普及社会各个阶层及千家万户。在舆论宣传中，有关方面还应以老龄化社会的思想主旨"健康、参与、保障"为重点，引导人们明确全面、深入地开展居家社区养老服务，才是真正的"尊老、敬老、爱老、助老"之道。

2.购买服务：鼓励社会力量参与

在开展居家社区养老服务中，购买服务是政府支持的重要体现。一些地方经济社会发展相对滞后，在开展居家社区养老服务中，来自政府购买服务的支持就显得十分重要。居家社区养老服务的特点是特惠与普惠相结合，在优先照顾好少数特困老人的基础上，着眼于为绝大多数老人提供称心如意的服务。不过，由于居家社区养老服务是具有准公共服务性质的微利服务，往往一些民营养老机构介入其中时顾虑较多。这就需要政府采取适宜的方式和手段，去加以引领。通过购买服务的方式，政府能够鼓励社会力量积极参与居家社区养老服务，解决其在发展中诸如技能技巧增进、人员队伍建设、质量水平提升之类的难题。一般来说，现阶段各地实施的政府购买服务，大致可以分为以下类型。

（1）发放居家养老服务券

发放居家养老服务券，是指根据困难老人群体的实际生活状况及日常需要，政府有关部门依托并通过社区，向作为社会优抚对象的老人（"三无"老人、孤寡老人等）以及低保、空巢、失独老人等，定期发放他们可享受各种服务的居家养老服务券。此券虽无货币的全面购买功能，但也可替代货币，无须付费即可享受到便捷式优质服务。这类服务由居家养老服务定点机构专门提供，包括生活照料、医疗保健、家政料理、聊天解闷等，让老人们深感如意和温馨。居家养老服务券的使用使社区居家养老困难老人不出家门就可享受到家庭保洁、水电维修等服务，使他们的生活状况得到较大改观。在一些地方，如安徽省的合肥市、江西省的南昌市、四川省的成都市等地早已借鉴外地的经验和做法，向符合条件的老人发放居家养老服务券或居家养老服务卡，以便能为他们提供便捷、优质的服务。此外，在一些比较落后和偏远的地方，也正在尝试和探索通过发放居家养老服务券满足困难老人群体对于改善自身生活状况的迫切要求。只是从现实情况看，这些地方尚未建构起针对居家养老服务定点机构的准入、评估、监督机制，缺乏对购买服务进行全程监管。此外，尚存在招投标机制不够完善、承接购买服务的机构较少、服务内容匮乏、服务效能较差等难题，有待适时破解。

（2）购买专业社工上门服务

购买专业社工上门服务，这是政府购买服务中的较高层次项目。专业社工上门服务，一般带有专业性技能技巧和社会人文情怀，能为老人们提供具有较高质量的科技化、个性化、人性化服务。政府购买专业社工上门服务，主要是针对需要兜底服务的那一部分老年对象，为的是大力改善他们的生活状况，提高他们的生活质量。尤其是对于一些失能失智的老年优抚对象及特困老人，除了日常生活照料的帮扶，尚有心理慰藉这项重要服务，需要懂得社会学和心理学知识的专业社工去承担。购买专业社工上门服务，最早发端于国内经济条件、社会环境良好，以及社会组织发育良好的发达地区。以后，此种服务也在其他地区逐步开展。不过，在购买专业社工上门服务方面，一些地方仍然存在政府财政投入比较有限、部门工作机制不够健全、社工队伍力量单薄，以及技能技巧参差不齐、精神心理服务比较欠缺等不足之处。在积极应对老龄化上升为国家战略的大背景下，为巩固居家养老的基础地位和减轻机构养老入住压力，政府购买专业社工上门服务力度将会进一步加大，并且将朝向建设家庭养老床位倾斜。因此，各地应当抓住机遇，大力开展购买专业社工上门服务，并且在克服自身各种不足的同时，逐步扩大政府购买服务的对象。

（3）委托第三方机构运营居家社区养老服务中心的购买服务

居家社区养老服务中心建成后，为了提升居家社区养老服务规范化、标准化、专业化水平，政府民政部门或街道办事处往往以招标方式委托第三方进行居家社区养老服务设施运营服务。在第三方运营过程中，政府民政部门或街道办事处往往给予其一定的运营补贴，其中包括老人日间照料中心的床位补贴、老人餐桌补贴、服务设施适老化改造补贴等。究其实质，这种补贴也就是一种政府购买服务。在一些地方，由于居家社区养老服务开展比较滞后、创新发展意识比较淡薄，目前，委托第三方进行居家社区养老服务设施运营服务的地方还较少。不过，随着国内人口发展进入中度老龄化阶段，依托居家社区养老服务设施大力发展普惠型养老服务已成为大势所趋。为了提高此种服务的能力和水平，引入第三方运营居家社区养老服务设施自然也是势在必行。

3. 牵线搭桥：引领民间资本介入

引领民间资本介入居家社区养老服务，是政府支持居家社区养老服务发展的重要体现，政府主要是通过优惠政策支持的方式来牵线搭桥。近年来，一些省、区、市陆续出台《居家养老服务条例》，其中支持社会力量嵌入社区兴建并运营居家养老服务设施，被列上专门条款。此外，一些地方政府还纷纷出台支持民间资本嵌入社区兴建并运营居家养老服务设施的各种优惠政策，其中包括土地使用、运营补贴、税费优待、水电减免等。当然，在民间资本介入居家社区养老服务方面，不少地方依然有待提升其介入数量、质量及成效。其成因除了微利经营服务本身吸引力较弱、政府补贴额度较小等，地方性优惠政策兑现程度不高也是原因之一。吸引民间资本投入居家社区养老服务，地方政府就必须有效应对和妥善解决以上问题。尤其是应着重解决地方性优惠政策兑现程度不高的问题，以取信于那些愿意介入居家社区养老服务的社会企业和较长时期执着于居家养老服务的民间机构。

4.组织协调：助力社区养老服务

近年来，社区养老服务资源不断增加，除了政府提供的资源，来自企事业单位、工青妇组织、大中小学校、各种社会组织、当地驻军等的资源，可谓应有尽有。然而，由于这些资源之间互不沟通、各自为政，整个社区内的为老服务处于碎片化状态，难以形成发展居家养老服务的强大动力。于是，政府支持的主导作用此时此刻就显得分外重要。因为，政府部门或街道办事处可以凭借自身公信力和权威的优势，组织和协调各种社区养老服务资源，去协力开展居家养老服务。目前，一些地方在开展居家社区养老服务中，依然存在比较严重的资源碎片化现象。这就客观上要求各地各级政府认真对待此类问题，并且以"十四五"规划为准则，按照其中关于"构建居家社区机构相协调、医养康养相结合的养老服务体系"① 的要求，组织协调和优化整合社区养老服务资源。

（二）社区支持：社团帮扶、社工服务、义工奉献、邻里相助

社区是指在一定的地域范围内生活的人们，组成了社会生活共同体。这种

---

① 《中华人民共和国国民经济和社会发展第十四个五年规划和2035年远景目标纲要》，中国政府网，https://www.gov.cn/xinwen/2021-03/13/content_5592681.htm，2021年3月13日。

生活共同体蕴含政治、经济、文化、社会等多重要素，具有较强的心理认同意识和共同的利益关系。在开展居家养老服务中，社区丰富资源的支持必不可少。社区支持主要体现在社团帮扶、社工服务、义工奉献、邻里相助等方面。

1. 社团帮扶：体现社会温暖

社团就是一些有着相同兴趣和爱好的人聚集在一起，他们自愿形成了互惠型组织。我国社团组织的特点通常表现为非营利、民间性、平民化等，它与政府组织、非正式组织以及自然群体均有所不同。近年来，不少社团尤其是其中的一些老年社团在援助居家社区养老服务中发挥了重要作用。例如，通过组织一些有文艺爱好和兴趣的老人参与演出，老年文艺社团活跃了社区居家老人日常生活；老年公益性社团经常组织其成员，积极参与给社区居家困难老人送温暖的活动；等等。在国内各地，近年来随着生活条件的改善、生活方式的更新，老年社团组织也开始不断涌现，并且时常参与一些当地社区组织或自组织的助老服务活动。当然，在有些地方，社团组织尤其是老年社团组织，在为老服务活动的理念思路、方式途径、活动内容等方面均还不够成熟，有待于在为老服务实践中，进一步积累经验和完善做法。

2. 社工服务：提供专业照护

社工是社会工作者的简称，它是英语 Social Worker 的译文。无论在国内还是在国外，社工指的都是从事具有非营利化、专业化、职业化等性质活动的、服务于公众和社会的专职人员。究其实质，社工为社区居家老人所提供的各种服务，是一种社会福利服务。在我国目前的社会福利制度框架下，政府通常以购买服务的方式，鼓励和支持社工介入居家养老服务。社工基于专业价值理念并采取专业方法和技能，去帮助那些失能、失智、失独、孤寡等困难老人，以促使他们摆脱生活困境和改善生活状态。在国内各地，随着社会建设不断加强、社区服务不断发展，政府购买社工介入社区养老服务活动也不断增加。在开展当地居家社区养老服务中，政府购买服务的功能和作用不可替代。不过，在一些地方，由于社工介入社区养老服务活动起步较晚，目前社工数量较少，并且缺乏长期服务积累的成功经验和有效做法。针对此种状况，在这方面，这些地方需要积极主动地强弱项或补短板，以便为全面、深入地开展居家社区养老服务打下坚实基础。

3.义工奉献：显示高风亮节

义工，是指不计较任何报酬，仅仅出于对社会和他人的义务感和责任心，利用闲暇时间和个人的一技之长，去为残疾人、孤寡老人、生活特别困难者等弱势群体提供具有社会意义及价值的义务服务。义工的此种服务是一种有组织的、业余时间的活动，以自愿、无偿、公益为其行动准则。现阶段，在国内大中城市中，义工较多并且其活动比较频繁。然而，在小城镇及农村地区，义工则较少并且其活动比较稀少。这种情况与经济、政治、社会、文化和生活方式等方面的发展水平自然是不无关系。在义工队伍的规模、素质、技能，以及其活动方式、途径、频率、效能方面，一些地方还有待于扩大、改善和提升。随着新型城镇化和城乡一体化建设步伐的不断加快，各地在加强社会建设中也应当注重对义工队伍的培育，尤其是应当在全社会，注重对于义务工作之理念及其意义和价值的宣传和弘扬。

4.邻里相助：表露传统美德

邻里是指与人们家庭居所相距很近的左邻右舍。在我国传统社会，人们一直比较注重建构和谐相处、守望相助的邻里关系，"远亲不如近邻"在民间流传甚广。在现代社会，由于空间距离很近，邻里守望相助本应在居家养老中的功能和作用不减当年，只不过由于都市化引发人际交往隔膜及人情味淡化，此种功能和作用远未发挥。由于传统文化心理积淀比较深厚、城乡文化融合发展比较顺畅等因素的影响和作用，在不少地方邻里守望相助的生活传统依然延续得较好，其资源优势可望在家庭养老朝向社区养老的延伸发展中，作为重要中间环节加以利用。尤其是在不少农村社区，此种生活传统已经成为居家养老的重要依托，而且能够创造性地转化为支撑当地互助养老的重要精神动力资源。各地实践证明，在全面、深入地开展居家养老服务的过程中，邻里守望相助的生活传统不仅不应当被忽视和淡化，而且更应该被珍惜并加以呵护，使之在创新和发展居家社区养老服务模式时，成为可资利用的宝贵财富。

（三）家庭支持：夫妻互助、子女照料、亲友帮助、个人自理

家庭是基于婚姻、血缘、收养等关系建立起来的社会最小基本单位，通常被人们喻为"社会的细胞"。父母、子女是家庭主要成员，而那些长期在一起生活的亲属也可作为家庭成员。居家社区养老是以家庭养老为基础，换句话说，居家社区养老实质上是家庭养老的延伸和拓展，它离不开来自家庭的支持。随着社会变迁不断加快，以及家庭结构、功能及其生活方式的不断更新，人们的家庭观念和家庭关系也发生很大变化，但是，目前在我国家庭养老的基础地位依然比较巩固，夫妻互助、子女照料、亲友帮助和个人自理，依然是不少老人养老的首选。在主持中共中央政治局第三十二次集体学习时，习近平总书记强调，要加强家庭建设，教育引导人们自觉承担家庭责任、树立良好家风，巩固家庭养老基础地位。[①] 在我国，只有巩固家庭养老基础地位，才能为顺利开展居家社区养老服务提供强有力的家庭支持，进而为构建居家社区机构相协调、医养康养相结合的养老服务体系，奠定坚实基础。

1. 夫妻互助：家庭养老的重要方式

在家庭生活的整个架构中，夫妻关系是家庭关系的核心，而夫妻互动互助则是家庭运行的中心轴。"少年夫妻老来伴"，就家庭养老来说，夫妻互助是家庭养老中的常态。得益于数十年耳鬓厮磨的朝夕相处、语言和行为的反复磨合，在日常生活中夫妻之间的相互照料，具有方便易行、了解适应、配合默契、深入持久等特征。因此，作为家庭养老的重要方式，夫妻互助在实际生活中易为大多数家庭所采用。从目前情况看，60~70岁的小老人及70~80岁的中老人，夫妻互助比例较高，而在80岁及以上老人中夫妻互助比例较少。这种情况与高龄老人中丧偶独居者较多、高龄老人本身自顾不暇等因素有关。夫妻互助的前提是双方都比较健康，具有照料对方的基本能力

[①] 参见《中共中央政治局就我国人口老龄化的形势和对策举行第三十二次集体学习》，中国政府网，http://www.gov.cn/xinwen/2016-05/28/content_5077706.htm，2016年5月28日。

和必要条件。一旦一方失能失智，单靠夫妻中一方独自照料，就会勉为其难，这往往需要子女和亲友辅助或者向机构求援。在各地应宣传和教育引导夫妻践履不离不弃的道德责任和相互扶助的法律义务，并且引导人们注重培育和睦相处的夫妻关系。因为说到底，这样做对于促进家庭养老健康发展及提升居家养老的质量和效能意义及价值甚大。

2. 子女照料：家庭养老的主要依靠

亲子关系即父母子女之间的关系，作为血缘最近的直系血亲，它无疑是家庭关系的重要组成部分。子女照料年迈的父母，属于鸟类反哺型的照料。父母在子女幼小时抚育其成人，而反过来子女在父母年老体衰时，则理应照料其饮食起居。在我国传统观念中，素有"积谷防饥，养儿防老"一说，同时，子女照料老年父母，这也是我国现行法律所规定的每位公民应当履行的义务。不过，由于近年来经济大发展、人口大流动，以及家庭结构、功能、生活方式的更新和变化，单纯依靠子女照料来居家养老受到较大挑战。由于工作繁忙以及远在他地等，不少子女在这方面多半处于有心无力的处境。为了巩固家庭养老的基础地位，一些地方政府出台了鼓励和支持子女照料高龄父母，尤其是失能失智父母的家庭政策。例如，实行家庭照料津贴、推动企业实行工作与生活相平衡的政策规定等。这类家庭政策既有利于子女履行照料父母的道德责任和法定义务，也有利于促进家庭良性运行与和谐发展。事实上，受经济、社会、文化乃至生活方式和风俗习惯诸多因素的影响，子女照料父母特别是小老人照料大老人的现象，在国内各地仍然比较普遍。当然，由于在家庭政策支持上力度较弱，加上"家庭养老床位"发展迟缓，子女因过劳而不堪其重和其累的现象也不鲜见。因此，为持续鼓励和支持子女照料父母以及提高其照料技能和质量，各地除了应在这方面加大政策支持力度之外，还应采取利用社区资源对子女进行为老照料技能培训、发展优惠的上门喘息服务等措施有效解决子女照料老人时所面临的各种困难。

3. 亲友帮助：居家养老的适时帮衬

亲友即亲戚和朋友，是指与个人具有血缘、姻缘关系或深厚友情的人们。自古以来，在日常生活中，亲友帮助就是国人遭遇困难时的必要援手。

在为老照料中，这自然也毫不例外。按照费孝通差序格局理论中的同心圆波一说，在面临生活困境之际，亲戚和朋友即国人可随时获得帮助的人脉资源。民间格言中的"亲帮亲，邻帮邻"以及"出门靠朋友"，体现的恰是同样的思想意蕴。在国内城乡居民家庭中，人们在照料老人期间或许会遇到某些特定的困难，例如，老人摔倒时需要多人轮值照料，在职子女因公外出时需要人手临时替代等。这类情况下，作为居家养老适时帮衬的亲友照料，就显得十分必要。因此，各地在全面、深入地开展居家养老服务中，应当发扬这种亲友帮助的优良传统，并且使之与依托其他社区资源居家养老实现无缝对接和有机融合。

4. 个人自理：居家养老的基本条件

所谓个人自理，就是发挥老人自身健康养老和积极养老的主动性和能动性，在居家养老时让政府和社会放心，同时也让子女省心。个人自理的前提是老人身心健康以及尚未迈进高龄，他们在日常生活中，能够从容应对难免会遇到的问题或困难。如今，科技发展、生活条件改善以及政府和社会的关爱已为健康老人居家自理生活创造良好的环境条件。例如，互联网络的发达和智能手机的使用，让不少老人能便捷购物、适时寻医问诊、远隔千里万里与友人思想交流或同唱一首歌等。再如，老年卡的无偿提供让老人能够随意出行，家庭医生签约为老人免除了看病之忧，社区"尊老、敬老、爱老、助老"环境氛围的形成使老人心情愉悦等。鉴于以上情况，在家庭养老中，各地有关方面理应进一步提倡、宣传和引导居民增强健康养老和积极养老的理念，同时出台鼓励和支持老人居家自理生活的政策举措。这样做，能够大力推动居家养老个人有效自理蔚然成风，从而减轻全社会因养老服务资源匮乏面临的巨大压力。

（四）机构支持：社区嵌入、专业保证、医养康养、优质低偿

从社会科学视角看，机构在广义上是指各种机关、团体或其他从事社会服务的工作单位，而在狭义上则是指这些机关、团体或社会服务单位内的组织。这里"机构支持"中的"机构"特指从事社会养老服务的工作单

位，即公办、公办民营或民办、民办公助的养老机构。例如，城市敬老院或社会福利院、乡镇敬老院以及各类养老院、老年公寓等。在各地开展居家社区养老服务时，具有一定专业技能、品位素养及管理服务经验的养老机构的支持必不可少。这种支持具有社区嵌入、专业保证、医养康养、优质低偿的特点，比较适应国内全面、深入地开展居家社区养老服务的客观需要。

1. 社区嵌入：由表及里的渗透

机构嵌入社区开展居家养老服务，是近年来随着"互联网+养老""家庭养老床位"等智慧养老新业态发展而出现的新趋向。"北上广"、江苏、浙江等发达省市在这方面早已捷足先登，并且已积累了成功经验和有效做法。而在其他地区，不少大中城市也已经或正在积极借鉴发达地区的成功经验和有效做法，并且依据当地实际情况，去鼓励和支持这项工作的开展。机构嵌入社区开展居家养老服务，其所采取的运作方式，往往是政府资助、机构主办，或者是政府购买、机构运营。机构嵌入社区开展居家养老服务，过程是一种由此及彼、由表及里的渐进式渗透。首先，安营扎寨、布局设点，以助餐、理疗、文娱活动等吸引居家老人入内；其次，以康复护理、全托日托照料、文旅活动等扩大服务对象；最后，以大众化+个性化的上门贴心服务、家庭养老床位专门服务，提升其服务的素质品位及质量水平。在发达地区，机构嵌入社区开展居家养老服务，多半是形成和发展成为一种枢纽型的机构为老服务综合体。这种具有托老、康护、医疗、助餐、文娱、文旅等多功能的为老服务综合体，往往能够覆盖一个街道的所有社区。而在其他地区的不少中小城镇及乡村，由于受财力、物力、人力以及思想观念、文化传统、生活习惯、技术环境等方面的因素限制，目前尚不具备建构如此街道级为老服务综合体性质的社区嵌入型养老机构的条件。不过，在某些方面，发达地区的此种做法倒是可以借鉴。例如，在不少地方的乡村社区，也可以将乡镇敬老院通过社会化运营，打造成覆盖所有村社区的枢纽型养老机构，并且在做好托底服务的基础上，逐渐增加其服务功能并扩大其服务对象，以便引领和推动这些地方的乡村社会养老服务向好发展。

2. 专业保证：由浅入深的技能

在嵌入社区为居家老人提供养老服务过程中，具有为老服务的较高专业技能，正是嵌入社区的养老机构的优势所在。为老服务尤其是为失能失智老人或高龄老人服务，并非一件简单的事情。这往往需要护理人员去全面了解和准确把握失能失智老人或高龄老人的身体状况、心理表现，以及他们的行为规律和特点，并且能够有针对性地熟练运用个人所掌握的相应专业技能为老人提供充满耐心和细心的服务。一般说来，这种服务是一种规范化、科学化、人性化的可操作性较强的流程，来不得半点的马虎。当然，最关键之处还是在这一流程中遇到突发事件时，护理人员能够做到不急不忙、不慌不乱，以娴熟的专业技能去沉稳应对，化险为夷。因此，各地在开展机构嵌入居家社区养老服务过程中，应当精心挑选有关护理人员，并且在上岗为老服务过程中通过试用、考评等不断提升其专业技能，以达到让老人满意，家人放心。

3. 医养康养：由疏到密的融会

将医养康养融为一体，让老人能够享有"身边、床边、周边"的贴心服务，是"十四五"规划提出的为老服务重要目标之一。正是在实现这一重要目标的过程中，机构支持社区养老服务的特色体现得淋漓尽致。将医养康养融为一体，是一个基于健康养老和积极养老理念的，科技与人文、自然与社会、物态与心态相互交融之过程。在国内不少地方，家庭为老服务技能欠缺、小老人照顾大老人现象也比较普遍。因此，将医养康养融为一体，实乃各地开展机构嵌入社区支持居家老人养老活动的重要方式和手段。一是请进来，即支持机构嵌入社区养老服务站，以医养康养相结合的服务项目，吸引居家老人入内亲身体验并最终认可这种服务；二是走出去，也即机构嵌入社区养老服务站之后，派遣熟悉医养康养结合技能的人员，主动上门为需要帮助的居家老人提供家庭养老床位之类的服务。不过，就目前情况来看，这类服务仍局限在国内大中城市的中心城区，而在不少中小城镇及农村尚未实行。此外，有一定资质的机构嵌入居家社区养老服务较少，以及其嵌入后疏于与当地为老服务资源联手，也是此类服务发展中存在的问题。因此，各地在这方面应当积极借鉴各种成功经验和有效做法，鼓励、支持和引导有一定资质的机构嵌入社区，并且根据当地实际情况与其他为老服务资源联手，为居家老人提供医养康养结合型服务。一言以蔽之，优化整合当地社区机构为老服务资源，充分发挥机构支持居家社区养老功能作用，努力扩大医养康养结合型服务的覆盖面并提升其服务质量水平，这些正是各地在深入开展居家社区养老服务时所面临的重要任务。

4.优质低偿：宽心贴心的服务

机构嵌入社区支持居家社区养老服务发展，这应该是一种优质而又低偿的宽心贴心类型的服务。一般说来，在政府以购买服务、运营补贴、政策优惠等方式手段鼓励和支持下，机构嵌入社区后做到为老低偿服务并不难，难的是如何提升自身为老服务效能和质量。事实上，在一些地方，由于一些养老机构嵌入社区后创新发展意识不强，过于依赖政府支持而疏于自身"造血"功能养成，其为老服务效能和质量流于一般化，较难得到当地大多数居家老人的认可。因此，机构嵌入社区后，应当适时了解和把握社会养老服务发展趋向及特点，不断更新自身运营理念、服务方式和途径，努力提升自身的素质、品位，以及为老服务的质量水平。这就是说为了真正达到优质低偿的为老服务效能，嵌入社区的为老服务机构，理应全面、深入地了解当地居家老人的养老需求和愿景，认真审视和准确把握养老新业态发展现状及趋向，虚心学习和借鉴其他地方的先进经验和有效做法，进而鞭策自身在为老服务过程中不断补足短板和强化弱项。

三　思考和建议

社会支持是主观见之于客观的能动的社会行动，在积极应对老龄化国家战略实施的动态发展过程中，其持续展示自身意义和价值。正是在这一动态发展过程中，社会支持的体系从无到有，社会支持的规模从小至大，社会支持的力量从弱变强，社会支持的覆盖面由窄变宽，社会支持的影响力由近及远。"居家养老可以看成是解决我国人口老龄化和家庭结构变迁的有效方法，而居家养老模式的有效运行与社会支持网络的构建是密不可分的。"①
在鼎力助推城乡居民居家社区养老的各种各类实际活动中，为老服务的社会
支持体系充分发挥着自身的功能作用。具体而言，在尊重、发掘、弘扬老年
人价值中，发挥社会政策支持和社会舆论营造方面的功能作用；在构建和谐
人际关系及和睦代际关系中，发挥交流、沟通、共识、分享的功能作用；在
开展居家社区养老服务活动中，发挥物质技术供给、规章制度谋划、精神心
理支撑、行为习惯养成等方面的功能作用。在不断创新积极老龄化社会建设
的鲜活实践中加大社会支持力度，有利于在居家社区养老服务开展中克服
"强政府、弱社会""重形式、轻内容""重谋划、轻落实""厚物质技术、
薄人文关怀"等不足，从而大力提高居家社区养老服务的质量水平。

在居家社区养老社会支持体系建构中，各地政府应特别注意以下几
方面。

一是始终坚持正确价值导向，将积极老龄观、健康老龄化理念融入居家
社区养老社会支持体系建构全过程。这样做有利于不断地开阔社会支持视
野、发掘社会支持潜能、激发社会支持活力、增强社会支持行动，进而排除
社会支持阻力，实现居家社区养老由此及彼、由表及里、由点到面、由浅入
深的社会支持良效。

二是在居家社区养老社会支持体系建构中，应跳出"只从养老讲养老，
单就服务谈服务"的窄狭视野，从城市社会治理创新、乡村振兴战略实施
等大处着眼，全面、深入地考量城乡居民居家社区养老问题，用以强化社会
支持理念，改善社会支持方式，扩宽社会支持途径，丰富社会支持内容，创
新社会支持模式，增强社会支持效能。

三是不同地区应相互认真借鉴和吸纳这方面的好做法和好经验，但是，
并不照搬照套、盲目效仿，而是因地制宜、因时制宜，扬长补短、综合创
新，发挥本地优势、体现本地特色，走出一条在居家社区养老中不断丰富社
会支持内涵、拓展社会支持外延、扩大社会支持空间的对头、适宜的路子。

---

① 谈华丽：《新时期广州城市居家养老社会支持网络探讨》，《广东经济》2018 年第 2 期。

　　四是在居家社区养老社会支持体系建构中，非正式社会支持与正式社会支持同等重要，绝不能将其对立起来，更不能厚此薄彼。换句话说，要格外注重非正式社会支持与正式社会支持的良性互动、紧密衔接和融合发展。譬如，应在巩固家庭养老基础地位的同时，优化整合家庭、社区和机构的养老服务资源，以便形成为老服务的较强合力。再如，加大对家庭照料的社会政策支持力度，依托政府购买服务实施针对家庭照料困难者的喘息服务，倡导并推行"互联网+家庭病床"的新型居家养老服务模式等。

　　五是在居家社区养老社会支持体系建构中，要统揽全局、统筹兼顾、合理安排。尤其要关注居家社区养老与经济扶持、文化支撑、社会协同、政策支持、法律保障等方面内容的紧密关联性，也就是说针对为老服务的社会支持，应实现其在物质技术层面、制度规章层面、精神心态层面、行为习惯层面的有机衔接及高度融合。譬如，在制定各地居家养老服务的政策法规时，应体现出全面系统与重点要点、现实针对与未来前瞻、补缺拾遗与创新发展等因素的吻合性和互促性。再如，在对农村家庭赡养实施法律扶助时，要适当考虑家庭赡养责任人实际经济能力，弘扬孝亲敬老优良文化传统，依托基层社会组织及社会力量开展工作。此外，有学者主张，从探索新型养老方式、培育新型养老业态、构建一体化养老服务体系的行动路径出发，撬动整个养老服务体系优化和效能提升。[①] 因此，有关方面还应注意依托和借助"互联网+养老服务新业态"，融"医养康养文养"为一体，实现"他助、互助、自助"的高度统一。

---

　　① 赵浩华：《建构新时代养老服务体系新路径》，《中国社会科学报》2022 年 4 月 27 日。

参考文献

《北京市居家养老服务条例》,《北京日报》2015 年 2 月 25 日。

本刊编辑部:《未来 4000 万孤寡老年妇女的养老问题怎么办?》,《人口研究》2001 年第 5 期。

常进峰、李新:《重视"老漂族"的生存与发展》,《社会科学报》2020 年 12 月 2 日。

陈立行、柳中权:《向社会福祉跨越》,社会科学文献出版社,2007。

陈娜、王长青:《居家社区养老的社会支持系统研究——以南京市雨花区为例》,《南京医科大学学报》(社会科学版) 2015 年第 6 期。

陈社英:《人口老化与社会政策:中国人的"家"与养老研究》,《人口与社会》2017 年第 1 期。

陈为智:《当前居家社区养老服务中的关键问题反思及前瞻》,《西北人口》2016 年第 3 期。

陈伟、黄洪:《批判视域下的老年社会工作:对居家社区养老服务的反思》,《南京社会科学》2012 年第 1 期。

陈艳、张江甫:《欠发达地区居家养老服务的双元主体模式——四川省 M 市政府购买服务分析》,《农业农村部管理干部学院学报》2020 年第 2 期。

褚湜婧、杨胜慧:《浅析老年人自我价值感》,《社区医学》2012 年第 24 期。

褚焱宏、戴晓玲、于文波:《浙江示范型居家养老服务中心建设的最新进展》,《城市管理》2021 年第 2 期。

崔树义：《推动居家社区机构养老服务一体化发展》，《中国人口报》2021年1月7日。

大辞海编辑委员会编《大辞海（政治学·社会学卷）》，上海辞书出版社，2010。

党俊武主编《中国城乡老年人生活状况调查报告（2018）》，社会科学文献出版社，2018。

《党委领导政府主导社会参与全民行动　推动老龄事业全面协调可持续发展》，《光明日报》2016年5月29日。

邓伟志主编《社会学辞典》，上海辞书出版社，2009。

丁建定：《居家养老服务：认识误区、理性原则及完善对策》，《中国人民大学学报》2013年第2期。

丁建定、李薇：《论中国居家养老服务体系建设中的核心问题》，《探索》2014年第5期。

丁英顺：《日本人口老龄化与老年人力资源开发》，中国社会科学出版社，2016。

丁志宏、曲嘉瑶：《中国居家社区养老服务均等化研究——基于有照料需求的老年人的分析》，《人口学刊》2019年第2期。

董晓英：《积极老龄化政策下的居家社区养老与社会支持网络——基于山西省长治市老年人居家养老的社会支持调查》，《吉首大学学报》（社会科学版）2017年第S2期。

《对老年人价值的认识》，《人口研究》1998年第5期。

冯梦成：《社区嵌入式养老：实现"原居安老"的路径》，《社会科学报》2020年12月3日。

冯梦成：《推进居家社区机构养老融合发展》，《学习时报》2020年12月2日。

冯晓丽、刘丽：《农村居家养老服务网络的构建》，《重庆社会科学》2016年第6期。

傅蕾、吴思孝、程仙平：《老年教育政策价值研究：基于政策文本的审视》,《现代教育管理》2018 年第 4 期。

高成新、武慧娟:《城市低龄老人生活模式的社会学分析》,《中国人口报》2018 年 3 月 30 日。

高菊兰、向月波、李林萍:《四川城镇居民养老模式探析》,《经济师》2017 年第 4 期。

高秀文:《构建失能老年人家庭照顾者社会支持体系》,《中国社会科学报》2021 年 11 月 17 日。

龚晶晶:《欠发达地区养老产业人才培养的问题与对策——以韶关为例》,《管理论坛》2016 年第 10 期。

关信平、吴瑞君主编《当代社会政策研究(十四)——社会政策再出发》,社会科学文献出版社,2019。

国家统计局:《中华人民共和国 2019 年国民经济和社会发展统计公报》,2020 年 2 月 28 日。

《国务院办公厅关于推进养老服务发展的意见》,中国政府网,http://www. gov. cn/zhengce/content/2019-04/16/content_ 5383270. htm,2019 年 4 月 16 日。

韩艳平:《社会组织参与城市居家养老服务模式研究》,《开封教育学院学报》2019 年第 7 期。

郝麦收:《老年人价值观的革命》,《社会》1999 年第 9 期。

何艺轩、王郁芳:《社区居家"医养结合"养老模式支持体系研究》,《成都师范学院学报》2018 年第 2 期。

《河南 2021 年养老工作计划这样做》,《大河报》2020 年 11 月 4 日。

《河南养老机构发展现状》,《大河报》2016 年 9 月 7 日。

贺莎莎、孙建娥:《积极老龄化政策研究综述》,《社会福利》2017 年第 11 期。

胡建成、钟平:《对老年人价值的思考》,《浙江社会科学》2001 年第 3 期。

黄何明雄、周厚萍、龚淑媚:《老年父母家庭照顾中的性别研究概观——以香港的个案研究为例》,《社会学研究》2003 年第 1 期。

黄俊辉：《发展智慧养老需重点解决的几个问题》，《中国人口报》2020年12月28日。

黄匡忠等编著《无缝社会养老服务体系探索》，中山大学出版社，2017。

霍卓莉：《欠发达地区政府向社会组织购买公共服务的现实困境与路径选择》，《四川行政学院学报》2015年第5期。

贾鑫、赵福生：《"互联网+"背景下家庭养老功能的回归》，《世纪桥》2018年第3期。

江立华：《人口老龄化问题与"问题化"研究反思》，《清华社会学评论》2017年第1期。

姜向群：《对老年人社会价值的研究》，《人口研究》2001年第2期。

〔美〕吉米·卡特、简·方达等：《美国人的退休生活》，张豆、吕盼译，湖南科学技术出版社，2016。

孔栋、王艳丽：《我国农村居家社区养老研究综述：需求、供给与匹配》，《信阳师范学院学报》（哲学社会科学版）2021年第1期。

雷洁琼、关世雄等：《老年社会生活与心理变化》，北京师范大学出版社，1987。

雷晓康、齐萌：《欠发达地区小城镇机构养老供需现状及其影响因素研究——以安康为例》，《西安财经学院学报》2016年第4期。

李爱玉：《欠发达地区医护型养老机构发展困境与展望》，《中国老年学杂志》2014年第12期。

李宏洁、张艳、余自娟、王荣华、赵敬、杜灿灿：《中国"互联网+养老"发展现状及启示》，《中国老年学杂志》2019年第12期。

李茜、谢博宇：《代际共享下的社区养老服务物流驿站公共空间设计研究》，《中国储运》2022年第6期。

李强：《社会支持与个体心理健康》，《天津社会科学》1998年第1期。

李伟、孔伟编著《老龄工作手册——政府应对人口老龄化的职责和方略》，中国社会出版社，2009。

李晓瑜：《改革开放 40 周年郑州养老服务体系改革之回顾与展望》，《漯河职业技术学院学报》2019 年第 1 期。

李月、陆杰华：《我国老年人社会参与：内涵、现状及挑战》，《人口与计划生育》2018 年第 11 期。

林明鲜、刘永策：《城市居家与机构养老老年人生存现状比较研究》，山东人民出版社，2015。

刘焕明、蒋艳：《居家社区养老为老服务模式探析》，《贵州社会科学》2015 年第 11 期。

刘小春、李婵：《中部欠发达地区城镇居民养老模式选择行为实证研究》，《社会保障研究》2014 年第 2 期。

刘燕：《制度化养老、家庭功能与代际反哺危机：以上海市为例》，上海人民出版社，2016。

柳旭：《关于养老服务发展的最新观点》，《中国社会报》2020 年 8 月 7 日。

陆泽雁：《介入与嵌入：欠发达地区居家养老服务的策略》，《汕头大学学报》（人文社会科学版）2016 年第 2 期。

马岚：《新中国 70 年来我国社会养老服务的本土化实践》，《兰州学刊》2019 年第 8 期。

穆光宗：《养老社会化趋势》，《北京日报》2018 年 2 月 5 日。

《2019 年郑州市经济和社会发展统计公报》，郑州市统计局网，https：//tjj. zhengzhou. gov. cn/tjgb/3112732. jhtml，2020 年 4 月 3 日。

潘屹、隋玉杰、陈社英：《建立中国特色的社区综合养老服务体系》，《人口与社会》2017 年第 2 期。

彭立荣主编《婚姻家庭大辞典》，上海社会科学院出版社，1988。

全国老龄工作委员会办公室编《老龄政策调研（2017）》，华龄出版社，2018。

全国老龄工作委员会办公室编《老龄政策调研（2016）》，华龄出版社，2017。

全国老龄工作委员会办公室编《老龄政策调研（2015）》，华龄出版社，2016。

全国老龄工作委员会办公室编《中国人口老龄化研究论文集》，华龄出版社，2010。

冉勇、陈天柱：《欠发达地区小城镇养老模式研究——以乐山市沐川县为例》，《人民论坛》2013年第2期。

《人口老龄化呼唤养老新模式　信阳养老市场面面观》，《信阳日报》2019年3月27日。

任彦媛：《城市退休老年人闲暇教育的价值及对策探究》，《中国成人教育》2017年第23期。

施巍巍、唐德龙：《欠发达地区破解养老之困的路径选择与创新》，《中国行政管理》2015年第4期。

宋宝安、蒲新微：《论当代中国老年人的心理特点与生存价值》，《社会科学战线》2015年第5期。

孙鹃娟、杜鹏主编《中国人口老龄化和老龄事业发展报告》，中国人民大学出版社，2017。

谈华丽：《新时期广州城市居家养老社会支持网络探讨》，《广东经济》2018年第2期。

田新朝：《生命回顾的策略适应及其价值——基于老年人小组式叙说的质性研究》，《理论月刊》2018年第10期。

佟新：《性别视角下的城市养老制度变革》，《中国妇女报》2012年10月23日。

〔日〕藤田孝典：《下游老人》，褚以炜译，中信出版集团，2017。

王红涛、李婷婷、陈广、杨盼盼：《构建职业院校参与地方养老服务体系建设的长效机制》，《基层建设》2018年第8期。

王晶晶、葛高琪、郭翼天、张秀敏：《国内外居家社区养老模式现况》，《中国老年学杂志》2017年第5期。

王晶、李鹏飞：《社区嵌入式养老服务模式的优势与思考——基于发达地区与欠发达地区养老服务现状的考察》，《吉林大学社会科学学报》2019年第6期。

王梦怡、彭华民、朱慧劼：《双重福利获得与老年人社会参与的关系研究——基于中国适度普惠社会福利数据库的实证分析》，《社会科学》2018年第9期。

王彦斌：《欠发达地区农村"医养"结合养老服务体系构建》，《探索》2017年第6期。

邬沧萍：《中国"城市居家社区养老"研究专题》，《浙江工商大学学报》2019年第3期。

邬沧萍、杜鹏主编《老年价值论：积极应对人口老龄化的理论与实践》，中国人口出版社，2019。

习近平：《决胜全面建成小康社会　夺取新时代中国特色社会主义伟大胜利——在中国共产党第十九次全国代表大会上的报告》，《人民日报》2017年10月28日第一版。

谢红：《中国社区嵌入式复合养老服务模式构建》，《中国社会工作》2018年第5期。

谢梦妮、吴琼、吴柯：《社区文化养老服务指数构建研究》，《经济研究导刊》2022年第14期。

谢云婷：《社会参与对老年人身心健康的影响》，《现代交际》2018年第9期。

徐海峰、吴翠萍：《城市居家养老服务社会化的政策研究》，《老龄科学研究》2020年第11期。

徐静、徐冉：《城镇居家社区养老模式下老年人社会支持网络建构——长春市龙泉居家社区养老个案研究》，《法制与社会》2008年第36期。

徐丽萍：《中国老年人生活成本研究》，社会科学文献出版社，2016。

徐卫国、张文政、李长远：《西部欠发达地区发展养老服务业的政策支持体系构建——以甘肃为例》，《社会福利》2016年第4期。

〔古罗马〕西塞罗：《论老年、论友谊、论责任》，徐奕春译，商务印书馆，1998。

闫文晟：《人口老龄化背景下欠发达地区养老模式研究——以菏泽为例》，《长沙民政职业技术学院学报》2015年第1期。

晏月平、郑伊然：《家庭养老床位：一种新型居家养老模式》，《中国人口报》2020年12月16日。

杨成虎：《我国居家社区养老政策发展研究：基于1982～2018年国家政策文本的分析》，《安徽行政学院学报》2019年第2期。

杨燕绥等主编《银色经济与嵌入式养老服务》，清华大学出版社，2017。

姚远：《老年人社会价值与中国传统社会关系的文化思考》，《人口研究》1999年第5期。

《2019义马市国民经济和社会发展统计公报》，义马市统计局网，http：//tjj. yima. gov. cn/col/col1379/index. html，2020年5月4日。

尹万杰：《弘扬传统文化 关注老龄事业——浅谈老年人的价值与"共享"问题》，《陕西师范大学学报》（哲学社会科学版）2005年第S1期。

于兰华：《我国老年家庭照顾者的价值认同》，《华南农业大学学报》（社会科学版）2014年第1期。

原新：《促进老年人社会参与 积极应对人口老龄化》，《中国社会工作》2018年第8期。

〔德〕亚历山德拉·茹科夫斯基：《家庭中世代间的照顾：关于过去和将来的老人》，董璐译，黑龙江教育出版社，2015。

曾小五、朱尧耿：《老年人的价值及其价值实现》，《人口研究》2008年第2期。

张恺悌、郭平主编《中国人口老龄化与老年人状况蓝皮书》，中国社会出版社，2010。

张敏杰：《新中国60年人口老龄化与养老制度研究》，浙江工商大学出版社，2009。

张仙桥、李德滨：《中国老年社会学》，社会科学文献出版社，2011。

张岩松等：《老龄产业发展对策研究》，清华大学出版社，2016。

赵浩华：《建构新时代养老服务体系新路径》，《中国社会科学报》2022年4月27日。

赵欢、蒋国宏：《社区嵌入式养老模式 SWOT 分析》，《中国老年学杂志》2021年第2期。

赵立新：《社区服务型居家养老的社会支持系统研究》，《人口学刊》2009年第6期。

赵丽：《我国人口快速老龄化：谁在照料失能半失能老人?》，《法治日报》2020年11月12日。

赵秋成：《中国农村养老服务体系建设研究》，清华大学出版社，2016。

赵万里、李谊群：《中国多元养老服务模式研究——基于中外养老服务模式的比较分析》，《天津师范大学学报》（社会科学版）2019年第2期。

赵秀玲：《全面小康社会下农村养老观念与制度创新》，《中国社会科学报》2021年3月17日。

郑吉友：《农村居家养老服务协同供给体系构建研究》，《广西社会科学》2019年第6期。

《中共中央　国务院关于加强新时代老龄工作的意见》，《人民日报》2021年11月25日。

《中国共产党第十九届中央委员会第五次全体会议公报》，《人民日报》2020年10月29日。

中国人口学会：《中国人口发展70年：回顾与展望——中国人口学会2019年年会论文摘要集》，2019。

中国人口学会：《中国人口学会2018年年会论文摘要集》，2018。

中国人民大学老年学研究所：《第十四届中国老年学学科建设研讨会论文摘要集》，2018。

中国人民大学老年学研究所：《第十五届中国老年学学科建设研讨会论文摘要集》，2019。

中国人民大学老年学研究所：《2016年中国社会学年会老龄社会学论坛

论文集》，2016。

中国人民大学老年学研究所：《2017年中国社会学年会老龄社会学论坛论文集》，2017。

中国人民大学老年学研究所：《2018年中国社会学年会老龄社会学论坛论文集》，2018。

中国人民大学人口与发展研究中心：《应对老龄化与老龄政策全国学术研讨会论文集》，2016。

钟水映、赵雨、任静儒：《我国地区间"未富先老"现象研究》，《人口研究》2015年第1期。

周海兵：《欠发达地区养老服务业发展与对策研究——以达州为例》，《中国集体经济》2018年第33期。

朱蓓、钱香玲、胡斌：《徐州市老年人养老方式选择及影响因素研究》，《中国卫生事业管理》2017年第1期。

朱陈陈、王淑霞、蔡雪洁、陈鹏：《经济欠发达地区物业企业开展居家社区养老服务研究——以皖北为例》，《山东农业工程学院学报》2020年第8期。

朱晓卓：《家院互融：养老服务融合发展的实现路径》，《中国人口报》2021年2月26日。

朱贻庭主编《伦理学大辞典》，上海辞书出版社，2002。

图书在版编目（CIP）数据

居家社区养老的社会支持研究：以大中小型城市调
研为例 / 周全德，冯庆林著. --北京：社会科学文献
出版社，2024.4

（中原智库丛书. 学者系列）

ISBN 978-7-5228-3061-2

Ⅰ.①居… Ⅱ.①周… ②冯… Ⅲ.①养老-社会政
策-政策支持-研究-中国 Ⅳ.①D669.6

中国国家版本馆 CIP 数据核字（2024）第 019320 号

中原智库丛书·学者系列
居家社区养老的社会支持研究
　　——以大中小型城市调研为例

著　　者／周全德　冯庆林

出 版 人／冀祥德
组稿编辑／任文武
责任编辑／郭　峰　丁　凡
责任印制／王京美

出　　版／社会科学文献出版社·生态文明分社（010）59367143
　　　　　地址：北京市北三环中路甲 29 号院华龙大厦　邮编：100029
　　　　　网址：www.ssap.com.cn

发　　行／社会科学文献出版社（010）59367028

印　　装／三河市龙林印务有限公司

规　　格／开本：787mm×1092mm　1/16
　　　　　印 张：23　字 数：350 千字

版　　次／2024 年 4 月第 1 版　2024 年 4 月第 1 次印刷

书　　号／ISBN 978-7-5228-3061-2

定　　价／98.00 元

读者服务电话：4008918866